O ENFERMEIRO
DA NOITE

O ENFERMEIRO DA NOITE

Uma história real de medicina,
loucura e assassinato

CHARLES GRAEBER

Tradução de Marina Vargas

intrínseca

Copyright © 2013 by Charles Graeber

TÍTULO ORIGINAL
The Good Nurse

COPIDESQUE
Agatha Machado

PREPARAÇÃO
Stella Carneiro

REVISÃO
Carolina Vaz
Eduardo Carneiro
Thais Entriel

DESIGN DE CAPA E PROJETO GRÁFICO
Larissa Fernandez e Leticia Fernandez

DIAGRAMAÇÃO
Henrique Diniz

CIP-BRASIL. CATALOGAÇÃO NA PUBLICAÇÃO
SINDICATO NACIONAL DOS EDITORES DE LIVROS, RJ

G764e

    Graeber, Charles.
       O enfermeiro da noite : uma história real de medicina, loucura e assassinato / Charles Graeber ; tradução Marina Vargas. - 1. ed. - Rio de Janeiro : Intrínseca, 2022.

       Tradução de: The good nurse.
       Inclui índice
       ISBN 978-65-5560-361-3

       1. Cullen, Charles, 1960-. 2. Reportagens e repórteres. 3. Enfermeiros - Estados Unidos - Biografia. 4. Homicidas em série - Estados Unidos - Biografia. I. Vargas, Marina. II. Título.

22-79374   CDD: 364.15232092
                           CDU: 929:364.632(73)

Meri Gleice Rodrigues de Souza - Bibliotecária - CRB-7/6439
11/08/2022 15/08/2022

[2022]
Todos os direitos desta edição reservados à
EDITORA INTRÍNSECA LTDA.
Rua Marquês de São Vicente, 99, 6º andar
22451-041 — Gávea
Rio de Janeiro — RJ
Tel./Fax: (21) 3206-7400
www.intrinseca.com.br

NOTA DO AUTOR

Esta é uma história real, escrita com base em seis anos de pesquisa e entrevistas com dezenas de fontes, entre as quais Charles Cullen.

Charlie é um homem orgulhoso e complicado que, exceto as nossas conversas, nunca deu declarações públicas nem concedeu uma única entrevista. Nossa comunicação se estendeu por vários anos, começando com sua tentativa de, na prisão, doar um rim. Ele não vê motivos para falar mais.

Sua perspectiva aparece ao longo do livro, mas Charles não é o árbitro final dos fatos aqui narrados.

Muitas outras fontes, que antes haviam se mantido em silêncio, se dispuseram a falar, tornando este livro possível. Todos arriscaram a própria privacidade, muitos arriscaram a carreira e a reputação. Alguns arriscaram também a liberdade. Nomes e detalhes pessoais foram alterados quando solicitado, a fim de preservar o anonimato e resguardar as vidas já transformadas pelos acontecimentos relatados aqui.

Todos os esforços foram feitos para apresentar esta história de maneira fiel, transmitindo fatos reunidos por meio de inquéritos policiais, relatos de testemunhas, transcrições, gravações de escutas telefônicas, vídeos de câmeras de segurança, documentos judiciais, depoimentos dados em juízo e entrevistas. Algumas transcrições foram ligeiramente editadas, por uma questão de tamanho e clareza, e alguns diálogos precisaram ser reconstruídos, com base na documentação mencionada.

Como acontece em todas as histórias de assassinato, no entanto, as principais testemunhas não têm voz. Este livro é dedicado a elas, bem como às boas enfermeiras e aos bons enfermeiros do mundo que dedicam a vida a cuidar da nossa.

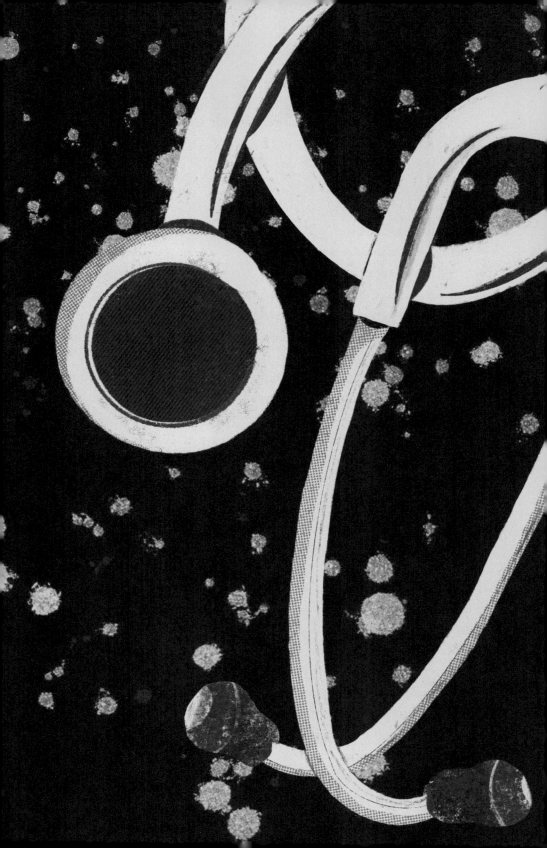

PARTE I

1

3 de outubro de 2003

Charlie se considerava um homem de sorte. A profissão o havia encontrado, por acidente ou destino, ele não sabia dizer. Após dezesseis anos fazendo aquele trabalho, Charles Cullen se tornara um enfermeiro experiente e bem-sucedido, com registro profissional, diploma de equivalência do ensino médio e bacharelado em enfermagem. Suas especializações em Suporte Avançado de Vida Cardiovascular, Balão Intra-Aórtico e Unidade de Tratamento Intensivo lhe rendiam dignos 27,50 dólares por hora em hospitais de Nova Jersey e da Pensilvânia. Sempre havia trabalho. Mesmo nas áreas decadentes de Allentown e Newark, os centros médicos continuavam a expandir sua atividade lucrativa, com a proliferação de novas especialidades e novos serviços, e estavam sempre desesperados por contratar enfermeiros experientes.

Às 16h40, Charles Cullen estava em seu carro, barba feita, cabelo penteado com gel, vestindo roupas claras — camisa e calça brancas, um cardigã amarelo-claro e um estetoscópio em volta do pescoço, de forma que qualquer pessoa imaginaria que aquele homem jovem e atraente era um profissional da área de saúde, quem sabe até mesmo um médico, apesar de seu Ford Escort azul-bebê com dez anos de uso e sinais de ferrugem. Depois de uma década morando em um apartamento subterrâneo em Nova Jersey, o trajeto de Charlie até o trabalho agora começava do outro lado da divisa interestadual, em Bethlehem, Pensilvânia. Sua nova namorada, Catherine, tinha uma casinha simples e aconchegante lá, enfeitada com bugigangas compradas em lojinhas — corações de papel vermelho, lanternas de abóbora e perus em forma de leque, dependendo da época do ano. Apesar de Charlie já estar ficando cansado de Catherine e seus dois filhos adolescentes, ainda gostava de viver na casa dela, especialmente por causa do pequeno terreno nos fundos, onde podia se distrair nos dias quentes podando as flores murchas ou escorando os pés de tomate com estacas. Ele também apreciava os cinco minutos que levava para atravessar o rio Lehigh até o turbilhão familiar da autoestrada I-78 Leste, uma artéria bombeando milhares de trabalhadores para plantões em hospitais carentes de mão de obra em todo o estado de Nova Jersey, dos quais apenas cinco ou seis se recusavam, extraoficialmente, a contratá-lo.

Nos seus dezesseis anos de trabalho, Charles Cullen recebera dezenas de queixas e citações disciplinares, fora alvo de quatro investigações policiais, passara por dois testes de polígrafo, cerca de vinte tentativas de suicídio e uma prisão, mas nada disso havia manchado seu registro profissional. Ele passara de um emprego a outro em nove hospitais diferentes e um lar de idosos, e fora "dispensado", "desligado" ou "convidado a se demitir" de muitos deles. Mas suas licenças de enfermagem na Pensilvânia e em Nova Jersey permaneceram intactas e, cada vez que preenchia uma nova ficha se candidatando a uma posição, o enfermeiro Cullen parecia ser a contratação ideal. Sua assiduidade era perfeita e seu uniforme, impecável. Ele tinha experiência com terapia intensiva, pacientes em estado crítico, tratamento cardiológico, ventilação mecânica e queimaduras. Medicava os vivos, era o primeiro a prestar atendimento ao ouvir o alarme das máquinas que monitoravam os moribundos e parecia um expert na hora de embalar em plástico os mortos. Não tinha problemas de agenda, não parecia ir ao cinema ou a partidas esportivas e estava sempre disposto, até mesmo ávido, para trabalhar à noite, nos fins de semana e feriados. Não tinha mais o peso de um casamento, tampouco a custódia das duas filhas, e passava a maior parte do tempo livre deitado no sofá de Cathy, zapeando pelos canais; uma ligação de última hora para que cobrisse um colega doente ou uma transferência inesperada de algum paciente podiam fazer com que se vestisse e estivesse a caminho antes dos comerciais. Seus colegas enfermeiros o consideravam um presente dos deuses do escalonamento, uma contratação quase boa demais para ser verdade.

Seu novo emprego no Centro Médico Somerset exigia um deslocamento de 45 minutos na ida e na volta, mas Charlie não se importava. Na verdade, precisava disso. Ele gostava de falar, e não hesitava em compartilhar detalhes embaraçosamente íntimos de seus conflitos com Cathy ou de sua vida familiar tragicômica, mas havia alguns segredos sobre os quais nunca poderia falar: cenas que se repetiam em sua mente, reprisadas em segredo. Entre os plantões, apenas o deslocamento permitia que Charlie meditasse.

Seu pequeno Ford sacolejou ao passar do calçamento de má qualidade da Pensilvânia para o asfalto liso de Nova Jersey. Charlie ficou na faixa da esquerda até surgirem as placas indicando a saída 18, uma pequena e movimentada via de mão única que levava à autoestrada 22 Somerville e à Rehill Avenue. Aquela era a parte boa de Nova Jersey, o estado mais rico do país, a Jersey que ninguém sacaneava: ruas de subúrbio ladeadas de grandes árvores, jardins bem cuidados, sem barcos de pesca abandonados ou trampolins quebrados, entradas de garagem impecáveis com Saturns em vez de Escorts velhos estacionados. No estacionamento, ele desligou o motor, adiantado como sempre, e andou com pressa em direção à entrada dos fundos do hospital.

Por trás das portas duplas, havia uma cidade vibrante que nunca parava, iluminada por luzes fluorescentes que zumbiam no teto, o único lugar no qual Charlie realmente se sentia em casa. Ele experimentou uma súbita euforia ao pisar no linóleo brilhante, uma onda de familiaridade ao respirar os cheiros conhecidos: suor, gaze e iodopovidona, o odor penetrante de adstringente e detergente antibacteriano e, por trás de tudo, a nota apurada de deterioração humana. Subiu as escadas dos fundos, dois degraus de cada vez. Havia trabalho a ser feito.

CHARLES GRAEBER

***

A profissão de enfermeiro o havia acolhido como poucos outros aspectos da sua vida, a começar pela infância, que Charlie descrevia como "deprimente". Ele havia sido o erro de meia-idade[1] que seus pais católicos irlandeses e de origem humilde mal podiam sustentar,[2] nascido pouco antes de o pai morrer e muito depois que a maioria dos sete irmãos já havia crescido e saído de casa. A estreita construção de madeira em West Orange[3] era um lugar escuro e infeliz, assombrado por irmãos viciados em drogas, irmãs adultas que iam e vinham ao sabor de uma gravidez ou da necessidade e homens estranhos e violentos que chegavam a qualquer hora para fazer uma visita tanto a uns quanto às outras. Apenas a mãe de Charlie o protegia do caos daqueles quartos no andar de cima. Ele se apegava com todas as forças à sua afeição, mas nunca havia o suficiente. Quando ela morreu em um acidente de carro durante o último ano de Charlie no ensino médio, ele se viu verdadeiramente sozinho. Ficou furioso com o hospital, que reteve o corpo dela, e inconsolável. Tentou o suicídio e depois a Marinha, fracassando em ambos. Por fim, voltou ao mesmo hospital onde a mãe havia morrido e descobriu sua verdadeira vocação.

Em março de 1984,[4] Charles Cullen era o único aluno do sexo masculino[5] na Escola de Enfermagem do Hospital Mountainside, em Montclair, Nova Jersey. Era inteligente e teve um bom desempenho. O curso combinava com ele, assim como o uniforme, e a dinâmica fraternal era familiar e confortável. Quando a representante de turma honorária desistiu do curso após duas semanas de aula no primeiro semestre, uma das colegas de Charlie insistiu para que ele concorresse à posição.[6] Ele era a escolha lógica para assumir a posição de liderança, disse ela: era inteligente, bonito e, o mais importante, homem. Charlie ficou lisonjeado, mas concorrer à posição de representante não era muito seu perfil. Quanto mais ele hesitava, mais obstinada ela se tornava. Não seria preciso arriscar nada; ela se encarregaria de tudo. Charlie se viu contente no papel passivo de candidato relutante, e ainda mais feliz quando ganhou. Era apenas uma posição simbólica, mas

12   O ENFERMEIRO DA NOITE

parecia sinalizar a chegada de um novo Charlie. Seis anos depois de perder a mãe para o necrotério do Hospital Mountainside, ele era o filho eleito da Escola de Enfermagem daquela mesma instituição, coroado e confirmado por uma armada de cuidadores profissionais de uniforme branco. Pela primeira vez na vida, sentiu-se especial. Era o mais próximo do amor que conseguia conceber.

Charlie pagou por sua educação com o dinheiro do trabalho em estabelecimentos de franquia, acumulando horas servindo rosquinhas cobertas de açúcar ou coisas do gênero. Estocava embalagens, reabastecia o balcão de condimentos e limpava o chão entre uma tarefa e outra — sempre havia chão para limpar. Ele achava irônico que, exatamente como os recrutadores prometiam, sua experiência militar se traduzisse tão perfeitamente em habilidades civis. E, assim como na Marinha, todos os seus empregos civis exigiam uniforme. No Dunkin' Donuts, era a camiseta laranja e marrom e uma viseira. Na loja de departamentos Caldor, o uniforme também era laranja e marrom, mas as listras eram diferentes. Charlie tinha que tomar cuidado para pegar a camiseta certa da pilha de roupas no chão. No restaurante Roy Rogers, ele tinha que usar uma camisa cor de ferrugem que parecia destinada a esconder as manchas de molho barbecue, assim como o carpete dos cassinos esconde chiclete mascado. Era um uniforme horroroso, exceto quando usado pela gerente de Charlie, Adrianne. Ele gostava em especial de como o crachá dela ficava posicionado.

Adrianne Baum,[7] uma universitária ambiciosa recém-formada em administração e com um financiamento estudantil generoso para pagar, era diferente das garotas que Charlie conhecera em West Orange. Ele a observava, sonhando acordado apoiado no cabo do esfregão enquanto fazia a limpeza perto do balcão de acompanhamentos na filial do Roy em West Orange. Mas Adrianne tinha namorado e estava prestes a ser transferida. Charlie pediu demissão e dobrou o horário na Caldor, que ficava ao lado do restaurante, mas continuava almoçando no Roy por garantia. Quando Adrianne foi transferida de volta, um mês depois, sem o namorado, ele estava lá, esperando.

CHARLES GRAEBER

O relacionamento evoluiu tão rápido quanto os esforços de Charlie permitiram. Adrianne ficou surpresa ao descobrir que, por trás do garoto tímido e de aparência ingênua que via limpando a estação de molhos, havia um homem surpreendentemente confiante. Ele queria a atenção dela e tentava conquistá-la de todas as maneiras possíveis, enchendo-a de presentes e agindo como um namorado exemplar diante da família dela. Charlie estava obcecado por conquistar a afeição da moça, e alimentava esse ardor com flores, doces e presentes que comprava no shopping. Qualquer coisa da qual Adrianne mencionasse gostar, por menor que fosse, Charlie precisava dar a ela. Por fim, a garota teve que pedir que ele parasse. Ela fingiu estar irritada, mas, na verdade, como poderia estar? Adrianne sabia quantas garotas fariam qualquer coisa para estar no lugar dela. Charlie era um ótimo partido. O fato de parecer estar constantemente pedindo demissão ou sendo demitido podia ser creditado às expectativas elevadas que ele alimentava e à agenda ocupada. Adrianne dizia às amigas que, nossa, aqui está um cara que se divide entre três empregos, é representante de turma na faculdade de enfermagem e leva a carreira tão a sério quanto ela. É verdade, Charlie não era judeu — ninguém é perfeito. Mas era o bastante.

Logo, o jovem casal passava junto todo o tempo livre que conseguia arranjar entre os respectivos empregos e os estudos de Charlie. Eram uma unidade, completa e fechada. Chamavam isso de amor e, passados seis meses do primeiro encontro,[8] estavam noivos. Casaram-se uma semana depois que Charlie se formou na faculdade de enfermagem. O salão alugado em Livingston, os smokings, a lua de mel nas Cataratas do Niágara… Adrianne estava vivendo um conto de fadas. Eles voltaram de viagem um dia antes, para que o príncipe[9] de Adrianne pudesse iniciar o novo trabalho na Unidade de Tratamento de Queimados do Centro Médico Saint Barnabas, em Livingston, Nova Jersey. O hospital estava disposto a lhe conceder mais algum tempo antes de começar, mas Charlie foi irredutível. Tinha que ser no dia estabelecido; não queria se atrasar. Adrianne se despediu do marido e viu o futuro se estender diante dela como um estranho tapete vermelho.

2

Junho de 1987[1]

O Centro Médico Saint Barnabas possuía a única unidade de tratamento de vítimas de queimadura credenciada no estado de Nova Jersey, de forma que recebia todos: pessoas tão queimadas que era impossível reconhecê-las, indivíduos queimados em acidentes de carro, incêndios domésticos, vazamentos industriais; homens, mulheres e, na maioria das vezes, crianças, alguns queimados até o osso, sem pelos ou pálpebras, as superfícies corporais calcinadas de forma irreparável. O trabalho de Charlie era limpar essas pessoas em uma maca de metal: raspar e lavar a pele carbonizada e necrosada com sabão antibacteriano e uma escova. Mesmo no campo da medicina intensiva, esse é um procedimento quase inimaginavelmente repulsivo; como um primeiro trabalho depois de sair da faculdade de enfermagem, é algo próximo do inferno.

Todas as queimaduras começam com uma história. Uma mãe de camisola pegando a chaleira no fogão,[2] um paraplégico deixando cair um cigarro, um bêbado alimentando uma fogueira de acampamento, o tanque de gasolina perfurado de um carro destruído. Fogo é a conclusão. O corpo reage previsivelmente ao trauma. As queimaduras de terceiro grau são as mais graves — camadas mais profundas de pele, nervos, veias, artérias e músculos carbonizados e mortos —, mas as de segundo grau são mais dolorosas, porque os nervos ainda estão vivos. Mesmo na década de 1980, as alas de pessoas queimadas eram as alas dos gritos. A droga para oferecer alívio era a morfina. Alguns pacientes se recuperam; outros são mantidos no hospital apenas para sofrer e morrer. Os enfermeiros sabem quem é quem. O destino na Unidade de Tratamento de Queimados é uma estatística escrita na pele. Mais cedo ou mais tarde, todo enfermeiro aprende a decifrá-la.

É sempre a mesma imagem da vítima de queimadura deitada na maca: uma figura humana, careca e nua. Sem idade, sem sexo, sem pelos. Os dedos dos pés apontam para um chão invisível. Os braços estendidos, a palma das mãos para cima, em uma expressão universal de súplica e rendição. Os olhos da figura estão abertos e sem pálpebras, os lábios inchados, mas sem expressão. É possível calcular a extensão do dano com precisão, identificando pedaços da coxa, uma fração de perna, uma parte da cabeça. A superfície corporal queimada é medida de acordo com um sistema de pontos: um ponto para os órgãos genitais, 1,25 para cada palma etc. Mas há uma maneira mais fácil de fazer as contas.

Os enfermeiros chamam de regra dos nove. Cada parte grande — uma perna, as costas, a cabeça — pode valer nove ou dezoito pontos, sempre seguindo múltiplos de nove. Contabilizadas todas as partes e somada a idade do paciente, o resultado é a taxa de mortalidade. De acordo com essa regra, um paciente de cinquenta anos com mais de metade do corpo queimada tem 100% de probabilidade de morrer. Se não de imediato, em breve. A regra ajuda a amenizar o golpe inevitável, indica onde, na ala de queimados, as escassas porções de esperança podem ser mais bem investidas. Todo enfermeiro da ala conhece essa regra, não tem por que falar sobre ela; o profissional usa a fórmula e tenta esquecê-la. A morte iminente é como um carro preto no espelho retrovisor: está sempre lá quando você olha. Então por que olhar?

A dor na Unidade de Tratamento de Queimados é algo insuportável, e os enfermeiros não têm opção de tratamento a não ser ministrar cada vez mais morfina aos enfermos. Quando esses pacientes morrem, nem sempre fica explícito se tiveram uma overdose ou se simplesmente

16 O ENFERMEIRO DA NOITE

morreram em decorrência dos graves ferimentos. A única coisa que se sabe é que não estão mais sofrendo.

As vítimas de queimadura chegam a qualquer hora. E podem chegar de formas surpreendentes, de maca ou andando, sozinhas ou em grupo. Às vezes estão lúcidas, conversando, preocupadas com seus relógios ou com o horário perdido no cabeleireiro. É o choque. Mas a realidade não demora a bater.

As pessoas com queimadura ficam conectadas a máquinas, fios serpenteando até pulsos e artérias femorais, tubos de plástico enfiados em orifícios superiores e inferiores. Soro, eletrólitos, analgésicos, ansiolíticos, dieta líquida; o corpo incha com os fluidos, às vezes dobrando de tamanho. O escroto infla como uma bola de praia, as pálpebras incham até a abertura se resumir a uma linha, os lábios se distendem e se rompem como salsichas cozidas demais. O corpo intumesce sob a pele até o paciente ficar duro como mármore esculpido. Os vasos sanguíneos se estrangulam. O núcleo começa a morrer. E então eles cortam. É um trabalho cirúrgico simples. Uma lâmina percorre o comprimento dos braços e das pernas, na frente e atrás. Até as mãos, inchadas como úberes, são cortadas. O bisturi penetra até o tendão, cinco pequenas incisões sob o nó dos dedos, como orifícios para ventilação em uma luva de couro. Os cortes[3] permitem que o interior se expanda, como pregas em uma calça, a pressão sendo aliviada através de uma súbita falha geológica, expondo as paredes de um cânion de gordura amarela, um vale jorrando sangue. O cheiro pode ser terrível, mas o sangramento é um bom sinal. Sangra porque está vivo. Mas sangue significa mais trabalho.

A pele cortada fica aberta, uma manga de couro engordurada, que assusta tocar. Leva tempo até os enfermeiros se acostumarem a ponto de conseguirem lidar facilmente com esses aspectos tangíveis das lesões. Quando essa realidade se torna difícil demais, eles vão embora. Alguns deixam a Unidade de Tratamento de Queimados rapidamente, procurando alguma coisa, qualquer coisa, menos brutal. Outros ficam apenas até encontrar um paciente que lembre demais um ente querido — ou eles mesmos.

Quase um terço dos pacientes da unidade eram crianças. Às vezes, as queimaduras eram infligidas como punição, por fazer xixi na cama ou se esquecer de realizar uma tarefa. Os enfermeiros reconhecem os sinais de abuso. Há queimaduras feitas com radiador e cigarro, isqueiro e boca de fogão, escaldaduras com água quente e chamuscamentos elétricos escuros. Cada uma provoca uma dor característica. Charlie viu todas elas.

Algumas dores brotavam pela pele como cravos de tecido crenados, outras com bolhas ou cortes em finas hastes brancas. Os enfermeiros faziam o possível para atenuar a dor sob camadas cuidadosamente aplicadas de gaze e esparadrapo, além da máscara dos medicamentos. Mas Charlie sabia que a dor podia ser sentida em segredo. A dor podia ser uma brasa contida, queimando por dentro, suportada sem expressão. Especialmente pelas crianças. Ao contrário dos adultos, as crianças não gritavam quando ele as limpava, não choramingavam no leito. As crianças toleravam a dor e guardavam seus segredos para não serem punidas novamente. A mãe de Charlie nunca havia usado uma boca de fogão ou uma panela quente para puni-lo, mas ele havia sido castigado, intimidado e agredido pelos namorados das irmãs, homens grandes com anéis, Camaros e usando calça jeans. Charlie sentira a autoridade deles, e nunca se esqueceu de como era ser uma criança que ficava à deriva. Uma de suas irmãs tivera um namorado que morava com eles e a espancava implacavelmente durante a gravidez. Ela fugiu de casa, mas o namorado se recusou a ir embora. E Charlie também se tornou alvo das terríveis atenções daquele homem.

Ele também sentiu dor nas Forças Armadas. Queimaduras e punições por "danificar propriedade da Marinha", como disseram, quando ele acordou com os pés vermelhos e queimados por causa do sol, inchados como bolas, depois de uma bebedeira em uma noite de folga. Foi forçado a calçar os sapatos e lhe deram apenas aspirina. Enquanto trabalhava, Charlie lembrava a si mesmo que, sim, ele conhecia a dor muito além do que qualquer outra pessoa poderia compreender. Ele pensava naquelas crianças da ala de queimados, suportando um intenso sofrimento que ninguém entendia nem conseguia atenuar de fato. Na época, os enfermeiros não podiam ministrar às crianças nenhum medicamento para dor mais potente do que uma associação de codeína e paracetamol.[4] Não chegava nem perto de ser o suficiente. Muitos deles queriam dar mais. Alguns davam.

As crianças chegavam fervendo e agitadas, sofrendo e fazendo Charlie se lembrar da própria dor. Ele as pegava, aquelas pessoinhas derretidas e aos berros, sabendo que mais tarde os cirurgiões abririam cada uma delas como uma batata assada, uma incisão em Y para impedir que explodissem, apenas a primeira de muitas cirurgias ainda por vir. Com o tempo, a pele derretida ia se curar, formando cicatrizes semelhantes a cordas de cipó, que os cirurgiões cortariam diversas vezes para impedir que o pescoço se transformasse em um tronco indobrável, para manter os braços flexíveis. Sem essas cirurgias, as crianças ficariam atrofiadas dentro do corpo endurecido, a carcaça de cicatrizes rígidas retesada demais para acomodar surtos de crescimento e movimentos normais. A única esperança era o bisturi e a malha de compressão, uma roupa que parece um traje de mergulho que comprimia a criança em um abraço doloroso. O tecido pressiona as cicatrizes, afinando-as, como um rolo de macarrão constante contra a pele espessa que cresce. Talvez, com bastante esforço, depois de passado o tempo, a dor e a pressão, o casulo coberto de cicatrizes se adelgaçasse o suficiente. A criança poderia um dia se mover e crescer. Um dia, quem sabe, seria capaz até de esquecer o sofrimento. Charlie sabia que as crianças podiam sobreviver, que podiam até envelhecer em idade, mas não fisicamente; sem a ajuda de um enfermeiro, ficariam presas para sempre no casulo de sua infância sofrida. Charlie considerava esta uma das equações mais interessantes da vida: o mundo pressionava e o traje de compressão pressionava de volta.

Ele gostava do trabalho no Saint Barnabas. Sabia que lá era útil, necessário. Gostava de cuidar dos doentes, dar banho, alimentar e vestir os que necessitavam de cuidados. Apreciava o trabalho de assistência contínua do plantão noturno e o profissionalismo dos colegas

CHARLES GRAEBER

mais experientes. Gostava até do nome da instituição; de formação católica, Charlie conhecia o apóstolo são Barnabé. Tinha uma conexão especial com esse santo em particular. A Igreja celebra o dia de são Barnabé todos os anos em 11 de junho. Foi o dia em que Charlie Cullen começou a trabalhar naquele hospital.[5]

Aos domingos, na igreja, são Barnabé estava lá no alto, no arco do vitral — um Barnabé barbudo, o belo e jovem companheiro de Lucas e Paulo, o Aramis[6] dos Três Mosqueteiros dos primeiros tempos do cristianismo. Quando judeu, ele tinha sido José, um proprietário de terras que vendeu seus campos e deu o dinheiro aos apóstolos;[7] como convertido, são Barnabé foi uma inspiração: *Permita, ó Deus, que possamos seguir o exemplo de seu fiel servo Barnabé, que, buscando não o próprio renome, mas o bem-estar de Sua Igreja, doou generosamente sua vida e seus bens...*

Mas Charlie não fazia mais esse tipo de oração. Ao firmar o noivado com Adrianne, havia renunciado formalmente à religião na qual fora criado, convertendo-se ao judaísmo. Tinha a sensação de estar vivendo a vida do santo ao contrário.

As coisas nunca terminam bem para os santos, por melhores pessoas que sejam. Castração, defenestração, ferros quentes, prisão — o santo é um bode expiatório, um mártir. Barnabé foi apedrejado até a morte,[8] mas sua história continuou viva. Todo católico já ouviu o nome dele. Era o paradoxo dos santos, algo de que Charlie não se esqueceu da sua infância: lembrado, lembrado para sempre, mas apenas após ser morto pelo ódio.

3

Outubro de 1987

Adrianne e Charlie Cullen hipotecaram uma casinha térrea nos subúrbios de aço de Phillipsburg, Nova Jersey. A casa era apertada, escura e precisava de uma pintura. Um dos lados dava para uma parede de apoio semelhante a um outdoor, e o quintal terminava em um terreno cheio de mato, mas o preço estava dentro da faixa de renda familiar. Adrianne tinha um novo emprego como programadora — iniciante, mas pelo menos em um escritório em vez de numa cadeia de fast-food. Os horários que não batiam, com ela trabalhando longas horas durante o dia e Charlie trabalhando a noite toda, certamente contribuíram para a sensação de isolamento de Adrianne, mas isso era apenas um lado da questão. Com o passar do tempo, ela foi se sentindo cada vez mais sozinha, com ou sem Charlie.

A vulnerabilidade autodepreciativa fazia parte do charme de Charlie quando era um pretendente. Ele era tão honesto, muitas vezes fazendo piadas sobre seus problemas pessoais — particularmente seu histórico de depressão e alcoolismo —, que Adrianne logo acreditou que conhecia aquele homem e, mais importante, que ele conhecia a si próprio. Sua perspectiva sobre si mesmo o fazia parecer não uma pessoa traumatizada, mas experiente, até mesmo madura. Isso deu a Adrianne a ilusão de que Charlie tinha total controle sobre seus problemas; na verdade, ele estava apenas começando a conhecê-los. Adrianne sentia que um novo e estranho frio se instalara em sua vida, um outono precoce na vida emocional que compartilhavam. Ela atribuía isso à natureza dilacerante do trabalho do marido e decidiu que aquela era uma lição que toda pessoa casada com um profissional da área da saúde aprende: o amor não consegue competir com a morte. Ela não sabia que o marido estava bebendo novamente.

Beber tinha sido o único aspecto da tradição naval no qual Charlie se destacara. Ele bebia para ficar bêbado. Gostava de vinho tinto ou drinques tropicais — até mesmo Listerine, em caso de necessidade —, o que o havia levado várias vezes à enfermaria e ao hospital psiquiátrico militar, fazendo com que fosse apresentado ao dissulfiram e aos Alcoólicos Anônimos (A.A.). Adrianne não conhecia esse lado do marido. Ela nunca o vira tomar uma bebida que fosse. Quando estavam namorando, Charlie dizia apenas que "não podia". Adrianne considerava a abstinência um sinal de sua convicção em vez de um alerta sobre suas inclinações. Quando Charlie se mudou para o apartamento da namorada em Union, ela até jogou fora a garrafa empoeirada de Baileys Irish Cream que reservava para os convidados mais chiques.

Em Phillipsburg, Charlie guardava as bebidas no baú da Marinha, que deixava na sala das caldeiras, cuja porta mantinha trancada. Ele bebia sozinho no porão, evitando a esposa. Gostava de lá. Havia apenas uma entrada, ninguém embaixo, leito rochoso em toda a volta, sempre escuro. A sala das caldeiras era um lugar bom para beber, pensar e observar a chama piloto dançar dentro de sua prisão de metal.

O primeiro ano de casamento foi um turbilhão. Charlie estava excepcionalmente ocupado. Obtivera a licença para praticar enfermagem em Nova Jersey um mês após ter começado no Saint Barnabas e, um mês depois disso, iniciou outro programa de graduação no Kean College. Entre os estudos, o trabalho e o deslocamento, Charlie quase nunca estava em casa. Adrianne assistiu a Dick Clark dar as boas-vindas ao ano de 1988 sozinha com uma pequena garrafa de

Chardonnay. Em fevereiro, ela estava grávida. Isso era a vida em família, a realidade, o objetivo. Mas Adrianne sentia o marido se tornar cada vez mais frio com ela, quase profissional, como se a esposa fosse uma de suas pacientes. Ela o sentiu se distanciar ainda mais naquele outono, quando a filha Shauna[1] nasceu. Agora, toda a atenção que Charlie antes destinava à esposa era voltada exclusivamente para a bebê. Adrianne não entendia essa reação — era como se o marido tivesse que escolher entre a esposa e a filha, como se não pudesse ampliar o escopo de sua afeição para incluir ambas. Charlie ficava extremamente entusiasmado com coisas novas — o relacionamento, a casa, a vida deles —, mas quando a novidade passava, a afeição também ia embora. Ela o vira perder o interesse de maneira semelhante em relação a seus cães, primeiro com a yorkie, Lady. Adrianne adorava Lady e, a princípio, achou que Charlie também. Ele a acariciava, afagava suas pequenas orelhas, observava atentamente enquanto ela devorava a comida. Então, como se tivesse mudado de canal, a cachorrinha passou a não o interessar mais.

Ele ficou, no entanto, empolgado com o novo filhote; pelo menos foi o que Adrianne pensou quando o escolheram. Aquele era seu segundo yorkshire terrier, uma companhia para Lady. Ela saiu para trabalhar na terça-feira de manhã, deixando Charlie com a bebê e o filhote, a troca de guarda habitual no dia de folga dele. Quando Adrianne voltou do trabalho naquela noite, o filhote havia sumido. Charlie não pareceu se importar, e não quis ajudar a procurá-lo.

Ele disse que o filhote fugira. Ou que achava que houvesse fugido; Charlie havia saído para dar uma volta enquanto a bebê estava dormindo. Adrianne teve que fazê-lo repetir essa parte: dar uma volta *sem* a bebê? Bem, disse Charlie, desviando o olhar. Tudo o que sabia era que tinha voltado do passeio e o filhote havia desaparecido. Não parecia preocupado. Não parecia estar sentindo nada, na verdade.

Adrianne não entendeu: Charlie havia deixado a filha pequena sozinha? E com a porta da frente aberta? Não estava aberta, corrigiu Charlie, entreaberta talvez, e, de qualquer forma, ele sabia que a bebê não ia acordar. Adrianne não gostou de como ele disse isso. *Sabia.* Será que tinha dado algo para a bebê? Ela suspeitava que o marido dava remédio para gripe à filha como uma espécie de "babá líquida"; já haviam brigado por causa disso. Ele sempre negava, e a discussão não dava em nada. No fim das contas, aquela discussão também não deu em nada. Charlie apenas parou de se dar ao trabalho de tentar convencê-la de seus argumentos; simplesmente deixou a questão de lado e desapareceu mais uma vez no porão. Adrianne ficou sozinha de novo, sentindo-se como se tivesse perdido a cabeça. Não entendia o que tinha acontecido com o homem com quem se casara e por que ele havia perdido o interesse em tudo, exceto nos deveres mais rotineiros do relacionamento. Mesmo quando estava fisicamente em casa, Charlie continuava emocionalmente ausente. Ela o observava perto da cafeteira, estudava o rosto inexpressivo do marido pela manhã e se perguntava se ele ainda estava lá em algum lugar, escondido como uma criança em um quarto escuro. Ele parecia permanentemente absorto, fixado em alguma cena secreta, cada sílaba que Adrianne dizia não passando de barulho e distração. As amigas lhe diziam para ser forte. Seus pais diziam que o casamento era uma maratona, não uma corrida de velocidade. Ele é seu marido, lembravam a ela. Então Adrianne atribuía tudo aquilo às exigências mentais de atuar como um intermediário entre a vida e a morte para ganhar um salário. Ela ia trabalhar, pagava as contas, levava Shauna para a creche, voltava para casa. Apenas o carro na entrada da garagem indicava se o marido estava em casa. Charlie agora passava a maior parte do tempo no porão. Ela havia tentado descer até lá algumas vezes. Tinha medo de tentar de novo. Ao encontrá-lo na semiescuridão, tinha visto algo — algo perturbador — nos olhos do marido. Adrianne não sabia bem como descrever: um vazio gélido, um olhar que negava qualquer sentimento de amor que ela pudesse acreditar que ele ainda nutria por ela. Às vezes, os olhos de Charlie olhavam em direções distintas, como se cada um pertencesse a uma pessoa diferente. Naqueles momentos, Charlie não era Charlie. Adrianne dizia às amigas: "Acho que talvez haja alguma coisa realmente errada com ele." Então, uma tarde, veio a prova.

Adrianne atendeu à campainha e deu de cara com a vizinha chorando. De tempos em tempos, sua velha beagle, Queenie, fugia e ficava dando voltas pelo quarteirão; por algum motivo, costumava ir até o quintal dos Cullen. Adrianne havia levado a velha e doce Queenie para dentro de casa dezenas de vezes. Aquilo tinha se tornado uma espécie de piada, e quando Queenie desaparecia, a vizinha ia direto falar com eles. Mas daquela vez ela encontrou o corpo da cadela no beco ao lado da casa. O veterinário disse que tinha sido envenenada. Será que Adrianne tinha alguma ideia do que poderia ter acontecido?

Ela não soube o que dizer. Foi até a cozinha, onde as fotos que havia revelado estavam na bancada, fotos que Adrianne havia tirado na creche, lindas imagens de Shauna com os amiguinhos. Alguns dias antes, ela chegara em casa e descobrira que Charlie tinha pegado uma tesoura e recortado cuidadosamente os meninos, como bonecas de papel em um espaço negativo. As fotos a assustaram; ela tentou não pensar nelas. Mas agora era inevitável. As formas vazias das pessoas faziam-na lembrar do marido. Ela pensou nas fotos e no filhote, em Queenie e na vizinha chorando à porta da frente. Então Adrianne também começou a chorar.

4

Em 11 de fevereiro de 1991, a enfermeira Pam Allen levou uma bolsa de soro suspeita até a mesa da gerente de riscos do Saint Barnabas, Karen Seiden.[1] O orifício parecia usado, mas a bolsa em si estava cheia a ponto de vazar. Seiden também achou que havia algo errado. Ela entrou em contato com o diretor adjunto de segurança do hospital, um ex-policial chamado Thomas Arnold, que enviou a bolsa de soro para o laboratório de patologia. Dentro deveria haver apenas soro e heparina, mas o teste de laboratório constatou que havia também insulina.

Três dias depois, no Dia dos Namorados, uma paciente da UTI do Saint Barnabas chamada Anna Byers começou a receber uma dose intravenosa de heparina. Meia hora depois, ela suava frio, sentia-se confusa, enjoada e muito fraca. Um exame de sangue mostrou um nível de insulina absolutamente fora do normal. Deram-lhe suco de laranja — uma dose simples de açúcar e uma das maneiras mais rápidas de reverter um episódio de hipoglicemia, se a intervenção for feita a tempo. Não deu certo. As enfermeiras tiveram que ministrar a Byers uma dose intravenosa de dextrose, administrando açúcar diretamente em sua corrente sanguínea. Isso impediu que a paciente morresse, mas o organismo dela estava tão saturado de insulina que a hipoglicemia continuou. Ela ficou assim a manhã, a tarde e a noite toda. Byers passaria por uma cirurgia marcada para a manhã seguinte: um cateter ia ser colocado em seu coração. Àquela altura, provavelmente se encontrava instável demais para ser submetida ao procedimento, mas, por precaução, o médico ordenou que a administração de heparina intravenosa fosse interrompida.[2] Assim que a heparina de Byers foi suspensa para a cirurgia, seus problemas de insulina cessaram e ela começou a se sentir melhor.

Às duas horas da tarde estava de volta ao quarto, estável e se sentindo bem. As crises de hipoglicemia haviam parado. As incisões cirúrgicas estavam coaguladas. Ela estava pronta para receber novamente a heparina intravenosa. Os enfermeiros a colocaram no soro. E, logo depois, Anna Byers voltou a ter hipoglicemia. A essa altura, os enfermeiros já administravam uma solução intravenosa de açúcar, tentando apagar o incêndio. A paciente se estabilizava e em seguida ficava hipoglicêmica outra vez, melhorava e piorava. Às onze da noite, a quantidade de açúcar no sangue dela era tão pequena que nem sequer era detectada pelo exame. O corpo havia consumido tudo, não restara nada para o cérebro. Ela estava prestes a ter uma parada cardiorrespiratória.

Os enfermeiros desconectaram os acessos intravenosos e a levaram às pressas para a UTI. Vinte minutos depois de ter os acessos removidos, no entanto, Anna Byers estava se sentindo melhor outra vez.

Mais adiante no corredor, um paciente chamado Fred Belf estava na mesma situação. Ele havia começado a receber heparina às sete da manhã. Ao meio-dia, estava vomitando sobre o próprio peito, incapaz de digerir o suco de laranja. Os médicos receitaram a administração de dextrose por via intravenosa junto com a heparina. Os dois medicamentos gotejavam lado a lado, um desfazendo o efeito do outro, o dia e a noite inteiros, como uma gangorra metabólica.

Às sete horas da noite seguinte, a conexão entre as bolsas de heparina e os efeitos colaterais no andar já havia sido estabelecida. Os enfermeiros de Belf interromperam a administração do anticoagulante, e Belf rapidamente começou a se sentir melhor. Usando luvas, os enfermeiros removeram a bolsa de soro, envolveram-na em plástico estéril e a enviaram para análise.

CHARLES GRAEBER

A bolsa testou positivo para insulina. Uma análise microscópica do exterior revelou uma superfície peculiar, cravejada por minúsculas agulhadas, incluindo três nas bordas. Aquilo era extremamente incomum. Às vezes, as bolsas de soro são perfuradas por agulhas ao serem conectadas à válvula de passagem e, em seguida, ao paciente, mas nunca são perfuradas no perímetro de vedação. Aquilo não parecia ser um acidente. Era possível que alguém estivesse envenenando intencional e repetidamente bolsas de fluidos intravenosos no depósito do Saint Barnabas. Arnold e Seiden tinham duas bolsas como evidência, além dos episódios de Byers e Belf. Eles, então, vasculharam os registros dos pacientes na UTI, para ver se mais alguém tivera picos inexplicáveis de insulina recentemente.

Embora não tivessem ocorrido mortes, os dois descobriram que os pacientes estavam tendo picos de hipoglicemia com regularidade. Durante meses, as paradas cardiorrespiratórias eram tão frequentes que se sobrepunham; os enfermeiros da UTI deixavam um paciente para atender outro. As informações disponíveis eram inconclusivas e confusas — os incidentes não se limitavam a uma unidade ou a um turno. Mas, nas Unidades de Terapia Intensiva e Semi-Intensiva e na Unidade Coronariana, os pacientes do Saint Barnabas vinham apresentando quadros aleatórios de hipoglicemia.

A análise laboratorial[3] mostrou não apenas que todos os "hipoglicêmicos aleatórios" tinham níveis excepcionais e sem precedentes de insulina na corrente sanguínea, mas também que grande parte dessa insulina era "exógena" — não havia sido produzida pelo organismo. Havia sido administrada.

A primeira hipótese foi de que houvera um erro: um enfermeiro interpretando de forma equivocada a prescrição de um médico, por exemplo, ou um frasco com o rótulo trocado. Erros assim são rotineiros em hospitais. Arnold e Seiden analisaram os prontuários dos pacientes, mas não encontraram a prescrição médica de insulina nem o registro de um enfermeiro de que a substância fora administrada. Isso significava que ou ocorrera um erro duplo — os pacientes tinham recebido acidentalmente um medicamento não prescrito e o enfermeiro havia acidentalmente deixado de registrar essa informação no prontuário — ou não fora um erro. De qualquer maneira, estavam diante de um problema. Arnold levou suas descobertas ao chefe, o diretor de segurança e vice-presidente do Saint Barnabas, Joe Barry.

Antes de trabalhar no Saint Barnabas, Joe Barry era um policial veterano, comandante condecorado e muito respeitado que servira durante trinta anos na polícia do estado de Nova Jersey. Agora, como vice-presidente sênior responsável pela segurança do hospital, Barry estava encarregado da delicada tarefa de investigar o possível assassinato de pacientes. Com a experiência de ambos combinada, Arnold e Barry eram especialmente qualificados para conduzir uma investigação sofisticada como aquela. Depois de descartar os visitantes dos próprios pacientes, os únicos suspeitos possíveis eram os funcionários do hospital. Eles compararam os horários de trabalho da equipe de enfermagem com as datas e os horários em que os pacientes tiveram os episódios de hipoglicemia. Apenas três enfermeiros estavam trabalhando durante todos os episódios. E dos três, Charles Cullen foi quem levantou mais suspeitas.[4]

Arnold já havia entrevistado vários funcionários do Saint Barnabas a respeito dos incidentes com a insulina.[5] Todos os enfermeiros pareceram nervosos, preocupados com seu emprego e sua reputação e com os pacientes envolvidos. Apenas o enfermeiro Charles Cullen não havia demonstrado qualquer preocupação. Na verdade, era nítido que ele *não* estava preocupado com nada. Para Arnold, não parecia ser apenas uma encenação no estilo "Quem, eu?". Cullen realmente não parecia se importar. E a atitude dele era desafiadora. Arnold tentara agendar uma reunião com Charlie diversas vezes, mas o enfermeiro era terceirizado, não contratado diretamente pelo hospital. Seus plantões eram erráticos e variados, o que tornava difícil encontrá-lo. Quando pressionado, Cullen sempre deixava explícito que estava ocupado cuidando de pacientes, uma atribuição "mais importante" do que as tramoias grosseiras do diretor de segurança do hospital. Quando Arnold e Barry finalmente conseguiram colocá-lo em uma sala de

CHARLES GRAEBER

reunião para uma conversa,[6] o enfermeiro se recusou a responder sequer uma pergunta. Ficou sentado na cadeira de rodinhas, os braços cruzados, fitando o linóleo. A atitude por si só era um sinal de alerta para os ex-policiais, e Arnold informou isso a ele.

— Eu sei que você está colocando alguma coisa naquelas bolsas — disse. Estava blefando, mas sua intuição dizia que havia alguma coisa errada com aquele sujeito.

— Vocês não podem provar nada — alegou Cullen.

Os investigadores consideraram aquela uma resposta suspeita para um homem inocente — e uma resposta não muito inteligente também. Como ex-policiais, Arnold e Barry a interpretaram como um *vão se foder*. A atitude irritou Arnold, que levou para o lado pessoal. Cullen tampouco pareceu se importar com isso.

— Não sou obrigado a falar com vocês — disse, e deixou a reunião.

Arnold e Barry já tinham visto aquele tipo de comportamento na época em que eram policiais, mas nunca no hospital. Brigas menores no estacionamento, pequenos furtos na loja de suvenires ou indisciplina em relação aos horários de visita — esse era o padrão. Às vezes, um enfermeiro ficava na berlinda, mas em geral era um dependente químico que furtava oxicodona ou hidrocodona e depois adulterava os prontuários. Os dependentes químicos eram iguais em toda parte, seus motivos, simples e diretos. Mas algo mais sombrio parecia estar acontecendo ali. Não havia motivação imaginável para bolsas de soro envenenadas de forma aleatória na farmácia do hospital ou para a má administração de insulina. Arnold tampouco conseguia pensar em uma explicação razoável para a reação de Cullen: o sujeito não parecia em nada abalado pelas acusações. Nem mesmo surpreso. Tinha um olhar impassível que Arnold reconheceu e do qual não gostou. A parte mais perturbadora era que Charlie tinha razão: não era obrigado a falar com eles. A investigação de Arnold e Barry teria que falar por Cullen.

Os dois encarregaram a equipe de ajudar a elaborar uma cronologia e determinar as taxas de mortalidade desde que o enfermeiro Charles Cullen havia sido contratado, enquanto alternava entre as Unidades de

Terapia Intensiva e de Terapia Semi-Intensiva e a Unidade Coronariana. Parecia que, quanto mais a fundo investigavam, mais casos suspeitos encontravam.[7] O que eles não encontraram, no entanto, foi a certeza necessária para montar um caso. Todos os pacientes tinham uma complicada miríade de doenças e sintomas, e não havia como conectar os picos inexplicáveis de insulina diretamente a um acontecimento, a Charles Cullen ou, em vários casos, a uma consequente morte. Era inteiramente possível que os fatos fossem coincidentes. E como Cullen mudava de unidade com frequência e muitos de seus plantões eram convocações de última hora, fazer um cruzamento entre as ações do enfermeiro e os problemas na unidade se tornava ainda mais difícil. Se pretendiam levar a investigação adiante, precisariam de ajuda externa. Estava na hora de alertar a polícia.

Arnold e Barry tinham uma reunião mensal regular com o chefe de polícia de Livingston, Don Jones. A reunião era de natureza pragmática: o Saint Barnabas era o maior empregador de Livingston, o principal contribuinte da base tributária do município. Não era razoável separar as preocupações corporativas privadas do centro médico das do município.

O chefe Jones era uma figura conhecida em Livingston, com a reputação de complementar seu salário com o tipo de hora extra normalmente destinado aos novatos que ainda ganhavam salários baixos ou a policiais com filhos a caminho. Com a aposentadoria no horizonte, cruzar a fronteira para o setor privado e ocupar um cargo lucrativo gerenciando a segurança da Saint Barnabas Health Care Corporation era uma oportunidade muito mais atrativa. Se Jones queria mostrar seu valor à administração do hospital, uma das primeiras chances foi em 5 de março de 1991, quando Barry e Arnold se encontraram com o policial em um restaurante italiano e apresentaram a questão durante o almoço.

Eles tinham todos os fundamentos de uma sólida investigação policial: um crime, vítimas, evidências e um suspeito.[8] Tinham prováveis homicídios em pelo menos duas unidades. Tinham evidências físicas de violação de bolsas para administração intravenosa de soro envolvendo dosagens mortais de remédios, e a investigação havia encontrado um forte suspeito entre os funcionários da instituição. Para um ex-policial como Arnold, parecia óbvio que o Centro Médico Saint Barnabas tinha um sério problema criminal nas mãos. Mas Jones não quis se envolver. Ele disse à dupla que achava não haver nada que pudesse fazer com as evidências que tinham até aquele momento. Seria melhor para o hospital lidar com o assunto internamente. Barry e Arnold não sabiam se Jones simplesmente achava que estava fazendo um favor ao hospital ou se na realidade se considerava incapaz de realizar uma investigação médica complexa com as evidências disponíveis. Arnold não podia culpá-lo: eles ainda não tinham como provar nada. De qualquer maneira, o problema continuava sendo deles.

Arnold e Barry lançaram mão de todos os recursos disponíveis para pegar Cullen em flagrante, chegando a instalar câmeras na farmácia do hospital por algumas semanas. Entrevistaram médicos, funcionários e até parentes que circulavam pelas alas onde ficavam os pacientes, e deram início a um novo protocolo de retirada de medicamentos para os enfermeiros, tratando os estoques em geral comuns de insulina com a mesma regulamentação rigorosa aplicada às drogas de alto potencial viciante como a morfina. Quando mais dois pacientes tiveram episódios inexplicáveis de hipoglicemia na UTI do Saint Barnabas em outubro e constatou-se que estavam recebendo soro de bolsas adulteradas com insulina, Arnold e Barry reforçaram suas suspeitas e ficaram ainda mais frustrados, porém mesmo assim não conseguiram provar nada.[9] Ainda estavam tentando quando, de repente, Charles Cullen simplesmente foi embora. Os problemas com os picos de insulina desapareceram junto com ele.

5

harlie tinha a impressão de que o mundo estava prestes a desabar feito um cenário de papelão ao redor dele. Sentia que o pessoal do Saint Barnabas sabia o que ele andava fazendo por lá[1] — os investigadores do hospital tinham deixado poucas dúvidas a esse respeito durante a entrevista. Se ele havia adulterado uma ou cem bolsas de soro, ou até mais, não importava. Eles sabiam. Nem sequer tinham investigado o tempo que ele passara na Unidade de Tratamento de Queimados, mas ainda assim sabiam. Haviam passado meses concentrados em dois pacientes que tiveram picos de hipoglicemia e paradas cardiorrespiratórias. Era fácil se enganar em relação aos outros pacientes e difícil diferenciar seus sintomas incomuns da cacofonia costumeira de doenças, mas aqueles dois casos eram inequívocos. Charlie sabia que Arnold e Barry haviam comparado a lista de enfermeiros de plantão nas noites dos dois incidentes e descoberto que ele era o único que trabalhara em ambas as ocasiões. Além disso, havia a questão das bolsas de soro nas quais ele injetara insulina armazenada na farmácia do hospital: eles as haviam encontrado, analisado e guardado como evidência. Às vezes, Charlie injetava insulina nas bolsas aleatoriamente, despachando-as como granadas. Ele tinha certeza de que suas impressões digitais estavam espalhadas pelas bolsas de soro — não tinha se dado ao trabalho de usar luvas. Supunha que, se quisessem, poderiam pegá-lo.

Ele gostava da espera, da ameaça representada por aquela cesura, da tensão especial que emprestava às horas sombrias. Ela deixava tudo mais nítido, impregnava cada estalar de luva ou gole de café de significados e presságios trágicos. Ele esperou por uma resolução para o caso durante toda a primavera, depois o outono e o inverno, passando pelo ano-novo. Como não houve qualquer conclusão, decidiu que ou a administração do hospital era estúpida ou eles estavam com medo, talvez ambos. Charlie apenas imaginava os épicos problemas de responsabilidade que resultariam de suas agulhadas: os processos graúdos como os que aparecem na televisão, do tipo que afeta até mesmo as grandes empresas. Quaisquer que fossem as preocupações de um hospital, Charlie não achava que fossem os pacientes. Os hospitais mentiam, do mesmo jeito que tinham mentido para ele quando procurou o corpo da mãe. Eles encobriam. Ocultavam. E ninguém cuidava de verdade da dor de ninguém; Charlie também havia aprendido sobre essa hipocrisia quando ninguém cuidou da dor dele. Profissionalmente, achava a atitude legalista revoltante. Como católico não praticante, considerou uma ironia; são Barnabé, Filho da Consolação, santo padroeiro das linhas finais. O fracasso do hospital em incriminá-lo parecia uma espécie de absolvição de culpa. Então, quando o Saint Barnabas[2] finalmente parou de convocá-lo para plantões, Charlie não pôde deixar de se sentir genuinamente surpreso.

6

10 de janeiro de 1992

Charlie disse a Adrianne que se tratava de uma questão política interna do hospital, algum problema que não tinha nada a ver com ele, ou pelo menos não deveria ter tido. Ele estava sendo perseguido pela administração da enfermagem, explicou, uma retaliação, por despeito. Charlie disse a Adrianne que o motivo era uma greve iminente dos enfermeiros. Houvera debates a esse respeito na unidade e Charlie tinha sido uma das poucas vozes contrárias. Os pacientes iam sofrer, dissera ele — era uma questão de princípios. Adrianne viu algo do antigo Charlie ganhando vida outra vez enquanto o marido falava. Ele deixou explícito que ia priorizar os pacientes em vez do contracheque e furaria a greve, se fosse necessário. Não era uma opinião popular e, como resultado, ele se tornou alvo de uma campanha de vingança dentro da unidade. Ele fora escolhido para ser o bode expiatório.

Então Adrianne ficou realmente confusa. Bode expiatório? Bode expiatório de quê? Charlie se empertigou na cadeira feito um gato, atento e majestoso. Bem, disse ele, tudo girava em torno de estranhas ocorrências no Saint Barnabas. Houvera incidentes e uma investigação fora aberta. Os incidentes… bem, alguém estava injetando substâncias nas bolsas de soro na farmácia do hospital. Insulina, o que era perigoso, como Adrianne bem podia imaginar. Era uma história chocante. Charlie expôs tudo com calma, explicando com grandes floreios técnicos como as entradas das bolsas são projetadas para que se introduza nelas uma agulha, a fim de adicionar medicamentos à mistura, e como era impossível identificar a olho nu se algo havia sido adicionado ao soro. No microscópio, disse ele, era possível ver a abertura de plástico perfurada como uma cortiça usada, algumas perfuradas dezenas de vezes. Houvera picos de hipoglicemia e paradas cardiorrespiratórias nas unidades dele, continuou Charlie — foi apenas assim que a administração do hospital finalmente descobriu o que vinha acontecendo. Era impossível saber com exatidão quantos pacientes tinham sido afetados e quais tinham morrido como consequência da adulteração, mas as evidências sugerem que foram muitos, um número verdadeiramente impressionante.

Era um mistério quem estava por trás de tudo aquilo, afirmou Charlie, um autêntico caso de espionagem; o hospital havia feito uma investigação enorme, mas não conseguiram descobrir nada. Charlie achava que o caso fizera os administradores do Saint Barnabas parecerem estúpidos. Era por isso que precisavam de um bode expiatório, um mártir. Charlie fora crucificado por ter feito a coisa certa em relação à greve dos enfermeiros. E se tornara o foco da investigação interna do Saint Barnabas. Tinha sido por isso que fora demitido. Não era justo, lamentou, mas assim era sua vida: injusta.

Fazia muito tempo que Adrianne não via o marido tão animado, e o entusiasmo dessa atitude de alguma forma neutralizou o horror do que ele estava descrevendo. Toda aquela história não fazia sentido para Adrianne. E ela deixou que não fizesse.

Charlie esperou que seu mundo desabasse, com direito a tudo que viria junto, mas a explosão nunca aconteceu. Causa e efeito: a causa foi enterrada sob o eufemismo de "problemas"; o efeito foi apenas movimento e mudança. Não houve polícia, ninguém o seguiu, ninguém ligou. Em vez de sofrer as consequências, Charlie se viu duas semanas depois em Phillipsburg, Nova Jersey, sentado em uma cadeira diante da mesa do departamento de Recursos Humanos do Hospital Warren,[1] preenchendo a ficha de mais um trabalho em período integral.[2]

Em "experiência profissional", ele listou seu trabalho como técnico em um submarino nuclear da Marinha, três anos cortando caixas no depósito da Caldor de West Orange e quase seis anos como enfermeiro no Saint Barnabas. As "datas de emprego" indicadas por ele, de maio de 1987 a janeiro de 1992, eram tecnicamente verdadeiras: ele havia sido demitido do Saint Barnabas nos primeiros dias de janeiro. Ainda era janeiro.

Temos permissão para entrar em contato com seu empregador atual? Charlie circulou "Sim".[3]

Referências profissionais: Charlie listou o número de telefone do Saint Barnabas.

E quando a funcionária do departamento de Recursos Humanos perguntou o motivo de o jovem enfermeiro querer deixar o emprego de longa data, Charlie respirou fundo e disse que era por causa do deslocamento até o trabalho. O Hospital Warren ficava vinte minutos mais perto de casa e da família. Mudar de emprego tinha sido uma decisão familiar, esse era o tipo de pessoa que ele era. Simplesmente fazia mais sentido.

Charlie queria todos os plantões disponíveis: noites, fins de semana e feriados. O Warren pagaria a ele 14,84 dólares por hora, 18,30 dólares se ele permanecesse no plano de saúde de Adrianne, com um extra de 23 centavos por hora se transferissem Charlie para a UTI. Ele ligou para Adrianne do telefone público na entrada principal do hospital, ansioso para contar à esposa que tinha conseguido a vaga. Se tivesse feito algo de errado, será que conseguiria encontrar um novo emprego com tanta facilidade? Adrianne desligou o telefone e agradeceu a Deus. Para ser sincera, com dois filhos e uma hipoteca, não importava se Charlie estava certo ou errado, apenas que estivesse trabalhando. E o que o marido dizia finalmente fez algum sentido. Se não podia confiar em um hospital, em quem mais confiaria?

7

drianne cruzou os dedos. A demissão de Charlie tinha parecido tão condenatória que, a princípio, ela a considerou uma validação de suas preocupações pessoais a respeito do caráter do marido. Mas então, quando ele não demorou a encontrar um novo trabalho, ela voltou a questionar a si mesma. Charlie era membro do sindicato, havia estudado e sido submetido a avaliações, recebera diplomas que exigiam recertificação continuada e era regulado por conselhos estaduais de enfermagem, conselho de ética do hospital, supervisores e departamentos de pessoal. Se não houvera nenhuma repercussão para acusações tão graves, se ele fora demitido e logo recontratado, então esse devia simplesmente ser o processo. Era inconcebível que, em uma instituição responsável por vidas humanas, os funcionários não fossem fiscalizados no mínimo com o mesmo rigor que os estoques de morfina. Adrianne não sabia como funcionava a medicina, mas sabia como funcionavam os negócios; todos os sinais indicavam que a demissão e a recontratação de Charlie não tinham mais justificativa ética do que qualquer outra reestruturação corporativa.

A mudança de emprego pareceu rejuvenescer o marido. Sua carreira tinha outro rumo e uma remuneração mais alta. Ele parecia empolgado com a nova rotina, os novos sistemas técnicos a aprender e os novos pacientes aos quais aplicá-los, e esse entusiasmo se refletiu em uma atitude na vida doméstica que era, se não positiva, pelo menos mais animada. Charlie até concordou em começar a trabalhar durante o dia, para que sua agenda não ficasse completamente conflitante com a de Adrianne. Isso reforçou ainda mais a necessidade da creche, mas pareceu um sinal de esperança para o relacionamento dos dois. Bastou uma semana para que os problemas do casal recomeçassem.

Fazia muito tempo que Adrianne não considerava Charlie um bom marido e, logo depois do nascimento da segunda filha do casal, Saskia, em meados de dezembro de 1991, ela chegou à conclusão de que tampouco gostava dele como pai. Tornara-se impossível para Adrianne ignorar o hábito de Charlie de beber escondido. Não havia mais como evitar o assunto. Primeiro ele negou. Então Adrianne arrombou o baú do marido enquanto ele estava no trabalho e o confrontou com as garrafas. Charlie transformou, ou pelo menos tentou transformar, o fato de ela ter violado sua privacidade no verdadeiro problema, mas Adrianne não aceitou. No fim das contas, ele reconheceu que bebia, mas insistiu que aquilo não era uma questão. Estava deprimido, mas não, não queria tomar antidepressivos. Era óbvio para Adrianne que o marido deprimido só ficava ainda pior com a bebida, que ele estava indo para o buraco e levando a família junto. Confrontar Charlie enquanto ele estava bêbado era inútil. Eles brigavam e falavam coisas, e Adrianne tinha que suportar uma noite que Charlie ou se recusava a reconhecer que acontecera ou da qual não se lembrava no dia seguinte. Toda vez que ela tentava confrontá-lo quando ele estava sóbrio, Charlie se refugiava no porão. Por fim, Adrianne decidiu que ele precisava de ajuda externa. O plano de saúde da empresa em que ela trabalhava pagava cinco dias em um centro de tratamento para dependência de álcool. Mas Charlie não queria parar de beber. Adrianne deixava os antigos livros do A.A. dele na bancada, com a esperança de que ele se lembrasse de suas resoluções anteriores. Mas o tiro saía pela culatra. Charlie ficava com raiva, ou os ignorava, ou os guardava como se estivesse arrumando as coisas. Em seguida, se sentava, bebia Coca-Cola e comia batatas fritas até a hora de se retirar para o porão.

Charlie não via motivos para discutir. Ele gostava de beber. Isso o animava, pelo menos no início. Abafava o ruído. Transformava minutos instáveis em um Agora constante. Ele se sentia ao mesmo tempo mais distante e mais focado. Esse foco era dedicado sobretudo a si mesmo. Sentia-se injustiçado e profundamente incompreendido, e considerava criminoso e trágico que a própria esposa não percebesse sua fragilidade, a veracidade e a intensidade de seu sofrimento interior. Porque Charlie *estava* sofrendo, intensa e diariamente. Adrianne nunca percebia isso, por mais que ele tentasse mostrar a ela. Ele preparava demonstrações de seu sofrimento com esmero, certificando-se de que, por exemplo, quando Adrianne entrasse na sala, ele estivesse ao telefone com a funerária local, perguntando sobre os preços de um sepultamento.

As demonstrações de Charlie não faziam nada além de irritar ainda mais a esposa e confirmar a futilidade dele. Então, ele tentou novamente. Esperou até ouvir Adrianne sair da cozinha, em seguida tombou dramaticamente do sofá para o chão da sala: língua para fora, pílulas espalhadas como um borrifo de sangue do frasco âmbar, suicídio em flagrante. Com certeza, pensou Charlie, essa encenação mostraria a sinceridade de sua dor. Mas Adrianne se limitou a dar um grande suspiro irritado, passou por cima dele e pegou uma revista da mesinha de centro, deixando Charlie deitado lá, sem saber por quanto tempo manter a pose. Agachado no tapete, recolhendo as pílulas uma a uma e colocando-as cuidadosamente de volta no frasco, ele dedicou a si mesmo uma dose extra de comiseração, sabendo quão errado era que a própria esposa ignorasse a óbvia agonia que ele demonstrara. Permaneceu agarrado a essa mágoa por alguns dias e, em seguida, passou a pensar em outra maneira de obter a devida compaixão. Mas quanto mais tentava mostrar a Adrianne quanto sofria, mais ela o odiava por isso.

Por fim, em novembro de 1992, Adrianne decidiu que já tinha suportado o suficiente. Não disse nada a Charlie, mas consultou um advogado; temia que acontecesse com suas filhas o mesmo que ocorrera com a cadelinha Queenie. Depois, ao voltar para casa no início da noite, Adrianne se sentiu fortalecida por sua decisão secreta. O único problema era que precisava se submeter a uma cirurgia na vesícula biliar em janeiro, e o procedimento estava programado para ocorrer no Warren, onde Charlie trabalhava. O advogado disse que os documentos não ficariam prontos a tempo, mas Adrianne insistiu. Não havia a menor possibilidade de ela entrar naquele hospital — o hospital de Charlie — sem um documento declarando sua intenção de se divorciar e as razões por trás disso. Se o marido estivesse de plantão, explicou, algo poderia acontecer com ela, como acontecera com Queenie. Adrianne não explicou exatamente por que se sentia assim, nem ousaria explicar. A única coisa que disse ao advogado foi que precisava que os documentos estivessem prontos. O pai de Adrianne a acompanhou até o hospital e esperou até ela sair da sala de recuperação. Ela pediu ao pai que não permitisse nenhum outro visitante, muito menos seu futuro ex-marido.

Charlie estava trabalhando na UTI do Warren na tarde em que a papelada do divórcio foi entregue. Ao que parece, o homem o enganou para que ele se identificasse, em seguida entregou o envelope diretamente a Charlie, em público. Ele se sentiu humilhado por receber algo tão pessoal ali, no hospital onde trabalhava, mas quando tentou falar com Adrianne na ala do pós-operatório, deu de cara com o sogro e uma cortina fechada. E quando Adrianne recebeu alta do hospital e foi para casa, o pai foi com ela e ficou dormindo no sofá-cama como uma ameaça implícita. Charlie ficou indignado e em seguida pareceu patético. E gradualmente Adrianne começou a sentir um pouco da antiga compaixão pelo marido. Ele estava sofrendo. Era o pai de suas filhas, afinal. Estava resignado ao fato de que seguiriam vidas separadas — ela precisava puni-lo também? Ficou decidido: Charlie sairia de casa assim que pudesse, mas eles continuariam morando juntos até acertarem os detalhes. Adrianne se arrependeu dessa decisão quase imediatamente.

Janeiro de 1993

Era noite quando os policiais chegaram, dois jovens patrulheiros empunhando pesadas lanternas, a viatura estacionada ostensivamente do lado de fora. Aquilo era novidade para Adrianne, levar aquela questão para além das paredes de casa, colocá-la no papel.[1] Ela disse aos policiais que seu futuro ex-marido era um bêbado perigoso e o acusou, vagamente, de violência doméstica. Havia encontrado o marido embriagado diante da lareira, olhando de forma inexpressiva para os livros do A.A. e atirando as páginas nas chamas. Contou a eles tudo de que conseguiu se lembrar, inclusive sobre a investigação no hospital e sobre como Charlie certa vez havia se gabado de, ainda criança, ter envenenado a bebida do namorado violento da irmã grávida com fluido de isqueiro. Ela ainda não havia ligado os pontos, mas queria dar um depoimento formal vinculando essas histórias aos problemas dele com a bebida e ao temor que sentia pelas filhas e por si mesma. Talvez envolver a polícia criasse uma pressão. Estava forçando um pouco a barra, mas não se importou nem um pouco.

Adrianne contou aos policiais todas as coisas estranhas a respeito de Charlie que lhe vieram à mente. A denúncia de violência doméstica rapidamente se tornou um monólogo sobre os estranhos acontecimentos envolvendo os animais de estimação dos Cullen. Havia muitas coisas que não se encaixavam — no hospital, em casa, no casamento deles —, mas o caso dos animais era algo que ela conseguia identificar. Não se tratava apenas do filhote desaparecido: em diferentes momentos houvera furões, hamsters, peixinhos dourados e, é óbvio, Lady, seu primeiro animal de estimação. Ela contou ao policial como Charlie costumava manter a yorkie acorrentada a uma estaca no quintal enquanto Adrianne estava no trabalho, e como ela latia e ficava dando voltas pelo mesmo caminho desgastado até que o serviço de proteção aos animais a levou embora. Adrianne teve que dirigir até a organização de combate à crueldade contra os animais e implorar para tê-la de volta, uma experiência totalmente humilhante. Depois disso, passaram a manter a cachorrinha dentro de casa, e então os barulhos começaram a vir do porão. Às vezes, as pancadas e os ganidos a acordavam. Charlie dizia que estava treinando a cachorra, mas para Adrianne parecia mais uma punição. Ela vestia o roupão, calçava os chinelos e abria uma fresta da porta, com medo de entrar. Gritava do alto da escada: "Deixe-a em paz!" Charlie não respondia, mas os barulhos cessavam. Adrianne ficava parada, perscrutando o silêncio, esperando-o sair. Sabia que ele estava lá embaixo, paralisado como uma criança fingindo ser invisível debaixo de um cobertor. Por fim, ela fechava a porta do porão, voltava para a cama e colocava o travesseiro sobre a cabeça.

Charlie ficou furioso. Era simplesmente inconcebível, sem mencionar absolutamente injusto, que Adrianne contasse aquelas histórias à polícia. Para começar, não havia nenhum motivo para tê-los chamado. Charlie podia ser muitas coisas, mas não agredia a esposa. Ela estava fazendo um teatrinho para os advogados. Pintava-o como um sujeito cruel, louco até, engendrando provas documentais para o divórcio. Não importava o motivo pelo qual ela havia chamado a polícia, depois que eles estavam lá, *pimba*. Adrianne tinha contado a eles até mesmo sobre as simulações de tentativa de suicídio do marido. Charlie respondeu ingerindo vinte comprimidos com uma garrafa de vinho Cabernet barato. Ia mostrar a ela como era, agora pra valer.

***

Charlie havia imaginado a própria morte muitas vezes, mesmo quando menino em West Orange. No sonho, uma bala passava raspando por sua cabeça. Ele era um herói de guerra, um policial, um senador popular e importante proferindo discursos que iam ressoar para sempre nos salões de mármore. E ele morria. Como um mártir. Heroico e nobre. Mas era sempre um sonho. Ele acabava abrindo os olhos, vivo, uma criança, um ninguém. Não era essa a vida à qual estava destinado. No colégio católico, sentia-se incompetente e humilhado; no mundo, estava desconectado e sozinho. Costumava ficar tão deprimido que se recusava a ir à escola ou até mesmo se mexer. A única coisa que queria era ficar em casa com a mãe.

Sua primeira atitude suicida tinha sido aos nove anos. Charlie misturou o conteúdo de um kit de química que havia encontrado na caixa de doações da igreja com um copo de leite, mas o kit de química não era muito bom, e o máximo que ele conseguiu foi ficar enjoado. A segunda foi em uma tarde de dezembro de 1977. Charlie estava de cama, fingindo estar doente para não ir à escola, quando o telefone tocou: a mãe tinha sofrido um acidente de carro com a irmã epiléptica dele ao volante. Não contaram a Charlie que havia sido uma colisão frontal nem que a mãe já estava morta. Ele tentou vê-la no Hospital Mountainside, mas a equipe informou que o corpo já havia sido removido. Ele nunca mais viu a mãe.

Charlie sentiu que mentiram para ele no Mountainside,[2] uma ofensa que passaria a acreditar ser característica dos hospitais em geral e que jamais perdoaria. Ele ficou com raiva, inconsolável, e recorreu novamente à válvula de escape do suicídio. A tentativa culminou em sua primeira internação hospitalar e em seu primeiro psiquiatra, mas Charlie ainda não estava disposto a conversar com ninguém. Ele também não queria dizer: *Ninguém cuida da minha dor. Só eu cuido da minha dor.* O psiquiatra o mandou para casa, de volta para o vazio que ficara com a ausência da mãe.

Charlie não queria voltar para a escola nem para a casa de madeira úmida, muito menos para o convívio com homens que chegavam a qualquer hora com sabe-se lá o que no hálito e na mente. A única opção que vislumbrou foi a Marinha. Os recrutadores haviam prometido uma identidade e um uniforme: sapatos brancos, calça e cinto brancos, até mesmo um quepe branco, nada que havia ficado encardido na vida de outro garoto. Para Charlie, parecia o ramo mais passivo das Forças Armadas, heroico, mas seguro, como seus sonhos mórbidos na infância. *Eu não vou morrer*, pensou, *mas poderia*. Ele imaginou o silêncio imaculado que vira nos filmes ambientados em submarinos, aquela pulsação regular e sibilante, as luzes vermelhas amnióticas, e se alistou para a formação como técnico em eletrônica, responsável pela manutenção de dezesseis mísseis nucleares Poseidon no USS *Woodrow Wilson*.[3] Entretanto, logo se cansou da rotina e concluiu que, no fim das contas, não gostava de eletrônica. Tampouco gostava de receber ordens ou de ficar preso por meses submerso no oceano, cercado de homens estranhos e rudes. Temporada após temporada, o jovem e pálido marinheiro que todos chamavam de "Charlie Branquelo" era alvo de piadas até mesmo dos novatos. Ele tentou diversas vezes cancelar seu contrato de seis anos com a Marinha, mas o máximo que conseguiu foi ser rebaixado na hierarquia e punido em diversas ocasiões por se recusar a obedecer a ordens[4] e pelo comportamento cada vez mais bizarro.[5] O último ano[6] foi passado limpando latrinas e se embebedando sempre que possível.[7] Quando a bebida acabava, ele recorria ao enxaguante bucal Listerine[8] ou a produtos de limpeza. Em 13 de janeiro de 1984, Charlie bebeu de um frasco e foi parar na enfermaria do USS *Canopus*. "Eu bebi veneno", informou ao médico. "Não estou me sentindo bem." Já era seu terceiro anúncio de tentativa de suicídio desde que ingressara no serviço militar e a terceira vez que era levado de ambulância à enfermaria psiquiátrica do Hospital Naval de Charleston.[9] Mas, apesar de seu comportamento suicida, o fato é que Charlie, na verdade, não seria capaz de se matar; ele havia aprendido com as freiras do colégio católico que o suicídio era pecado, e não queria ir parar no purgatório.[10] Mas podia se forçar a ficar doente, porque, em muitos aspectos, adoecer era melhor. Ninguém nos ama tanto como quando estamos morrendo.

Charlie ainda estava na UTI,[11] se recuperando da tentativa de suicídio mais recente, quando Michelle Tomlinson foi visitá-lo. Michelle era uma colega enfermeira da Unidade de Telemetria do Hospital Warren, uma amiga e, Charlie esperava, talvez algo mais. Ele sabia que os dois tinham uma conexão. Sempre havia momentos ociosos durante um plantão, quando já tinham feito a ronda de todos os pacientes e todas as medicações tinham sido administradas, que eles passavam conversando. Charlie achava que ele e Michelle eram muito parecidos. Ela também sofria de depressão. E gostava dele. Talvez fossem até mesmo almas gêmeas.

Michelle via Charlie como ele achava que deveria ser visto. Sentia pena dele. Enxergava seu íntimo e sua dor e respondia com uma atenção maternal. Ele era como um filhote de passarinho ferido. Michelle chegou com a atenção em conta-gotas. Foi sugestão dela que Charlie pedisse para ser transferido para o Muhlenberg, uma Unidade de Tratamento Psiquiátrico do outro lado da divisa interestadual, em Bethlehem, na Pensilvânia. Michelle conhecia pessoas no Muhlenberg, disse ela. Era bom. Charlie ia gostar. Ele solicitou a transferência, foi mais uma vez levado de ambulância e se internou. Michelle tinha razão. Ele gostou do Muhlenberg. Michelle também o visitava lá, levando flores. Ela puxava uma cadeira e se sentava junto à cama dele. Mesmo de cama, mesmo suicida, Charlie fazia Michelle rir. Ele era autodepreciativo, engraçado e charmoso — ela o achava charmoso, pelo menos, e essa ideia, essa promessa, se tornou algo sólido na mente dele, o suficiente para que Charlie se sentisse bem a ponto de dar alta a si mesmo do Muhlenberg, assinando um termo de responsabilidade, bem a tempo de se encontrar com o advogado da esposa no processo do divórcio. [12]

Charlie estava determinado a representar a si mesmo no processo. O divórcio em si já ia lhe custar dinheiro suficiente, então não fazia muito sentido pagar a um estranho arrogante com um diploma para acelerar o abate. Na verdade, Charlie estava ansioso para assumir esse novo papel de advogado, mostrando que sabia usar a linguagem dos tribunais e tiraria de letra os procedimentos. Ele aprendia rápido e não tinha dúvida de que era capaz de enfrentar o profissional encarregado de representar Adrianne, um advogado chamado Ernest Duh. Parecia estranho para Charlie que o que fora unido diante de Deus em um elegante salão alugado pudesse ser dissolvido por um advogado diante de uma mesa de escritório. Duh apresentou uma lista de itens para dividir uma vida conjunta em duas partes iguais. Ela ficaria com a casa, ele ficaria com o Honda e o Ford, e o tapete oriental e as porcelanas Royal Doulton seriam vendidos. O restante coube perfeitamente na traseira da caminhonete de Charlie para o trajeto de dez minutos pela autoestrada 22 até seu novo apartamento, do outro lado de Phillipsburg.

Charlie havia visto o anúncio no jornal, um apartamento privativo no porão de uma casa de pedra de setenta anos,[13] e o alugara por telefone, sem visitar o local. A proprietária hesitou em alugar para um homem estranho sem nem sequer conhecê-lo, mas ficou satisfeita quando ele listou suas qualificações como enfermeiro com emprego bem remunerado, pai, não fumante. Charlie deixou de fora apenas um detalhe: seu inquilino em potencial estava ligando de uma instituição psiquiátrica. Ia contar isso a Michelle quando retornasse ao Warren.

Ao voltar ao trabalho, Charlie parecia apegado a ela como um filhote. Michelle era uma mãe solo com um emprego em período integral, um divórcio conturbado e um relacionamento volátil de idas e vindas com o namorado, Jerry. Charlie era um bálsamo. Não importava qual fosse a pérola absurda que Michelle desenterrasse de sua vida patética, Charlie era capaz de se igualar a ela, e então superá-la. Ele estava sempre disposto a compartilhar mais um capítulo de sua vida por vezes ridícula. Eles chamavam isso de "festival da autocomiseração" como uma piada, mas sabendo que era exatamente o que era. Então, quando Michelle e Jerry se separaram por uma semana, ela pensou *Bem, por que não?* e quebrou a própria regra de não sair com colegas de trabalho. Ela deixou que Charlie a levasse para jantar apenas uma vez.

9

Charlie estava empolgado enquanto se preparava, se barbeando, tomando banho, em seguida se barbeando novamente. Ele se sentiu bonito e charmoso ao se olhar no espelho retrovisor enquanto ia encontrá-la para jantar. Quando Michelle pediu seu sundae de brownie, Charlie já estava apaixonado. Ele a observou do outro lado da mesa, mexendo a calda com a colher longa, e teve certeza: Michelle era sua alma gêmea, ponto final. Então Charlie decidiu usar todo o seu charme.

De acordo com o que vira, Michelle gostava de brownies. Então, ele começou a levar brownies para ela todos os dias, mesmo em seus dias de folga. Quando Michelle não os tocava, ele cortava um quadrado e o colocava em um prato perto dos prontuários dela, às vezes junto com outros presentes, pequenos gestos românticos. Quando Michelle tampouco respondeu a essas investidas, Charlie achou que não estava se esforçando o bastante. Eles faziam plantão juntos pelo menos três noites por semana, mas ele queria mais. Quando não conseguia os plantões, ia trabalhar mesmo assim. Nessas noites, podia seguir Michelle em tempo integral, elevando ao máximo seu poder de conquista. Um dia, apareceu no trabalho com um anel.

Disse a ela: "Eu te amo. Estou apaixonado por você, Michelle." Mas suas palavras não tiveram o efeito que ele imaginara; pelo contrário. Ela ficou subitamente ocupada com os pacientes. Evitou o posto de enfermagem o restante do plantão e saiu sem se despedir. Ele tentou ligar para a casa dela, mas caiu na secretária eletrônica. *Talvez*, pensou ele, *eu a veja no trabalho amanhã.*

Durante todo aquele mês de março, ele se apressou em cumprir suas tarefas, informando a morte de pacientes a membros da família com ar desinteressado. As horas passavam, o sol nascia, o plantão noturno terminava e começava mais um dia. Charlie pegava o casaco e voltava, mal-humorado, para o carro, a estrada, olhando através da pequena brecha no para-brisa coberto de neve, pensando apenas em como Michelle havia perdido o interesse. Uma luz tinha se apagado nela; não estava mais brilhando para ele. A escuridão em sua alma gêmea só podia significar uma coisa: ela estava deprimida. Ele sabia. Por isso eram almas gêmeas. A vida tinha se tornado demais para ela. Ainda precisava dele, mas estava deprimida demais para dizer isso.

De volta ao apartamento, Charlie discou o número de Michelle sem nem ao menos tirar o casaco. A secretária eletrônica atendeu, então ele tentou de novo, e de novo. Parou depois de algumas horas. Então o telefone de Charlie tocou. Era Jerry, o namorado de idas e vindas de Michelle:

— Pare com isso, deixe-a em paz. Olha... — falou Jerry — ... a Michelle está realmente chateada, ela ficou histérica depois do que você fez.[1]

Charlie gaguejou alguma coisa e colocou o telefone de volta no gancho na parede. O que Jerry quis dizer com "histérica"? Michelle estava histérica? Charlie conhecia Michelle, ele a entendia melhor do que o outro homem jamais poderia entender. Fora Jerry quem telefonara, era verdade, mas tinha certeza de que tudo aquilo era um pedido de ajuda de Michelle. Ela estava com problemas, talvez pensando em suicídio. Charlie poderia salvá-la. Era um herói para ela, sabia disso, mesmo que Michelle tivesse esquecido.

10

23 de março de 1993

Michelle morava em um apartamento alugado. Charlie conhecia o endereço. Ele reduziu a velocidade diante do prédio para verificar as janelas e, como não encontrou nada, virou à esquerda, depois à esquerda de novo, dando a volta no quarteirão e passando pelo prédio outra vez; em seguida, contornou na direção contrária para verificar de diferentes ângulos, caso tivesse deixado alguma coisa passar, antes de voltar para casa e deixar outro recado. Então entrou no carro mais uma vez e voltou até lá, dirigindo devagar, e dessa vez viu uma luz acesa e o carro dela estacionado na entrada da garagem, mas ninguém à janela. Deu uma volta no bairro novamente para ter certeza. Nada. Apenas o carro, sem movimentação do lado de dentro. Charles teve um pensamento aterrador: e se ela estivesse tentando ligar para ele? Naquele exato momento? O trajeto até sua casa levava quarenta minutos, no mínimo. Ele precisava dirigir mais rápido. Quantas vezes ela teria ligado?

Ao chegar em casa, verificou a secretária eletrônica, que continuava sem piscar. Tocou a fita mesmo assim, para o caso de a luz de alerta estar queimada. Nenhuma mensagem. Ligou para Michelle novamente, discando os números iluminados no escuro, deixou uma longa mensagem dizendo tudo que sentia, em seguida desligou e voltou para o carro. Dirigiu mais uma vez até o prédio da colega de trabalho, viu o carro ainda lá, a luz ainda acesa, ninguém à janela. Por que ela não atendia? Voltou para o seu apartamento. A luz não estava piscando, mas verificou as mensagens, só por garantia. Pegou o telefone para ligar e se deu conta de como estava tarde. Ligou. Ninguém atendeu. Voltou ao apartamento de Michelle, a chuva se precipitando em meio ao nevoeiro quando Charlie apagou os faróis junto ao meio-fio, atravessou o gramado, os sapatos de trabalho brancos avançando, úmidos, pela grama. Pisou com cuidado no cascalho perto da fundação e colocou as mãos em concha sobre o vidro da varanda. Nenhum movimento na cozinha escura, apenas o piscar constante da luz vermelha da secretária eletrônica. A porta de vidro estava trancada, então Charlie usou um tijolo na janela. Esperou para ver se algo acontecia depois do barulho. Como nada aconteceu, ele entrou.

A cozinha estava iluminada apenas pela luz do relógio do fogão. Ele limpou os tênis no tapete da cozinha, livrando-se dos fragmentos de vidro, em seguida parou e ficou ouvindo. Apenas a marcha quase imperceptível do relógio do fogão, o sangue latejando nos ouvidos. Nenhum outro som. Nem mesmo seus passos enquanto subia a escada. A porta do quarto estava fechada. Charlie a abriu.

Lá dentro, os odores de gente, o som da respiração adormecida, rouca e regular. Charlie ficou parado à porta, imerso na intimidade. É uma coisa delicada velar o sono alheio. Ainda mais delicada porque quem dorme não tem consciência, como crianças alheias às atenções de Deus.

Depois, Charlie foi até o mercadinho. Comprou um café grande para aplacar o frio da manhã e esperou junto ao telefone público até o sol nascer, para poder ligar novamente. Dessa vez, Michelle atendeu. Ela parecia nervosa: alguém tinha invadido seu apartamento. Quebraram o vidro e entraram, enquanto ela e o filho estavam lá dentro, dormindo. A sensação era de uma espécie de violação.

Charlie apoiou o braço no fio de metal. Ele disse que queria que Michelle soubesse — havia tantas coisas a dizer —, primeiro, que ele havia falado com Jerry. Então, sabia que ela e Jerry estavam novamente juntos, e que ele, Charlie não deveria mais incomodá-la. Ele entendia, tudo bem, sem problemas. Por fim, disse a Michelle:

— Fui eu quem esteve na sua casa.[1]

Ela fez uma pausa. "Esteve" na casa dela? Michelle não sabia o que pensar. O que mais ele fizera? Tinha entrado? Bem, sim, disse Charlie, tinha entrado.

— Eu queria ver você — justificou ele. — Você sabe, para ter certeza de que estava bem. De que não tinha tentado nada, como suicídio.

Michelle ficou em silêncio.

— Sabe, bem, estou me sentindo meio maluco agora — continuou Charlie.

Ele disse que entenderia perfeitamente se Michelle quisesse chamar a polícia ou algo assim. Era uma tentativa de mostrar a ela como estava sendo sincero.

Charlie sabia que tinha dado vazão a mais uma torrente, uma que já o arrastava como uma folha para a sarjeta. Ele voltou para o carro, sentindo-se um idiota. Ao chegar em casa, pegou uma Coca-Cola na geladeira, um saco de batatas fritas pela metade e ficou sentado diante da TV até o telefone tocar novamente. Era um oficial da polícia do condado de Palmer. Tinham um mandado de prisão contra C. Cullen, 1,75 metro, 68 quilos, cabelos castanhos e bigode. Sim, disse Charlie, era ele. Ele prometeu ir até a delegacia dirigindo o próprio carro e se entregar.

Em geral, esse seria o momento perfeito para um comportamento suicida, mas a necessidade de se apresentar na delegacia complicava as coisas. Com o planejamento adequado, ainda seria possível fazer os dois; na verdade, pensando bem, ele se deu conta de que era melhor assim. Desabaria e perderia os sentidos em plena cela, onde certamente alguém o veria e o salvaria. Ele seria ao mesmo tempo o criminoso e a vítima. Charlie engoliu um punhado de comprimidos de alprazolam 0,5 miligrama que o médico da clínica psiquiátrica havia prescrito e acrescentou alguns comprimidos do analgésico opioide Darvocet que havia roubado da esposa depois da cirurgia da vesícula biliar, vinte comprimidos ao todo. Em seguida, foi direto para a delegacia.

Assim era ele: um profissional da saúde sério, um homem apaixonado e preocupado, o tipo de coração insensato que dissera ao policial que iria imediatamente até a delegacia e fizera exatamente isso, na hora combinada. Ele pensou que, mais tarde, quando os comprimidos fizessem efeito, seria Romeu, tomado de amor e veneno, no palco.

Os medicamentos agiram como planejado. O alprazolam é um ansiolítico de ação rápida e foi o primeiro a fazer efeito, produzindo ondas sucessivas de despreocupação enquanto os opiáceos da esposa colocavam um pouco mais de gravidade em seus pés. Charlie respondeu às perguntas do policial sentindo um misto de êxtase e relaxamento. Ele estendeu os dedos e o sargento rolou cada um deles em uma almofada de tinta, em seguida sobre o quadrado correspondente em uma folha de papel. Tiraram fotos dele e fizeram com que se sentasse diante de uma mesa com uma máquina de escrever. A polícia de Palmer, no entanto, não tinha intenção de prender Charlie naquele momento. A queixa tinha sido registrada e eles tinham o endereço e o telefone dele. Sabiam onde encontrá-lo caso não comparecesse ao tribunal na data marcada.

Charlie estava quase desfalecendo quando foi liberado para pegar o carro no estacionamento. O sol de fim do inverno já tinha praticamente se posto e uma chuva fria caía do céu niquelado e baço. Ele pegou a chave, sentou-se no banco do motorista e olhou para o para-brisa turvo. Não podia ficar ali, sem ninguém para assistir. Avançou para a estrada principal, ouviu uma buzina, seguiu a linha branca no chão. Luzes de freio brilhavam através do vidro, a chuva batia no teto. Precisava de um telefone público. Saiu da estrada ao avistar as luzes de um hotel, abriu a porta e já estava com metade do corpo para fora quando hesitou. A chuva caía em agulhadas geladas na nuca dele, ao mesmo tempo que lhe encharcava os joelhos. Para quem ligar? Àquela altura, Michelle não era uma escolha apropriada, e aquele definitivamente não era um telefonema que pudesse dar para a ex-esposa. O único outro número do qual conseguia se lembrar era o da babá. Charlie fez a ligação. Em seguida, se sentou no meio-fio e esperou a ambulância que o levaria até o hospital.

CHARLES GRAEBER

11

Abril de 1993

A ambulância avançou pela rua ladeada de árvores sem folhas em direção a uma fortaleza de pedra cinza. O Hospital Psiquiátrico do Estado de Nova Jersey, em Morristown, tinha mudado pouco em seus 150 anos de existência, exceto pelo nome. Na época, chamava-se Hospital Psiquiátrico Greystone. A maioria das pessoas o chamava simplesmente de "Greystone".[1] Era um prédio impressionante, embora intimidador, de cúpulas escalonadas e colunatas imperiais, um exemplo clássico do design Kirkbride dos anos 1870, tão ornamentado quanto um bolo de casamento de várias camadas. O nome era uma referência às próprias rochas, blocos de gnaisse extraídos diretamente da propriedade de setecentos acres e empilhados em uma fortaleza eficiente em separar os habitantes da cidade dos internos. No dia seguinte ao Dia do Imposto,[2] em 16 de abril de 1993,[3] Charlie Cullen foi transferido ao local para tratamento intensivo em regime de internação. Ele foi conduzido através de uma porta de carvalho com pregos de ferro até um escritório moderno e banal para ser submetido ao processo de admissão.

O Greystone era uma instituição decrépita e ultrapassada, que em poucos anos seria permanentemente fechada, com salões de piso de linóleo repleto de ranhuras e a tinta descascada. No hospital psiquiátrico faltavam funcionários e sobravam correntes de ar, e os leitos — que um dia chegaram a abrigar cerca de 7 mil internos — eram então usados por apenas algumas centenas de pacientes, atendidos por uma equipe reduzida. As velhas pedras, no entanto, ainda conservavam uma majestade senhorial, e Charlie ficou lisonjeado por ter sido mandado para lá. O hospital psiquiátrico tinha sido construído com base na filosofia psicológica de que a arquitetura era um componente essencial da higiene mental, e a paisagem bucólica do Greystone era tão essencial quanto a violenta terapia de choque com insulina ou a mais discreta psicocirurgia em sua abordagem da reabilitação de pessoas deprimidas e suicidas.

O quarto de Charlie ficava em uma das alas de dormitórios, que se projetavam dos edifícios principais como os raios de uma roda. Cada quarto tinha uma janela gradeada que emoldurava tranquilizantes vistas pastorais de colinas e árvores. Uma imponente estrada de terra levava suavemente aos sopés arborizados do mundo real. Esse cenário, combinado a uma abundância de luz e exercício, seria capaz de permitir que um interno desatasse o nó intrincado e apertado das ideias nocivas, dos pensamentos circulares e outros espasmos da mente que o mundo cada vez mais industrializado infligia a uma psique humana frágil. A esperança era de que a doença da mente surgia do meio, não do indivíduo; mude o ambiente e você muda o homem. Pelo menos, essa era a ideia.

Certamente, durante o período que permaneceu internado, Charlie se sentiu menos estressado. Ele estava, de certa forma, feliz. Se eram apenas férias temporárias de seu antigo eu ou uma nova descoberta sobre sua verdadeira natureza, essa questão não lhe ocorreu; a felicidade era uma bolha que pensamentos conflituosos podiam romper. As grossas paredes de pedra do Greystone eram como um porão construído acima do solo: proporcionavam um lugar onde se isolar das pressões do trabalho e do romance e se refugiar de seus gatilhos e compulsões.

Nas sessões de terapia, Charlie nunca precisava lutar para ser reconhecido e validado. Aprendeu a conter as questões pessoais nos termos de expressões psicológicas oportunas. Falar sobre si mesmo era algo encorajado; na verdade, os problemas dele eram os únicos tópicos. Ele aproveitou aquele mês de abril. Todas as manhãs, Charlie se levantava e contemplava o entorno da clínica psiquiátrica, observando o gramado que verdejava rapidamente, a floresta nua já repleta dos primeiros brotos. Eram dias úmidos, de um clima agradável e ameno, a chuva fina caindo do céu coberto de nuvens fofas, o leve frio da mansão de pedra. Não havia surpresas, gatilhos, correspondência nem ligações. Ele se sentia tranquilo. Talvez por causa das atenções, talvez por causa das consultas, talvez por causa dos remédios — mas abril foi bom. Então uma página do calendário foi virada, e as férias acabaram.

O céu clareou, as nuvens desapareceram e o calor chegou cedo. A cada dia um novo recorde, como se Deus estivesse testando os limites. Na segunda semana de maio, a temperatura chegou a 32 graus. O dormitório se transformou em um forno, as janelas eram quadrados quentes que repeliam. O clima era o principal assunto nas reuniões de grupo agora, condições sobre as quais realmente valia a pena falar. Mas o foco havia se fragmentado. Era outro dia incrivelmente quente quando Charlie se deparou com o bilhete esperando em seu cubículo.

No Greystone, os pacientes não tinham telefone; todas as chamadas chegavam por meio de uma antiquada central telefônica, e as mensagens eram retransmitidas a lápis em pequenos pedaços de papel branco. Charlie reconheceu o familiar código de área 908 e o número da central telefônica do Hospital Warren e soube: *Ok, chegou a hora.* Ele chegara a se perguntar se iam se dar ao trabalho de demiti-lo formalmente, ou se na verdade aquilo se tratava de algo mais sério.

Charlie não tinha exatamente dado o melhor de si no Hospital Warren. Não estava particularmente preocupado com as consequências da morte de pacientes. As duas que lhe vinham de imediato à mente tinham sido discretas e, em grande parte, banais. Mas o colapso mental de Charlie tinha sido tudo, menos sutil: seus problemas particulares eram inteiramente conhecidos no Warren. A equipe sabia todos os detalhes sórdidos de sua perseguição a Michelle; tinham visto ele chegando ao pronto-socorro sendo levado pela babá das filhas. Charlie sabia o que parecia: o perseguidor de Michelle, recém-recuperado de outra tentativa frustrada de suicídio, a meio caminho entre a prisão e o hospício. Pelo menos estavam prestando atenção. Decidiu retornar a ligação.

Quando colocou o telefone no gancho, cinco minutos depois, Charlie teve vontade de rir — não alto, obviamente; rir de si mesmo era desencorajado em uma unidade psiquiátrica, mas *era* engraçado. A ligação tinha sido mesmo do Warren. Eles queriam saber quando ele estaria disponível. Contanto que um médico do Greystone o liberasse para trabalhar, Charlie podia voltar direto para o plantão noturno.

12

O apartamento subterrâneo ficara fechado durante todo o tempo que Charlie passou fora. Ele voltou a ocupar o espaço, aplicando o design Kirkbride a seu hospital psiquiátrico particular. O terreno bem ao lado do prédio estava vazio; Charlie dedicou sua energia entre os plantões a transformar a área coberta de ervas daninhas em um jardim. Ele absorvia a luz solar enquanto as sementes compradas em uma loja faziam o mesmo. As flores precisavam dele. Ali, entre as sebes, Charlie estava no comando.

No Warren, ele por vezes via de relance Michelle Tomlinson por entre as portas do elevador se fechando, ou via um lampejo de seu cabelo iluminado pelas luzes amarelas do estacionamento enquanto ela caminhava em direção ao carro, e todas as vezes precisava sufocar o impulso de chamá-la. Mas Michelle nunca o via, ou fingia não o ver. Não importava. Mesmo que ela o *tivesse* visto, uma ordem judicial os impedia de trabalhar juntos na UTI, algo desnecessariamente explicado pela nova supervisora de enfermagem de Charlie, Connie Trembler. Ele não precisava de alguém dizendo o que podia ou não podia fazer. Estava decidido a ser bom. Connie continuou tagarelando sobre as novas regras, mas Charlie manteve a expressão impassível. Ele sabia que tinha estragado tudo com Michelle. O silêncio era a melhor penitência que poderia oferecer. De qualquer forma, Connie transferiu Charlie para uma ótima função bem ao lado, na unidade de internações com telemetria, que tinha suas recompensas secretas.

A unidade de internação com telemetria era uma ala intermediária, uma espécie de purgatório entre a intensidade contínua da UTI e a rotina semelhante à de um hotel na ala de internações comuns de um hospital. Era uma unidade reservada principalmente para pacientes cardíacos — não os críticos, mas os que estavam em recuperação, cuja estabilidade poderia sofrer uma súbita piora. Esses pacientes precisavam ser cuidadosamente monitorados.

É óbvio que, do ponto de vista do paciente, o purgatório era muito irritante. Eles ficavam presos a fios e acessos intravenosos como marionetes, conectados a uma máquina que emitia bipes, piscava e às vezes suspirava, como aquelas das novelas, nas quais aparece uma linha contínua indicando uma parada cardíaca nos momentos dramáticos. Como os pacientes da Unidade de Telemetria não ficavam fortemente sedados, a associação os deixava nervosos, o que não contribuía em nada para a pressão arterial e fazia a máquina emitir um bipe duplo, momento no qual Charlie entrava em cena. Sua principal habilidade era Educação do Paciente, uma pedagogia individual roteirizada que ele apreciava. Charlie era enciclopédico na iteração dos detalhes técnicos e tinha meios eficazes de explicar os dispositivos. Ele informava que, sim, paciente tenso: você está conectado a um detector de mentiras, pelo menos em alguns aspectos.[1] Depois de entender como a máquina funcionava, no entanto, o polígrafo deixava de ser tão assustador. E Charlie sabia muito bem disso; àquela altura, sabia como eles funcionavam melhor do que a maioria dos policiais.

Um eletrocardiograma contém uma quantidade imensa de informações. O sangue entra pelo topo do coração e sai pela parte de baixo, bombeado pela contração das cavidades, do átrio para o ventrículo. A contração é provocada por um impulso elétrico. O eletrocardiograma traduz esses pulsos elétricos em uma imagem, desenhada por uma agulha coberta de tinta que se movimenta sobre um rolo de papel milimetrado.

Em geral, Charlie explicava tudo isso enquanto colocava os eletrodos sobre as costelas retesadas dos idosos, os mamilos como borracha seca, os tufos de pelo.

No coração saudável, o músculo se contrai, bombeando o sangue como a mão de um fazendeiro bombeia o leite das tetas de uma vaca. No eletrocardiograma, os intervalos de uma pulsação normal se assemelham a uma cordilheira. As informações estão no tamanho e no espaçamento dos picos. Alguns parecem difusos, inclinados ou endentados, outros têm um registro tão irregular quanto o de um terremoto. Olhando para o papel, um enfermeiro sabia identificá-los; sob a bata hospitalar, por trás das costelas, o coração se agitava como um saco cheio de ratos.

O processo de divórcio de Charlie ocasionara dois testes de polígrafo naquela primavera. O primeiro foi precipitado pelas alegações de Adrianne de que o marido era um alcoólatra perigoso que bebia enquanto estava com as crianças. Isso, e uma ordem judicial de restrição, solicitada logo depois da denúncia de violência doméstica da esposa à polícia, eram os principais argumentos de seu pedido de guarda unilateral das filhas. O polígrafo tinha sido ideia de Charlie. O teste foi marcado para 18 de junho, dois meses depois de Charlie ter recebido alta do Greystone. De acordo com a máquina, ele passou no teste: estava dizendo a verdade. Mas essa foi apenas uma pequena vitória na guerra bizarra que vinha travando no tribunal, e doze dias depois Adrianne conseguiu uma ordem de restrição definitiva contra o marido.

O processo de divórcio na vara de família do condado de Warren não estava indo bem para Charlie. Tampouco seu caso no Tribunal de Apelações Comuns do condado de Northampton. Charlie havia sido indiciado por perseguição e arrombamento, além de invasão de domicílio e assédio. Tratava-se de um processo criminal, muito mais tenso do que o de divórcio, conduzido por um promotor público agressivo e intimidador. Inicialmente, Charlie havia decidido advogar em causa própria, mas logo percebeu que era uma tarefa além de sua capacidade.

Ele precisava demonstrar que estava passando por dificuldades financeiras para estar apto a ter um defensor público. Mas, embora seu pedido listasse as despesas externas indispensáveis, como 1.460 dólares por mês de pensão alimentícia, as consultas do acompanhamento psicológico e o pagamento mínimo do cartão de crédito, ele deixou de listar suas despesas pessoais diárias mais básicas, como aluguel e alimentação. Não foi uma desatenção fortuita: as inúteis despesas de sua subsistência física simplesmente não eram necessidades que importavam. Charlie não as listou porque elas não existiam para ele. Ele estava completamente falido, mas seus rendimentos líquidos pareceram substanciais para o tribunal, e seu pedido de um defensor público foi negado. Agora, Charlie também precisaria pagar a um advogado de defesa, o que o deixou ainda mais endividado.[2] Ele escolheu um no catálogo telefônico e pagou o adiantamento. Três dias depois, o advogado pediu para se afastar do caso, alegando que Charles Cullen tinha uma personalidade "difícil demais" de se representar como cliente. Sem ter com quem desabafar sobre suas frustrações no tribunal, Charlie dirigiu sua raiva ao ex-advogado. Escreveu cartas longas e raivosas ao tribunal, comparando a profissão de advogado à dele. Um enfermeiro poderia simplesmente abandonar um paciente?, perguntou ele. Não, não poderia. Por que não? Era antiético e, portanto, antiprofissional. O desabafo não melhorou sua situação. Agora ele não tinha escolha a não ser representar a si mesmo diante do juiz.

Charlie beirava a incoerência no tribunal, e sabia disso. No dia 10 de agosto, desistiu e simplesmente se declarou culpado da acusação menos grave de assédio e invasão de domicílio. Foi condenado a pagar uma multa e a ficar em liberdade condicional, mas não foi preciso cumprir pena na prisão. Estava livre para voltar para casa, onde tentou se suicidar novamente, dessa vez ingerindo pílulas e vinho, dirigindo até o Hospital Warren e dando entrada na emergência. A combinação familiar de suas atitudes intencionais e da sensação de desamparo resultante aliviou parte do estresse, como espirrar ou ceder a uma compulsão, mas o alívio durou pouco, e na noite seguinte Charlie foi liberado para casa em meio a uma névoa mental.

O apartamento subterrâneo estava estranhamente frio, mesmo em agosto. O único som era o tique-taque suave do relógio do fogão, contando os segundos. Michelle tinha telefone e ele sabia onde ela morava, porém ligar ou ir até o endereço constituía violação de sua liberdade condicional. Charlie havia sido reprimido e silenciado, mas ainda precisava falar. Ele estava produzindo estalidos junto com o relógio novamente, os dentes cerrados, *taque, taque*. Piscando um olho e depois o outro, observando as garrafas de vinho em sua dança incerta, esquerda, direita, os cotovelos rígidos sobre a mesa de fórmica da cozinha enquanto colocava as palavras no papel para o juiz.

"Eu tinha um relacionamento sexual íntimo com Michelle Tomlinson [*sic*]",[3] escreveu. Aquele juiz não o via, não como Charlie desejava ser visto. Mas ele tinha visto juízes. Eles haviam sido seus pacientes na Unidade de Tratamento de Queimados do Saint Barnabas: homens frágeis, despidos de suas togas, reduzidos a probabilidades, respirando com a ajuda de uma máquina. Charlie escreveu até o céu ser tingido pela manhã. Escovou os dentes, cuspindo vermelho na pia, e pegou o carro para entregar uma pilha gorda de petições escritas a mão. Depois foi se encontrar com George, o psicólogo da vara de família nomeado pelo tribunal que determinaria o futuro de Cullen no que dizia respeito às filhas.

Charlie queria muito ficar com elas, especialmente agora. Suas filhas pequenas eram fãs inquestionáveis de uma versão específica sua. Eram dependentes, assim como os pacientes sob seus cuidados na UTI. Ele acreditava que, com o tempo, poderia realmente se tornar o homem que as filhas imaginavam que ele fosse. Um pai carinhoso. Um bom amigo. Um cuidador benevolente. Algumas pessoas o viam dessa maneira. Alguns de seus colegas enfermeiros o viam dessa maneira. A mãe o vira dessa maneira. Adrianne, no passado, e Michelle também. Quem sabe, pensou, se ficasse com as filhas, pudesse fazer com que o amassem; elas também o tinham visto dessa maneira. Se Charlie se satisfizesse com a atenção delas, talvez não estivesse disposto a arriscar perdê-las novamente. Talvez não tivesse motivo para continuar a alterar a medicação de pacientes no hospital, como a srta.

Natoli. Charlie seria o bom pai e o bom enfermeiro, um desfecho que ele acreditava que George e a vara de família deveriam desejar. As recomendações de George eram a chave para esse futuro potencial, então Charlie estava sempre sóbrio em suas entrevistas obrigatórias.

É óbvio que o psicólogo não tinha ideia de que Charlie estava matando pessoas. Mas sabia muito bem que ele havia tentado se matar diversas vezes, ou pelo menos fizera grandes encenações nesse sentido. George escreveu no relatório sobre Cullen que o suicídio era "a mais grave e definitiva forma de abuso/negligência, rejeição e abandono que alguém poderia infligir aos filhos". Mais tarde naquela semana, o advogado de Adrianne usou o relatório na vara de família. Diante disso, aliado a uma série de outras evidências sobre as bebedeiras de Charlie, as ocasiões em que a polícia havia sido chamada e o temor de Adrianne de que, se ficasse sozinho com as filhas, "em um impulso, pudesse tirar a vida delas e a dele próprio", Charlie não teve nenhum crédito no tribunal. O único lugar onde ele ainda era encarado com alguma seriedade era no hospital.

13

1º de setembro de 1993

Ele não sabia exatamente o que ia fazer. Não era uma decisão, mas vinha visitando a UTI nos últimos dias e estava procurando seu alvo. Uma senhora chamada Helen Dean tinha previsão de alta para o dia seguinte. Era uma mulher idosa que se recuperava bem de uma cirurgia de câncer de mama e tinha um filho adulto, Larry, que parecia nunca se afastar da cabeceira dela. Alguma coisa a respeito desse detalhe atraiu Charlie.

A digoxina ficava em pequenas ampolas de vidro no armário de medicamentos do hospital, armazenadas em uma gaveta de plástico. É uma droga comum na UTI. Parente farmacopeica do extrato digitálico da dedaleira, a digoxina era usada no hospital para diminuir o mecanismo de descarga dos músculos do coração. Charlie pegou três ampolas, calculando: *três doses de meio miligrama dá um miligrama e meio; intramuscular, deve ser o suficiente*. Escondeu a seringa na mão, como se estivesse fazendo um truque de mágica, e entrou no quarto.

Nas lembranças de Larry Dean,[1] ele estava sentado ao lado do leito hospitalar da mãe quando o enfermeiro entrou. Na mesma hora, algo lhe pareceu estranho. Larry tinha estado no hospital todos os dias desde que a mãe fora internada. Conhecia toda a equipe de enfermagem, pelo menos de vista, e teria se lembrado em especial de um enfermeiro. Nunca tinha visto o sujeito. Aquilo era estranho, mas mais estranho ainda era o fato de o enfermeiro estar todo vestido de branco, como um sorveteiro. Todos os outros enfermeiros que tinha visto no Warren usavam azul.

O enfermeiro todo de branco disse a Larry:

— Você precisa sair do quarto.

Disse isso sem fazer contato visual e sem expressão alguma no rosto. Então Larry fez o que ele pediu e foi até o fim do corredor para tomar um café. Voltou dez minutos depois e encontrou a mãe sozinha e irritada.[2]

— Ele injetou uma coisa em mim — disse ela.

Helen Dean puxou o avental e mostrou um pequeno ponto na parte interna da coxa. Larry estava com seu canivete suíço, do tipo sofisticado que tem pequenas lentes de aumento, e encontrou uma característica picada de agulha. Então chamou o médico.

— Pode ser uma picada de inseto — explicou o médico.

No dia seguinte, no entanto, Helen Dean começou a se sentir muito mal. Estava suando, exausta. Quando o coração dela parou, não foi possível reanimá-la, tampouco foi possível consolar Larry.

Larry Dean soube imediatamente que havia algo errado e decidiu investigar. Ele reclamou com o oncologista da mãe, que confirmou que não era para a sra. Dean ter recebido injeção alguma. Ele reclamou com os outros enfermeiros que cuidaram dela. Foi informado de que o enfermeiro que a mãe havia identificado era Charles Cullen.

A ligação seguinte de Larry Dean foi para o promotor do condado de Warren. Ele disse que a mãe havia sido assassinada e apontou o culpado.[2]

Depois de aplicar a injeção em Helen Dean, Charlie foi para casa e pensou sobre suas ações naquela noite. Ele não ficou remoendo o que havia feito; simplesmente presumiu que dessa vez iam descobrir. Não iam? Talvez dependesse de a sra. Dean estar ou não morta. Ele foi trabalhar no dia seguinte e ficou surpreso por ter demorado 24 horas,[3] mas, sim, ela morrera. E, sim, eles estavam investigando. Sua agenda de trabalho estava cheia de reuniões a respeito do incidente. Ele foi questionado pelo médico, pelos administradores do Warren, por seus supervisores na equipe de enfermagem e por duas pessoas da equipe da Promotoria do Condado de Warren, da Unidade de Investigação de Crimes Graves.[4] Todos pediram que ele relatasse o que havia acontecido em voz alta. Charlie negou tudo, obviamente, inclusive a injeção. Observou enquanto revistavam seu armário. Nesse ínterim, Helen Dean havia sido levada para a câmara fria e depois degelada. Um médico-legista retirou uma amostra do minúsculo local da injeção na coxa. O legista procurou vestígios de quase cem substâncias químicas potencialmente letais. Mas, por algum motivo, não fez o teste para a digoxina. A morte de Helen Dean foi considerada resultante de causas naturais.[5]

O supervisor de Charlie informou que ele ficaria em licença remunerada por tempo indeterminado e a medida teria efeito imediato. Não pareceu tão ruim, ser pago para não trabalhar, até que Charlie se viu sentado em seu apartamento subterrâneo, pensando, deprimido, se iriam até ele ou se ele deveria orquestrar as coisas de modo que pudesse cometer suicídio de forma trágica na prisão, como tinha feito depois de invadir o apartamento de Michelle. Não tinha nada para fazer o dia todo; ficava sentado no sofá até que a TV o entorpecesse, deslocando-se da mesa da cozinha, para a cama e para o sofá novamente. O relógio do fogão acumulava os segundos: *tique, taque*. A ambulância chegou pouco antes das onze horas da noite. Dessa vez, Charlie deixou a porta destrancada.

14

Charlie passou mais uma vez pelo ciclo do suicídio: do pronto-socorro para a internação em um hospital psiquiátrico,[1] em seguida, frequentou um programa de terapia fora do hospital. Ao fim do ciclo, o escritório da Promotoria do Condado de Warren estava à sua espera. Fizeram a entrevista habitual. Ele negou tudo. Quando o interrogatório terminou, trouxeram um polígrafo.

Os fios conectavam o corpo dele à máquina. Agulhas embebidas em tinta rabiscavam os resultados no papel milimetrado, mostrando os picos do complexo QRS e a frequência da onda P. Charlie sabia que os picos podiam ser movidos para cima ou para baixo, e até mesmo interrompidos por completo. Mudar esses picos era seu trabalho.

Os policiais não entendiam nada de medicina e não se importavam com o que os picos e as depressões significavam de fato. Estavam interessados apenas nas mudanças mais básicas, como pulso, ritmo e pressão. Com base nisso, acessavam o que chamavam de verdade. Charlie chamava de outra coisa. Ele sabia que aquelas eram mudanças que podiam ser controladas com digoxina, betabloqueadores, nitroprussiato.

O polígrafo fazia suposições rústicas. Ignorava os campos mais fascinantes do eletrocardiograma. Conectava a verdade na mente de um homem e o comportamento de seu coração, unindo um ao outro por meio de um fio, como um telefone de lata feito por uma criança. Era um teste imbecil, e Charlie passou com louvor. Mas, no fundo, tinha bastante certeza de que eles sabiam a verdade.[2]

A licença remunerada de Charlie no Warren durou até o ano-novo, mas ele já havia decidido não voltar. Precisaria de outro emprego para poder pagar a pensão alimentícia das filhas, especialmente considerando o valor considerável ao qual o juiz havia chegado com base em sua carga de oitenta horas de trabalho por semana. Charlie encontrou um novo emprego no Hospital Hunterdon, um bonito centro médico sem fins lucrativos na elegante cidade de Flemington, Nova Jersey. Os telefones do Warren e do Saint Barnabas foram fornecidos como referências.[3] Em abril de 1994, Charlie estava ganhando 23 dólares por hora, além das horas extras, na UTI do Hunterdon e correspondendo às avaliações dos que o haviam recomendado.

Seu relatório de desempenho de outubro de 1995, assinado pela supervisora de enfermagem Marjorie Whelan, dizia que Charlie era "um defensor do paciente [...] que se preocupa com o bem-estar de seus pacientes [...] [é] organizado, muito generoso com seu tempo, tem muito a oferecer, é bem-disposto, espirituoso e inteligente". Ele começou a sair com Kathy, uma enfermeira de sua ala infeliz no casamento, aparentemente disponível, três filhos. Ficou satisfeito com a atenção que ela lhe dava e não tanto pela que conseguia do hospital, e naquele inverno recebeu uma fotocópia de um certificado da UTI do Hunterdon com seu nome preenchido em caneta hidrocor. "Para Charles Cullen, em agradecimento pela 'serenidade e eficiência sob pressão'", dizia. "Por todos os plantões noturnos nos quais ajudou, obrigado!" Marjorie Whelan foi além. "Charles é sempre positivo e educado! Um excelente defensor do paciente! Prestativo!", escreveu. "Não comete erros de medicação."

Mas, na verdade, ele havia cometido.

A mudança se deu de forma tão imperceptível quanto o crepúsculo dando lugar à noite. Não foi uma escolha consciente — ele não sabia dizer exatamente quando nem por quê —, mas, conforme 1995 foi avançando, Charlie foi ficando sombrio. Em novembro, o homem que aparecia para trabalhar todas as noites não lembrava em quase nada o enfermeiro perfeito que o Hunterdon imaginava ter contratado.

Ele não se lembrava do nome das pessoas nas quais havia aplicado injeções e que assassinara,[4] assim como não se importava com as repreensões e anotações que agora engrossavam seu histórico pessoal antes impecável.[5] Alguns membros da equipe de enfermagem reclamavam que Cullen "lubrificava demais os pacientes", transformando-os em "baldes de óleo" depois de dar banho neles sozinho com as cortinas fechadas. Seus colegas de trabalho consideravam a prática pouco profissional, beirando o bizarro, mas sua lista de erros de medicação era muito mais grave.[6] Charlie havia sido flagrado administrando medicamentos não prescritos para alguns pacientes e deixando de administrar remédios essenciais prescritos para outros. A supervisora de enfermagem Whelan não conseguia explicar essa mudança repentina em seu funcionário exemplar, nem seu novo e esquisito comportamento, mas ficou preocupada o suficiente para examinar os prontuários dos pacientes de Cullen. Não se tratava de erros comuns. Sempre que administrava o medicamento errado a um paciente, Cullen não registrava o medicamento no prontuário. O enfermeiro estava brincando de médico como nenhum profissional sério faria. Estava até mesmo solicitando exames laboratoriais. Os pedidos eram estranhamente específicos, como se estivesse procurando por algo em particular.

Na manhã de 19 de julho, dez dias depois que Charlie matou o idoso Jesse Eichin com uma dose de digoxina, Whelan o conduziu até uma sala vazia para uma reunião. Ela não conseguia entender o padrão perturbador que tinha constatado, e então deu um ultimato. Mais um incidente, alertou Whelan, e o enfermeiro seria demitido.

Nas duas semanas anteriores, Charlie vinha se alimentando da mágoa que sentia de Kathy, que reatara com o marido. Naquele momento, voltou todas as suas atenções para a ameaça da supervisora. Mais uma? Era injusto. Não era apenas Whelan, Charlie sentia, eram todos eles, todo o grupo. E então disse à supervisora, afirmou ali mesmo naquela sala fechada: se achavam de verdade que ele era tão ruim, simplesmente pediria demissão. Pediria demissão na mesma hora, disse, se isso os deixasse satisfeitos. Era isso o que queriam? Charlie saiu emburrado e apressado, batendo com força a porta ao entrar no carro para um trajeto furioso até sua casa. Pegou a máquina de escrever, para oficializar as coisas, e não se conteve, escrevendo frases inteiras em maiúsculas e linhas compostas apenas de "!!!!!" e "??????" para dar ênfase. Era bom desabafar, dizer a eles que tinha 170 horas de férias remuneradas para tirar, mas não se importava, que ficassem com elas. Foi bom dizer isto: Fiquem com elas! Cento e setenta horas por causa de sua assiduidade perfeita. Disse a eles que usassem o dinheiro para contratar outra pessoa. Foi uma atitude grandiosa, uma espécie de suicídio. Quem, se não um homem virtuoso e injustiçado, um homem bom com intenções nobres, estaria disposto a abrir mão de horas remuneradas? Ainda mais alguém que precisava de dinheiro tão desesperadamente quanto Charles Cullen? Ele foi até uma caixa de correio, inebriado pela promessa do impacto dramático. Puxou a alça de metal, enfiou a carta no orifício, fechou-o com força e o abriu mais uma vez para ter certeza de que a carta realmente tinha entrado. Então se deu conta do que havia feito. Foi para casa a fim de redigir rapidamente outra carta, na esperança de recuperar a primeira, anulá-la de alguma forma — mas era tarde demais.

Whelan recebeu o pedido de demissão de Charlie, que foi aceito com alívio. Ele poderia fazer plantões ocasionais, mas estritamente como freelancer, em um esquema de diária. Charlie aceitou de má vontade. Seu nome voltou à escala do Hunterdon. Mas ele nunca apareceu para trabalhar. Ficava sentado em seu quarto alugado no porão, ouvindo o telefone tocar sem parar. Sentia-se poderoso novamente, ignorando-os, esperando, dando uma lição neles, todos eles: sua ex-esposa, sua família, Michelle, Kathy, Whelan. Então o telefone parou de tocar.

Deus havia apagado os holofotes. Restava apenas ele em seu apartamento, verificando a caixa de correio vazia. A última carta do Hunterdon chegou, desejando-lhe "Boa sorte em sua futura carreira". Charlie pegou a máquina de escrever elétrica novamente e uma das cartas da pilha de correspondência enviada pelos advogados da esposa, copiou o ameaçador estilo oficial de data e endereço e, em seguida, passou diretamente à injustiça de sua situação:

> Eles estavam entrevistando outros funcionários,fiquei sabendo antes de Loretta vir falar comigo que quando um dos entrevistadores foi até LOretta e perguntou "Por que estamos fazendo entrevistas se nenhuma decisão foi tomada a respeito de Charlie?"
>
> A resposta foi "ISso nem está sendo levado em consideração, ele muito ins-tável."
>
> Se Loretta disse tão abertamente à minha colega de trabalho que eu era instável, ela também deveria se sentir à vontade para esplicar, se fosse verdade, por que eles não insistiram para eu ser examido ou, pelo menos, não deixar esse colega "INSTÁVEL" continuar a trabalhar, e dizer a esse colega de trabalho, mas podemos oferecer diárias a ele.[7]

Charlie não percebia que, na verdade, estava argumentando contra si mesmo, sabia apenas que estava argumentando. O silogismo era mais ou menos assim:

> Um enfermeiro "perigoso" e "instável" não deveria estar na escala da enfermagem.
>
> A administração do hospital tinha colocado Charlie na escala da enfermagem.
>
> Portanto: Charlie não era perigoso; as queixas contra ele eram injustas; Charlie era a única vítima ali.

O Hunterdon, é óbvio, nunca respondeu. O incidente lhe custou seis semanas de desemprego e 170 horas de férias pagas, mas lhe ensinou uma valiosa lição: nunca faça nada por escrito.

15

Depois da demissão do Hunterdon, em outubro de 1996, Charlie simplesmente pegou a estrada e se candidatou a um emprego no Hospital Morristown Memorial. O departamento de Recursos Humanos do Morristown examinou rigorosamente o histórico de Cullen por meio de um serviço profissional,[1] mas, apesar das várias discrepâncias nas datas de emprego declaradas, o contrataram mesmo assim. Afinal, *ninguém* se lembra das datas exatas de contratação e demissão, nem mesmo um enfermeiro competente e credenciado com nove anos de experiência em hospitais como o Hunterdon, o Warren e o Saint Barnabas.[2] O Morristown precisava de funcionários para preencher a escala. No caso de Charlie, isso significava 75 horas por semana, mais todos os plantões que ele conseguisse fazer, a uma nova remuneração de 23,27 dólares por hora, trabalhando das sete da noite às sete da manhã na Unidade Coronariana. Mas Charlie ainda não estava totalmente recuperado e não conseguiu ter um de seus melhores desempenhos como enfermeiro no Morristown.

Os enfermeiros do plantão da manhã se deparavam com os pacientes de Charlie retraídos em poças do próprio sangue, mais de vinte toalhas higiênicas na pia e restos de material por toda a bancada. Eles haviam registrado tudo nos relatórios de incidentes com pacientes,[3] que Charlie considerou uma leitura chocante: não conseguia acreditar que os enfermeiros pudessem ser mesquinhos a ponto de contar toalhas higiênicas . Um paciente disse ao supervisor de Charlie que "queria chamar a polícia", mas o pedido não foi atendido e, em vez disso, Charlie recebeu uma advertência. Estavam de olho nele. Ele sabia, já tinha vivenciado isso antes. O Morristown tinha alguma coisa contra ele. Haviam notado o padrão, especialmente com os medicamentos que vinha administrando. Ele parecia negligente, ministrando diversas vezes aos pacientes a dose errada de propofol[4] ou heparina. Charles trabalhava lá havia menos de um ano quando o Morristown decidiu demiti-lo, não por matar pacientes[5] — como tinha certeza de que acontecera, não muitos, apenas um ou dois, não sabia ao certo —, mas por "mau desempenho" e o que eles chamaram de "problemas na prática da enfermagem". Seus superiores estavam preocupados com os pacientes e com a reputação. Havia incidentes demais para ignorar.[6] Até os enfermos estavam reclamando.

A gota d'água envolveu um paciente de cujo nome Charlie não se lembrava. Esse paciente passaria por uma cirurgia marcada para a manhã seguinte, e os médicos haviam prescrito doses regulares de heparina. Como estava de plantão, Charlie era o enfermeiro responsável por administrar o medicamento; mas não administrou, e o paciente morreu. Naturalmente, o médico de plantão ficou furioso, e Charlie ouviu um sermão do qual não gostou. Ele disse ao médico, e a todo mundo depois, que tinha sido um acidente. Era uma desculpa fraca, mas, em sua mente, ele não estava ativamente tentando matar aquele homem. Na verdade, não estava tentando *não* matar.

O erro de Charlie e a morte do paciente nunca foram conectados de maneira explícita, mas o dano potencial ao homem era óbvio. A diretora administrativa, Lisa Gannon, classificou tais ações como "indesculpáveis".[7] As preocupações dela foram corroboradas pelo chefe do departamento de Medicina Cardiovascular, dr. John Banas. Gannon escreveu que estava "preocupada com a competência e a capacidade de Charles de prestar atendimento de maneira segura". Ele foi transferido para um trabalho banal o restante do plantão e, em seguida, mandado

CHARLES GRAEBER

para casa por uma semana. Charlie se sentiu profundamente injustiçado, mas não os confrontou de forma direta, pelo menos não a princípio. Apenas foi para casa, desabou no sofá e esperou que o telefone tocasse. Quando tocou, era a secretária da diretora administrativa, ligando para marcar uma reunião. Charlie se recusou a comparecer. Ele disse à secretária: "Se quiserem me demitir, podem fazer isso por telefone." E desligou. Uma hora depois, Gannon ligou de volta. Mas dessa vez foi Charlie quem não atendeu, pensando: *Ah, agora eles ligam?* Deixou o telefone tocar. Gannon continuou ligando, deixando mensagens na secretária eletrônica. "Charles", disse ela, "precisamos que você venha até aqui. Precisamos falar com você". *É*, pensou Charlie. *Agora eles precisam de mim*. Era 13 de agosto. Ele estava com raiva e decidido a nunca mais voltar lá. Depois de diversas outras mensagens, Gannon finalmente enviou a Cullen uma carta registrada irritada, exigindo que ele devolvesse o crachá e todos os outros itens pertencentes ao hospital, "já que seu contrato de trabalho está encerrado a partir de hoje". Isso foi em 14 de agosto. Alguns dias depois, Charlie foi ao hospital mesmo assim, chegando cedo para seu habitual plantão de sábado à noite, e se deparou com seu nome riscado do quadro com a escala dos enfermeiros.

Sem o emprego, ele não tinha meios de aliviar o estresse, que antes descontava no hospital. Em vez disso, dirigiu até o mercadinho, comprou uma grande quantidade de Coca-Cola e batatas chips e um pacote grosso de folhas pautadas. Espalhou tudo sobre a mesa da cozinha e escreveu uma longa carta para a diretora do Morristown, Kathleen C. Chumer. Ele exigiu que seu caso fosse reavaliado. Foi bom, mas não o suficiente, e então ele escreveu de novo, datilografando dessa vez, lembrando que a letra ilegível tinha sido uma das razões pelas quais fora demitido. Sua datilografia tampouco era particularmente boa, de forma que Charlie fez correções com caneta esferográfica.

As respostas da diretora e do Conselho de Avaliação do Hospital chegaram uma semana depois; ambos concluíram que a demissão de Charles Cullen havia sido adequada. Charlie escreveu mais uma vez, exigindo mediação externa. Documentos foram enviados de uma parte à outra durante um mês, correspondências registradas, faxes. O processo era lento demais para proporcionar qualquer satisfação a Charlie, então ele tentou o suicídio, e quando a emergência chegou, ele disse ao atendente que tinha ingerido um punhado de pílulas, pois sabia que a ambulância teria que levá-lo para o hospital mais próximo, que vinha a ser o Warren, onde, pelo menos, ele era conhecido.

No geral, o suicídio limpava o ar como uma tempestade de verão. A tentativa era uma campainha de sino, sempre à mão. Quando ninguém mais se importava o suficiente, as equipes das ambulâncias sempre se importavam. Os profissionais que o atendiam no pronto-socorro sempre o levavam a sério. A pequena lanterna nas pupilas era um minúsculo holofote não apenas sobre ele, mas *direto dentro dele*. O aparelho de pressão envolvia seu braço como um amigo. Cada verificação de seus sinais vitais era um estímulo gentil e sincero de sua existência. Charlie disse aos paramédicos que era um enfermeiro qualificado, como sempre fazia, e fez questão de chamar todas as coisas ao redor pelos nomes apropriados, *trajes hospitalares*, *paradas cardiorrespiratórias*, *coquetel estimulante*, para que tivessem certeza de que ele era da área médica. O trajeto até o hospital era um momento especial. Depois que chegou, no entanto, a história foi outra. Charlie Cullen foi levado para o pronto-socorro como um personagem conhecido no Hospital Warren, fazendo as pessoas revirarem os olhos, o ex-funcionário que havia se tornado um maluco assediador e suicida. *Você ficou sabendo? Charlie voltou.* Eles o levaram para um cubículo, fecharam as cortinas apenas até a metade e o observaram. Charlie sabia como sussurravam no posto de enfermagem, a fofoca que rolava por lá, a mórbida curiosidade em relação àquela vítima de acidente levada para lá direto da rodovia. Ele quase conseguia se identificar. Mas Charlie era teimoso quando tinha um objetivo. Ele queria voltar para o Greystone. Tinha sido tão agradável o tempo que passara lá. Apenas um hospital poderia recomendar sua internação. O Warren tinha feito isso da última vez que ele fora levado para o pronto-socorro — será que não poderiam simplesmente dar o aval para que fosse para lá mais uma vez? Mas o médico do pronto-socorro exigiu uma amostra de sangue primeiro. O que ele queria verificar, Charlie não sabia ao certo — talvez suspeitasse de que ele não tivesse realmente tentado se matar, que talvez estivesse apenas manipulando o sistema. O médico ia testar o sangue de Charlie em busca de drogas e faria uma recomendação de cuidados com base no que constatasse. Talvez não recomendasse o Greystone.

Charlie se recusou a fazer o exame de sangue. Deixou isso bem explícito para todas as pessoas que entraram no cubículo delimitado por cortinas. Ele havia doado sangue diversas vezes, dezenas de vezes, centenas de vezes, mais de 45 litros de sangue, de acordo com suas contas, mas fazer o exame não era o mesmo que doar — eles o estariam *tomando*. Uma vez decidido, Charlie ficou irredutível. Não haveria negociação. Médicos e enfermeiras se aproximaram, ele os empurrou e começou a sair, e quando tentaram impedi-lo, ele os repeliu novamente aos tapas, até que finalmente alguém na recepção chamou os seguranças. Charlie já imaginava o que os enfermeiros diriam sobre ele agora — *E ainda tivemos que chamar a segurança!* —, mas pelo menos ele conseguiu o que queria.

Ah, o *Greystone*, mais cinza do que nunca em outubro, como se a extensa propriedade de pedra sugasse a cor das nuvens. Charlie retornou à mansão de aparência assombrada na colina na véspera do Halloween. Ele teria meses. O caminho de entrada familiar era uma senda de asfalto coberta de sal por entre os choupos nus, e da janela de seu dormitório Charlie observava a neve cobrir os campos distantes, acompanhava delicadas nuvens de fumaça de lenha queimada se elevando de lareiras invisíveis. O mundo exterior esperava. Não havia nada além de tempo ali, o suficiente para uma nova rotina de medicamentos começar a fazer efeito, para ele começar a progredir nas sessões de terapia, tempo suficiente para um paciente espairecer a mente e se restabelecer. Mas Charlie não estava interessado em novos pensamentos, e, quando recebeu alta, no dia 11 de dezembro, foi direto para a delegacia prestar queixa contra o médico do pronto-socorro do Hospital Warren, aquele que havia tentado roubar seu sangue. Charlie ficou parado diante de um oficial de plantão estupefato, certificando-se de que o homem tinha registrado tudo por escrito antes de voltar para o carro e ir pegar a correspondência acumulada. A maioria eram cobranças da pensão das filhas e cartas dos advogados do Hospital Morristown Memorial. Após meses de preparação, ele havia perdido o direito à revisão, porque não pagara a parte das taxas de mediação que devia.[8] Em janeiro de 1998, Charlie escreveu de volta: estivera internado em um hospital psiquiátrico e não tinha um manual do funcionário, então o atraso não fora culpa dele. Ele era a vítima ali. Em março, escreveu novamente, ameaçando processar o Morristown Memorial, a menos que lhe concedessem uma extensão de prazo.[9] Eles enviaram a Charlie mais um manual do funcionário, dessa vez por carta registrada, e lhe concederam a extensão. Mas Charlie nunca respondeu. O problema com o Morristown, antes tão urgente e essencial, agora parecia irrelevante. Ele já havia encontrado uma nova maneira de dar vazão às frustrações.

16

A divisa da Pensilvânia era apenas uma linha no mapa para a maioria das pessoas, mas algo extremamente importante para um enfermeiro como Charlie. O estado da Pensilvânia exigia uma licença de enfermagem diferente — um requerimento simples. Significava um novo começo.

Sua candidatura a um emprego no Centro de Repouso e Reabilitação Liberty, em Allentown, Pensilvânia, foi feita por intermédio de uma agência de empregos chamada Health Force[1] e exigiu referências. O Hospital Morristown Memorial, do qual Cullen havia sido demitido por incompetência, queixas de pacientes e graves erros de medicação, limitou-se a confirmar que ele havia trabalhado lá. A referência de Charlie no Hunterdon era Marjorie Whelan, que havia ameaçado demiti-lo por causa dos vários erros que ele cometera na administração de medicamentos e problemas no cuidado com os pacientes. No formulário de referência do departamento de Recursos Humanos do Liberty ficou registrado que Charles Cullen era "um excelente enfermeiro, prestava bom atendimento, era excelente com os pacientes" e que Whelan recomendava a sua contratação. Ninguém no Liberty questionou por que um enfermeiro com dez anos de experiência em hospitais ia querer trabalhar em uma casa de repouso com uma redução de 5 dólares por hora no salário. Eles precisavam de um enfermeiro e Charlie precisava de dinheiro.

Após meses sem trabalho, ele havia acumulado uma dívida de 66.888 dólares. Os juros dos cartões de crédito estourados aumentavam, assim como o valor que devia de pensão. Se não pagasse, poderia ser caracterizado como um pai ruim, o que era imperdoável para ele. Pareceria que estava maltratando as filhas. Sua incapacidade de pagar daria a Adrianne a oportunidade de envenenar a mente das meninas, caracterizando o pai delas como um vilão — Shauna já tinha nove anos, idade suficiente para chegar sozinha a essa conclusão. E isso não o ajudaria em nada. Todas as noites ele arrumava as coisas, entrava no Escort velho e levava seus problemas para o plantão noturno no Liberty.

Francis Henry[2] era um residente idoso que precisava de atenção extra devido a uma vértebra fraturada. Os médicos haviam estabilizado seu pescoço com um halo-colete — uma órtese frankensteiniana que consistia em suportes apoiados nos ombros, os quais sustentavam um anel de metal parafusado diretamente no crânio. O enfermeiro Cullen achava que o sr. Henry deveria estar em um hospital em vez de em uma casa de repouso.

Era o diagnóstico de Charlie, e apenas dele. Nesse caso, não haveria conselho deliberativo nem cartas de rejeição. Em vez disso, ele apenas encheu uma seringa de insulina e a injetou diretamente no acesso intravenoso do sr. Henry.[3] Foi uma dose colossal. Durante o plantão noturno de Charlie, em 6 de maio de 1998, o sr. Henry entrou em choque diabético. Os resultados foram quase inimaginavelmente violentos; Charlie Cullen havia submetido um homem idoso com o pescoço quebrado a violentas convulsões. Naquela noite, Francis Henry entrou em coma[4] e, pela manhã, o "diagnóstico" de Charlie havia se provado correto: Henry de fato precisava de um hospital. Ele voltou para a casa de repouso no dia seguinte e morreu em pouco tempo. Três dias depois, em 13 de maio, Charles Cullen declarou insolvência.

A morte do sr. Henry não foi discreta, e as suspeitas foram inevitáveis; Charlie sabia que, dessa vez, tinha praticamente ido atrás de confusão. O Liberty iniciou uma investigação interna e descobriu os níveis massivos de insulina exógena no sangue do sr. Henry. Não havia nenhuma menção ao hormônio no prontuário do paciente — nenhuma dose fora prescrita. Em seu prontuário não havia registro de que algum membro da equipe tivesse administrado a substância a ele. Era extremamente improvável que um paciente idoso e imobilizado tivesse provocado uma overdose a si mesmo, e as suspeitas pelo que foi considerado um acidente na administração de medicamentos não demoraram a recair sobre o plantão noturno. Charles Cullen já havia sido advertido por escrito devido a vários problemas de enfermagem durante seu curto período no Liberty; ele estava preparado para ser demitido mais uma vez. Em vez disso, a casa de repouso demitiu uma enfermeira experiente chamada Kimberly Pepe. O advogado da enfermeira Pepe abriu imediatamente um processo contra o Liberty por demissão injustificada, chegando mesmo a sugerir que era mais provável que Charles Cullen fosse o responsável e o centro de repouso Liberty suspeitasse disso.[5]

De acordo com o processo de Pepe, ela foi questionada pela primeira vez sobre o incidente por sua supervisora de enfermagem vários dias após a morte do sr. Henry. "Eles não estavam suspeitando de mim naquele momento", afirmou Pepe em seu processo. "Estavam, não exatamente com essas palavras, investigando meu colega de trabalho, Charles Cullen." O Liberty passaria a refutar veementemente as acusações de Pepe[6] e negar que tivessem qualquer suspeita em relação a Charles Cullen.[7] Mais tarde, Liberty e Pepe chegaram a um acordo fora do tribunal.

É impossível dizer com certeza por que Pepe virou alvo das suspeitas; talvez não tenha passado de um equívoco. Mas *alguém* havia envenenado o sr. Henry, e essa pessoa ainda trabalhava no Liberty ou tinha sido transferida para outro hospital. No entanto, não haveria investigação criminal. O Liberty e sua sociedade controladora, a HCR Manor Care, afirmaram não ter ciência de que se tratasse de uma questão criminal.[8] Pepe e seu advogado pediram mais de 50 mil dólares de indenização, mas o valor exato que o Liberty pagou a Pepe foi sigiloso, acompanhado de um acordo de confidencialidade.

Independentemente do que soubesse ou não, o Liberty tirou o enfermeiro Cullen da UTI. Transferido para trabalhar na ala psiquiátrica, Charlie logo descobriu que alguns dos pacientes eram bastante vigorosos. Em 1º de outubro, Cullen foi visto entrando com seringas no quarto de uma senhora idosa que não era sua paciente e lhe administrando medicamentos que não haviam sido prescritos para ela.[9] Seguiu-se uma luta, e a paciente acabou com um punho quebrado. Finalmente, cinco meses após a morte do sr. Henry, seu assassino foi demitido por não seguir o protocolo de administração de medicamentos.[10] Fazia apenas dois dias da demissão de Charlie, quando uma agência de empregos encontrou um novo trabalho para ele.[11] Era sempre fácil conseguir horas extras durante os feriados.

A semana entre o Natal e o ano-novo era uma época estressante para Charlie, mas ele estava feliz por vestir um uniforme. O novo emprego ficava a apenas alguns quilômetros do Liberty, no Hospital Easton, em Easton, Pensilvânia. Ele ficava satisfeito com qualquer plantão que lhe dessem, acumulando horas em qualquer ala que precisasse de assistência. Na maior parte das vezes, isso significava trabalhar no período da noite no ambiente familiar da UTI, onde uma morte durante o plantão noturno nunca era algo totalmente inesperado.

No início, Kristina Toth não deu muita importância ao homem estranho com a seringa.[12] Ela nem tinha certeza de que se tratava de um enfermeiro; a única coisa que notou foi que era um homem, outro estranho uniformizado responsável por manter seu pai vivo. Os derrames de Ottomar Schramm haviam começado um ano antes, cada coágulo anexando mais um pequeno quadrante de seu corpo, e embora ele agora fosse incapaz de calçar as próprias meias ou subir e descer escadas, ainda era seu pai, mesmo inconsciente em meio a um emaranhado de tubos e fios. Kristina se consolava por saber que Ottomar sempre fora um homem prático, que tinha economias, um testamento vital e consciência do que a vida lhe reservava; ele não ficou surpreso por ter chegado sua vez de sofrer as mesmas indignidades prosaicas da velhice que tinham afligido seus amigos anos antes. E agora estava nas mãos dos profissionais do Easton.

Kristina se lembra do homem dizendo que precisava tirar o pai dela do quarto para "alguns exames". A seringa, explicara ele, era "para o caso de o coração do pai dela parar". Kristina não achava que o pai tivesse problemas cardíacos, mas ela não era a profissional ali. Na época, apenas aceitou.

Na próxima vez que viu o pai, durante o horário de visita na manhã seguinte, 29 de dezembro de 1998, ele parecia pálido e indisposto, em um estado muito pior do que quando havia chegado ao Easton.[13] De acordo com os médicos, a deterioração do sr. Schramm parecia não ter relação com o derrame. A frequência cardíaca oscilava, a pressão arterial despencava. O sr. Schramm parecia estar cada vez pior, e Kristina começou a preparar o psicológico para a morte iminente do pai. Pareceu uma espécie de milagre médico quando ela chegou ao hospital na manhã seguinte e foi informada de que a condição do pai havia se estabilizado. Na verdade, disseram a ela, ele estava melhorando. A cada dia, reagia mais. Suas visitas eram momentos felizes. A esposa e a filha de Otto iam vê-lo quase diariamente, levando biscoitos e uma garrafa térmica, e ele sempre ficava contente em vê-las, ainda mais pelo beijo que Kristina dava em sua careca antes de sair para o trabalho. Ela se permitiu sentir as primeiras pontadas de esperança. O pior parecia ter passado.

Na terceira tarde, Kristina Toth recebeu uma ligação estranha do médico de longa data de seu pai, o dr. Robert Silberman. Ele disse a Kristina que alguém no hospital — ele não sabia quem nem por quê — havia solicitado para Otto Schramm uma série de exames de sangue não autorizados, os quais haviam revelado resultados igualmente misteriosos. No sangue do sr. Schramm havia digoxina, uma droga que nunca havia sido prescrita para ele. Silberman descreveu os níveis de digoxina como "elevadíssimos". Ele não sabia como explicar nada daquilo, mas prometeu ligar de volta com os resultados de um exame de acompanhamento. À 1h25, o dr. Silberman ligou novamente, em estado de choque. Os novos exames confirmaram os resultados. E o pai de Kristina Toth estava morto.

— Por favor, ouça o que vou lhe dizer — pediu Silberman. — Quando chegar ao hospital, vão perguntar se você deseja que seja realizada uma necropsia — informou o médico. — Se eu fosse você, responderia que sim. — Kristina não compreendeu. — *Por causa da digoxina* — explicou Silberman. Ele achou que não deveria dizer mais nada.

A família de Kristina chegou ao quarto de hospital de seu pai no Easton na manhã seguinte e o encontrou vazio, exceto por Charles Cullen, ainda no plantão noturno. Kristina teve a sensação de que o enfermeiro estava esperando por ela. Ele levou a família de Kristina para outro quarto mais adiante no corredor. O corpo de Otto Schramm estava lá, limpo, penteado e desconectado das máquinas. Vê-lo ali, verdadeiramente morto, foi um choque para ela.

— Vou lhe dar um tempo — disse Charlie.

Algo na frase irritou Kristina, como se o tempo com o pai fosse um presente pessoal dado por aquele enfermeiro, mas deixou passar. Cullen voltou alguns minutos depois. Queria saber se a família planejava solicitar uma necropsia.

Kristina se lembrou do que o dr. Silberman havia dito a ela.

— Acho que sim — respondeu. — Estávamos pensando em pedir.

O enfermeiro Cullen não pareceu gostar da resposta.

— Por que querem uma necropsia? — perguntou.

Cullen lembrou a ela que o sr. Schramm tinha deixado um testamento vital no qual estava explícito que ele era contra o uso de medidas extraordinárias, como ser mantido vivo por aparelhos. Uma necropsia seria algo ainda mais invasivo do que isso — ela não percebia que estava violando os desejos do pai?

Kristina não se deu ao trabalho de responder. Simplesmente pediu que o enfermeiro Cullen saísse do quarto.

CHARLES GRAEBER

Outra enfermeira entrou minutos depois. Ela também perguntou a Kristina se a família ia querer que fosse realizada uma necropsia.

Kristina ficou sem entender. Será que estava sendo pressionada ou os enfermeiros não estavam se comunicando? Ela já não tinha dito ao enfermeiro de seu pai tudo o que era necessário?

— Não temos certeza — respondeu.

A enfermeira acenou e saiu do quarto, e Kristina voltou para junto da família.

Poucos minutos depois, uma terceira enfermeira surgiu e perguntou mais uma vez se iam pedir uma necropsia. Dessa vez, Kristina perdeu a paciência.

— Sim, queremos uma necropsia! — respondeu. — É óbvio que queremos… Alguém aqui causou uma overdose no meu pai e…

— Acho melhor não dizer mais nada — disse a enfermeira.[14]

17

Houve uma investigação interna após a morte de Ottomar Schramm, e quando um nível potencialmente letal de digoxina não prescrita foi detectado no organismo do homem, a necropsia foi transferida para o legista do condado.[1] A causa da morte acabaria sendo determinada como acidental, embora Charlie nem tenha ficado sabendo do resultado e isso não o tenha afetado muito. Ele também nunca tivera a intenção de permanecer muito tempo no Easton. Não era o que queria. Quando começaram a fazer perguntas, em março de 1999, Charlie já tinha um emprego em tempo integral na Unidade de Tratamento de Queimados do Hospital Lehigh Valley.

No Lehigh, os enfermeiros que cuidavam das vítimas de queimadura ainda raspavam os pacientes em uma maca de metal e ainda usavam trajes de compressão, mas as unidades de tratamento de queimados não eram mais as alas povoadas por gritos nas quais Charlie começara a carreira. Os novos medicamentos se encarregavam disso: a nova classe de ansiolíticos "benzo" que havia acompanhado uma nova compreensão da relação entre estresse e dor. A morfina, substância terapêutica tradicional, parecia bastante primitiva perto das novas classes de analgésicos, especialmente a oxicodona, que havia entrado no mercado farmacêutico apenas três anos antes.[2] Agora, havia medicamentos capazes de bloquear efetivamente a dor até mesmo dos pacientes mais jovens.

Junto com os novos medicamentos, surgiram outras maneiras de rastreá-los e distribuí-los, na forma de gabinetes computadorizados chamados "Pyxis MedStations", fabricados por uma empresa de Ohio chamada Cardinal Health. A máquina Pyxis era, em essência, uma grande caixa registradora de metal para medicamentos, com uma tela de computador e um teclado afixados na parte superior. Nem todos os enfermeiros se sentiam confortáveis com o novo elemento computadorizado da rotina de enfermagem, mas Charlie até gostava do aparelho. Ele sempre tinha sido bom com dispositivos técnicos e apreciava como a máquina rastreava de forma eficiente as retiradas de medicamentos de um enfermeiro, assim como um caixa eletrônico de banco rastreava os saques, associando cada uma a um determinado paciente e a um determinado enfermeiro e criando um registro. A Pyxis simplificava o faturamento e fornecia um meio de a farmácia saber exatamente quando um medicamento estava acabando para enviar um funcionário para reabastecimento. Era um sistema útil, mas longe de ser perfeito. Em última análise, era apenas mais uma ferramenta a serviço de uma arte intimista, praticada por pessoas reais com falhas particulares.

Charlie se considerava um enfermeiro de vítimas de queimadura experiente, ainda mais considerando seu trabalho na respeitada Unidade de Tratamento de Queimados do Centro Médico Saint Barnabas. Mas ali, no Lehigh Valley, Charlie se sentia de volta à Marinha, tratado como um "novato" inexperiente. Não gostava da atitude dos outros profissionais em relação a ele ou aos pacientes. O profissionalismo de seus colegas lhe parecia desumano e impiedoso.[3] Ele os considerava cruéis e frios. Os demais enfermeiros, por sua vez, o achavam esquisito. E assim, durante os longos plantões noturnos daquele inverno, Charlie se sentiu compelido a fazer o que sempre fizera, sem se lembrar de detalhes sobre os pacientes nos quais interveio, se eram vítimas de acidentes de carro ou incêndios domésticos, sem se lembrar de quantos matou[4] durante os dezesseis meses em que trabalhou no plantão noturno. A maioria morreu durante seu turno, tendo paradas cardiorrespiratórias bem ali, diante daqueles enfermeiros "frios". Era algo que ele podia fazer, um ato de vontade própria em uma situação de trabalho tirânica.

Na ala de queimados, a maioria dos jovens pacientes do sexo masculino tinha se ferido por estar bêbada perto de fogueiras de acampamento ou por ter se envolvido em acidentes de carro. Um paciente chamado Matthew Mattern foi um exemplo deste último tipo. Ele havia ficado preso nas ferragens em chamas e chegou ao Lehigh com queimaduras em mais de 70% do corpo. Era um caso terrível, mesmo para os enfermeiros calejados. A presença de um paciente tão jovem e com ferimentos tão graves na ala provocou uma comoção e uma profusão atípica de jovens visitantes desconsolados. Os enfermeiros mais velhos pensavam nos filhos ou netos, os mais jovens, em amigos ou companheiros ou até em si mesmos. E embora nenhum dos funcionários tivesse mencionado isso, pelo menos não na frente de Charlie, muitos tinham feito os cálculos. De acordo com a regra dos nove, Mattern, de 22 anos, tinha 92% de probabilidade de morrer. Ele poderia sobreviver, havia uma chance, mas a eventual morte era muito mais provável.

Mattern era o que os enfermeiros chamavam de "parada lenta" — um paciente em parada cardiorrespiratória em câmera lenta. Charlie tinha observado sua evolução, sabendo que mesmo que Mattern sobrevivesse, mesmo que os transplantes fossem bem-sucedidos, ele ficaria com sequelas para o resto da vida, um homem amputado preso em um casulo de tecido cicatricial e envolto em um traje de compressão. Nesse ínterim, os cirurgiões o amputavam, membro a membro. Esquartejando-o, pensavam os enfermeiros. Mattern estava carbonizado até os ossos; suas extremidades haviam desaparecido.[5] No fim, os cirurgiões iam remover tudo. Muitos rezavam pelo inevitável.

Charlie reconheceu a sensação de impotência. Ele tinha sentido o mesmo ao lidar com os enfermeiros que chegaram ali antes dele, se sentira da mesma forma na casa em que cresceu, diante dos homens estranhos e às vezes violentos que perambulavam pelos corredores enquanto seu irmão vendia trouxinhas de maconha no andar de cima,

CHARLES GRAEBER 87

dos namorados que continuaram a morar no quarto de suas irmãs mesmo depois que elas fugiram de casa; e mais tarde, depois que o próprio Charlie saiu; sentiu isso de novo no submarino, quando marinheiros veteranos exploravam os mais novos até que marinheiros ainda mais novatos embarcassem e fosse a vez deles. Ele era um rapaz calado, solitário e sem amigos, incapaz de decifrar as dinâmicas sociais da cultura da Marinha. Não aguentava provocações, e logo a situação se transformou em algo mais sério. Os outros marinheiros viram como ele ficava indignado, como baixava os olhos e resmungava baixinho, em seguida lançava um olhar como se fosse matá-los enquanto dormiam. Eles o chamavam de psicopata do caralho, psicopata veadinho e esquisitão. Ele era "branquelo", extremamente pálido, exceto nas ocasiões em que o açoitavam com a ponta de uma toalha molhada e ele ficava coberto de vergões vermelhos e surtava. Até as orelhas ficavam vermelhas. E os outros novatos também implicavam com ele. Tempo de serviço após tempo de serviço, Charlie Branquelo continuava sendo alvo de gozação. Mas ele havia deixado a Marinha. Estava no comando agora. Em 31 de agosto de 1999, Charlie injetou no acesso intravenoso de Mattern uma dose de digoxina. A "parada lenta" chegou ao fim antes do amanhecer. Alguns enfermeiros agradeceram a Deus pela intervenção misericordiosa. Charlie simplesmente se dirigiu ao estacionamento.

Impulsos para aliviar o estresse como aquele haviam impelido a maioria de suas ações durante o ano anterior. Sua intervenção em favor dos pacientes era uma compulsão que pouco tinha a ver com os pacientes em si; muitas vezes, na verdade, ele nem enxergava os enfermos, apenas o resultado. Cada espasmo de controle proporcionava um período de alívio e a sensação de bem-estar. Isso durou todo o verão, o outono e o inverno, passando pela agitação recorrente das celebrações de fim de ano. Por fim, o efeito se esgotou, e Charlie se viu, logo após o nascer do sol, dirigindo sob uma chuva fria no novo milênio e parando no estacionamento do mercadinho Gas-N-Go local.

Os *hibachis*[6] estavam empilhados perto da porta, junto ao líquido para limpar para-brisa e aos coolers de isopor. O que Charlie comprou era barato e descartável, basicamente uma assadeira de alumínio com uma grelha, mas pequena o suficiente para caber na banheira de seu apartamento. Ele esguichou o fluido de isqueiro, riscou um fósforo e o atirou nas brasas úmidas. Observou o fogo se acender e agitar por um momento, até que se lembrou de seu copo, saiu do banheiro, foi até a bancada da cozinha, serviu-se de outra dose e levou-o de volta para a banheira.

A viatura da polícia virou na entrada da garagem do apartamento da Shafer Avenue alguns minutos depois. O policial Duddy falou com a proprietária, Karen Ziemba, que havia ligado para a emergência. Ela contou a Duddy sobre o cheiro e também sobre as ambulâncias que vira algumas vezes vindo buscar seu inquilino problemático. O policial desceu as escadas que levavam à entrada externa do apartamento de Charlie. A porta de tela estava trancada e havia toalhas enroladas enfiadas nas frestas. Duddy bateu com força, identificando-se como policial. Logo se ouviu o barulho da fechadura e uma fresta da porta se abriu. Charlie olhou para fora timidamente.

— Senhor — disse Duddy —, está tendo problemas com o aquecedor a querosene?[7]

— Hum, não — respondeu Charlie.

Mas, com a porta aberta, o cheiro de combustível era insuportável.

— Bem, eu gostaria de verificar pessoalmente, se não se importar.

— Bem, hum, está tudo bem — afirmou Charlie, sem se mover.

— É melhor me deixar entrar — disse Duddy. — O corpo de bombeiros está a caminho.

Charlie suspirou e abriu a porta. Duddy entrou. O cheiro de combustível era mais forte do lado de dentro, e definitivamente havia alguma coisa queimando. Toalhas e material de isolamento obstruíam as aberturas dos dutos de aquecimento. O alarme de incêndio estava sobre a mesa da cozinha, sem as pilhas. Duddy olhou para Cullen. Charlie encarava o chão. O policial passou por ele, seguindo o cheiro de combustível até o banheiro. O mini-*hibachi* queimava na banheira. Charlie explicou que o havia colocado ali, de todos os lugares possíveis, justamente para não iniciar um incêndio — ele era, afinal, um enfermeiro que trabalhava em uma Unidade de Tratamento de Queimados. Sabia o que o fogo era capaz de fazer. Mas Duddy pediu uma ambulância pelo rádio. Charlie suspirou e foi procurar os sapatos.

Quando a ambulância chegou, Charlie perguntou aos paramédicos se poderiam levá-lo para outro lugar que não o Hospital Warren. Ele não queria ser visto como uma espécie de aberração.[8]

18

Abril de 2000

Charlie estava cada vez mais ciente de que seu tempo no Hospital Lehigh Valley se esgotava. A equipe sênior da Unidade de Tratamento de Queimados não disfarçava mais seu desprezo pelo enfermeiro Cullen.[1] Ele tentou uma transferência, mas a Unidade Coronariana não estava interessada em herdar o problema. Charlie continuou no Lehigh por mais três meses, assassinando pacientes para amenizar a mágoa[2] e cancelando aos poucos seus plantões enquanto procurava trabalho nas proximidades.

Por sorte, na última década o afluxo populacional para o Lehigh Valley havia chegado a dois dígitos. Hospitais brotavam ao longo dos antigos veios de carvão como cogumelos em matéria em decomposição. Uma mancha de café no mapa que ele mantinha no porta-luvas cobria pelo menos meia dúzia de empregadores da área de saúde na Pensilvânia que ficavam a menos de meia hora de seu apartamento alugado, todos eles com mais plantões do que enfermeiros. Charlie enviou um currículo atualizado. Tinha treze anos de experiência em seis hospitais diferentes e — apesar de ter saído sob alegações de incompetência e suspeitas ainda mais graves de quase todos eles — podia contar com ex-colegas de trabalho para confirmar as datas.[3]

Ele tinha uma licença de enfermagem válida na Pensilvânia e referências ainda dispostas a descrevê-lo como um profissional "excelente para trabalhar em equipe" com um comportamento "calmo e gentil", um funcionário que estava "sempre disposto a comparecer" em plantões extras. Capacidade de comunicação? "Boa." Qualidade do trabalho? "Ótima." Um dos primeiros a receber o currículo do enfermeiro Cullen foi o Hospital St. Luke's, em Fountain Hill, próximo ao Lehigh.

O hospital vinha crescendo de forma constante ano a ano, consolidando os serviços essenciais ao salvamento de vidas ao mesmo tempo em que diversificava as fontes de renda, oferecendo serviços como cirurgias para perda de peso e tratamento de distúrbios do sono.[4] Eles estavam dispostos a treinar os funcionários durante o trabalho no hospital, mas enfermeiros de cuidados intensivos experientes eram especialmente valorizados; quando Charlie assinou o contrato, o St. Luke's acrescentou um bônus de contratação de 5 mil dólares.[5]

Para Charlie, foi uma nomeação de prestígio. O St. Luke's era classificado pela *U.S. News & World Report* como um dos melhores centros médicos dos Estados Unidos, e a Unidade Coronariana, composta de nove leitos, era uma das joias da coroa.[6] Ele seria um profissional prestigiado em uma ala de prestígio. Cullen se atirou de cabeça, arrumando seu novo local de trabalho como um pássaro fazendo um ninho na primavera. "As primeiras impressões são importantes", disse a seus colegas.

De início, nem todos os enfermeiros notaram.[7] Pessoas morrem, é o que acontece em um hospital, principalmente na Unidade Coronariana, e às vezes essas mortes davam a impressão de acontecer em grupos, mas algo parecia ter mudado. Os enfermeiros mais experientes sentiam isso, um novo vento noturno levando seus pacientes embora. Para alguns, a impressão era de que agora as paradas cardiorrespiratórias eram quase constantes. E com resultados fatais.

Alguns enfermeiros gostavam da movimentação de uma ocorrência em que era preciso salvar uma vida, a urgência e a adrenalina, correr porta adentro quando a força vital do paciente estava se esvaindo. Alguns enfermeiros chegavam a ficar viciados nisso. Charlie Cullen não dava a seus colegas a impressão de ser um fanático por paradas cardiorrespiratórias, mas quando acontecia uma, ele era com frequência o primeiro a entrar no quarto. Eles não puderam deixar de notar o hábito de Cullen de pular na cama, sentando-se em cima do paciente, e começar a fazer compressões no peito da vítima da vez. Seu entusiasmo não deixava muitas dúvidas. A atitude de Cullen parecia excessivamente dramática, mas estranhamente sem emoção.

Sim, o novo funcionário era diferente, mas como poderiam criticar um enfermeiro por se importar demais? Definitivamente não poderiam acusar Charlie de ser desatento, apenas de ter uma preocupação obsessiva com as coisas erradas — como as cadeiras no posto de enfermagem. Todas as noites, ele empurrava algumas dessas cadeiras pelo corredor até um quarto vago. Todas as noites, a supervisora de Charlie, Ellen Amedeo, pedia a ele que recolocasse as cadeiras no lugar.[8] Ele suspirava, revirava os olhos e seguia pelo corredor até onde quer que as tivesse amontoado, mas, na manhã seguinte, repetia o processo. Charlie parecia estar testando intencionalmente a paciência deles. Apenas depois da mudança de plantão alguém dava falta das cadeiras, e a essa altura Charlie já tinha ido embora. Os enfermeiros tinham que revistar todos os quartos e procurar as cadeiras que faltavam para poder empurrá-las de volta. A equipe achava esse ritual absurdo.

Não parecia fazer sentido. Era quase como se Charlie estivesse brincando com eles.

19

Fevereiro de 2001

Fazia treze anos que Charles Cullen fora um ex-militar da Marinha em uma faculdade de enfermagem na qual havia apenas mulheres, e o mundo mudara. Agora havia mulheres servindo na Marinha e muitos homens trabalhando no posto de enfermagem. Charlie não apreciava essa dinâmica. Ele considerava os enfermeiros do sexo masculino cruéis, indiferentes, frios. Raramente falava com eles, e redobrava a atenção dispensada a algumas das jovens funcionárias do St. Luke's. De Julie,[1] em particular, ele gostava muito. Charlie começou a deixar seus presentinhos no posto de enfermagem, "de um admirador secreto". No início, era uma atitude fofa, mas conforme os presentes foram se acumulando dia após dia, a história do "admirador secreto" começou a ficar estranha. Então, finalmente, Charlie assinou um cartão: "Para Julie, de seu admirador, Brian Flynn." As enfermeiras entraram em frenesi. Quem diabos era Brian Flynn?[2] Não se falava de outra coisa no posto de enfermagem. Charlie era o centro anônimo das atenções. Ao entreouvir as fofocas, ele não se continha de orgulho. Por fim, quando não conseguiu mais não falar, admitiu que era ele. Mas a revelação não provocou a reação esperada. Os homens riram dele e as mulheres pareceram amedrontadas. Toda a euforia que havia vivenciado como Brian Flynn se transformou na depressão de ser ele mesmo. Charlie se sentiu rejeitado, humilhado. Ele valia muito mais enquanto anônimo. Havia poder no papel. O anônimo podia negar; o anônimo podia desaparecer. O anônimo era um mistério total, como um deus no controle.

Em muitos de seus plantões, Charlie ficava em uma equipe com três outros homens, Joe, Brad e um outro de cujo nome não se lembrava. Ele desaprovava a forma que os enfermeiros trabalhavam, como o fato de colocarem fraldas nos pacientes, em vez de levá-los ao banheiro. Não era profissional. Ele preferia, sempre que possível, não ser escalado para trabalhar com homens. Certa noite, no entanto, ligaram para a casa dele. Um novo paciente estava a caminho, uma transferência, e precisavam que Charlie se apresentasse para trabalhar. Então ele vestiu o uniforme e se pôs a caminho. Ao chegar, o novo paciente já estava no leito e seus colegas de trabalho homens, reclamando.

Era uma mulher idosa, muito doente, transferida de outro hospital. Ela havia chegado de ambulância. Era o tipo de paciente que os enfermeiros chamavam de "despejo". Ela ia morrer. Já tinha sofrido duas paradas cardiorrespiratórias durante o trajeto de ambulância. Era apenas uma questão de tempo. Charlie sabia que o despejo era uma tática — passar adiante os pacientes terminais era um dos artifícios que um hospital ou uma casa de repouso podiam usar para manter a taxa de mortalidade baixa, uma das maneiras de entrar para a lista do *U.S. News & World Report*. O St. Luke's estava entre os cem primeiros da lista;[3] os enfermeiros da Unidade Coronariana se orgulhavam disso. Mas os despejos prejudicavam os números.

Depois, ele se lembraria dos enfermeiros rindo da velha senhora, como se estivessem em uma festa. Lembrou-se de como o médico dela tinha ido ao hospital, tentando justificar para a família por que a haviam transferido, por que a haviam submetido ao trajeto de ambulância e às paradas cardiorrespiratórias, o que poderiam fazer por ela no St. Luke's que não podia ser feito no hospital anterior, o que, na opinião de Charlie, era nada, absolutamente nada. Aquilo era o que eles chamavam de Conversa sobre Prognóstico Ruim. Charlie conhecia aquela conversa de cor, e era bom nisso. As famílias não queriam enfrentar a realidade. Mas precisavam.

Enquanto isso, os outros enfermeiros começaram a chutar um para o outro uma bola de fita adesiva.[4] Charlie entendia a necessidade do humor macabro — isso é normal em uma unidade de tratamento intensivo. Ninguém chora pelos mortos. Mas tampouco joga bola. A propósito, ninguém brinca com nitroglicerina, que a unidade estocava para ser usada pelos pacientes como um remédio para o coração, não para que aqueles enfermeiros idiotas se comportassem de maneira infantil e jogassem a substância no chão do estacionamento do lado de fora do hospital para ver se explodia.

Charlie via dois caminhos potenciais para o despejo. Naquela noite, ele tomou o que considerou ser a rota direta, aplicando digoxina diretamente no injetor lateral do acesso intravenoso da velha senhora. O injetor lateral é apenas uma entrada extra para o acesso intravenoso; enfermeiros o utilizam o tempo todo, em geral para injetar solução salina estéril, o que chamam de "lavar o acesso". Lavar o acesso venoso era uma ação totalmente legítima, nada suspeita. Se alguém o flagrasse, era isso que ele diria que estava fazendo. A digoxina é transparente, assim como a solução salina. Mas ninguém entrou. Os quartos eram privados. O atendimento individual era uma das vantagens oferecidas por aquele centro médico na lista dos cem melhores do país.

Após injetar a digoxina, Charlie colocou a ampola e a agulha usada na caixa de descarte de material perfurocortante, saiu do quarto e foi para o posto de enfermagem. Arrumou o local. Perambulou por ali. Ocupou-se. Guardou as cadeiras. Até que a parada cardiorrespiratória enfim aconteceu, e ele foi o primeiro a responder, um capitão, o líder em uma emergência, tentando bravamente salvar uma vida.

Mais tarde, depois que a velha senhora faleceu e a família se reuniu para chorar a perda, Charlie ainda podia ouvir os outros enfermeiros com a estúpida bola de fita adesiva. Mas, por ora, estava dispensado. Ela era sua única paciente. Ele podia ir embora. E foi para casa. Estava se dedicando a um projeto: um cavalinho de pau que decidiu esculpir para uma enfermeira grávida chamada Jane. Os enfermeiros da unidade também implicavam com Jane, Charlie achava. Ele não faria isso. E queria que ela soubesse. Talvez até desse o cavalinho a ela anonimamente.

20

Era primavera quando os enfermeiros do St. Luke's perceberam que havia medicamentos faltando.[1] Nem todos os medicamentos, obviamente, apenas um do qual, por algum motivo, estocavam em grande quantidade, mas quase nunca usavam: procainamida. Todas as tardes, eles reabasteciam a farmácia. Todas as noites, o remédio sumia. Por seis meses, permaneceu o mistério. Os enfermeiros faziam piada com a situação: alguém devia estar usando o medicamento como fertilizante![2] Ninguém sabia o que estava acontecendo, mas tampouco decidiu investigar.

O que foi uma decepção para Charlie, porque ele estava mandando um recado. Durante meses, jogava o remédio fora todos os dias em que ia trabalhar. Tinha chegado à conclusão de que na realidade não gostava do St. Luke's. Charlie sempre havia considerado o hospital uma instituição católica. Não era — na verdade, o St. Luke's não tinha nenhuma afiliação religiosa, mas Charlie o encarava dessa forma. O hospital tinha o nome de um santo de sua infância, sobre o qual havia aprendido com as freiras. Charlie achava que o St. Luke's deveria se comportar de maneira mais santificada. Ainda o considerava uma instituição de nível internacional, um bom lugar para se estar se você precisasse ficar em um hospital, mas Charlie não gostava da atitude dos funcionários. Ele removia as cadeiras e eles continuavam levando-as de volta. E o hidratante — ele usava com muita frequência lá, e seus supervisores não o deixavam em paz por causa disso. Era sua maneira de irritá-los. Charlie entrava no quarto de um paciente, usava o hidratante, via o frasco de talco no peitoril e o jogava fora também. Eles o repreendiam severamente por causa do hidratante, então Charlie travava sua guerra com o talco. Às vezes enxergava o absurdo de tudo isso. Ele se via como um católico não praticante em um hospital católico.[3] Havia renunciado à religião de Cristo pelo casamento e pelas filhas, depois perdera os dois. Então, o que ele era agora? Um judeu católico irlandês trabalhando para são Lucas, o primeiro médico cristão. Santo padroeiro de médicos e cirurgiões, solteiros e açougueiros, pintores e escultores também. Jogar remédios fora, causando prejuízo ao hospital (de acordo com seus cálculos, centenas, talvez até milhares de dólares), era apenas algo que ele podia fazer. Era seu meio de se comunicar, mas de forma indireta. Parte de Charlie pensava: *Eles vão saber, eles vão descobrir, têm que descobrir*, como se fosse um teste, um gesto de fé. Mas parte dele achava que os outros funcionários não iriam perceber. Até que, de repente, eles perceberam.

Thelma Moyer, a enfermeira-chefe do plantão diurno, notou que a procainamida parecia estar se esgotando rapidamente.[4] Em abril de 2002, Moyer mencionou o fato a sua supervisora, Ellen Amedeo, e ao farmacêutico do hospital, Tom Nugen. O farmacêutico verificou seus registros, mas não conseguiu explicar o desaparecimento da substância. Amedeo compreendeu a situação, mas não tomou atitude alguma.

O dia 1º de junho de 2002 caiu em um sábado, dia esse que poderia ser bom ou ruim para Charlie, dependendo de seu humor e do acordo de custódia. Os fins de semana bons eram quando as filhas o visitavam e ficavam felizes em vê-lo. Ele ficava satisfeito em cuidar do pequeno jardim nos fundos da casa e colher flores para colocar nos cabelos de suas meninas, ou em passar uma tarde diante do cardápio do Dairy Queen, escolhendo qualquer coisa que elas quisessem.

Aquele, porém, era um dos fins de semana amargos. A tarde estava úmida e a previsão era de chuva. Ele tinha esperado pela precipitação o dia todo, mas ela não veio. O que era típico. Dizem que vai chover e, lógico, não chove. Não dizem nada e chove por uma semana. Charlie se vestiu para o trabalho sem saber se era melhor levar uma capa de chuva ou não.

O trajeto até o St. Luke's era uma reta rumo ao oeste, entrando e saindo da Route 22. Ele entrou no estacionamento às 18h15; na unidade, às 18h20. Os plantões noturnos só começavam às sete da noite, mas ele gostava de chegar cedo. Tirou o casaco e trocou os sapatos no vestiário masculino. Ninguém mais estava presente àquela hora — mais um motivo para chegar cedo ao trabalho: você podia urinar sem ninguém estar ouvindo ou vendo suas partes íntimas, nada de conversas bobas nem provocações de vestiário. Do lado de fora, a Unidade Coronariana fervilhava de atividade, o horário de visitação ainda em vigor, a unidade lotada, o posto de enfermagem abandonado.

Charlie deu início a sua rotina, movendo as cadeiras, mas mantendo um olho nos monitores. Cada monitor correspondia a um nome, um número de quarto, uma cama, uma vida. Ele vinha observando. Mas não tinha certeza do programa daquela noite. Então, pegou os remédios que o funcionário da farmácia havia deixado para o plantão noturno, levou-os pelo corredor até a sala onde ficavam armazenados os medicamentos, digitou seu código e fechou a porta depois de entrar. Ele estava sozinho. Havia paz em espaços fechados: porões, salas de caldeiras, banheiros. A escuridão repentina iluminada por fagulhas. Charlie acendeu a luz e começou a trabalhar, só então decidindo que tomaria o caminho indireto.

A rota indireta era extremamente sutil. Ninguém questionava. A única coisa que os outros enfermeiros viam era que Charlie estava sendo prestativo, guardando os remédios na sala de medicamentos. Mais tarde, ele seria útil ao preparar o sistema de administração intravenosa para seus colegas enfermeiros, auxiliando no início de um novo acesso. Em seguida, o veriam ajudando novamente com a parada cardiorrespiratória.

Nunca faziam uma conexão entre as três coisas. Não havia nenhum motivo racional para conectá-las. Charlie não precisava se esconder, não precisava de luvas. Simplesmente pegava uma seringa de dez mililitros, a retirava de seu invólucro semelhante à embalagem de um doce, removia a tampa da pequena agulha oca, *pop-pop*, a enfiava e a retirava da solução salina. Em seguida, trocava as bolsas, *pop-pop*, conectando uma delas ao acesso intravenoso. Descartava as ampolas agora vazias e a seringa usada no recipiente destinado a objetos perfurocortantes e, depois, colocava os coquetéis de antibióticos prontos nas bandejas com o nome dos pacientes. Charlie estava prestes a apagar a luz quando notou a procainamida na prateleira de cima. Ela estava de volta, estoque completo. De volta como as cadeiras.

Charlie não conseguia acreditar. Eles faziam uma ofensiva e ele fazia uma contraofensiva. Era como gritar até a garganta sangrar e ninguém ouvir. Então continuaria gritando. Não gritando de verdade, é claro. Ele não ia gritar. Mas seria ouvido. Apagou a luz e voltou apressado pelo corredor. E quando o próximo plantão começasse, às sete da manhã, haveria algumas centenas de dólares em remédios a menos no depósito de suprimentos médicos, assim como menos pacientes respirando na Unidade Coronariana.[5]

21

Junho de 2002

A chuva finalmente chegou com a manhã. Choveu durante a troca de plantão e continuava chovendo à tarde, quando uma enfermeira do plantão diurno da Unidade Coronariana chamada Kim Wolfe, de 31 anos, entrou no depósito de medicamentos para pegar bolsas de soro.[1] Ela terminou de usar a agulha e a jogou no caixa de objetos perfurocortantes, como sempre. Em geral, a agulha faz barulho ao cair no fundo da caixa. Dessa vez não houve som. A agulha usada nem ao menos coube no lixo.

Os enfermeiros não têm muitos motivos para abrir a caixa de descarte de objetos perfurocortantes e manipular o lixo de medicamentos perigosos. Como a aids aumentara muito os problemas com a hepatite, manipular agulhas descartadas era um trabalho reservado ao Serviço de Coleta de Resíduos Hospitalares — responsável por manipular o lixo que representa risco biológico, coletando agulhas e outros resíduos médicos[2] e levando-os para outra parte de Nova Jersey com a finalidade de serem incinerados. Mas Kim ficou curiosa. Ela levantou a tampa e olhou dentro do buraco. Em vez de objetos cortantes usados, ela viu caixas de papelão brancas.

Wolfe saiu do depósito e encontrou Gerry Kimble e Candy Wahlmark no posto de enfermagem. Gerry era o mais antigo ali: estava na unidade havia dezesseis anos. Ele foi até a sala de medicamentos esperando que a enfermeira mais jovem tivesse se preocupado à toa, mas, sim, havia algo de errado lá. Gerry pegou o telefone.

A caixa de objetos perfurocortantes é como uma caixa de correio; apenas o Serviço de Coleta de Resíduos Hospitalares tinha a chave. Eles a destrancaram, e Gerry esvaziou a caixa em uma comadre. Ele e Candy levaram os itens para um quarto desocupado, agora com uma missão. Separaram cuidadosamente os remédios das agulhas, alinhando-os na bancada.

Para um enfermeiro, era uma visão atordoante. Aquelas substâncias eram tóxicas. Elas também eram dinheiro e trabalho. Instintivamente, a dupla começou a catalogar tudo em um bloco de notas. Entre as descobertas, havia seis frascos de brometo de vecurônio. Havia sulfato de magnésio e fenilefrina, bitartarato de norepinefrina e dobutamina, nitroglicerina e labetalol, além de quarenta caixas da procainamida que vinha desaparecendo.

Gerry e Candy não tinham explicação para aquilo. A situação não se encaixava em nenhum dos cenários que conseguiam pensar e os quais giravam em torno de remédios sendo roubados para venda ou uso. Esse é um problema recorrente em hospitais, geralmente envolvendo substâncias como cetamina, oxicodona, hidrocodona, oxicodona associada a acetaminofeno, dextropropoxifeno, meperidina, morfina — qualquer coisa escapista e tudo que viciava. Mas quem iria querer 48 caixas de fenilefrina? Não havia nada remotamente recreativo em pressão arterial elevada ou em ritmo cardíaco alterado. Os enfermeiros não conseguiam compreender. Os frascos descartados cheios de procainamida eram um problema, um acontecimento estranho e um desperdício. Isso os incomodou. Mas o que os assustou foram os frascos vazios de brometo de vecurônio. O brometo de vecurônio era o que chamavam de substância não reconstituída. Vinha na forma de pó, selado em um frasco de vidro com uma tampa de borracha permanente. A única maneira de tirar a substância do frasco era reconstituí-la — como preparar suco instantâneo em um recipiente lacrado usando uma seringa. Para isso, era necessário encher de soro fisiológico uma seringa, perfurar a tampa de borracha com a agulha, injetar o soro fisiológico, agitar com força e, em seguida, retirar o conteúdo reconstituído com a seringa. Os frascos vazios sugeriam que o medicamento havia sido transferido para uma seringa, e em quantidades chocantes.

O brometo de vecurônio é um agente paralisante excepcionalmente poderoso.[3] Uma overdose pela substância é como um afogamento ou uma asfixia lenta. A musculatura do corpo fica paralisada, mas a pessoa dentro dele permanece intacta, pelo menos até que os músculos do coração e os pulmões parem de funcionar. Pior: o paciente sofreria durante todo o processo — o brometo de vecurônio o impediria de se mover ou gritar, mas não o impediria de sentir dor.

Uma dosagem prolongada ou excessiva de brometo de vecurônio causava danos cerebrais em pacientes em coma, e a possibilidade de efeitos colaterais extremamente negativos havia tornado a substância uma droga cada vez mais impopular entre os médicos. As raras prescrições indicavam apenas pequenas doses, geralmente em torno de cinco miligramas.[4] E nenhum dos pacientes na Unidade Coronariana do St. Luke's naquele momento havia recebido prescrição de brometo de vecurônio durante os quatro plantões do fim de semana. No entanto, alguém aparentemente havia reconstituído sessenta miligramas do perigoso agente paralisante, transferido a substância para seringas com agulha e injetado... onde?[5]

Gerry Kimble voltou para o corredor, repentinamente apreensivo. Havia pacientes inconscientes em todos os quartos ao seu redor. O próprio hospital estava cheio de funcionários, visitantes, especialistas, novos contratados, funcionários da limpeza. Ele, Candy e Kim decidiram ficar de olho no depósito de medicamentos, se revezando no cuidado com os pacientes. Kim, encarregada da primeira vigia, tinha uma visão desobstruída do posto de enfermagem. Ela não reconheceu o primeiro sujeito que entrou no depósito de medicamentos. Observou enquanto ele digitava o código, girava a maçaneta e enfiava um tênis no batente da porta para evitar que ela se fechasse enquanto ele reabastecia. Ela o manteve em seu campo de visão o tempo todo. Meia hora depois, viu o rapaz da farmácia digitar o código e entrar. Ele também deixou a porta aberta. Kim

104   O ENFERMEIRO DA NOITE

e Candy se entreolharam. Aquilo estava ficando ridículo. E elas ainda tinham um dia inteiro de pacientes antes da troca de plantão.

Às 18h20, Charlie Cullen chegou à unidade, mais cedo, como de costume. Kim Wolfe ficou feliz em vê-lo — ela gostava de Charlie. Eles vinham cruzando plantões havia mais de dois anos; não eram amigos, mas tinham uma relação amigável, se cumprimentando quando seus horários se encaixavam. Ele definitivamente era um pouco diferente, mas Wolfe não o julgava por suas peculiaridades. Charlie era prestativo e generoso com seu tempo para qualquer coisa de que outro enfermeiro precisasse. Kim e Candy mantiveram a cabeça voltada para seus prontuários enquanto Charlie fazia seu rearranjo ritual no posto de enfermagem.

As cadeiras eram do tipo com rodinhas. Charlie levou as sobressalentes para uma sala vazia no fim do corredor, as deixou lá e voltou para buscar mais duas. Ele as pegou e então parou no meio do corredor, diante da porta da sala de medicamentos. Digitou o código e entrou. A porta se fechou. Kim correu para contar a Candy, mas a colega já estava observando.

Cinco minutos inteiros se passaram até que Kim e Candy viram a porta se abrir. Ambas as mulheres desviaram o olhar quando Charlie saiu da sala e caminhou até o outro lado do corredor. Kim foi apressada até a porta da sala de medicamentos, digitou o código e deu uma espiada. A caixa de objetos perfurocortantes estava cheia de novo. A gerente de enfermagem da UTI, Ellen Amedeo, precisava ser alertada imediatamente. Elas ligaram para a casa de Amedeo e, ofegantes, disseram que sabiam quem estava usando os frascos letais de brometo de vecurônio.

Meia hora depois, o plantão diurno chegou ao fim, e era hora de Gerry, Kim e Candy deixarem o hospital. Charlie ficou. Ele tinha doze horas pela frente. A primeira parada cardiorrespiratória aconteceu antes da metade do plantão noturno.

A caixa de objetos perfurocortantes só foi aberta novamente na troca de plantão, na manhã de segunda-feira, dia 3 de junho. O enfermeiro do plantão diurno Gerry Kimble e o enfermeiro-chefe Terry Koehler vestiram luvas estéreis enquanto o responsável pela segurança do hospital os observava colocar o conteúdo na bancada. Dessa vez, eles descobriram várias dezenas de frascos, muitos deles vazios, incluindo nove vidros usados de brometo de vecurônio.[6] Embora ainda não soubessem, o medicamento já havia sido usado no paciente Edward O'Toole sete horas antes.[7]

A essa altura, Ellen Amedeo havia chegado à unidade e a engrenagem administrativa estava em ação. Janice Rader, gerente de riscos do St. Luke's, definiu um protocolo: durante o restante do plantão diurno, o chefe da enfermagem deveria verificar regularmente a caixa de objetos perfurocortantes para ver se havia mais medicamentos descartados. Cullen não estava trabalhando; a caixa de objetos perfurocortantes permaneceu vazia.

Rader não teve escolha a não ser entrar em contato com Ken Vail, diretor de gerenciamento de riscos do St. Luke's. Medicamentos perigosos para o coração estavam sumindo, grandes quantidades de um agente paralisante tinham sido reconstituídas e haviam desaparecido. Juntos, Rader e Vail traçaram uma estratégia com base no que seria "melhor para o hospital",[8] considerando que o enfermeiro Charles Cullen ia voltar para dar plantão novamente em menos de oito horas. Eles decidiram então levar a questão ao consultor jurídico do St. Luke's, o advogado Sy Traub, que entrou em contato com o escritório de advocacia Stevens and Johnson,[9] especialistas corporativos em direito penal e defesa contra imperícia médica. Um de seus jovens advogados promissores era um ex-assistente da promotoria da Filadélfia chamado Paul Laughlin.[10]

Às duas horas da tarde, Laughlin estava sentado no escritório administrativo do St. Luke's. Ele foi colocado a par da situação, e, em seguida, foi para casa esperar. A ligação veio logo depois da meia-noite. Era do setor de enfermagem da Unidade Coronariana. Charles Cullen estava mais uma vez de plantão e mais medicamentos tinham sido descobertos na caixa de objetos perfurocortantes. Eles precisavam agir imediatamente. Laughlin voltou para a UTI e se instalou em uma sala vazia no fim do corredor. Alguns minutos depois, um enfermeiro chamado Brad Hahn chegou conduzindo Charles Cullen. Charlie não tinha previsto aquilo. Ele olhou irritado para Brad e disse: "Sabe, você poderia ter me avisado."[11]

22

O jovem advogado pediu a Charles Cullen que se sentasse. Ele começou de forma amigável, perguntando a Charlie sobre sua formação e seus hábitos de trabalho.[1] O enfermeiro respondeu a todas as perguntas em ordem, sabendo exatamente aonde aquilo ia chegar. Ele disse ao advogado que gostava de chegar cedo, por volta das 18h30, e estocar a sala de medicamentos. Havia feito isso naquele mesmo dia, tinha levado cerca de dez minutos.

E depois disso?, perguntou Laughlin.

— Bom — respondeu Charlie —, então, depois eu voltei ao depósito de medicamentos.

E por que, perguntou Laughlin, Charlie teria ido ao depósito de medicamentos novamente?

— Não sei — respondeu Charlie. — Talvez alguém tenha me pedido. Se alguém tivesse me pedido, eu teria ido.

— Tudo bem — disse Laughlin. — Então... isso aconteceu? Alguém pediu que você fosse até lá?[2]

Charlie olhou para o chão.

— Não me lembro — falou. — Estou trabalhando sem ter dormido, então, você sabe, realmente não me lembro de nada específico sobre o plantão.

Ele estava quase balbuciando.

— Alguém falou com você sobre medicamentos encontrados na lixeira de objetos perfurocortantes?

Laughlin pegou a caixa de objetos perfurocortantes e abriu a tampa, mostrando que estava cheia de caixas e frascos. Talvez Charlie devesse ter demonstrado surpresa, mas não o fez. Ele não se importava o suficiente para lembrar quais emoções as pessoas deveriam ter em situações como aquela. Que importância tinha? Olhou novamente para o mesmo lugar no chão. O linóleo estava salpicado de manchinhas feias.

— Permita que eu pergunte novamente: ficou sabendo de alguma coisa sobre o desaparecimento de remédios?

Desta vez, Charlie disse:

— Sim. Eu, sabe… a enfermeira Moyer, Thelma. Ela mencionou algo a esse respeito.

Então, perguntou Laughlin, quem os colocara lá? Ele tinha alguma ideia?

O homem continuou falando. Charlie o ouviu listando todos os plantões nos quais os medicamentos haviam sido encontrados, horários que correspondiam aos plantões de Charlie. O homem falou sobre o brometo de vecurônio, demonstrando ter entendimento de que se tratava de uma substância perigosa que precisava ser reconstituída, misturada e retirada do frasco com uma seringa. Quem estava em todos aqueles plantões além dele? Alguém? Charlie? Charlie?

Charlie deu uma olhada na sala. Olhou para a mesa, as cadeiras, o colo do advogado. Ele tinha os prontuários dos pacientes, os exames de sangue, os laudos laboratoriais das overdoses de brometo de vecurônio. Eles tinham os frascos.[3] Para Charlie, tudo aquilo soava como intimidação. Eles já sabiam; as perguntas eram simplesmente cruéis.

— Vocês já se decidiram — concluiu Charlie.

O que esperavam que ele fizesse agora?

Charlie sabia que tinha escolha[4] — bem, não era exatamente uma escolha.[5] Se pedisse demissão, o St. Luke's lhe daria referências neutras, e o incidente não apareceria em seu histórico. Charlie encarou o chão. Estava sendo descartado, como lixo. Concluiu que era assim que uma instituição se mantinha na lista anual dos melhores hospitais dos Estados Unidos de acordo com o *U.S. News & World Report*. Charlie estava incrédulo — um hospital com nome de santo, ainda por cima. O que diriam as freiras da escola católica? São Lucas, santo padroeiro da responsabilidade. Ele aceitaria o acordo, mas sabia que era o homem íntegro ali. O segurança o acompanhou pela unidade como Cristo ao Calvário e o deixou sozinho no estacionamento frio.

23

Em 8 de junho, três dias depois de ter sido escoltado até seu carro pelo segurança do St. Luke's, Charlie estava entrando em outro estacionamento apenas dez minutos adiante, em Allentown, Pensilvânia, chegando adiantado para mais um plantão noturno em outra Unidade Coronariana. A transferência para o Hospital Sacred Heart foi particularmente simples, uma vez que ele pôde listar com sinceridade suas datas de emprego na Unidade Coronariana do St. Luke's como "de junho de 2000 até o presente" e contar com o hospital[1] para referências neutras.[2] Parecia uma transição rotineira. Charlie não sabia que vários dos administradores do St. Luke's vinham ligando para seus colegas em outros hospitais. De todo modo, não importava — eles não tinham ligado para o Sacred Heart. Charlie foi conduzido diretamente para a orientação na enfermaria. Ele ia começar de imediato.

Cullen sentiu que ia gostar de trabalhar no Sacred Heart. Já gostava de seus colegas de trabalho, especialmente de uma jovem mãe chamada Catherine Westerfer. Como ele, Cathy era recém-contratada, solteira e trabalhava à noite. Menos de uma semana depois de ele começar a trabalhar lá, os dois já estavam namorando. Como de costume, Charlie se apegou rapidamente. Duas semanas depois, recebeu o telefonema familiar, dizendo-lhe para não se apresentar mais para dar plantões, mas mesmo isso teve um lado positivo: Cathy sentiu pena do novo namorado. O turbilhão de chegada e partida pareceu romântico, de alguma forma. Alguns meses depois, Charlie colocou suas coisas no Escort e se mudou para a casa alugada de Cathy em Bethlehem.

Na lacuna em seu aviso de rescisão do Sacred Heart estava escrito "conflitos interpessoais". Charlie concluiu que isso basicamente significava que alguma enfermeira sênior tinha ouvido rumores sobre ele. Na verdade, uma das enfermeiras do Sacred Heart já havia trabalhado no Easton, onde a morte suspeita de Ottomar Schramm por causa da digoxina ainda ecoava. Ela ouvira as histórias. Logo, seus colegas de trabalho no Sacred Heart também as ouviram e fizeram uma petição à administração. Eles ameaçaram se demitir em massa se Cullen não fosse desligado. Charlie não sabia dos detalhes, nem precisava. O que importava era que ele precisaria ir para mais longe. Para recomeçar do zero, bastava cruzar a divisa interestadual. Charlie ia voltar para casa.

Ele ainda tinha o benefício de referências neutras do St. Luke's. O hospital mais tarde afirmaria que a investigação de Laughlin, a análise de prontuários feita pela gerente de riscos Rader e pelo enfermeiro-chefe Koehler e as investigações adicionais do conselheiro-geral do St. Luke's, Sy Traub, não conseguiram identificar nenhuma morte suspeita relacionada aos frascos vazios de brometo de vecurônio nem a qualquer outra ação de Charles Cullen em seu hospital. Os administradores do St. Luke's, no entanto, não queriam Cullen trabalhando em seu sistema de saúde. E, pelo visto, acreditavam que outros hospitais também teriam motivos para não querer que ele trabalhasse no deles.

Em agosto de 2002, Charles D. Saunders, vice-presidente sênior de assuntos médicos e acadêmicos do St. Luke's, havia ligado para seus colegas na área de Bethlehem, perguntando se haviam testemunhado algum incidente incomum envolvendo um enfermeiro chamado Charles Cullen e dizendo-lhes que Cullen estava fora de qualquer consideração de recontratação. O vice-presidente executivo do St. Luke's e ex-presidente do Centro Médico St. Barnabas, Vince Joseph,[3] e o advogado Paul Laughlin também ligaram para seus colegas.[4] Mas Saunders, Joseph e Laughlin aparentemente não transmitiram esses alertas ao público,[5] aos policiais ou ao Conselho Estadual de Enfermagem.[6] E, infelizmente para os pacientes do Centro Médico Somerset, eles também não estavam na lista de telefonemas.[7]

24

Setembro de 2002

O folheto de recrutamento era uma mala direta de marketing de alta qualidade, um anúncio chamativo em busca de enfermeiros qualificados. Charlie analisou o folheto sobre a pia da cozinha, virando-o na mão. "Junte-se à equipe!", dizia. Será? Sua trajetória de vida havia sido moldada por portas que se abriram na hora certa, o destino mostrando a ele o caminho ladeira abaixo. Charlie não conhecia o Centro Médico Somerset nem o condado de Somerset, em Nova Jersey, mas era óbvio que, depois de cinco centros médicos[1] em menos de quatro anos, seu nome estava queimado na Pensilvânia.[2] Ele também tinha tido problemas em Nova Jersey, mas fazia quatro anos que não trabalhava lá, e Nova Jersey é um estado grande.[3] Embora o condado de Somerset ficasse a apenas cinquenta minutos de carro da casa onde ele havia crescido, social e economicamente, era o mais longe de suas raízes em West Orange que Charles Cullen poderia esperar se aventurar.

Somerset era um dos condados mais antigos e ricos dos Estados Unidos,[4] uma comunidade agrícola fértil situada entre colinas arborizadas e grandes propriedades rurais apreciadas por banqueiros e empresários.[5] John Dryden, fundador da Prudential Insurance, construiu sua mansão inspirada no Palácio de Versalhes em Bernardsville, na década de 1880; uma geração depois, Brooke Kuser — que não demoraria a se tornar Brooke Astor — também moraria no condado, em uma mansão chamada Denbrooke. Nos anos prósperos que se seguiram à Guerra Civil Americana, esses eram os cidadãos mais ricos da nação mais rica do planeta, e podiam ter o que quisessem. Em 1898, o que eles queriam era um hospital.

Uma morte foi a gota d'água: um garoto de dezesseis anos que levara uma pancada na cabeça. Mesmo em 1898, essa condição estava longe de ser fatal; fazer furos no crânio para aliviar a pressão era um procedimento cirúrgico simples, mais antigo do que as pontas de flecha dos indígenas Lenape que ainda se espalhavam ao longo do rio Raritan. Durante a longa jornada de carroça para Newark, no entanto, o cérebro traumatizado do rapaz continuou a inchar como um pão assando, sendo esmagado contra os limites do crânio. Quando chegou a Newark, as pupilas não reagiam e o clamor por um hospital local teve início.

Com uma doação inicial de 5.500 dólares, uma casa na East Main Street foi equipada com eletricidade, água corrente e as tecnologias mais avançadas da época no campo da medicina moderna, incluindo uma máquina alemã capaz de fotografar o interior do corpo humano por meio de raios "desconhecidos", ou "X", e uma sala de cirurgia iluminada por uma nova lâmpada elétrica recentemente inventada por Thomas Edison, da comunidade vizinha de Menlo Park. O hospital foi inaugurado com dez médicos para assistir doze leitos. À medida que o condado foi crescendo, o hospital se expandiu no mesmo ritmo, com o acréscimo de alas e anexos, até que a casa simples com estrutura de madeira se transformou em uma cidade de tijolos vermelhos que atendia a dezenas de especialidades médicas, com mais de 350 leitos para pacientes internados e milhares de profissionais bem pagos para cuidar deles. O hospital tinha a vantagem de contar com um amplo estacionamento e uma localização conveniente entre as autoestradas,

114   O ENFERMEIRO DA NOITE

sendo próspero o suficiente para oferecer um bônus de 10 mil dólares a enfermeiros experientes dispostos a assinar um contrato de seis meses.

Em 15 de agosto de 2002, Charlie se sentou à mesa do departamento de Recursos Humanos do Somerset e preencheu as informações familiares.[6] O enfermeiro Cullen se apresentou como uma contratação promissora. Ele informou com honestidade que era enfermeiro certificado e registrado, mentiu de forma justificável sobre não ter antecedentes criminais e não ficou nem um pouco preocupado se iam se dar ao trabalho de verificar essas respostas. Preferia a UTI, mas trabalharia em qualquer enfermaria e estava aberto a qualquer horário, escalas rotativas, plantões de emergência, plantões noturnos, plantões nos fins de semana[7] e feriados. Como referência, Charlie listou o St. Luke's, afirmando que havia deixado o hospital apenas porque "precisava de uma mudança de ares", o que não deixava de ser verdade. Também listou os anos na Unidade de Tratamento de Queimados do Hospital Lehigh Valley, que "não funcionou para ele", e no Centro de Repouso e Reabilitação Liberty, onde "não havia horas disponíveis suficientes". Tudo isso era, de certa forma, verdade; caberia ao departamento de Recursos Humanos do Somerset tentar elucidar os detalhes.

O ex-supervisor de Cullen no Hospital Warren confirmou que ele realmente havia trabalhado lá e exaltou a ética de trabalho, a retidão de caráter e a inteligência de Charlie. E, conforme prometido, o departamento de Recursos Humanos do St. Luke's informou sobre as datas de emprego e confirmou o cargo anterior.[8] Em setembro de 2002, Charlie recebeu uma oferta de emprego em tempo integral para cuidar de alguns dos pacientes mais vulneráveis na Unidade Coronariana do Centro Médico Somerset.

Charlie rapidamente se tornou um enfermeiro noturno popular no Somerset. Em geral, a transição entre os plantões diurno e noturno podia durar uma hora, dependendo do enfermeiro, mas Charlie era rápido, não fazia perguntas, e os enfermeiros do plantão diurno sempre ficavam entusiasmados ao ver o nome dele na escala. Eles podiam fazer um relatório rápido e ir para casa, sabendo que Charlie já estava avançando pelo corredor com seu pequeno Cerner PowerChart, o banco de dados computadorizado móvel que continha os prontuários dos pacientes. Os colegas do plantão noturno gostavam ainda mais de Charlie; ele chegava cedo, trabalhava com eficiência e era sempre o primeiro a terminar os procedimentos. Os demais enfermeiros voltavam ao posto depois de fazer a ronda inicial dos pacientes e encontravam Charlie já de pé diante da máquina Pyxis, ajudando a organizar as bolsas de soro para o plantão noturno. Mais tarde, o encontravam novamente, dessa vez ajudando na parada cardíaca.

Cada enfermeiro do plantão noturno tinha uma escala independente, e toda noite a equipe tinha uma composição diferente. Charlie logo virou alvo das atenções de uma das enfermeiras com quem trabalhava com frequência, uma loira alta e bonita chamada Amy Loughren.[9] Ela era uma autoproclamada "chata", o que significava que era direta e honesta, o tipo de pessoa que projetava uma sombra na qual Charlie poderia se abrigar. No início, Charlie era reservado quando estava perto dela, mas, durante os longos plantões noturnos, começou a fazer comentários irônicos sobre a burocracia do hospital enquanto esperava pela máquina Pyxis, ou a revirar os olhos de forma dramática durante um relatório noturno particularmente trabalhoso. Tarde da noite, depois de todas as bolsas de soro terem sido penduradas e os respectivos pacientes, atendidos, Charlie contava histórias bem-humoradas sobre depressão debilitante, falta de sorte e o bullying sofrido com uma honestidade sarcástica com a qual ele achava que Amy ia se identificar; ela respondia com risadas e as atenções maternais de que Charlie precisava. Com o passar das semanas, eles foram de conhecidos a amigos.

Amy Loughren havia emergido de uma infância abusiva com uma atitude de rebeldia arrojada em relação às grandes merdas da vida e uma convicção mística de que o universo estava em dívida com ela.

Trinta e seis anos difíceis e impulsivos tinham rendido a ela dez namorados, duas filhas, um diploma de enfermagem e o *leasing* de um Jaguar branco, mas por trás dos reflexos loiros havia um vazio que ela sentia dificuldade de nomear. Seus dias de folga eram pontuados por ataques de pânico que às vezes a impediam até mesmo de sair de casa, e ela passava as noites trabalhando ou bebendo vinho. Dividia o tempo entre sua casa ao norte de Nova York e seu trabalho em Nova Jersey, separava sua personalidade entre a de casa e a do hospital e se esforçava para manter a segurança dessa separação. Ela não se mostrava por inteiro para as filhas ou os namorados, nem para a maioria dos colegas de trabalho. Apenas seu novo amigo, Charlie Cullen, fazia com que se sentisse totalmente segura. Charlie também parecia precisar da proteção de Amy.

Quando Charlie começou a trabalhar no Somerset naquele mês de setembro, Amy soube, quase de imediato, que gostava do novo enfermeiro — não "gostava-gostava", ela era solteira, mas não era para tanto, nem pensar, e sentiu que o novo colega conhecia as próprias limitações. Amy era loira, com quase 1,80 metro de altura, curvilínea, mesmo de uniforme, e estava acostumada a atrair atenções indesejadas. Mas Charlie parecia seguro para Amy. Ele prestava atenção sem segundas intenções óbvias e nunca dava em cima dela. E se nem sempre mantinha contato visual, pelo menos não era porque estava tentando dar uma olhada rápida no decote de seu uniforme. Ele também ficava na dele, pelo menos no início, e Amy era instintivamente atraída por pessoas caladas. *Esse cara tem segredos*, pensou ela, *assim como eu*.

O novo enfermeiro também parecia encarar o trabalho com a mesma seriedade que Amy, talvez até mais — eficiente e atencioso, beirando a obsessão. Charlie cuidava de seus pacientes sozinho, com a porta fechada e as cortinas cerradas. Ele os despia e os banhava antes de deixá-los comicamente perolados com hidratante. Amy dizia que eles eram os "perus de Natal" de Charlie, pegajosos demais para serem virados. Sua outra excentricidade era o uso obsessivo da máquina Cerner. Os prontuários eram uma papelada que os enfermeiros precisavam preencher, mas Charlie levava isso ao extremo e passava horas digitando na unidade móvel, longe do escrutínio do posto de enfermagem. Amy brincava, dizendo que ele estava escrevendo um romance. Estranhamente, Charlie gostava de suas brincadeiras, reconhecendo-as como afirmações inocentes.

Como muitas enfermeiras, Amy se via como uma heroína defendendo o que havia de mais frágil na humanidade, uma protetora e mediadora dos que não tinham voz e estavam imobilizados. Com a postura curvada, cabelos grisalhos macios e suéteres de vovô surrados, o novo enfermeiro parecia a Amy mais uma alma sensível que precisava ser defendida — uma espécie de sr. Rogers[10] triste, ao mesmo tempo sentimental e deprimido. Seus jalecos brancos tinham o ar encardido de roupa lavada por um homem solteiro e, por trás dos óculos baratos e sujos, seus olhos escondiam uma escuridão e um desespero que Amy reconheceu como raiva disfarçada. Foram necessários apenas alguns plantões noturnos juntos para que ela percebesse que Charlie Cullen também era uma das pessoas mais engraçadas que já havia conhecido. Às quatro horas da manhã, ele conseguia fazê-la rir com uma história que colocava sua própria vida maluca em perspectiva. O humor e as fofocas funcionavam como uma proteção contra o sofrimento e a dor intrínsecas ao trabalho, e Charlie era sempre certeiro. Várias histórias eram centradas nos absurdos de seus anos na Marinha, sua incumbência de vigiar mísseis nucleares com um cassetete ou as humilhações sofridas quando ele se recusava a urinar em um copo na frente de outro homem, mas a maioria envolvia a namorada de Charlie, Cathy, e suas tentativas esporádicas de fazer com que ele se mudasse da casa dela. Amy se referia a essa situação como "The Charlie and Cathy Show", programa que ela sintonizava todas as noites. Com o tempo, passou a retribuir com as próprias confissões.

Todas as noites, Charlie se apressava em cumprir suas responsabilidades com os pacientes, em seguida cruzava o bloco de quartos para encontrá-la. Amy era uma procrastinadora, sempre atrasada, e admirava a proficiência técnica do colega, resultado de catorze anos de experiência[11] em nove outros hospitais. Logo, Amy passou a recorrer a essa experiência. Seu emprego no Somerset era o melhor que tivera em quase quinze anos como enfermeira. O bônus de 20 mil dólares sobre o salário por um contrato de sete meses mais os 1.700 dólares por mês para que pagasse as despesas de hospedagem local eram "uma senhora grana". Ela queria mantê-la, mesmo que o trabalho estivesse acabando com ela.

No meio de um plantão naquele mês de outubro, Charlie a encontrou escorada contra a parede branca do posto de enfermagem. Ele a levou até um quarto vazio e fechou a porta. Amy se sentou na maca, ofegando até conseguir explicar. Era uma bela ironia, pelo menos para a sensibilidade mórbida de uma enfermeira veterana; ela estava trabalhando em uma das principais unidades coronarianas do país e, em segredo, morria lentamente de insuficiência cardíaca.

Amy tinha diagnosticado o quadro ela mesma como fibrilação atrial avançada causada por uma disfunção crônica do nó sinusal. A condição era, pelo menos em parte, responsável por suas crises de pânico paralisantes e a razão para essas crises serem tão perturbadoras. A fiação sináptica de seu músculo cardíaco estava falhando. O resultado era um ritmo cardíaco irregular, insuficiente para fazer o sangue oxigenado circular entre os pulmões e o restante do corpo. Amy tinha a sensação de estar se afogando na própria circulação sanguínea estagnada. Embora sua teoria médica pessoal fosse de que seu músculo cardíaco tinha sido devastado por um vírus contraído, quem sabe, de um de seus pacientes, ela se perguntava se o verdadeiro problema não era algo mais místico: uma espécie de vírus emocional, estilhaços psicológicos dos monstros de sua infância, danos causados pelas lembranças. O coração doente de Amy não era o único segredo em sua vida. E os outros a estavam matando também.

CHARLES GRAEBER

Charlie ouviu, assentindo como um médico. Em seguida, saiu do quarto e voltou um minuto depois com uma pílula verde-menta oval na palma da mão: diltiazem 0,5 miligrama. Amy engoliu a pílula e se levantou apoiando-se em um suporte para soro. Eram apenas duas da manhã e ela ainda tinha trabalho a fazer.

— Não, escute — disse Charlie. — Descanse. Ordens médicas. — Ele esboçou um sorriso. — Eu cuido dos seus pacientes esta noite.

— Charlie... — começou Amy.

— Não se preocupe — garantiu ele. — Eu sei guardar segredo.

Charlie nunca soube quantas pessoas matou no Somerset, só que começou mais ou menos na época em que Amy adoeceu e, depois que começou, não parou mais.

A cardiomiopatia de Amy permaneceu sem tratamento até fevereiro, quando ela desmaiou no trabalho e foi levada às pressas para a emergência. Ia precisar de um marca-passo e uma licença médica. Charlie ficou sozinho no plantão noturno. E substituiu as atenções dela pelas próprias compulsões.

Os casos específicos, aqueles muito velhos, muito doentes, especiais e memoráveis, aparentemente começaram em meados de janeiro,[12] com digoxina e uma dona de casa de sessenta anos chamada Eleanor Stoecker. Duas semanas depois, Charlie estava de plantão na noite de seu aniversário de 43 anos e usou brometo de pancurônio, um forte paralisante semelhante ao brometo de vecurônio. Era uma substância eficaz por si só, mas Charlie a havia misturado a outras, e no fim da noite não tinha certeza de quem havia morrido em decorrência de suas ações nem o que, exatamente, matara Joyce Mangini e Giacomino Toto. Tinha certeza, no entanto, de que fora a norepinefrina que fizera o coração de John Shanagher parar de bater em 11 de março. Sua reputação como um gênio das paradas cardiorrespiratórias cresceu, e quando Dorthea Hoagland teve uma parada cardíaca e o alerta de emergência soou nos alto-falantes em maio daquele ano, Charlie mais uma vez pareceu ter as respostas. O conhecimento do enfermeiro sobre quais medicamentos poderiam reverter a parada cardíaca repentina da paciente parecia, para os outros, de uma presciência quase mágica. Até os jovens residentes de plantão recuavam para deixar que Charlie assumisse o comando. Cada paciente tinha problemas complexos e intrincados envolvendo os respectivos órgãos e a química corporal, e cada um reagia de maneira única. Foi uma primavera movimentada, e Charlie estava menos interessado em nomes do que em causas e efeitos.

Michael Strenko era jovem para a unidade, e sua doença era especialmente perturbadora para os enfermeiros mais novos. Os pais de Michael acreditavam que o filho estava se recuperando no Somerset, melhorando a cada dia, mas o estudante de 21 anos que cursava ciência da computação na Seton Hall University tinha uma doença genética autoimune que complicava o tratamento. Amy, que havia voltado à unidade depois da cirurgia para a colocação de um marca-passo e repouso, temia que o jovem Michael não sobrevivesse. Charlie tinha certeza.

No fim das contas, foi a digoxina, ou a epinefrina, ou alguma combinação das duas que levou Strenko ao limite — os doentes viviam em um equilíbrio tão precário que bastava um pequeno empurrão, um suspiro capaz de fazer flutuar uma pena, um toque tão sutil e disperso que ninguém percebia a causa, apenas ficava assombrado com o efeito. As paradas cardiorrespiratórias naquela noite foram múltiplas e desagradáveis. Depois da segunda, Charlie foi até a sala de espera para falar com a mãe de Michael, fazendo um relato pormenorizado e tecnicamente preciso do que estava acontecendo, naquele exato momento, dentro do corpo do filho dela, os medicamentos usados e as medidas tomadas pela equipe médica para salvar a vida dele.

— Michael está muito doente — disse Charlie. — As pessoas nem sempre sobrevivem.

Os pais de Michael ficaram arrasados com esse relato.

— Chega! — exclamou a mãe dele, e pediu a Charlie que saísse.

Mas Charlie estava certo. E aproximadamente às duas da manhã do dia 15 de maio, quando a sra. Strenko finalmente pediu que afastassem a última pá do desfibrilador do corpo exausto do filho, a linha plana no monitor provou isso.

A intenção de Amy não era fazer cena, mas ela questionava tudo. Achava que se às vezes ia longe demais, tudo bem. Pelo menos não era gado. Ela era assim, sempre dizia: uma garota impetuosa, que falava o que pensava sem medo e geniosa, mas não era gado. Recusava-se a simplesmente seguir os outros. Era conhecida até no departamento de Oncologia: Amy, a enfermeira da UTI que se recusava a seguir o novo e exasperante protocolo de segurança, aquela que se recusava a assinar o nome no registro de retirada de insulina. Isso era sinal do alarde que ela estava fazendo, considerando que era praticamente necessário pegar um ônibus para ir da UTI até a Oncologia.

O novo protocolo para uso de medicamentos estava sendo chamado de "formulário de controle de insulina". Sua chefe, Val, havia explicado, tentando convencer Amy a assinar. Antes, a insulina simplesmente ficava lá, na geladeira. Mas agora, por alguma razão, eles estavam mudando o protocolo, aumentando a responsabilidade dos enfermeiros ao forçá-los a colocar a assinatura eletrônica em sua estimativa de quanto restava no frasco. Amy achava que era uma medida imprecisa e estúpida. Como ela poderia determinar, apenas olhando, exatamente quanto restava? Estavam pedindo que colocasse sua licença de enfermagem em jogo em uma competição de contagem de jujubas. Ela exigiu saber o que estava acontecendo, mas a supervisora se recusou a dizer. Por que tratar a insulina como um narcótico?

Como sua chefe se recusou a responder, Amy se recusou a cooperar. Val disse "assine" e Amy replicou "não".

— Apenas assine — pediu Val.

Amy não assinou.

Então Val também ficou furiosa. Amy não entendeu a reação. Por que diabos ficar tão nervosa por causa de um simples protocolo? Por acaso alguém tinha morrido?

Val estava praticamente gritando quando enfim disse a Amy:

— Olha, apenas assine. O problema não é com você!

O que isso significava? Com quem era o problema?

Na época, Amy não associou as novas exigências de protocolo com a frequência repentina de paradas cardiorrespiratórias. A única coisa que sabia era que vinha embalando muitos corpos, provavelmente mais nos últimos seis meses do que durante toda a sua carreira. Ela não tinha ideia de que havia um problema, muito menos imaginava que Charlie fosse a causa. O amigo era um bom enfermeiro, extraordinário até. Ela sempre ficava satisfeita ao ver o nome dele no quadro-branco com a escala de plantões. Os médicos tinham recomendado a Amy que pegasse leve, mas, com vários pacientes sob seus cuidados, pegar leve nem sempre era uma opção. Com frequência, tinha que escolher entre cuidar do próprio coração ou do coração dos pacientes. Quando Charlie estava de plantão, havia uma terceira opção. Ele nunca estava ocupado demais para ajudar.

Em 14 de junho de 2003, Charlie chegou ao trabalho meia hora mais cedo: ele não aguentava esperar. Verificou os prontuários computadorizados de vários pacientes e se decidiu pela "senhora asiática".[13] A sra. Jin Kyung Han não era sua paciente naquele momento, mas tinha problemas. Han dera entrada no hospital no dia 12 de junho com linfoma de Hodgkin e cardiopatia. Seu cardiologista, o dr. Zarar Shaleen, já havia receitado pequenas doses de digoxina para Han, geralmente 0,125 miligrama, mantendo-a no nível terapêutico de cerca de 0,63 miligrama. O médico havia prescrito outra dose de digoxina para Han em 13 de junho. Então, ao analisar o eletrocardiograma da paciente, ele concluiu que a substância não estava ajudando a controlar as novas arritmias cardíacas. Na verdade, poderia matá-la. Ele ordenou que o medicamento fosse suspenso.

Às sete horas da noite, as equipes de enfermagem fizeram a troca de plantão. Charlie estava livre novamente às 19h30; ele foi direto para a máquina que dispensava os medicamentos e fez um pedido de digo-xina. Pediu o remédio para seu paciente e logo em seguida o cancelou. A gaveta de medicamentos mesmo assim se abrira. Era fácil assim. Os novos protocolos de segurança eram estúpidos. Charlie pegou duas unidades e fechou a gaveta.

Ele entrou no quarto de Han, que dormia. Não perdeu tempo, in-jetando a dose de digoxina no injetor lateral do equipo de soro que serpenteava entre a bolsa suspensa e a veia da paciente. O bolus in-travenoso que Charlie administrou representava uma dose oito vezes mais elevada do que qualquer uma que a paciente já tivesse recebido.[14] Em seguida, ele descartou a agulha na caixa de objetos perfurocortan-tes e saiu do quarto. Estava quase amanhecendo; a dose só faria efei-to completo depois do fim do plantão. A expectativa ecoou por todo o dia de folga de Charlie, embotando seu pensamento. Charlie vol-tou ao trabalho na noite do dia 16, bem cedo, para verificar. Mas Han ainda estava lá.

Charlie acessou o Cerner e voltou a examinar o prontuário dela. A frequência cardíaca de Han havia despencado, ela havia vomitado durante o plantão da manhã e um exame de sangue identificara que a digoxina em seu organismo havia disparado de seu nível normal, de 0,63 miligrama, para 9,94 miligramas. O cardiologista da senhora prescreveu imediatamente um antídoto, e ela foi estabilizada. Depois disso, oscilou durante todo o plantão diurno até o plantão noturno, não bem, mas sobrevivendo.

Amy esperou por Charlie. Ele era particularmente bom nos cuida-dos pós-morte, prestativo e rápido. Tinha uma rotina séria e não gos-tava de falar enquanto a executava. Lavava o corpo, retirava os acessos intravenosos das veias, enrolava os tubos, desconectava os cateteres, a sonda de alimentação e o tubo de ventilação. Em seguida, pegava o kit mortuário e a mortalha. *Mortalha.* Para Amy, a palavra reme-tia a algo sagrado, solene, tecido manualmente, algo cerimonioso; mas no Somerset as mortalhas eram folhas finas de plástico transparente barato que se rasgavam com facilidade e nunca eram grandes o suficiente. Amy achava que lembravam filme de PVC. Trabalhando sozinha, suas tentativas solenes sempre acabavam se transformando em um pastelão macabro. Envolver um corpo exigia passar vários pedaços do material plástico sob o peso morto do cadáver sem rasgar nem enrugar. Era como fazer a cama com alguém deitado em cima. Ao esticar, levantar e puxar, Amy em geral fazia uma bagunça. Ela já havia tentado encaixar os quadrados de 1,20 metro para que se sobrepusessem, mas restava sempre uma lacuna no meio expondo a barriga. Ajustando-os de um lado para outro, ela acabava deixando os pés para fora e a cabeça descoberta. No fim das contas, simplesmente passava fita adesiva em torno da massa enrugada, como uma criança embrulhando um presente de aniversário. Ou, ainda melhor, chamava Charlie.

Charlie dominava a técnica. Ele arrumava as folhas perfeitamente e com a sobreposição certa, ajustando, dobrando e arrumando o defunto em um casulo de polímero profissional, cabeça, pés e tudo o mais. Charlie era bom. Ela dizia isso a ele. Ele respondia que era fácil. Tinha muita prática.

O reverendo Florian Gall havia chegado de ambulância antes de ser levado para a Unidade Coronariana do Centro Médico Somerset, quase nove meses depois da chegada de Charlie à unidade. Ele apresentava febre alta e os gânglios linfáticos estavam inchados como pedras, ambos sintomas de uma infecção bacteriana avassaladora, e provavelmente com pneumonia. Os pulmões, encharcados como toalhas de rosto molhadas, se esforçavam para levar oxigênio ao coração e ao cérebro. Uma máquina teria que respirar por ele. O queixo de Gall foi erguido, abriram-lhe a boca e um tubo de plástico foi introduzido em sua traqueia, encaixado em outro tubo de plástico, este sanfonado, e conectado a um respirador. Nesse ínterim, os rins sobrecarregados de Gall começaram a parar. Os órgãos se recuperariam se o paciente se recuperasse; até lá, uma máquina também filtraria o sangue dele.[15]

CHARLES GRAEBER

A irmã do reverendo o visitava diariamente. Lucille Gall era uma ex-enfermeira sênior de um hospital próximo, o que permitia a ela ficar junto ao leito do irmão até tarde, uma cortesia profissional. A irmã tinha suas opiniões sobre os cuidados dispensados ao reverendo. Charlie nem sempre ficava encarregado de cuidar do paciente, mas sempre ia checar como ele estava e não gostava da atitude cheia de propriedade da irmã. Ela havia discutido com ele sobre quais medicamentos estava ministrando ao irmão e por quê — agindo, Charlie sentia, como se estivesse no comando. Ela não achava, por exemplo, que paracetamol fosse uma boa ideia, considerando a insuficiência hepática do reverendo. A atitude de Lucille Gall o incomodava a tal ponto que, quando pensava no reverendo, a imagem que surgia em sua mente não era a dele, mas a dela. Era apenas quando a mulher ia embora que Charlie tinha espaço para agir.

O verdadeiro problema de Gall era o coração: fibrilação atrial, provavelmente, o que significava que uma de suas cavidades cardíacas estava se contraindo rápido demais para se encher de sangue e bombeá-lo com eficácia. O cardiologista de plantão prescreveu digoxina. A substância tornaria o átrio mais lento, e o sangue oxigenado voltaria a circular pelo corpo do reverendo. Essa era a ideia, pelo menos.

Àquela altura, e durante toda aquela primeira semana, era impossível saber se o reverendo ia viver ou morrer. A família assinou um documento determinando que ele não fosse reanimado; se o corpo de Gall desistisse, pelo menos ele iria para junto do Senhor sem ser submetido à indignidade terrena de medidas dramáticas e "extraordinárias". Mas então, gradualmente, o reverendo começou a melhorar. O ritmo cardíaco se estabilizou e a digoxina foi descontinuada. Por sugestão do médico, a irmã rescindiu a ordem para que ele não fosse reanimado, e uma esperança renovada se acendeu. O reverendo estava melhorando. Mais cedo ou mais tarde, se continuasse a evoluir, receberia alta.

Charlie observava o homem durante a noite, a careca reluzindo à luz das máquinas, os trajes clericais trocados por uma bata descartável.

Ele não lembrava em nada os sacerdotes da juventude de Charlie, não se assemelhava em nada a um representante de Deus na terra: parecia apenas doente e muito humano. Esse era o seu prognóstico. Charlie conhecia os prontuários, havia puxado o carrinho com o computador até um canto da Unidade Coronariana para analisar o drama dos números.

O coração do reverendo Florian Gall parou aproximadamente às 9h32 da manhã de 28 de junho. Ele teve uma parada cardíaca inesperada e medidas heroicas foram tomadas. Mas não obtiveram sucesso. A hora da morte foi registrada em seu prontuário: 10h10. O exame de sangue de Gall mostrou que os níveis de digoxina estavam muito acima do normal. A administração do Somerset tinha um problema. Não fora uma morte natural. E Gall não era o primeiro. Eles o chamaram de "Paciente Quatro".

O plano era lidar com a questão internamente,[16] e o mais rápido possível. A farmácia examinaria a máquina que dispensava medicamentos por volta das datas das mortes por digoxina. A assistente farmacêutica Nancy Doherty foi designada para entrar em contato com o Centro de Controle de Intoxicações de Nova Jersey. A questão era a quantidade de digoxina necessária para atingir os números que constavam no exame de sangue de Gall. A única parte com a qual precisavam de ajuda eram os cálculos matemáticos.

25

7 de julho de 2003

A música de espera era um jazz leve, alto-astral e esperançoso. A voz gravada disse:

— Obrigado, um especialista em intoxicações vai falar com você em breve, por favor...

Então:

— Centro de Controle de Intoxicações de Nova Jersey, em que posso ajudar?[1]

— Ah, sim. — A pessoa ao telefone se identificou como Nancy Doherty, ligando da farmácia do Centro Médico Somerset. — Na verdade, não é algo que esteja acontecendo exatamente agora... Estamos tentando investigar, hum, uma intoxicação por digoxina que aconteceu com um paciente. Não sei se há alguém aí com quem eu possa falar sobre isso...

— Tudo bem — disse o atendente. — Então é um caso que aconteceu...

— Aconteceu... hum... algumas... bem, a pessoa na verdade está... *Morta*. Mas Nancy se conteve.

— Aconteceu no dia 28 de junho — concluiu ela.

O farmacêutico do Centro de Controle de Intoxicações de Nova Jersey, dr. Bruce Ruck,[2] ligou de volta para o Somerset dez minutos depois. Ele foi colocado em espera e ouviu Vivaldi ao fundo enquanto uma voz feminina profissional anunciava:

— No Centro Médico Somerset, a segurança do paciente está em primeiro lugar...

— Nancy Doherty.

As vogais arredondadas do sotaque de Jersey de Nancy foram um choque depois do inglês bem articulado da locutora da gravação: *Nyancy Dowyty.*

— Oi, Nancy, aqui é Bruce Ruck.

Bruce compartilhava com Doherty o mesmo sotaque e grande parte de sua formação. Ele sabia que Nancy era apenas uma mensageira, mas uma mensageira encarregada de lidar com um sério problema interno no Somerset.

— Sim — disse Nancy. Ela suspirou ao telefone. — A situação está... ficando realmente... complicada.

Doherty estava ligando por orientação de seus chefes, a fim de obter ajuda para calcular as prováveis dosagens de uma determinada substância em dois pacientes. Ela contou a Bruce que o primeiro paciente sofreu uma parada cardiorrespiratória na Unidade Coronariana do hospital três semanas antes, em 16 de junho. Um exame de sangue revelou que no organismo do paciente havia níveis excessivos de um medicamento para o coração: digoxina. Em pequenas doses, a digoxina ajuda a estabilizar o ritmo cardíaco. Mas Nancy não estava ligando para falar de pequenas doses.

— Então, no dia 28, na mesma unidade, tivemos *outra* intoxicação por digoxina...

— Espere — pediu Ruck. Isso não podia estar certo. Dois pacientes, mesmo medicamento, noites diferentes? — E isso foi na *mesma unidade*?

— Sim.

Ruck perguntou sobre a primeira paciente, a sra. Han. Ela dera entrada no hospital com intoxicação por digoxina?

Não, respondeu Nancy.

— Falamos com o laboratório. Ela apresentava níveis normais de digoxina quando foi admitida.[3]

— Minha nossa — disse Bruce. — Nancy, qual é mesmo o seu hospital?

— Centro Médico Somerset. Estou me sentindo como uma detetive.

— Bem, parece bem assustador para mim!

— Sim — concordou Nancy.

Ela pareceu aliviada ao ouvir outro farmacêutico reconhecer isso.

Nancy colocou Ruck em espera, para que pudesse explicar o restante na privacidade de sua sala.

— Paciente Quatro, reverendo Gall. — Nancy leu os números de digoxina nos exames do laboratório: 1,2 miligrama no dia 20; 1,08 miligrama no dia 22; 1,59 miligrama; 1,33 miligrama; e então, logo depois do amanhecer do dia 28, de repente o nível saltou para 9,61 miligramas.

— Então, depois do dia 27, antes de a quantidade aumentar subitamente... quando foi ministrada a dose seguinte de digoxina?

— Não houve outra dose de digoxina — respondeu Nancy. Os níveis dispararam um dia inteiro *depois* que os médicos suspenderam o medicamento.

— A primeira coisa que me ocorre é um erro do laboratório...

— Bem, eles me disseram que refizeram os testes...

— Humm... — disse Ruck. — Então a quantidade não poderia ter subido para nove e pouco...

Bruce não estava entendendo.

— Ele sofreu uma parada cardiorrespiratória — explicou Nancy. — Ele morreu, certo? Entendeu?

Ruck ficou em silêncio.

— Tudo bem — disse, por fim. — Me dê um segundo. Preciso de um tempo.

— Eu sei... — disse Nancy.

— Peço desculpas. Ok, certo.

— Tudo bem.

— Em primeiro lugar — começou Bruce —, até onde sei... do dia 27 para o dia 28? É impossível que o nível suba dessa maneira... a não ser que ele tenha recebido mais digoxina. Certo?

— Certo.

— Vamos considerar isso, ok?

— Tudo bem — respondeu Nancy. Era simples assim. E era ruim.

— Quero consultar outra pessoa — disse Ruck. — Isso... isso é um problema enorme.

— Sim — concordou Nancy. — E... Bruce? — sussurrou.

— Sim?

— Extraoficialmente?

— Sim.

— Houve *mais duas* pessoas antes disso.

Nancy Doherty ficou andando de um lado para outro na farmácia até o telefone tocar novamente. Como prometido, era Bruce.

— Hum, pode esperar um minuto? Prefiro atender a esta ligação na minha sala — sussurrou ela.

A linha fez um clique e entrou uma gravação: "Nosso novo e sofisticado sistema de computadores garante uma redução ainda maior da possibilidade de erros de medicação..." Nancy fechou a porta da sala e apertou o botão de ligação em espera, que piscava.

— Obrigada — agradeceu ela, baixinho. — Tudo bem. Oi.

— Nancy — começou Bruce. — Sabe, você está diante de um verdadeiro...

— Sim.

— Estou escolhendo as palavras com cuidado...

— Sim.

— ... dilema.

— Sim — repetiu Nancy. — Dilema. É isso.

— E... eu fiz vários cálculos diferentes, ok?

— Sim?

— E para obter esse tipo de aumento de nível, seria preciso, no mínimo, de dois a quatro miligramas de digoxina.

— De dois a quatro miligramas — reiterou Nancy, anotando. — Tudo bem, de digoxina?

— Sim — confirmou Bruce. Mas não era a matemática que o preocupava. — Veja, o problema principal, até onde eu sei, é que o corpo não produz digoxina.

— Certo — confirmou Nancy.

— Então, eu não conheço nenhuma maneira possível do nível de digoxina ir de 1,33 miligrama para 9,61 miligramas no organismo de um paciente sem que ele receba o medicamento.

— Aham — disse Nancy.

Ela sabia disso, e não era a única. Sua gerente de riscos, Mary Lund, e o dr. William K. Cors, diretor médico, haviam conversado com Nancy. Eles precisavam de alguns cálculos para fazer a ligação entre os picos de digoxina e o cronograma da enfermagem. Se o coração de Gall tinha parado naquele horário, a que horas ele havia recebido a substância e em qual quantidade?

— O que eles... eles querem... e não sei se é possível, mas eles querem visualizar, quase como uma curva — explicou Nancy. — Uma curva, entende o que quero dizer?

— Mas, Nancy, sabe, o que também me deixou um pouco tenso foram os dois casos de hipoglicemia dos quais você me falou — disse Bruce.

— Sim. — Nancy suspirou. — Sobre os quais você provavelmente não deveria saber, porque eles estão, tipo... eles estão... você sabe.

Ela e Marty Kelly, o enfermeiro que havia alertado a gerente de riscos Lund sobre o problema, entraram em pânico[4] quando viram aqueles números. Os pacientes tiveram overdoses de insulina e digoxina. Ligar para o serviço de atendimento para obter ajuda com os cálculos relativos à digoxina deveria ser um recurso neutro, como uma ligação de denúncia à polícia ou para uma central de apoio. Ela havia tentado ignorar as hipoglicemias. Mas Bruce estava tornando isso impossível.

— Eu não quero que isso... — balbuciou Nancy. — Você sabe, eles não são...

— Nancy. Nancy, você sabe de alguma coisa?

— Não vamos investigar esses casos agora — disse Nancy finalmente.

— Mas *nós vamos*, Nancy — insistiu Bruce. — Nós *temos* que fazer isso. *Temos* que investigar esses casos.

— Sim.

Bruce falou devagar, para ter certeza de que Nancy entenderia.

— Vocês não apenas têm que investigar esses casos — disse ele —, mas também estão diante de um caso de polícia. — Ruck esperou. — E vou colocar essa questão *nas suas mãos* — disse, por fim. — *Você está diante de um caso de polícia.*

— Tudo bem, eu, eu… — gaguejou ela.

— Na minha opinião, você está diante de um caso de polícia.

— Ok, você sabe o que eu acho, isso…

Ruck não ia parar até que ela escutasse.

— Preste atenção, Nancy — interrompeu ele. — Odeio dizer isso, mas é um caso de polícia.

Nancy ficou em silêncio.

— Ok — concordou ela, por fim.

— Quer tenham sido apenas acidentes causados por alguém que cometeu erros, quer tenham sido…

— Certo — disse Nancy. Ela podia fazer isso. — Tudo bem.

— Esse é o melhor cenário.

— Ok.

— Mas, Nancy? Sobre os dois casos de hipoglicemia? Se os pacientes tinham níveis elevados de insulina e não apresentavam peptídeos C, então alguém deu insulina a eles.

— Ok.

— Você entende o que estou querendo dizer?

— Sim.

Era química, não mágica. A ausência de peptídeos C elevados significava que a insulina não era humana. Tinha vindo de um laboratório. Não havia outra possibilidade: se a insulina estava no organismo dos pacientes e eles não a haviam produzido, isso significava que alguém a colocara lá. E essa pessoa estava matando pacientes.

— Sim — disse Nancy. — Eu entendi.

— Você está diante de um problemão, Nancy. E eu vou lhe dizer uma coisa: você... E, mais uma vez, não estou dizendo a você o que fazer, não estou sendo...

— Ah, claro.

— Quer dizer, talvez haja uma explicação razoável para tudo isso.

— Certo — disse Nancy.

— Mas quer saber? — alertou Ruck. — Se isso acabar se provando um caso de polícia e vocês ficarem esperando, Nancy, eles vão acabar com vocês.

Nancy suspirou.

— Eles não sabem que eu contei a você sobre os casos de hipoglicemia...

— Nancy, você está fazendo a coisa certa.

— Sim...

— Você está fazendo a coisa certa.

— Eu sei — disse Nancy.

Ela precisava desligar o telefone e lidar com aquela questão. Ruck estava falando sobre sair de Newark e ir até lá examinar os arquivos. Tinham sido o telefonema e as informações de Nancy que haviam precipitado aquilo. Não fora esse o plano. Agora ela precisava contar a seus chefes.

Nancy pediu a Bruce que não fosse até lá. Ela mesma falaria com Cors e Lund.

Bruce Ruck deu a Nancy seu número direto. Nancy prometeu ligar de volta o mais rápido possível.

Ruck desligou o telefone e se apressou pelo corredor. A porta da sala de seu chefe estava aberta. O diretor do Centro de Controle de Intoxicações, dr. Steven Marcus, se debruçava sobre sua mesa apinhada. Ruck conseguiu dizer apenas algumas frases antes de Marcus interrompê-lo. Números não são ambíguos. Seu instinto lhe dizia que alguém no Centro Médico Somerset estava "eliminando pacientes".[5] E quanto mais a administração do Somerset demorasse para admitir os fatos, mais pacientes poderiam morrer.

No dia seguinte, no entanto, Ruck e Marcus ainda estavam esperando pelo retorno do Somerset. Por fim, Bruce Ruck ligou para a atendente da farmácia do hospital novamente, identificou-se e aguardou até que a música da espera fosse interrompida e o telefone começasse a tocar no ramal. A voz que atendeu era masculina e nada amigável. Stuart Vigdor era o chefe da farmácia e chefe de Nancy. Bruce decidiu deixar de lado o tom emergencial e adotar um tom simpático e despreocupado.

— Então — disse Bruce. — Eu só queria saber qual foi o resultado. O que vocês decidiram fazer?

— Na verdade, a direção assumiu a investigação — informou Vigdor, tenso.

— Ah...

— Eles chamaram nossos advogados. E fui orientado a não falar com nenhuma agência externa neste momento, até nossa investigação interna...

— Tudo bem — interrompeu Bruce. — Mas diga a eles, Stu, que vou falar com meu diretor médico; a decisão deve ser dele... mas vocês o colocaram em uma situação muito ruim.

Vigdor não disse nada. Ruck tentou novamente.

— Então, você não sabe se eles já informaram as autoridades?

— No momento, não sei — respondeu Vigdor.

Ruck teve a impressão de que o homem estava encerrando a conversa antes mesmo de ela começar. E Vigdor sabia que o que estava ameaçado era o pescoço dele, não o de Nancy.[6]

— Fui orientado a direcionar todas as ligações para o departamento de Gerenciamento de Riscos, para Mary Lund.

— Tudo bem.

— Imagino que já tenha falado com ela.

— Sim — respondeu Ruck. Era mentira, uma mentira pequena, mas rápida o suficiente para impedir que Vigdor encerrasse o contato. — Você tem o número dela? Eu ligo para ela, então.

— Tudo bem — disse Vigdor. Ele pareceu aliviado.

— Sabe, eu entendo totalmente — continuou Bruce, ainda em um tom amigável. — E eles estão fazendo a coisa certa, nesse sentido.

— Sim — concordou Vigdor —, porque não temos certeza de que esses pacientes foram... — Ele fez uma pausa. — A investigação ainda está em andamento — disse, por fim.

— Certo.

— Certo — repetiu Vigdor. — Não sabemos se estamos diante de uma atividade desonesta ou...

— Ah, com certeza — disse Ruck. — Mas, novamente, de quem é a responsabilidade de investigar...

— *Nós* estamos investigando — cortou Vigdor e, em seguida, voltou atrás, na defensiva. — Nós podemos... você sabe, *eles* podem... Tenho certeza de que *eu* posso lhe assegurar isso.

— Sim, com certeza — disse Ruck. — Tudo bem, então, qual é o número?

Bruce ouviu um farfalhar de papéis e, em seguida, silêncio. Alguns momentos depois, Vigdor voltou. Ele não tinha o número de telefone, mas tinha pensado e precisava que Ruck soubesse que toda aquela questão de overdose não tinha sido um erro da *farmácia*. Ruck teve a impressão de que Vigdor não queria se envolver naquela situação, como talvez Nancy estivesse envolvida agora. Aquele era um trabalho para a direção.

— E você também quer que eles informem as autoridades sobre a situação?

— Bem... sim...

— Sabe, Stu, não precisa dizer — disse Ruck.

Ele tinha pintado uma ideia totalmente equivocada a respeito de Vigdor. O sujeito provavelmente era apenas um rapaz. Não uma má pessoa, apenas ambiciosa e com medo de romper a hierarquia.

— Na verdade, tenho a impressão de que eles acham que vocês os estão pressionando, hum, de forma inadequada. Se é que isso ajuda de alguma forma — disse Vigdor. — E, sabe, vocês...

— Sim — disse Ruck —, com certeza...

— Vocês deveriam ser um recurso, hum, sabe...

— Sim.

— Viável...

— Sim, sim.

— De forma que, você sabe, não tivéssemos medo de ligar para vocês.

— Com certeza, eu concordo — disse Ruck. — Mas, Stu, quando se trata de controle toxicológico, *realmente* temos a obrigação de reportar tudo ao estado.

— Lógico... — concordou Vigdor.

— Então, esse é um dos... esse é um dos pontos críticos aqui.

— Sim, hum, bem... — tentou Vigdor.

Ruck o interrompeu.

— Qual é o número dela?

Vigdor leu o número em voz alta, parecendo aliviado.

— É o telefone da gerente de riscos... de *controle de qualidade* — disse Vigdor, se corrigindo. — Mary Lund.

— Certo.

— Você falou com ela ontem — disse Vigdor, em tom de pergunta.

— Isso.

— E eu acredito que foi junto com... com Bill Cors...

— Isso.

— E eu sei que, sabe, hum... que a diretoria *me* procurou e *me* disse que se trata de uma investigação interna neste momento. Eles envolveram a assessoria jurídica. Estão contratando investigadores.

Ruck sorriu ao ouvir isso — *ele* era um investigador farmacêutico, bem ali ao telefone, pronto para investigar. Mas, aparentemente, não *o* queriam lá.

— Tudo bem — disse.

— Tudo bem?

— Sim — afirmou Ruck. — Sem problema.

— Sabe — disse Vigdor —, eu provavelmente já falei mais do que deveria.

— Stu. Tudo que você me disser... Preste atenção, Stu...

— Sim?

— Fica entre, você sabe... apenas entre nós dois — disse Ruck. — É *confidencial*.

O que Bruce Ruck não mencionou foi que todas as conversas deles também estavam sendo gravadas.

26

8 de julho de 2003

A teleconferência com os administradores do Somerset foi marcada para as nove da manhã, por pressão dos telefonemas cada vez mais exaltados do diretor do Centro de Controle de Intoxicações de Nova Jersey.[1] Aquele era o segundo telefonema da gerente de riscos do hospital, Mary Lund, com o dr. Steven Marcus; a primeira conversa não tinha ido muito bem. Agora, era a vez dos chefes de Mary levarem um golpe direto.

— Vejam bem, o meu problema aqui é que vocês nos colocaram em uma... uma situação difícil — disse Marcus, a voz ecoando no alto-falante da sala de reunião. — E é por isso que meu comentário para vocês ontem à noite foi aquele... Se tiver alguém fazendo isso *propositadamente* com pacientes no seu hospital, temos a *obrigação legal* de informar as autoridades!

— Hum, ok... — disse Cors.

— E não apenas como uma reação adversa a medicamentos! — continuou Marcus, se exaltando. — Isso é uma questão para um legista. E eu, definitivamente, não quero me envolver em... Não quero ser pego desprevenido, como aconteceu em Long Island alguns anos atrás. Ou em Michigan, vocês sabem, cinco ou dez anos atrás, quando tiveram o caso de alguém que andava assassinando pacientes!

As palavras contundentes de Marcus pareceram chocar a sala. Vários segundos desconfortáveis se passaram até que Lund quebrou o silêncio.

— Estamos ouvindo você — disse ela, por fim. — Entendemos suas preocupações. E como eu disse ontem, estamos enfrentando essas mesmas questões e definindo quais devem ser as nossas atitudes.

Nesse momento, Ruck interveio:

— E aparentemente também há dois outros pacientes com níveis de glicose muito estranhos, não é?

— Hum, sim. Imagino que *Nancy* tenha discutido isso com vocês.

Ruck havia prometido a Nancy Doherty que a protegeria, então, em vez de revelar sua fonte, respondeu à provocação de Lund com outra pergunta, para a qual ele já sabia a resposta.

— Vocês chegaram a medir os peptídeos C, os níveis de insulina e tudo o mais nesses pacientes?

Houve outro silêncio demorado. Ruck havia feito a pergunta crucial. O exame de peptídeo C teria indicado se a dose excessiva de insulina tinha se originado no próprio corpo dos pacientes ou se tinha alguma outra fonte, uma fonte exógena. Se fosse uma fonte exógena, eles obviamente estavam diante de um grande problema.

Por fim, Cors e Lund responderam, de forma quase inaudível:

— Sim.

— Sim.

— E...? — encorajou Ruck.

Silêncio.

— Hum, os resultados mostraram correlação?

— Sim — respondeu Lund, por fim. — Mostraram.

— Bem... — começou Cors —, o endocrinologista que analisou o caso... ele, hum, achou que, hum... pelo menos em um dos casos... hum... estou tentando lembrar qual deles, não estou com os prontuários na minha frente, mas, hum... ele teria dificuldade de explicar o que aconteceu ao paciente na ausência de uma... — Cors fez uma pausa para pensar — ... uma fonte de influência *exógena*.

— Espere aí! — disse Marcus. Os próprios médicos de Cors haviam concluído que alguém devia ter injetado doses excessivas de insulina naqueles pacientes. O homem tinha acabado de admitir isso. — Isso… Sim, é isso que nos preocupa nessa *história toda*! — vociferou. — Porque minha intuição me diz que são todos vítimas da mesma coisa!

— Bem, nós também temos intuições — falou Cors. — E a nossa dificuldade é, hum, sabe, expor toda a instituição ao caos *versus*, sabe, nossa responsabilidade de, hum, proteger os pacientes de novos riscos. E é isso… é isso que estamos… é isso que estamos enfrentando agora.

A linha do Centro de Controle de Intoxicações ficou muda, esperando para saber o resultado dos esforços de Cors.

Finalmente, ele continuou.

— Temos tentado investigar essa questão. Obter mais informações antes de nos precipitarmos em qualquer tipo de… julgamento. Parte dessa investigação envolve a opinião de um especialista. Que solicitamos a vocês, o que agora os coloca em uma posição desagradável.

— Sim! — bufou Marcus. — Vejam bem, o problema é que em *todos os casos* como esse existentes na literatura houve *atrasos significativos* na abertura de qualquer tipo de investigação legal por parte dos hospitais. Todos aqui sabemos que os médicos, e não importa quão boa seja a formação de cada um deles, são notoriamente infames quando se trata de investigações forenses. E o problema, no passado, sempre foi que depois as pessoas seguiam a vida e era difícil localizá-las.

— Sim — disse Cors. — E quem faz uma boa investigação forense?

— Isso é um caso de polícia — desabafou Ruck. Ele tinha dito isso meia dúzia de vezes nos últimos dois dias.

— Sim, é um caso de polícia — reforçou Marcus.

— Hum, ok… — disse Cors.

— Ok, quero dizer, sinceramente — interrompeu Marcus —, se vocês *não* levarem essa questão à polícia, *mais uma pessoa* morrer e depois descobrirem que o hospital *criou empecilhos*, vai ser realmente péssimo para vocês!

— Bem, tudo bem — disse Cors, dando uma risadinha. — Nosso objetivo é proteger os *pacientes*.

— Não, não, não — corrigiu Marcus. — Obviamente, estou preocupado em proteger todos os pacientes do seu hospital. Mas também estou preocupado com a possibilidade de sermos todos apanhados de calças curtas e ficarmos parecendo idiotas!

Cors escutou e pigarreou.

— Um dos motivos pelos quais ligamos para vocês foi para determinar se realmente há algum benefício adicional, a esta altura, de virem até aqui e darem uma olhada, hum, nos prontuários — disse. — E talvez devêssemos adiar… talvez o que devêssemos fazer seja *encerrar esta ligação* agora mesmo, para podermos consultar nossos advogados e, hum, ouvir as orientações deles… apenas expor todos os fatos e, hum, ter certeza de que vamos fazer a… coisa certa.

Marcus soltou um suspiro cansado.

— Bem, eu… tudo bem. Ficaríamos muito satisfeitos em dar uma olhada nos prontuários. Minha reação instintiva depois de ter feito isso por, vocês sabem, vários anos, tendo me envolvido na investigação policial de várias outras… *situações* nos últimos vinte anos, é dizer que, sim, vocês precisam acionar seus advogados… mas eu *não perderia tempo*.

Marcus conhecia vários outros casos em que funcionários de um hospital haviam envenenado pacientes. Eles chamavam esses assassinos de "Anjos da Morte". Todos os casos do tipo compartilhavam um padrão simples, mas perturbador: os médicos tratavam a série de mortes como uma doença a ser estudada, enquanto a direção e os advogados a tratava como processos judiciais em potencial. A instituição hesitava antes de envolver a polícia. E enquanto hesitavam, mais pessoas morriam. Era esse o padrão que Marcus via se repetindo no Somerset.

— Eu me certificaria de informar o caso às autoridades e de garantir que saibam da existência dessa questão — aconselhou Marcus. — Então vai estar nas mãos deles. E se decidirem não fazer nada, o problema é deles.

— Sim, entendo — disse Cors.

Ele parecia cansado de ser repreendido e pronto para encerrar a ligação.

— Nós *realmente* compreendemos — acrescentou Lund.

— E eu também incluiria o Departamento de Saúde! — lembrou Ruck.

— Quer dizer, este é certamente um evento sentinela — disse Marcus.[2] Ele conhecia o efeito dessas palavras sobre o administrador de um hospital. Um evento sentinela é qualquer acontecimento que ameace a segurança do paciente. Marcus havia lançado o desafio; por lei, o Somerset era obrigado a informar às autoridades sobre um acontecimento assim. — Eles precisam saber a respeito.

— Está bem — concordou Lund, usando o tom monótono que sinaliza o fim de uma chamada telefônica.

— Bem, definitivamente agradecemos sua contribuição — disse Cors. — E com certeza vamos, hum, dar um retorno… então… vão ter notícias nossas de uma forma ou de outra…

— Espero que não tenha sido nada *impróprio* — disse Ruck, tentando amenizar a questão do assassinato, fazer com que não travassem. — Espero que tenha sido apenas um erro ou algo do tipo.

— Eu também! — disse Cors. — Eu só queria que alguém se apresentasse e dissesse: "Ei, eu fiz besteira." Eu dormiria muito melhor.

— Bem, você tem dois pacientes intoxicados com digoxina e dois pacientes intoxicados com insulina — disse Marcus. — Não me parece que possa se tratar de uma simples besteira.

Bruce Ruck sabia que estava abusando da sorte, especialmente depois da bomba que o dr. Marcus havia soltado na última ligação, mas ele precisava saber como Nancy estava. Discou o número da farmácia do Somerset mais uma vez, pensando em inventar algo caso Vigdor atendesse. Uma voz feminina atendeu ao segundo toque. Dessa vez, ele não se identificou.

— Oi — falou. — Estou tentando entrar em contato com Nancy…

— Sim, espere, ela está bem aqui. — O telefone do outro lado foi abafado. — É para você.

— Nancy Doherty, em que posso ajudar?

— Nancy, é o Bruce.

— Hum, oi — cumprimentou ela, rápido.

— Olha, eu sei que você não pode falar sobre o caso, e tudo bem...

— Aham — disse Nancy.

— Nancy, a única coisa que quero dizer é que se eles tentarem encrencar você de alguma forma...

— Aham.

— O diretor médico, ele e eu conversamos sobre isso. Vamos apoiá-la 500%, você não fez nada de errado.

— Está bem — disse Nancy.

— Estão dificultando as coisas para você?

— Ah, há algumas... — Nancy escolheu as palavras. — Há muitas... *questões* circulando...

— Entendi.

— *Muitas* questões — enfatizou ela.

— Tudo bem — disse Bruce. — Mas, Nancy... Nancy.

— Sim?

— Você não fez nada de errado.

— Sim.

— E foi por isso que ele e eu nos reunimos e discutimos o assunto. Nancy parecia estar se esforçando para manter o controle.

— Sim...

— Porque se, Deus me livre, Nancy, se eles tentarem fazer alguma coisa contra você, profissionalmente...

— Sim?

— Vamos dar 150% de cobertura a você.

— Ok.

— Eu juntei as peças — disse Bruce. — Você? Você apenas ligou para obter informações.

— Sim.

— Sobre como aumentar os níveis de digoxina, ou algo assim.

— Tudo bem — disse Nancy.

Ela parecia grata por Ruck querer ajudá-la, explicando a história.

— Você *não* tem que passar por isso sozinha.

— Sim. — Nancy suspirou. Ela parecia à beira das lágrimas. — Você não sabe como é importante ouvi-lo dizer isso agora.

***

Houve apenas mais uma teleconferência entre o dr. Marcus, do Centro de Controle de Intoxicações, e a administração do Centro Médico Somerset. Mais uma vez, Marcus disse aos administradores do hospital que eles eram obrigados a relatar aqueles incidentes ao estado no prazo de 24 horas após a ocorrência, e que já estavam descumprindo a obrigação. E, novamente, Marcus foi informado pelo Somerset de que, até que concluíssem uma investigação minuciosa, eles não planejavam relatar esses incidentes a ninguém: nem ao Departamento de Saúde e Serviços para Idosos de Nova Jersey (comumente conhecido como DOH [Department of Health and Senior Services]) nem à polícia.[3]

Mas essa segunda conversa diferiu da primeira em dois aspectos cruciais. O primeiro foi o tom áspero, em grande parte do dr. Marcus. Ele estava, em suas palavras, "extremamente preocupado" e "frustrado"; "grosseiro, agressivo e antagonístico nas conversas com os funcionários do Centro Médico Somerset", foi como o dr. Cors mais tarde caracterizou o tom de Marcus ao telefone. O diretor do Centro de Controle de Intoxicações estava furioso e se recusava a ficar calado. Tratava-se de um caso de polícia, ele insistiu, uma questão de segurança do paciente. Ele lhes deu 24 horas; se o Somerset se recusasse a agir, Marcus tinha a obrigação de relatar o problema ao Departamento de Saúde pessoalmente. E, acrescentou, "vai ser muito pior se eu fizer isso".

Na verdade, Marcus já havia informado o Departamento de Saúde sobre os problemas no Somerset.[4] Mais cedo naquela tarde, ele havia ligado para Eddy Bresnitz, o epidemiologista do estado e comissário assistente do Departamento de Saúde, retirando-o de uma reunião. Marcus se lembraria[5] de ter contado ao dr. Bresnitz sobre "um conjunto de patologias no hospital que poderia ter como base um ato criminoso". Ele então enviou um e-mail para a comissária assistente Amie Thornton resumindo tanto "o que parece ser um conjunto de quatro eventos clínicos fatídicos" no hospital[6] quanto a relutância do Somerset em informar as autoridades a respeito antes de realizarem eles mesmos uma investigação minuciosa.[7]

A segunda diferença crucial foi mencionada vinte minutos após o início da ligação, quando Marcus informou à administração do Somerset que todas as conversas deles haviam sido gravadas.

Algumas horas depois,[8] Mary Lund contatou o Departamento de Saúde e os informou sobre os quatro incidentes com pacientes: Gall e Han envolvendo digoxina e os outros envolvendo insulina.[9] O relatório, enviado por fax e e-mail, explicava as medidas que haviam sido tomadas até aquele momento a fim de esclarecer os incidentes.

Eles haviam verificado os *recalls* dos fabricantes e as interações medicamentosas adversas. Tinham checado se as bombas e equipos de soro e os monitores de cabeceira estavam em bom estado e funcionando com precisão. Não poderia ter sido um erro do laboratório — eles já haviam refeito todos os exames laboratoriais. Estavam ficando sem teorias alternativas. Por precaução, o Somerset intensificou o controle farmacêutico da digoxina, assim como da insulina, tornando seus enfermeiros agora responsáveis por esses medicamentos de uso comum; se os medicamentos estavam sendo usados para prejudicar os pacientes, o mínimo que podiam fazer era dificultar o acesso a eles.

O cenário mais provável para explicar os incidentes era algum tipo de erro humano — erros de medicação eram sempre possíveis em um hospital, da mesma maneira que erros são possíveis em qualquer lugar. As provas de um erro involuntário provavelmente apareceriam na papelada. A administração do Somerset garantiu ao Departamento de Saúde que já estava revisando todos os seus sistemas de documentação. O hospital usava dois grandes sistemas de documentação computadorizada: a Pyxis MedStation 2000 para os medicamentos e o Cerner, que armazenava os prontuários dos pacientes. Até aquele momento, a revisão da instituição não havia encontrado nenhum erro involuntário.

Mas o que mais era possível? Algo incomum e muito mais sinistro do que um erro. "Fatores de recursos humanos estão sendo avaliados", informava a carta enviada por Lund ao Departamento de Saúde no dia 10 de julho. "Investigadores independentes estão entrevistando os funcionários envolvidos."[10]

No dia 14 de julho, o advogado Raymond J. Fleming, do escritório de advocacia Sachs, Maitlin, Fleming, Greene, Marotte and Mullen, de West Orange, foi até o Somerset. Fleming foi informado sobre a situação por Mary Lund e, em seguida, instalado em uma sala para falar com Charles Cullen.[11]

O enfermeiro encontrou Fleming sentado a uma mesa de reunião usando a combinação característica de terno escuro e gravata colorida que distinguia advogados corporativos de agentes funerários. Charlie sabia que aquela conversa devia estar relacionada com as mortes recentes em sua ala; ele havia passado por esse tipo de coisa diversas vezes antes. Estava preparado para as perguntas.

Ray Fleming parecia já saber um pouco sobre ele. Sabia que Charlie trabalhava no Somerset havia menos de um ano e tivera vínculo com muitos outros hospitais no passado. Para Charlie, isso sugeria que o homem havia examinado o formulário que ele preenchera ao se candidatar para o emprego. Ele não havia listado as datas corretas no formulário. Talvez aquele advogado também soubesse disso. Talvez isso tivesse importância, talvez não. Charlie não achava que tivesse. Nunca tivera antes.

Fleming também sabia sobre o reverendo Gall. Esse parecia ser o motivo da reunião. Ele sabia, por exemplo, que Cullen não era o enfermeiro responsável por Gall na noite em que o reverendo morreu, mas havia cuidado dele antes e estava familiarizado com seu histórico médico. Fleming conhecia esse histórico, os problemas médicos com os quais Gall havia chegado ao hospital, a cronologia de sua doença e a aparente recuperação, o aumento dos níveis de digoxina no organismo do paciente pouco antes de ele ter uma parada cardiorrespiratória. Também sabia que Charlie fora designado para cuidar do reverendo Gall por três noites, de 15 a 17 de junho.

CHARLES GRAEBER 147

Charlie pedira digoxina para Gall em sua primeira noite, a do dia 15. Em seguida, cancelara o pedido. Estava registrado na Pyxis. Charlie também trabalhou na noite em que Gall morreu. Na ocasião, novamente pedira digoxina para, em seguida, cancelar a solicitação. Foi um de seus dois cancelamentos naquela noite.

Nenhum dos cancelamentos parecia ter sido devido a um erro: se Charlie tivesse digitado o código errado ou pressionado o botão errado no processo de fazer o pedido de um medicamento, seria de esperar que em seguida fizesse outro, presumivelmente correto. Mas, na Pyxis, o horário em que um pedido era feito ficava registrado, e não houvera nenhuma solicitação subsequente. Pelo visto, Charlie se dera ao trabalho de digitar seu nome, o nome do paciente e o pedido específico de medicamento prescrito, confirmara a solicitação e, só quando a gaveta de medicamentos se abriu, decidiu que não precisava de nada da máquina e cancelou a operação. Era uma situação bizarra e improvável, mas algo que Cullen aparentemente repetia várias vezes por noite.

Fleming tinha outro fato interessante à disposição. Ele havia verificado com a farmácia e descobrira que vários frascos de digoxina tinham desaparecido naquele mês. Fleming não havia colocado nada disso em uma ordem particular, pelo que Charlie podia perceber, e não o acusou, ameaçou ou sugeriu que pedisse demissão, como outros haviam feito antes. Foi uma entrevista curiosa, Charlie teve que admitir, e ficou ainda mais estranha quando o advogado lhe fez uma pergunta: Charlie estava ciente de que se pedisse um medicamento e, em seguida, cancelasse o pedido, ainda assim o cancelamento aparecia em seu histórico computadorizado na Pyxis?

— Sim — respondeu o enfermeiro ao advogado.

Se não sabia disso antes, certamente sabia agora.

27

Charlie tinha certeza de que eles estavam investigando apenas suas ocorrências com a digoxina, como se a substância fosse o problema. Mas na noite anterior à entrevista com Fleming, o enfermeiro assassinara um homem com dobutamina,[1] um parente químico da adrenalina. Funcionara bem.

Seu plantão ainda não havia começado, mas Charlie já estava de branco quando entrou no quarto de James Strickland para observá-lo respirar. Então sentiu uma presença, alguém à porta atrás dele. Ajeitou o lençol, como se estivesse terminando sua tarefa como enfermeiro, e em seguida dirigiu-se à entrada.

— Charles?

Era a filha do sr. Strickland, Janece, uma mulher loira de meia-idade com uma bolsa enorme pendurada no ombro. A mulher reparava nas coisas, sabia o nome dele, fazia perguntas. Charlie se sentia desconfortável, como se estivesse andando perto demais de um cachorro estranho na rua.

Ele a tinha visto diversas vezes durante as visitas ao pai. Eles interagiram e, gradualmente, assumiram papéis com os quais Charlie se sentia mais confortável. Ele gostava de explicar os aspectos técnicos da condição médica do sr. Strickland, e ela parecia prestar atenção. Às vezes também ia visitar o pai acompanhada do filho mais novo, um menino autista, uma criança que Charlie considerava um vulnerável; naquela noite, porém, ela estava sozinha.

— Charles? — chamou a mulher novamente. — Charles, você vai ser o enfermeiro do meu pai esta noite?

Charlie não queria conversa. Ele continuou andando, fingindo não ter ouvido enquanto seguia pelo corredor e entrava em outro quarto para esperar até que a mulher fosse embora. Em seguida, puxou o carrinho Cerner até o fim do corredor e consultou o prontuário do sr. Strickland. Não, ele não era o enfermeiro do sr. Strickland, tecnicamente não. Nem deveria estar no quarto dele. Mas o sr. Strickland estava ao alcance de Charlie, e ele havia decidido. *Insulina*.

Diferentemente da digoxina, a insulina era um hormônio, uma substância que o corpo humano produzia naturalmente. No hospital, era ministrada ao paciente por via intravenosa. No corpo, era secretada pelo rosado e esponjoso pâncreas, produzida por células especiais que os livros chamam de ilhotas de Langerhans. O nome lembrava algo relacionado a piratas. Quando Charlie estava na faculdade de enfermagem, a insulina exógena, usada pelos diabéticos, vinha de animais, em geral porcos ou vacas, como se fosse um subproduto do cachorro-quente. Todos tinham rido disso em sala de aula, soltando um *eca* coletivo depois de terem sido tão fortes em relação a tantas outras coisas.

A insulina funcionava no controle do volume do açúcar. Se não fosse produzida em quantidade suficiente, a pessoa ficava diabética. Se fosse produzida em excesso, a pessoa ficava hipoglicêmica. Não era um veneno — não é possível ingerir insulina e ficar doente; o suco gástrico devora a substância como um hambúrguer. Mas overdoses com insulina injetável aconteciam, às vezes de forma proposital.

Primeiro, os lábios e os dedos começam a formigar e ficar dormentes; em seguida é a vez do cérebro. A torrente de insulina dá ordens às células, deixa-as famintas. As células absorvem a glicose; não resta nada no sangue, e as extremidades do corpo começam a passar fome. O cérebro humano, que sobrevive apenas com oxigênio e açúcar, começa a se desligar, resultando em um estupor confuso que ocasionalmente faz com que os hipoglicêmicos sejam confundidos com pessoas embriagadas. A pessoa fica fora do ar, desorientada. O corpo fica insubstancial, a personalidade, indistinta, e os indivíduos ficam irritadiços ou desorientados, dependendo da natureza de cada um. Em seguida, o estômago se embrulha. Gotículas de suor se formam no couro cabeludo. A cabeça lateja, o coração acelera, a concentração evapora. A visão fica desfocada e pixelada. Os momentos passam sem ficarem registrados na memória.

Tudo isso acontece rapidamente. No caso de um paciente que não esteja bem, ou que já esteja sob efeito de um tranquilizante ou agente paralisante, esses efeitos cognitivos e perceptivos podem passar despercebidos para o observador externo. Os próximos estágios, não, pois começam as convulsões.[2]

Algumas das pesquisas mais extensas sobre overdose de insulina foram realizadas por cientistas nazistas. Em alguns campos de concentração, eles injetavam doses graduais de insulina nas crianças para medir sua resistência à hipoglicemia extrema.[3] A curva de sino nesses chamados "experimentos terminais" se afunilava com a morte. O uso de overdose intencional de insulina, no entanto, se originou como uma terapia. A indução intencional de um coma, ou choque, era considerada a última tentativa de sobriedade no caso de alguns distúrbios mentais, um tratamento iniciado na Suíça logo após a descoberta do hormônio, na década de 1920. Como o eletrochoque, a terapia de choque insulínico foi usada ao longo da década de 1950 no tratamento da esquizofrenia paranoide, antes de ser descontinuada devido à violência e aos danos cerebrais, efeitos colaterais ocasionais do procedimento de privação glicêmica do cérebro.

Sobreviver a um coma insulínico é como sobreviver a um quase afogamento. A extensão e a permanência dos danos estão relacionadas com o tempo que o cérebro permanece privado de nutrientes.

A inanição contínua provoca lesões no córtex cerebral. A arquitetura química microscópica do cérebro entra em colapso, a área da superfície fica mais lisa e as crenulações se simplificam, de forma muito semelhante ao cérebro de pacientes com doenças neurodegenerativas. As sequelas variam de sintomas semelhantes aos efeitos de rigidez do mal de Parkinson e movimentos coreiformes ou espasmódicos de um córtex motor danificado até a deficiência intelectual permanente.

Mas o efeito final, obviamente, era a morte. Era apenas uma questão de descobrir a dosagem certa.

28

Charlie sempre preferia o hospital à noite, sem os extras: voluntários, administradores e visitantes. A lojinha estava fechada e os banheiros públicos, trancados. Até os faxineiros com suas máquinas zumbindo conectadas a um fio de extensão amarelo já tinham ido embora.

Acima, as lâmpadas de vapor de mercúrio zumbiam como néon. As máquinas de venda automática murmuravam no corredor vazio. Nas mesas da copa havia copos de isopor com marcas de dentes, canudos manchados de batom, naturezas-mortas com mix de salgadinhos e minidonuts. Alguns dos outros enfermeiros comiam aquela porcaria a noite toda, mas Charlie, não. Charlie nunca comia durante os plantões. Ele esperava.

Observou as silhuetas através das persianas, esperando as primeiras horas da manhã. Em seguida, checou o estado do sr. Strickland. Verificou o prontuário dele no Cerner, fez um café e voltou a verificar. Ele ainda estava lá. Charlie sempre fazia café. Algumas pessoas eram tão desrespeitosas em relação a isso; elas bebiam, mas nunca repunham o café, e tudo bem, mas ele estava sempre se encarregando disso, sendo prestativo dessa forma, secretamente prestativo. Observava os enfermeiros no posto, mexendo o café, o café dele, beneficiados pelo que ele havia feito, na verdade dependentes disso, mas sem que soubessem.

Ele tirou uma seringa de dez centímetros cúbicos do bolso do jaleco e injetou quatro ampolas de insulina no acesso venoso do sr. Strickland, descartando a seringa e as ampolas no recipiente para objetos perfurocortantes. Em seguida, assinou o registro de saída e foi embora. Ele não viu o sr. Strickland ter convulsões, mas teve todo o caminho de volta para casa para imaginar a cena.

Charlie chegou cedo no dia seguinte, ainda 22 de setembro. Passou rapidamente pelo quarto do sr. Strickland e olhou de relance para dentro. O homem, ou alguém, ainda estava no leito. No corredor, conferiu o prontuário, usando o Cerner móvel e mantendo-se longe do posto de enfermagem e das conversas. Eram 7h05, poucos minutos depois do início de seu plantão, mas ele não podia esperar. Empurrou o carrinho de volta até o posto de enfermagem para a troca de plantão.

Normalmente, Charlie não tinha paciência para esses detalhes, mas naquele dia teve. As enfermeiras do plantão diurno detalharam os números que Charlie tinha visto na tela de Strickland no Cerner.

O açúcar no sangue do sr. Strickland tinha sido testado rotineiramente naquela manhã. O laboratório não encontrou glicose na amostra e presumiu que houvesse um erro. Um homem não poderia sobreviver com zero açúcar no sangue. Eles não imaginavam que Strickland já estivesse hipoglicêmico havia mais de três horas. Conforme a manhã avançava, seu cérebro privado de açúcar começou a se autodestruir.

A filha de Strickland chegou ao meio-dia, dessa vez com o filho mais velho, já adolescente. Charlie já tinha visto o garoto antes e costumava tentar evitá-lo durante o horário de visitas. Aparentemente, foi ele o primeiro a perceber que havia algo de errado com o avô.

O garoto notou um leve espasmo no braço de Strickland. Foi assim que tudo começou. No início, era quase imperceptível. Mas conforme o dia foi passando e as reservas de glicose do sr. Strickland foram se esgotando, os espasmos musculares aumentaram e se generalizaram, até o sr. Strickland ter uma convulsão. Até mesmo o mais calejado dos enfermeiros veteranos do plantão relatou algo verdadeiramente horrível: o homem se debatendo na cama, os alarmes apitando, a família gritando e implorando para que alguém, por favor, fizesse alguma coisa. A essa altura, Strickland estava trincando os dentes e espumando como se tivesse mordido um fio elétrico conforme o lobo temporal de seu cérebro pulsava em espasmos. A equipe de enfermagem havia ministrado glicose intravenosa ao sr. Strickland o dia todo, mas ele continuava a ter picos de hipoglicemia. O neto apontou para o caro equipamento médico e perguntou: "Para que diabos servem essas máquinas?"[1]

Charlie pegou o computador Cerner e examinou os números de Strickland novamente, revivendo a parada cardiorrespiratória e os padrões, os ecos de sua voz. Então Charlie voltou para a máquina Pyxis, para pensar em outra pessoa. O sr. Strickland sobrevivera, pelo menos fisicamente. Continuou internado no Somerset. Charles Cullen levou mais duas semanas para finalmente matar o sr. Strickland com uma dose noturna de digoxina.[2] A substância, no entanto, não apareceu no prontuário de Strickland, e também não estava nos pedidos de Charlie na Pyxis. Tampouco havia pedidos de digoxina cancelados em seus registros na máquina. Charlie era bom.

Cada paciente apresentava uma variedade de sintomas que podiam ser tratados ou exacerbados por uma infinidade de medicamentos disponíveis naquela ala do hospital. Mais tarde, Charlie se lembraria apenas de alguns. Como Melvin Simcoe, morto em maio, um gerente corporativo com quatro filhos adultos a quem Charlie ministrou nitroprussiato de sódio, diluindo seu sangue até ele se tornar inútil. E Christopher Hardgrove, um usuário de drogas que já havia chegado à Unidade Coronariana praticamente com morte cerebral. E Philip Gregor, que ele envenenou até provocar uma parada cardiorrespiratória, sem, no entanto, conseguir matá-lo. E Frances Agoada, cujo açúcar no sangue disparou perigosamente depois que Charlie administrou uma overdose de insulina. E Krishnakant Upadhyay, cujo coração ele fez parar, assim como o do sr. Strickland, com doses cavalares de digoxina.

Na verdade, as possibilidades eram quase infinitas, especialmente na Unidade Coronariana. Não havia razão para parar. E então Charlie não parou. Dezesseis anos depois, ainda era simples assim.

CHARLES GRAEBER

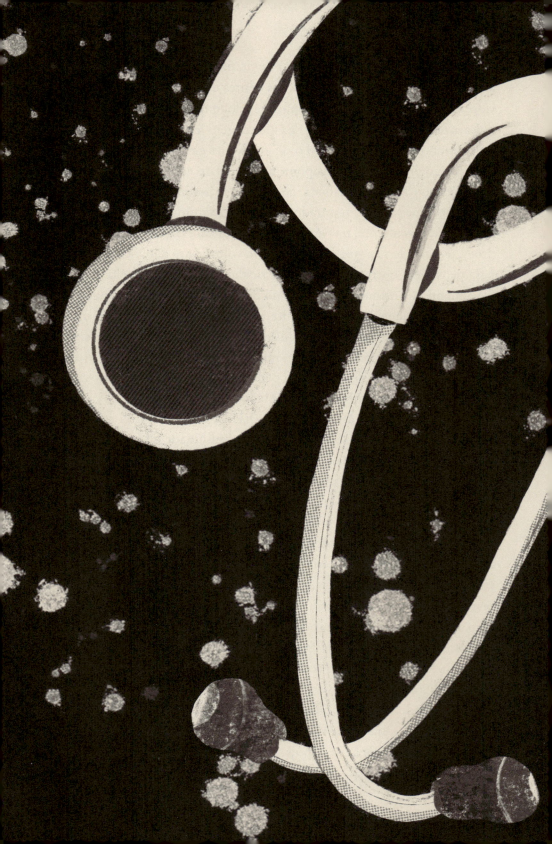

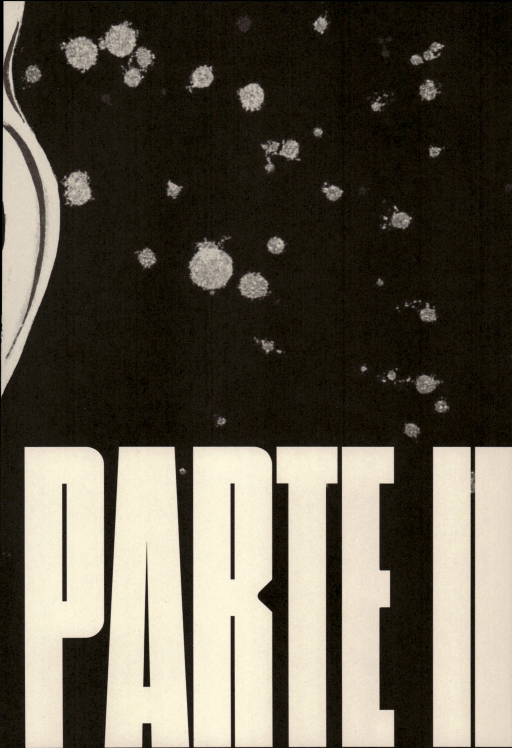

29

Todo caso começa com uma ligação. A central envia uma viatura e os policiais examinam os corpos, distinguem acidentes de suicídios e o que chamam de "mortes naturais". Quando não é nenhuma dessas opções, quando não sabem dizer ao certo o que aconteceu, eles chamam a Divisão de Homicídios.

Cada corpo é uma morte, mas nem toda morte é uma cena de crime. Em geral, os muito jovens são acidentes, os muito idosos são mortes naturais e quase todas as outras pessoas são mortas por tiros — pelo menos era assim que acontecia em Newark. Suicídios nem sempre parecem suicídios. Para os corpos que caem dos edifícios, a pergunta é: a pessoa pulou ou foi empurrada? Estatisticamente, as pessoas sofrendo com depressão não saltam, elas caem. É preciso pegar os números e checar as estatísticas. Se for uma morte por tiro e a arma ainda estiver no local, também se trata de um possível suicídio, não importa quantos buracos de bala existam. Corpos na esquina são quase sempre assassinatos, corpos nos trilhos são um caos e corpos no rio são mistérios. Há histórias de policiais que empurram corpos de volta para o rio Passaic para eles irem parar em outra jurisdição.

O detetive investiga tudo que surgir durante seu plantão de 24 horas. Ele pode ter sorte e não surgir nenhum corpo, mas uma noite, quando ainda trabalhava em Newark, Tim Braun teve que lidar com quatro. Naquela época, ele parecia atrair corpos. Se estivesse de serviço, os corpos surgiam. É assim que funciona na maioria das delegacias: cabe aos detetives definir a ordem de prioridade dos casos, mas cada novo assassinato embaralha as cartas. O caso mais importante é a "prioridade máxima", aquele que todos querem que suma de cima da mesa, aquele que precisa ser resolvido e pronto. Em Newark, se as câmeras dos telejornais chegassem à cena do crime antes de Tim, era definitivamente uma prioridade máxima. Se houvesse uma criança ou o filho idiota de algum prefeito envolvido: prioridade máxima. Mas isso podia mudar. *Prioridade máxima* é uma designação temporária, uma maré de sorte pode virar rapidamente uma maré de azar, e a cada novo assassinato as cartas são embaralhadas novamente. Cada novo corpo muda as prioridades. Cada chamada reinicia o cronômetro.

A primeira vez que Tim Braun viu um cadáver foi quando trabalhava como segurança no Centro Médico Saint Barnabas, o mega-hospital de Livingston, sua cidade natal, no estado de Nova Jersey. Tim ainda era um adolescente, forte e blindado, e os corpos de pessoas idosas não eram reais para ele — eram apenas cascas anônimas, um fardo que "Big Tim" carregava sempre que uma enfermeira bonita pedia. O primeiro corpo que teve importância veio tempos depois. Tim era um novato em patrulha, um policial respondendo a uma chamada; um pescador o conduziu através dos juncos perto do rio. O homem na lama estava vestido com roupas comuns. Tinha bolsos e usava sapatos. Parecia normal, exceto pela linha vermelha ao redor do pescoço e a espinha à mostra, branca como um sorriso forçado. Ele era uma vítima, o que costumavam chamar de "*vic*".[1] Pode parecer grosseiro para alguém que não é um agente da lei, mas a linguagem do negócio da morte é intencionalmente impessoal. Quando se enxerga demais, quando se estabelece uma conexão muito pessoal, o trabalho se torna impossível. Mas Tim ainda não tinha aprendido isso. Naquele outono, fez os exames para ser transferido para Newark, rumo a uma carreira na Divisão de Homicídios.

Nos anos 1990, Newark era o centro do universo dos assassinatos, "a cidade mais perigosa dos Estados Unidos", de acordo com a revista *Time*, e uma das mais corruptas, de acordo com todos os outros. Se você trabalhava no Escritório da Promotoria do Condado de Essex, você era um detetive, e ser um detetive era um estilo de vida, armas carregadas, bons ternos e bares que nunca fechavam frequentados por policiais. Tim se imaginou finalmente perseguindo bandidos, do jeito que fantasiava quando era criança, do jeito que seu pai fazia quando era policial em Livingston. No início, estava sempre no trabalho, ou pelo menos nunca estava em casa, e passava todo o tempo livre se divertindo. A adrenalina era altamente viciante. Os detetives eram como estrelas do rock com armas. O distintivo lhes dava essa prerrogativa, e alguns abusavam dela. Nas noites tranquilas, Tim mantinha um engradado de cerveja Miller gelada e uma caixa extra de projéteis no carro, e em geral esgotava ambas antes de o sol nascer. Seu casamento começou a ser afetado, ou foi o que soube mais tarde — na época, ele não se preocupava com isso nem com quase mais nada. Os plantões se sucediam sem cessar. A bebida o ajudava a esquecer todo o resto, até que, por fim, também acabou por subjugá-lo.[2] Três meses depois de chegar a Essex, Tim pediu uma licença também de três meses. Passou o aniversário de trinta anos em uma clínica de reabilitação, trocou a cerveja por uma faixa preta de judô e voltou, livre do vício e pronto para enfrentar Newark como detetive de homicídios.

O Escritório da Promotoria do Condado de Essex contava com apenas dez detetives para cobrir cerca de quatrocentas chamadas por ano. Braun estava travando uma guerrilha na qual cada civil era um inimigo em potencial. No início, foi divertido, mas, como a maioria dos detetives, ele descobriu que era quase impossível não confundir a linha que separava aquele mundo violento de sua vida pessoal. Newark era um lugar cruel. Em Livingston, Braun era advertido por escrito toda vez que insultava um civil; em Newark, ele descobriu que as pessoas ficavam gratas quando escapavam de uma surra e que as reclamações que ocasionalmente chegavam à delegacia eram consideradas algo sem importância, rapidamente atropeladas pelo fluxo avassalador de casos. Tim aprendeu com a prática, acumulou anos de experiência e colecionou medalhas. Aprendeu que não importava se o corpo aparecia no rio, nos trilhos ou na esquina, porque em 99% das vezes, o que quer que acontecesse começava com drogas e terminava com uma arma. Aprendeu que, quando telefonava para informar uma mãe da morte do filho, assim que as lágrimas secavam, ela perguntava sobre o dinheiro dado pelo governo às vítimas de crimes violentos. Tim não entendia como todos pareciam saber que o Estado indenizava as famílias das vítimas ou por quê, depois que recebiam o dinheiro, essas mesmas famílias paravam de se importar. 99% das vezes, a família nunca ligava para o número em seu cartão de visita, nunca perguntava: *Vocês pegaram o bandido?* Ele não pensava sobre como os projetos habitacionais para a população de baixa renda de Newark ensinavam essas mães a esperar morte violenta ou prisão para seus filhos, simplesmente pensava: *Elas não se importam, mas eu deveria me importar? Isso está totalmente errado.* E a cada dia eram mais crianças mortas, e sempre havia mais por vir. Depois de algum tempo, nem sempre ficava nítido quem eram os bandidos.

Um caso em particular marcou o início do fim para Tim. Tudo começou com um caso atípico, um crime *na* rua, mas não um crime *de* rua, e provavelmente uma prioridade máxima apenas porque a vítima era branca, de classe média e tinha um sobrinho na polícia estadual. Ethel Duryea era uma enfermeira respeitada, de cinquenta anos, que fora baleada na calçada de um subúrbio afluente de Newark. Uma pessoa que havia saído para correr viu o corpo dela na neve, a bolsa intocada ao lado. Não havia testemunhas, evidências, suspeitos nem pistas além da bala em si. Tim foi designado para investigar o caso, mas se tratava de um autêntico "Quem matou?". Ele levou um ano para conectar a bala à arma que a havia disparado, mais seis meses para ligar a arma a uma fraude de seguro multimilionária. Alguém na emergência de hospitais locais estava vendendo informações confidenciais sobre pacientes para advogados da cidade especializados em processos resultantes de acidentes. E alguns desses advogados tinham certa influência política em Newark. Estava começando a parecer que o assassinato da enfermeira Duryea tinha sido a execução de uma delatora. Tim foi orientado por seus superiores a deixar aquele assunto pra lá. Como ignorou os alertas, foi temporariamente transferido do Departamento de Homicídios e alocado no que Tim chamava de "esquadrão de armas de borracha", trabalhando no tribunal.

Aos poucos começou a entender o que se apresentava; aquele caso sem solução ia continuar sem solução, ou Tim podia esquecer a aposentadoria. Mas algo no assassinato de Duryea mexera com ele, da mesma forma que a primeira morte que havia investigado. Tim tinha se tornado próximo da família da vítima e se comprometera pessoalmente a capturar o assassino. Havia gastado toda a energia ignorando o mundo que habitava, e nunca aprendera o que todas as famílias nos projetos habitacionais já pareciam saber: que nem todos os bandidos são pegos. Ele achava que seu trabalho era ajudar a alma de Ethel Duryea a descansar em paz. Mas seu verdadeiro trabalho, como agora se dava conta, era simplesmente servir às engrenagens do poder. Ele podia limpar as ruas, prender os garotos que atuavam nelas, mas nunca se meter com a engrenagem em si. O caso que antes era prioridade máxima tinha sido arquivado, e nem a família nem a imprensa ficariam sabendo que ele havia encontrado a arma que matara Ethel Duryea.[3] Mas Tim sabia. E embora parecesse loucura admitir, tinha certeza de que o fantasma de Ethel também. Ela ainda o rondava, um borrão nos limites de seu campo de visão. Não era uma vítima — era uma mulher vestindo um uniforme de enfermeira ensanguentado alocada em sua consciência. Logo ela também apareceu na lateral de seu braço, na forma de uma erupção cutânea do tamanho de uma queimadura de cigarro. A erupção crescia a cada dia, até o herpes cobrir um lado inteiro de seu corpo. Em dez anos, desde que havia parado de beber, Tim nunca tinha tirado nem um dia sequer de licença médica. Então começou a recorrer a elas. Passava o tempo com a esposa, Laurie, e o filho pequeno, Connor, pensando e rezando. E resolveu sair de Newark.

Depois de trinta minutos dirigindo pela Garden State Parkway, o asfalto ficava mais escuro e as estradas, mais suaves. Saída 140A para a autoestrada 22, rumo a Somerville, no estado de Nova Jersey, condado de Somerset. Não havia sinal de gangues nas esquinas, apenas casinhas bem cuidadas com uma bandeira dos Estados Unidos na entrada e varandas em vez dos edifícios do gueto, além de um novo escritório da promotoria do condado, em frente a uma praça histórica da cidade. Somerset era o condado com a maior renda *per capita* de Nova Jersey — o quarto mais rico do país. Era o tipo de lugar onde um sujeito poderia pisar no freio e diminuir a velocidade enquanto cruzava a linha de chegada para a aposentadoria.

O emprego na Divisão de Homicídios do condado de Somerset oferecia um salário maior em troca de menos trabalho e menos perigo. Tim Braun tinha uma sala com uma porta que se fechava e uma cadeira acolchoada que se inclinava totalmente para trás. Manteve os papéis do caso arquivado lacrados com fita adesiva em uma caixa de papelão dentro de seu armário. Disse a si mesmo que o espírito da enfermeira Duryea entenderia. Aos 42 anos, Tim pensou que estava diminuindo o ritmo, prestes a parar.

30

No dia 3 de outubro de 2003,[1] uma sexta-feira, Braun recebeu uma ligação de Wayne Forrest, promotor do condado de Somerset. Ele apoiou o telefone no ombro e pensou nas opções que tinha. Em sua opinião, a vítima era provavelmente um político inescrupuloso, alguém rico ou bem relacionado, então as autoridades locais precisavam fazer os policiais mostrarem serviço. Um cara morre no hospital, eles chamam a polícia. Esse era o tipo de coisa que agitava Somerville. Bons contatos eram tudo. Não era assassinato para todos os lados, como em Newark, mas era o trabalho, pelo menos até Tim se aposentar.

Como sargento-detetive, o trabalho de Braun era distribuir e supervisionar todos os casos que chegavam à Divisão de Crimes Graves. Ele olhou para o quadro-branco, os nomes escritos com marcadores seguindo um código de cores que indicava o revezamento nos plantões, e viu que era o jovem Danny Baldwin, o novato, quem estava de serviço. Ótimo. Era difícil não reparar em Danny Baldwin — não apenas porque ele era um ex-*linebacker* com a cabeça raspada e clavículas marcadas, mas também porque era o único detetive negro no escritório da promotoria de Somerset. Sua figura de quase dois metros de altura e 110 quilos era pura energia e ambição brutas, com uma eletricidade nervosa e ansiosa. Tim o conhecera em Newark, onde Danny tinha construído uma excelente reputação na força-tarefa de elite responsável por investigar roubos de automóveis e onde, também, era um dos poucos detetives negros na Divisão de Homicídios de Essex. Ele era dez anos mais novo que Tim, mas o detetive experiente se reconhecia no novato. Danny era um bom policial, o que queria dizer que ele resolvia casos em vez de apenas produzir relatórios, e quando soube que ele estava em busca de mudança, Tim se esforçou para levá-lo para o condado de Somerset.

Danny estava em Somerset havia apenas seis meses e, com exceção de alguns roubos a banco, seus dias lá foram relativamente tranquilos. Ele tinha feito bom uso do tempo em outros condados, trabalhando infiltrado com algumas de suas antigas fontes em um caso de assassinato por encomenda investigado pelo FBI na Carolina do Sul e ajudando a resolver um importante caso de homicídio no condado vizinho de Morris para o promotor Michael Rubinaccio, mas ainda não tinha investigado um único caso de homicídio em Somerville. Tim havia trabalhado bastante com ele em Newark; sabia que podia contar com Danny para cuidar daquela situação. Braun ligou para a casa de Baldwin, relatando o que o promotor Forrest havia lhe informado.

— Esse cara morreu no hospital… vai entender, certo? — disse Tim. — Vá assistir à necropsia, faça algumas horas extras. Pressione os caras enquanto estiver lá.

Danny e a esposa, Kimberly, tinham um casamento para ir, mas ele não podia recusar aquele caso. Seus novos colegas em Somerset já estavam pegando no pé dele por ser uma transferência importante de Newark conquistando a glória em outros condados e vestindo bons ternos em vez do uniforme de Somerset, composto de calça social, jaqueta e gravata combinando com a camisa. Não importava quais fossem seus compromissos, Danny não ia passar seu primeiro caso de homicídio em Somerset para outra pessoa.

No sábado de manhã, dirigiu até o escritório do médico-legista. Assistiu à necropsia e voltou para sua mesa no escritório da Promotoria do Condado de Somerset para preencher o formulário I-1-00, colocou a papelada em uma pasta e do carro ligou para Tim. O morto, disse ele, um sujeito chamado McKinley Crews, era um homem negro mais velho com quem não parecia haver nada de visivelmente errado.

— Foi meio que uma perda de tempo — explicou Danny.

Essa não era apenas a opinião dele — o médico-legista, dr. Nobby C. Mambo, achava o mesmo: *uma morte natural*. Mas o promotor ligara e havia pressão. Eles fizeram os testes de laboratório, que não indicaram nada de anormal.

— Sei, e quem era o cara? — Com uma pressão do alto escalão como aquela, com certeza era alguém importante. — Ele parecia ser um figurão?

Danny respondeu que não. Não tivera essa impressão. Era um sujeito mais velho, negro, parecia doente. Parecia morto, na verdade, opinião confirmada pelo dr. Mambo. Então Braun ligou para o promotor, ainda sem acreditar que aquele era seu novo trabalho e se perguntando se ainda haveria tempo suficiente no fim de semana para ir até sua cabana e ficar vendo as folhas caírem.

A ligação seguinte do promotor Forrest foi quatro dias depois. Tim e Danny Baldwin deveriam se apresentar mais adiante na rua, no Centro Médico Somerset, o maior empregador da cidade, com um prédio à altura dessa posição. Um século de doações e lucros constantes havia financiado um processo interminável de renovações e acréscimos, sendo o mais recente deles um gigantesco novo saguão com uma pianola que tocava peças clássicas de uma pequena caixa preta. Tim e Danny ainda estavam revirando os olhos quando a porta do elevador se fechou. Só quando chegaram à sala de reuniões e viram todos os figurões reunidos lá foi que eles começaram a se dar conta de que não se tratava de uma chamada qualquer. O que Tim imaginou foi: *Nossa, esse sujeito morto deve ser realmente muito importante.*

Foi um advogado quem se levantou primeiro,[2] apresentando-se como Paul Nittoly, advogado do Centro Médico Somerset. Nittoly era um homem branco e corpulento, com um corte de cabelo elegante e uma gravata azul-centáurea, o tipo de sujeito que costuma estampar outdoors. Ele agradeceu a presença dos detetives e explicou, de maneira vaga, que o centro médico não estava denunciando um homicídio, não exatamente.

Nos cinco meses anteriores, continuou o advogado, o Somerset havia vivenciado cinco "incidentes inexplicáveis com pacientes" em sua UTI. Na sexta-feira anterior, ocorrera um sexto incidente. Àquela altura, explicou, o hospital já havia notificado a promotoria.[3] O vice-presidente sênior do Somerset, dr. William Cors, leu os nomes: em 28 de maio, o sr. Joseph Lehman; em 4 de junho, a sra. Frances Kane; em 16 de junho, a sra. Jin Kyung Han; em 28 de junho, o reverendo Florian Gall; em 27 de agosto, a sra. Francis Agoada. O último da lista era McKinley Crews, que morrera apenas quatro dias antes. Foi só depois de sua morte que o Somerset entrou em contato com a promotoria, e Danny foi até o necrotério.

O dr. Cors parecia escolher as palavras com cuidado, evitando causa e efeito. Os seis pacientes tiveram "achados laboratoriais anormais e inexplicáveis" e "sintomas que representavam risco à vida", e cinco desses pacientes estavam mortos. Se esses incidentes estavam conectados, Cors não sabia ou não quis dizer, mas o hospital vinha conduzindo uma investigação interna havia cinco meses. Essa investigação, segundo o vice-presidente da instituição, não havia identificado a origem das ocorrências. Em seguida, Cors fez um resumo do histórico médico dos seis pacientes, em detalhes breves, mas técnicos.

Tim anotou alguns nomes — os nomes dos mortos e alguns termos médicos, grafias riscadas e substituídas por letras maiúsculas: INSULINA e GLICOSE, das quais já tinha ouvido falar, e um novo, DIGOXINA, um medicamento para o coração. O resto era uma mistura de jargões médicos, centímetros cúbicos, miligramas e mililitros. Nada de cena de crime, arma, impressões digitais ou testemunhas, nada de balas nem armas de fogo. Será que havia mesmo um crime? Tim sublinhou o ponto de interrogação até rasgar a página de seu bloco de anotações.

No assento ao lado, Danny Baldwin parecia usar até a última gota de tinta da caneta.

***

Os detetives mal podiam esperar para sair da sala de reunião. Lá fora, o sol de outubro brilhava intensamente nas janelas escuras do Crown Victoria verde de Braun. Ele destrancou o carro e se sentou no banco do motorista, sentindo o alívio do couro.

Tim sabia que o Centro Médico Somerset tinha um papel importante na comunidade. Era um centro financeiro, um dos maiores empregadores do condado e exercia grande influência na política local, com pelo menos dois ex-senadores estaduais no conselho, um dos quais também era sogro do chefe de polícia. Qualquer problema lá colocava pressão sobre o promotor, que colocava pressão sobre ele. Tim esperou até que Danny fechasse a porta antes de começar a reclamar.

— Que porra foi aquela? — perguntou. — Vou dizer uma coisa: prefiro um bom e velho tiroteio a essa sopa de letrinhas impossível de entender.

Tim não podia levantar a mão no meio do extenso relato médico e dizer aos engravatados: "Hum, olhe, pessoal, eu e o Danny investigamos assassinatos." Mas com certeza sentiu vontade.

Ele ligou o carro e fez o retorno com cuidado enquanto o colega se acomodava no banco do passageiro com a pilha de prontuários médicos no colo. Pelo visto, se houvera um crime, não estava naquelas páginas — a equipe médica já as examinara. Danny mordia a bochecha e se ajeitava no assento. Ele era o detetive encarregado ali. Cabia a ele dar sentido às informações que o Somerset havia fornecido e tentar montar um caso com elas.

Mas quais eram as informações? Números. Valores de análises laboratoriais. Resultados técnicos que nem Tim nem Danny compreendiam. Aparentemente, nem mesmo os profissionais do laboratório eram capazes de explicá-los. As vítimas eram apenas vítimas em potencial; poderiam ser mortes naturais. Por enquanto, eram corpos sem lesões visíveis. Não se tratava nem definitivamente de um crime. Eles estavam diante de "incidentes", incidentes médicos, que uma equipe médica já havia investigado por cinco meses sem encontrar nada. Parecia óbvio para Tim que algum mandachuva da Somerset Corporate tinha segundas intenções. Era assim que funcionava com os casos de prioridade máxima ali, bem como em Newark. Era muito pior do que ser encarregado de investigar um caso antigo sem solução. Talvez aquele nem sequer fosse um caso.

Danny ergueu os olhos de seu bloco de anotações, vendo a Bridge Street surgir à sua direita e em seguida ficar para trás, e então se perguntando por que Tim estava passando direto, sem entrar na rua da promotoria.

— Para resumir, eles acham que alguém está envenenando os pacientes de propósito, ou algo assim. Certo?

— E já estão investigando há cinco meses? — questionou Tim.

— Então, por que ligar agora?

— Exatamente. Eles têm pistolão para nos ligar a qualquer hora. Por que não nos ligaram cinco meses atrás?

Danny examinou suas anotações.

— "Incidentes sem explicação", foi como chamaram — observou. Quatro com insulina, dois com o medicamento para o coração. Danny virou a página e passou o dedo sobre a palavra. — Digoxina.

— Digoxina, digoxina — repetiu Tim, testando a palavra. Ele virou o volante para a direita, dando uma volta completa para pegar a Route 206. — O que diabos é essa digoxina?

— Posso perguntar para onde está indo?

— Aqui — respondeu Tim, entrando no estacionamento do shopping e parando no local destinado aos bombeiros. — Dicionário médico. — Ele abriu a porta, em seguida se deteve. — Tudo bem. Então, deixe-me fazer uma pergunta. Você recebe a ocorrência na sexta-feira. Três dias depois, somos chamados para essa palhaçada.

— O que aconteceu entre sexta-feira e hoje?

— Exato.

— Bem, talvez os advogados tenham tido um fim de semana para pensar sobre o assunto — sugeriu Danny. — Talvez tenham ficado com medo, foi isso.

— Sim — concordou Tim. Ele pensou a respeito. — Quer saber? — disse, por fim. — Aposto que aqueles babacas sabem exatamente quem fez isso.

31

Prioridade máxima ou não, a investigação só poderia começar depois que o Centro Médico Somerset entregasse a papelada. O advogado Nittoly havia prometido enviar aos detetives tudo que havia sido apurado pela investigação interna o mais rápido possível. Era fim de tarde quando o pacote chegou. Danny avaliou o conteúdo por alguns minutos antes de levá-lo para o escritório de Tim, logo ao lado.

O envelope continha apenas as páginas fotocopiadas de um único relatório enviado por fax. Os detetives sabiam que não deviam esperar um relatório investigativo completo, mas esperavam mais do que apenas algumas folhas de papel. Incluindo a carta de apresentação, o relatório tinha cinco páginas; uma delas parecia estar faltando.

— Dê uma olhada na data — orientou Danny.

O relatório estava datado de 25 de julho de 2003, mais de dois meses antes.

— Como assim? — disse Tim. — Achei que a investigação interna tivesse acabado de ser encerrada.

O relatório havia sido enviado por Raymond Fleming, advogado de um escritório de advocacia de West Orange[1] contratado pelo hospital, e estava intitulado "Re: Reverendo Florian Gall *vs.* Centro Médico Somerset", com um número de arquivo anexado.

Danny não conhecia o advogado, mas o título, em especial, chamou sua atenção, sobretudo o "*vs.*" no meio. Ele sabia que era da natureza dos advogados fazer tudo parecer uma disputa, mas ainda assim achou curioso, como se o paciente e o hospital estivessem em lados opostos.

De acordo com a folha de rosto, o destinatário do relatório era Mary Lund. Eles haviam apertado a mão dela no início daquele dia, na sala de reunião do Somerset. Lund e Danny tinham trocado cartões; dali em diante, ela seria o contato de Danny no hospital, a pessoa a quem o detetive responsável por aquele caso poderia pedir tudo de que precisasse a fim de fazer seu trabalho. Tim se lembrava dela como uma senhora de meia-idade com jeito de executiva e o inesquecível cargo de "gerente de riscos" do Centro Médico Somerset. Aparentemente, a gerente de riscos também tinha sido a interlocutora de Ray Fleming.

Prezada sra. Lund:
Anexada a esta mensagem está uma cópia do arquivo do relatório que preparei depois de nosso encontro com Charles Cullen.
Obrigado por sua cooperação.

Atenciosamente,
Raymond J. Fleming

— Charles Cullen? — indagou Tim. — Eles o mencionaram na reunião?

— Página seguinte — disse Danny. — O relatório diz que ele é enfermeiro. Trabalhou na UTI com uma das vítimas. O reverendo.

Danny passou para a última página.

— Aqui diz: "Nós concordamos que não há nada tão manifestamente suspeito neste momento, sejam nos registros, seja no comportamento do sr. Cullen em si, que exija entrar em contato com as autoridades."

— "Nós" quem?

— Mary Lund e o advogado — explicou Danny. — Fleming. Ao que parece, eles entrevistaram esse tal Cullen juntos.

O ENFERMEIRO DA NOITE

— Catorze de julho — disse Tim. — Dez dias depois, eles escrevem um relatório sobre a entrevista.

— Talvez tenham levado dez dias para terminar — sugeriu Danny. — Cobrando por hora, essas coisas acontecem.

— Então, dois meses depois, eles nos enviam o relatório — continuou Tim, folheando os papéis. — Mas cadê o resto? Os outros relatórios, o resto dos enfermeiros?

Danny não sabia. Mas tinha uma reunião naquela tarde com alguém que saberia.

Na teoria, Mary Lund poderia ser a chave daquela investigação. Lund era uma ex-enfermeira que havia ascendido na carreira corporativa até se tornar a guardiã do universo hospitalar, uma mulher que poderia ajudar a traduzir os mistérios médicos do hospital em algo que os detetives conseguissem entender. A única questão era se ela iria cooperar. Danny precisava de mais do que sua ajuda profissional prestativa; na verdade, precisava que Mary Lund gostasse dele.

Danny estacionou diante do hospital, alisou a gravata contra o vento e assentiu respeitosamente para o segurança junto ao elevador. No fim do corredor com carpete colorido e obras de arte de gosto duvidoso, encontrou uma secretária e fotos coloridas de um shih-tzu ofegante coladas no monitor do computador. Danny leu "Trudy" no crachá da mulher, se apresentou, tentando soar sério, mas não assustador, e não foi muito bem-sucedido.

Como Danny se lembraria mais tarde,[2] Mary Lund era uma mulher corpulenta, de meia-idade, branca e direta — perfeita para o cargo de gerente de riscos. O terninho dela era adequado a um ambiente profissional, de um tom neutro e corte discreto. Ela não parecia ser do tipo que jogava conversa fora, e então Danny começou logo com o relatório investigativo que o advogado do Somerset havia enviado. Tirou o fax do bolso do paletó, indo sem preâmbulos para as partes que havia destacado.

— Então, depois do, hum, falecimento do reverendo Gall, você e esse advogado Fleming conduziram uma entrevista com um enfermeiro chamado Charles Cullen?

— Sim — afirmou Mary. — Entrevistamos todos os enfermeiros que trabalhavam na unidade.

— Ok, ok — disse Danny. — E o que vocês...

— Nenhuma dessas entrevistas revelou nada incomum ou incriminador — interrompeu Mary.

— Entendo. Então, em relação a esse enfermeiro, Cullen... Houve algo que os levou a entrevistá-lo, algo suspeito ou...

— Não, não. Nós entrevistamos todos os enfermeiros da unidade.

— E há outros relatórios aos quais possamos ter acesso... algo que possa ser útil?

— Eu não sei — respondeu Mary. — Essa é uma pergunta que deve ser respondida pelo nosso consultor jurídico, Paul Nittoly.

— Tudo bem, tudo bem — disse Danny. — Vamos falar com ele também, tenho certeza. E esse enfermeiro, hum, Cullen...

— Sim.

— Vocês falaram com ele.

— Bem, como eu disse... nós fizemos... conduzimos uma entrevista com o sr. Cullen, assim como com todos os outros — informou Mary.

— Isso foi em relação a um dos incidentes com os pacientes... o reverendo?

— Reverendo Gall. Sim.

— E esse enfermeiro, Charles Cullen... Era o enfermeiro do reverendo?

— Bem, sim e não. Eles se revezam.

— Como assim?

— Eles se revezam entre os pacientes — explicou Mary. — Os enfermeiros ficam responsáveis por quartos diferentes a cada noite de trabalho. Durante o período em que ficou internado aqui no Centro Médico Somerset, o reverendo Gall foi atendido por diversos enfermeiros da UTI.

— Então Cullen era o enfermeiro do reverendo Gall naquele dia?

— Não — respondeu Mary. — Charles Cullen não era o enfermeiro do reverendo Gall na noite que precedeu a morte dele.

— Ok, ok — disse Danny. — Então... quem era?

— Não tenho essa informação no momento — falou Lund. — Eu teria que dar um retorno a você mais tarde.

— Sim, por favor. E esse enfermeiro, o enfermeiro de Gall, você tem um registro dessa entrevista ou...

— Receio não ter nada do tipo. Vou ter que descobrir e lhe dar um retorno.

— Tudo bem. Eu agradeço. — Danny não estava chegando a lugar algum, mas sabia que era melhor não deixar sua frustração transparecer. — Mais uma pergunta, sobre esse, hum, "pixies" ou... — Danny mostrou o relatório, a palavra circulada com um ponto de interrogação.

— Pyxis, uhum — disse Mary.

— São os pedidos de medicamentos?

— A máquina Pyxis mantém um registro de cada retirada de medicamento — explicou Mary. — Ela também prepara a fatura para o paciente e alerta a farmácia quando é preciso reabastecer.

— E vocês verificaram esses registros?

— Sim.

— E aqui diz que não houve nada estranho, certo?

— Nada fora do normal — disse Mary.

— Se for possível, eu gostaria de obter uma cópia desses registros — pediu Danny. — Examinar os períodos perto das, hum, ocorrências incomuns com os pacientes...

— Bem, sinto muito, mas não será possível — informou Mary. — Infelizmente, a Pyxis só armazena registros por trinta dias.

— Então...

— É — disse Mary. — Eu sei.

— Tudo bem. Então, esse enfermeiro não era o foco da investigação de vocês?

— Não, não, não — assegurou Mary. — Nós entrevistamos todos os enfermeiros da unidade. Mas há uma pessoa que talvez vocês devam investigar.

***

Danny fez um resumo da conversa para Tim durante o almoço no restaurante tailandês em frente ao tribunal. O colega esperou que a garçonete trouxesse os cardápios e se afastasse antes de começar.

— Então, Lund... Ela está nos enrolando ou o quê?

— Ela nos deu um nome — disse Danny. — Edward Allatt.

— É o tal enfermeiro?

— Outro homem. Ele às vezes trabalhava no mesmo andar que as vítimas e tinha acesso a elas. Lund achou que seria interessante investigá-lo.

— O que ele faz? — perguntou Tim.

— Ele é um daqueles caras que coletam amostras de sangue dos pacientes...

Danny deu uma olhada em suas anotações.

— Sim, flebotomista — disse Tim, surpreendendo a si mesmo.

— Nossa, você sabia disso?

— Ei, eu fui segurança de hospital — disse Tim. — No ensino médio.

— Sim, bem, Lund disse que eles desconfiam desse tal flebotomista.

— Ele é um suspeito? Achei que não suspeitassem de ninguém.

— Mary Lund me disse: "Allatt é quem vocês devem investigar." Foi o que ela falou.

— E ela explicou o motivo?

— Parece que esse cara tem uma rixa com o hospital. É morador daqui, algum problema com os planos de expansão, talvez coisas de sindicato.

— Ele é considerado suspeito? — perguntou Tim.

— Ela disse apenas que ele levantava suspeitas e tinha essa rixa — disse Danny, pegando o bloco de anotações. — Palavras dela: "Allatt pode ser o responsável por essas ocorrências fora do normal."

— Tudo bem, ótimo — respondeu Tim, anotando. — Primeiro eles não têm suspeitos, em seguida nos dão um nome. Eu aceito. Mais alguma coisa?

— Ainda não — respondeu Danny. — Perguntei a ela sobre o que eles nos enviaram, sobre o enfermeiro do relatório.

— Sim, as páginas que eles enviaram?

— A investigação — disse Danny. — As quatro páginas. — Ele folheou os documentos de novo, passando o dedo pela folha de papel. — O enfermeiro com quem eles falaram. Charles Cullen.

— O que ela disse?

— Ela me falou sobre Allatt.

— E Cullen?

— Nada — respondeu Danny. — Acho que ele não era o foco da investigação. — Danny contou a Tim sobre o resto da conversa, sobre a máquina Pyxis e sobre como ela só armazenava registros dos trinta dias anteriores. — Conseguimos ir até, o quê, 7 ou 8 de setembro, certo? Então só podemos examinar os pedidos de medicamentos para o sr. Crews.

O único problema era que o relatório da necropsia de Crews não havia apontado nada de anormal; segundo Mambo, ele falecera de causas naturais.[3]

— Ok, isso é péssimo — disse Tim. — E os outros enfermeiros? Temos alguma informação sobre eles?

— O advogado talvez tenha — respondeu Danny. — Lund não tinha nada.

— Ela não tinha registro de nenhuma das entrevistas? Achei que eles tivessem feito entrevistas.

— Ela não tinha porcaria nenhuma — disse Danny.

Tim prendeu a respiração e, em seguida, soltou-a.

— Então, o que você está me dizendo — disse, por fim — é que não temos nada.

— Bem, não. Nós temos Allatt.

32

Danny era o detetive responsável pelo caso, mas, como supervisor, Tim era corresponsável e fez questão de se encarregar pessoalmente das etapas do procedimento operacional padrão. Primeiro, pesquisou o nome de Edward Allatt no sistema de registro de automóveis do estado, verificando o registro do carro e a carteira de motorista. Encontrou o homem e seu carro, mas nada que levantasse suspeitas, e então escreveu o endereço e as informações pessoais em seu bloco de notas antes de pesquisar o nome no banco de dados do Centro Nacional de Informações sobre Crimes, o NCIC (na sigla em inglês). A pesquisa do nome *Edward Allatt* não gerou nenhum resultado, sem registro criminal. Tim tentou novamente usando grafias alternativas e apelidos. Nada. Então o sujeito tinha carro e nunca fora preso. Em seguida, Tim acessou o banco de dados do Departamento de Justiça de Nova Jersey, o Promis/Gavel, que acompanhava o andamento dos processos criminais no sistema judiciário do estado. Tim já havia obtido grande sucesso dessa forma: mesmo que nunca tivessem cumprido pena, criminosos costumavam estar envolvidos com o sistema judiciário de uma forma ou de outra, como testemunhas, vítimas ou absolvidos de acusações. Mas as pesquisas com *Allatt*, *Alatt*, *Allat* não produziram nenhum resultado. O flebotomista era um beco sem saída. Tim ficou sentado por um momento. Havia um caso prioritário sobre sua mesa e ele não tinha nenhuma pista. Iam marcar uma entrevista com o tal Allatt naquela noite, ligariam para a casa dele e o veriam no dia seguinte. Enquanto isso, pensou Braun, por que não? Ele passou para uma página em branco em seu bloco de anotações e digitou "Charles Cullen" no sistema.

Charles Cullen estava registrado no banco de dados de veículos motorizados como o proprietário de uma perua Ford Escort azul-bebê e detentor de uma carteira de motorista válida. No banco de dados do NCIC, o nome de Cullen aparecia duas vezes: uma por invasão de domicílio em Palmer, Pensilvânia, outra por dirigir embriagado na Carolina do Sul, ambas acusações feitas mais de dez anos antes. Cullen não possuía armas de fogo, não tinha animais de estimação registrados e, em uma década, não recebera nem uma multa sequer por excesso de velocidade.

Ainda havia algumas pistas para seguir antes de fechar o bloco de anotações. Tim se levantou, afastou-se da mesa do computador, voltou para sua mesa e discou 411, para a polícia de Palmer, Pensilvânia.

Ele se identificou como detetive da Divisão de Homicídios de Somerset, Nova Jersey, e pediu para falar com o departamento de registros criminais. A voz feminina do outro lado da linha riu e disse: "Não, não temos um departamento, sou apenas eu!" Tim pensou *Que ótimo, Barney Fife*,[1] e então explicou que precisava de informações sobre um sujeito que a polícia de Palmer havia detido em 1993 e perguntou se ela poderia fazer a gentileza de pegar a pasta do caso.

— Só um segundo — pediu a mulher. Tim ouviu o ruído do telefone batendo na mesa e o rufar de um grande arquivo de metal se abrindo e se fechando. Alguns minutos depois, ela estava de volta na linha, dizendo: — Aham, aqui está, uma pasta com um post-it amarelo.

Havia um Charles Cullen. Data de nascimento: 22 de fevereiro de 1960. Preso em Palmer, em março de 1993, por invasão de domicílio e assédio, acusações retiradas. Braun já tinha começado a agradecer quando a mulher disse:

— E, ah, tem também uma anotação.

Algo escrito a mão e sublinhado e... como é que se pronuncia isso?[2]

***

Em seguida, Danny ligou para a polícia do estado da Pensilvânia, assentindo para Tim enquanto o policial Robert Egan tentava pronunciar o nome algumas vezes.

Digoxina.

Dessa vez, Braun reconheceu a palavra.

A digoxina havia sido encontrada no exame de sangue de um paciente que morrera de suspeita de overdose no Hospital Easton seis anos antes. Aparentemente, Charles Cullen trabalhava como enfermeiro no Easton na época do incidente e, alguns anos depois, houve uma investigação e a polícia do estado da Pensilvânia levantou a ficha dele. Era isso. A investigação tinha sido abandonada havia muito tempo, e a polícia do estado não tinha mais nada sobre Cullen, mas Danny ficou tão agitado que sentiu vontade de atravessar a parede. Em vez disso, apenas balançou inquietamente a perna e agradeceu ao policial, mantendo a voz tranquila até desligar o telefone. Digoxina. Qual era a probabilidade? Braun não tinha a menor ideia do que dizer. Ou essa era uma das maiores coincidências na história dos homicídios ou alguém estava seriamente sacaneando os dois. Mas quem, e com que propósito, ele ainda não sabia.

33

Danny Baldwin já havia listado meia dúzia de empregos para Charles Cullen e o número continuava a crescer. Todos eram centros médicos localizados em Nova Jersey e no norte da Pensilvânia, e algumas datas se sobrepunham. Danny tentara organizar a lista cronologicamente, mas as informações simplesmente não batiam.[1] Ele e Tim estavam sentados no escritório do detetive supervisor, reunindo o que havia disponível, tentando encontrar alguma ordem. Até onde Danny sabia, a carreira de Cullen havia começado em 1987, no Centro Médico Saint Barnabas, em Livingston, Nova Jersey.

— Saint Barnabas? — perguntou Tim. — Você deve estar de brincadeira. — O primeiro emprego de enfermagem do sujeito tinha sido no mesmo lugar em que Tim Braun tivera seu primeiro emprego como segurança. Braun riu do fato de haver mais uma coincidência no caso. — Eu cuido disso — disse, e pegou o casaco.

Danny não se importou. Ele tinha um caso para resolver.

O trajeto de Somerville até o Saint Barnabas passava pelas colinas até chegar a uma via principal no subúrbio que havia crescido de forma desproporcional em relação às casas que o circundavam — portas da frente abertas para o tráfego, varandas cheias de brinquedos empilhados. O dinheiro estava todo no alto das colinas, em falsos palacetes com placas no jardim alertando sobre sistemas de alarme contra roubo.

O complexo do Saint Barnabas fora construído sobre uma elevação, a meio caminho entre a parte alta e a parte baixa. Era ali, logo depois do antigo clube de natação, que Tim costumava estacionar quando chegava para o plantão. Ele sentiu um lampejo de familiaridade quando entrou no estacionamento. Fazia décadas desde a última vez que estivera ali.

Tim havia começado a trabalhar no Saint Barnabas à noite e nos fins de semana enquanto cursava o ensino médio, no fim dos anos 1970, fazendo o trajeto da casa dos pais até o hospital em um Chevrolet Bel Air 1963 que ele chamava de Carroça da Cerveja. Depois de se formar, ele investiu o que havia economizado em um Mustang 1978 novo, quatro marchas, azul-escuro — um bom carro, mas Tim acabou com ele também, aproveitando demais o presente para pensar em qualquer outra coisa. Naquele semestre, Braun se matriculou no Wesley College e começou uma carreira no futebol americano lá, chegando a ser eleito Melhor Jogador Defensivo da Semana após o jogo contra a equipe da Penn State e recebendo os parabéns do lendário técnico Joe Paterno em pessoa. Mas a Wesley não durou. Tim se matriculou na academia de polícia e, em um ano, já estava usando um distintivo de verdade. Nesse meio-tempo, manteve o emprego no hospital.

No Saint Barnabas, Tim era um iniciante, mas o uniforme de segurança e o distintivo de tecido transmitiam autoridade instantânea, assim como o uniforme dos enfermeiros ou o jaleco branco de um médico. Ele ficou surpreso ao descobrir os privilégios de um uniforme.

O Saint Barnabas que Tim conhecia estava enterrado sob quase meio bilhão de dólares em obras realizadas apenas nos últimos seis anos, capital aberto com ações cuja classificação de risco era AAA, tão seguras quanto apostar na morte e em impostos. Ele entrou com o Crown Victoria no complexo, passando pela guarita manchada do segurança, onde costumava coletar a taxa do estacionamento, e ficou maravilhado com o prédio desconhecido.

Novas unidades, anexos e escritórios tinham sido construídos. As instalações ofereciam ao mesmo tempo um centro de tratamento para obesidade e um McDonald's 24 horas. Revisitar o passado fez com que Tim se sentisse um pouco velho, e talvez um pouco atordoado. Ele parou para fazer um balanço no novo gazebo, uma pequena estrutura no estilo Disney onde os enfermeiros que não estivessem trabalhando podiam fumar durante os intervalos. Era o tipo de lugar alegre no qual você poderia parar para tomar um café se não o conhecesse. E por que não? O filho de Tim tinha nascido no Saint Barnabas. E, em algum momento depois da aposentadoria, Tim provavelmente acabaria ali também, conectado a máquinas, monitorado por estranhos usando uniformes verdes descartáveis. Todo mundo acabava lá, mais cedo ou mais tarde.

A chaminé da qual ele se lembrava ainda existia, mas não expelia mais fumaça. E ele não conseguia mais localizar onde exatamente costumava ficar o heliponto. Naquela época, os mergulhadores da Guarda Costeira voavam para o Saint Barnabas, que tinha a maior câmara hiperbárica do mundo e a única Unidade de Tratamento de Queimados do estado — Tim ficava orgulhoso todas as vezes, um garoto saudando os aviadores militares. Dava para ouvir o helicóptero anfíbio antes de vê-lo, um cavalo mecânico com asas. Por trás da música ambiente que saía dos alto-falantes embutidos no teto do saguão, Tim podia jurar ainda conseguir escutar aquelas grandes pás girando, trazendo vítimas de queimaduras aos montes.

34

A ideia era dar uma olhada nos antigos arquivos de funcionários da instituição, na esperança de encontrar algo, qualquer coisa, sobre o tal Charles Cullen. Era um tiro no escuro, uma coleta de informações que poderia não dar em nada, mas é assim que as investigações funcionam. Ele não achava que tinha muita chance de um hospital dar informações a um detetive da Divisão de Homicídios, não quando um de seus ex-funcionários era o suspeito; ia falar com o departamento de Recursos Humanos e, quando se desse conta, já teria sido transferido para um advogado. O que fosse que um hospital não quisesse que Tim visse, era exatamente o que ele estava procurando.

Tim havia cobrado um favor, ou tentado, procurando uma via indireta. Tinha pedido a um ex-policial que havia começado a trabalhar como segurança do Saint Barnabas depois de se aposentar que desse uma olhada nos arquivos, tudo que o centro médico tivesse sobre Charles Cullen, resumindo para ele a investigação em curso. Fazer as coisas de policial para policial costumava funcionar melhor do que um mandado, embora Tim não tivesse certeza se essa regra ainda valia quando um dos policiais agora ganhava um salário de seis dígitos por ano pago pela empresa. Na recepção, havia um envelope de papel pardo com o nome dele escrito. Tim esperou até estar de volta à sua mesa, com um café, para folhear o arquivo de 22 páginas, no qual encontrou cópias da licença de Cullen para prestar primeiros socorros, do formulário para recolhimento do imposto de renda na fonte e dos registros de vacinação. O restante consistia em fragmentos de prontuários médicos com nomes apagados e relatórios escritos a mão em formulários de ocorrências incomuns mimeografados. Ele leu alguns, estreitando os olhos para decifrar a caligrafia antes de pegar a pilha e ir até a sala de Danny.

Depositou o arquivo na mesa do colega.

— Está vendo isso aqui?

Danny folheou o arquivo.

— Hã.

— É, hã — disse Tim.

Danny foi para a última página e voltou ao início.

— Parecem registros de conduta imprópria.

— Pois é — disse Tim. — Partes deles, de qualquer maneira. Quem diabos é o encarregado dos arquivos desses caras?

Os documentos pareciam estranhamente incompletos, até mesmo fragmentários — mas, de qualquer forma, era uma surpresa que, mais de uma década depois, ainda tivessem algum registro. A conclusão era de que algo nitidamente havia acontecido com Charles Cullen no Centro Médico Saint Barnabas. Mas o arquivo carecia do tipo de detalhe que faz algum sentido ou que compõe um caso criminal.

Não parecia muito, mesmo que conseguissem ler a caligrafia e decifrar as abreviações médicas. A papelada não fazia menção às investigações internas[1] que haviam marcado o último ano de Cullen no Saint Barnabas.[2] Mas, em meio aos garranchos fotocopiados, havia meia dúzia de relatórios sobre episódios nos quais Charlie não havia registrado devidamente a retirada de um medicamento, tinha retido um medicamento prescrito, administrado soro intravenoso não prescrito, desligado repetidamente o respirador de um paciente em estado crítico ou feito pedidos de insulina não prescrita.[3] Embora não pudessem ver, e o Saint Barnabas definitivamente não tivesse percebido, Charles Cullen havia, na verdade, sido pego em flagrante no hospital onde sua carreira homicida tivera início. As anotações na ficha dele, no entanto, não eram suficientes para que se fizesse uma denúncia relativa a problemas de conduta na prática da enfermagem ao Conselho Estadual de Enfermagem ou ao Departamento de Saúde e Serviços para Idosos. Cullen fora simplesmente removido de seu sistema. Alguns anos mais tarde, o hospital passou por reformas e os documentos da investigação, os sacos de provas com bolsas de soro violadas, algumas gavetas de arquivo com anotações... tudo isso também foi descartado. Até o arquivo de metal foi removido. O único vestígio de que houvera uma investigação criminal era agora uma marca de ferrugem no linóleo.

Danny Baldwin voltou a Livingston na manhã seguinte. O departamento de Recursos Humanos o encaminhou para o escritório da sra. Algretta Hatcher, a responsável pela contratação de enfermeiros da Medical Center Health Care Services, a agência de recrutamento de propriedade do Saint Barnabas. Hatcher não conhecia Charles Cullen pessoalmente, mas poderia esclarecer algumas das questões relativas a seus problemas na prática da enfermagem. Vários deles eram graves; em uma anotação manuscrita datada de 14 de março de 1991, uma supervisora escreveu sobre uma "profunda preocupação com relação à atitude de Charles no que diz respeito ao erro duplo de medicação". Ela achava que Cullen "não estava nem um pouco preocupado com o erro ou com o bem-estar do paciente".

Danny pediu a Hatcher que explicasse o que era um "erro duplo de medicação" — isso significava dar a um paciente o dobro da quantidade de um medicamento prescrito?[4] A sra. Hatcher não sabia, e não havia nenhuma outra menção a isso no arquivo. Danny tinha um esqueleto, mas não tinha a carne. A sra. Hatcher não sabia onde o restante do arquivo tinha ido parar, mas supunha que tivesse sido destruído. Danny não achou que Hatcher estivesse mentindo; a papelada tinha quinze anos. Mas por que guardar algumas partes e não outras?

De acordo com os registros estaduais, Cullen havia deixado o Saint Barnabas e começado a trabalhar no Hospital Warren, em Phillipsburg,

Nova Jersey. Tim ligou para a secretária de Recursos Humanos da instituição e deixou uma mensagem. A ligação foi retornada no fim da tarde por um administrador sênior do Warren. O hospital não tinha conseguido localizar os registros do sr. Cullen. Tim prometeu a eles um mandado judicial e bateu o telefone. Uma hora depois, um advogado do Warren ligou de volta com a informação de que o arquivo de funcionário de Charles Cullen havia sido destruído. Enquanto isso, na sala ao lado, Danny estava ao telefone com o Hospital Hunterdon, falando com o departamento de Recursos Humanos deles e terminando em outro beco sem saída. Minutos depois, o Hunterdon confirmou por fax.

— O Hunterdon informou que os documentos deles são armazenados por uma empresa de arquivamento — disse Danny. — E a empresa não consegue encontrar o arquivo de funcionário de Cullen.

— Não me diga — respondeu Tim. Ele jogou a caneta na mesa e se recostou na cadeira. — Então eles o destruíram?

— Eles não conseguem encontrar, foi o que disseram — informou Danny. — O arquivo de Cullen simplesmente foi perdido.

— Perdido — repetiu Tim. — Eu conheço a sensação. Que palhaçada é essa?

Havia mais um hospital em sua lista de Nova Jersey: o Morristown Memorial. Tim ligou e pediu informações sobre um ex-funcionário; dessa vez, não mencionou nada sobre uma investigação de homicídio, e o Morristown não disse que havia perdido ou destruído o arquivo pessoal de Cullen. Ele faria o trajeto até o norte do estado para pegar a papelada, depois ele e Danny falariam com os advogados do Centro Médico Somerset.

A investigação interna do Somerset estava sendo conduzida por Paul Nittoly, um dos advogados que eles haviam conhecido na reunião. O escritório de Nittoly tinha sido convocado pela administração do Somerset em 19 de setembro, quase um mês depois do incidente com a insulina envolvendo a Paciente Cinco, Francis Agoada, e quase uma semana antes de o Somerset relatar o incidente ao Departamento de Saúde.[5] Tim não sabia nada sobre Nittoly, exceto que, antes de começar a trabalhar no escritório de advocacia Drinker Biddle and Reath, ele tinha sido promotor assistente no condado de Essex. O pedigree da promotoria de Newark queria dizer que Nittoly provavelmente era esperto e bom de briga, familiarizado com o que os detetives da Divisão de Homicídios precisavam para montar um caso. O ex-promotor tinha potencial para ser um trunfo.

Nittoly foi receber os detetives junto à mesa de sua secretária: cinquenta e poucos anos, feições largas, ficando grisalho da maneira distinta que os sujeitos com dinheiro ficam, o elegante terno escuro combinando com uma gravata estampada com ovos de Páscoa. Danny avaliou as roupas dele até a ponta dos sapatos enquanto Nittoly os conduzia a um escritório decorado com os habituais tomos encadernados em couro e os apresentava a seu investigador particular, um sujeito corpulento chamado Rocco E. Fushetto. Então Nittoly se acomodou atrás de uma mesa enquanto Rocco ficou a seu lado, os braços cruzados sobre o peito.

As anotações, entrevistas, gravações e a lista de contatos da equipe da UTI que Nittoly tinha representariam um salto na investigação e evitariam que os detetives perdessem tempo refazendo passos. Tim imaginou que eles teriam uma conversa franca sobre os cinco meses da investigação realizada pelo Somerset, livres da baboseira médica. Achou que sairia de lá com caixas cheias de documentos.

Mas, como Tim Braun se lembraria mais tarde,[6] Nittoly parecia determinado a fazer com que a reunião fosse breve. Informou que ele e seu investigador particular haviam apurado as ocorrências, mas não tinham identificado o responsável. Eles não haviam gerado nenhum parecer final, disse Nittoly, e não conseguiram chegar a nenhuma conclusão definitiva. Assim que perceberam que estavam diante de um caso de polícia, entraram em contato com o escritório da promotoria.

— E as entrevistas com os enfermeiros? — perguntou Tim. — Qualquer coisa seria útil.

188 O ENFERMEIRO DA NOITE

— Nós não produzimos nenhum tipo de relatório — disse Nittoly.

— Vocês têm as gravações ou…

O advogado balançou a cabeça.

— Foram conversas informais — disse. — Não gravamos nada.

— Tudo bem, têm alguma coisa? — perguntou Tim. — Um bloco de anotações, notas preliminares sobre a investigação ou…

— Não fizemos nenhuma anotação — respondeu Nittoly.

Tim vacilou.

— Nenhuma anotação?

Ele e Danny se entreolharam.

— Na verdade, nós não registramos nada por escrito — continuou Nittoly.

— E quanto a nomes e contatos? — sugeriu Danny. — Dos funcionários. Você sabe, para não termos de refazer esses passos.

Nittoly olhou para Rocco.

— Desculpe. Já entregamos a vocês tudo o que temos. Receberam o envelope?

— Sim — respondeu Tim.

As quatro páginas. Eles tinham recebido.

— Sobre aquele relatório… — disse Danny. — Há menção a um enfermeiro, Charles Cullen. Vocês falaram com ele?

— Ele foi um dos enfermeiros que entrevistamos na unidade — respondeu Nittoly.

— Alguma coisa em especial, ou…

— Nada que me ocorra — disse o advogado. — Eu lembro que ele era um cara meio estranho.

— Um sujeito esquisito — concordou Rocco.

— Tudo bem, tudo bem — disse Tim. — Um sujeito esquisito.

— Sim.

— Mas vocês não anotaram nada quando falaram com esse enfermeiro?

— Não — respondeu Nittoly. — Sinto muito.

Tim estava tentando manter a calma, mas a mente dele não parava de gritar a mesma questão: *Que tipo de advogado não anota as coisas?*

Pensou em perguntar a ele. Depois, pensou em socá-lo. Nittoly começou a inverter as perguntas, questionou se os detetives já tinham alguma pista, alguma coisa que levantasse suspeitas, mas Tim e Danny se recusaram a entrar naquele jogo. Cinco minutos depois, encerraram a reunião.

Tim esperou até estarem de volta na rodovia antes de bater no volante.

— Tudo bem — disse ele. — Quer me explicar que porra de papo furado foi aquele?

— Um monte de mentira, isso sim — disse Danny.

Em uma investigação, *tudo* ia para o papel. Detetives sabiam disso, advogados — especialmente ex-promotores — também. Impressões, registros, relatórios, agendas. Você faz listas, faz anotações durante entrevistas — no mínimo, você guarda nomes e números de telefone em um pedaço de papel, para saber com quem falar. Uma investigação que havia durado cinco meses, envolvia seis mortes suspeitas e uma unidade inteira de enfermeiros, e o cara não tinha nem sequer um rabisco em um bloco de notas?

— E estamos falando de advogados — ressaltou Tim. Ele estava dirigindo a toda a velocidade, piscando para que os carros dessem passagem. — Para que mais eles servem, a não ser produzir documentos? Como eles cobraram pelos serviços?

— Talvez eles simplesmente não quisessem fazer papel de idiotas — sugeriu Danny. — Não quiseram mostrar a dois detetives a cagada que fizeram.

Tim podia até imaginar: Rocco, o investigador particular, examinando aqueles prontuários médicos, provavelmente entendendo tão pouco quanto eles. Era uma bela imagem, mas não mudava os fatos.

Eles não tinham conseguido nada além de um relatório e um nome: Charles Cullen. Um "sujeito esquisito" que não era suspeito. Um sujeito cheio de sinais de alerta em seu passado. Danny ficou sentado no carro, observando a rodovia, se perguntando por que teriam lhes dado isso, se na verdade não tinham mais nada sobre o sujeito.

35

anny aproveitou a manhã e dirigiu até o oeste da Pensilvânia, para o quartel da polícia estadual. Passou horas ouvindo as informações fornecidas pelo cabo Gerald Walsh e pelos policiais estaduais Egan[1] e Bruchak, absorvendo tudo o que podia sobre a investigação que eles haviam realizado a respeito de Charles Cullen e os incidentes no Hospital St. Luke's. Ele estava de volta à rodovia 78 East a tempo de encontrar Tim e discutir o assunto durante o almoço. Escolheram a lanchonete dessa vez, ocupando uma mesa nos fundos, onde Danny pudesse contar tudo. A investigação na Pensilvânia tinha sido feita havia apenas um ano, e fora imensa. Eles tinham corpos, evidências físicas, dezenas de testemunhas e um forte suspeito: tudo o que um detetive da Divisão de Homicídios poderia querer em um caso, exceto um final feliz.

De acordo com o arquivo da Polícia Estadual da Pensilvânia, não tinha sido a administração do St. Luke's que acionara a polícia, mas uma enfermeira chamada Pat Medellin. Ela havia testemunhado mortes incomuns em sua unidade no St. Luke's e também tinha visto Charles Cullen ser mandado embora por desvio de medicamentos perigosos. Medellin tinha certeza de que Cullen era o responsável pelas mortes incomuns na unidade e pressionou a administração do hospital a tomar uma atitude;[2] a administração do St. Luke's disse a Medellin que Cullen não havia feito mal a nenhum paciente. A investigação deles sobre o assunto havia sido encerrada.

Pat Medellin não ficou satisfeita com essa resposta. Em 29 de agosto de 2002,[3] contou sua história a um conhecido que trabalhava como policial no Departamento de Polícia de Easton, na Pensilvânia.[4] Daí em diante, a coisa escalou a cadeia de comando: o policial contou a seu capitão, o capitão pressionou o legista, o legista levou a questão ao promotor do condado de Lehigh, James B. Martin.[5] Um a um, os policiais estaduais da Pensilvânia chamaram os funcionários do St. Luke's para depor.[6] Suas histórias de mortes no plantão noturno eram incrivelmente consistentes.

Muitas eram idênticas à da enfermeira Lynn Tester,[7] que notou que "pessoas que estavam se recuperando" começaram a morrer, de forma repentina e estranha, logo depois que o enfermeiro Cullen trocava suas bolsas de soro.[8] A enfermeira Robin Saulsberry viu Charles Cullen saindo sorrateiramente do quarto de seu paciente pouco antes de ele sofrer uma parada cardiorrespiratória inesperada e morrer; mais tarde, Saulsberry estremeceu ao se lembrar de como Cullen havia observado o monitor de eletrocardiograma da unidade, concentrado demais para nem sequer desviar o olhar enquanto falava. Saulsberry, que tinha doutorado em química, acreditava firmemente que o paciente havia recebido procainamida — a substância que se descobriu que Cullen havia retirado das prateleiras do armário de medicamentos.

A enfermeira tinha certeza de que mais pacientes estavam sofrendo paradas cardiorrespiratórias e morrendo desde que Cullen havia começado a trabalhar na UTI. Lynn Tester calculava que, embora Cullen trabalhasse apenas 26% das horas mensais da equipe, ele, de alguma forma, estava presente em 58% das mortes na unidade.[9] Outra enfermeira[10] lembrou que, quando Cullen trabalhava na UTI, eles tinham uma média de vinte a 22 paradas cardiorrespiratórias por mês, mas depois que Charlie foi embora, ficaram seis semanas sem ter uma parada cardiorrespiratória sequer.[11] Cobrados pelo estado, os legistas Zachary Lysek e Scott Grim haviam iniciado a revisão de uma grande quantidade de prontuários médicos. Em particular, Lysek se preocupava com a quantidade de mortes pelas quais Cullen poderia ser responsável; pelas estimativas dele, o número chegaria a cinquenta. No entanto, ele poderia não ser responsável por nenhuma delas. O legista tinha suas suspeitas, mas especular era inútil, até mesmo perigoso, em uma situação como aquela. A certeza só poderia vir da ciência. Com esse objetivo, o promotor contratou um patologista externo, o dr. Isidore Mihalakis — o mesmo médico envolvido na investigação da morte suspeita de Helen Dean no Hospital Warren anos antes. O dr. Mihalakis passou meses revisando os prontuários de dezessete pacientes selecionados pelo St. Luke's, mas não encontrou nada que pudesse embasar um processo nos documentos. Enquanto isso, Charlie Cullen seguiu em frente, com referências neutras, indo trabalhar no Centro Médico Somerset.

O arquivo pessoal de Cullen no St. Luke's apresentava a história simples e corriqueira de um enfermeiro que havia pedido demissão após ser repreendido diversas vezes. "Charles pediu demissão" era o que estava escrito no Registro de Mudança de Status do Funcionário. "Não deve ser considerado para recontratação — problemas com medicação." As palavras *brometo de vecurônio* não apareciam, tampouco o nome de quaisquer das outras substâncias poderosas que Cullen havia pegado escondido e usado. Era fácil compreender que os administradores do St. Luke's não tinham o tipo de evidência concreta necessária para determinar que seu enfermeiro havia administrado de forma definitiva e intencional uma overdose a um paciente específico. Ao mesmo tempo, Danny Baldwin e Tim Braun não puderam deixar de notar que, de forma proposital ou por acidente, o St. Luke's havia sempre lidado com o problema de Cullen de maneira a criar o mínimo possível de desdobramentos legais para eles e a menor quantidade possível de documentos para terceiros.

Tim Braun e Danny Baldwin haviam investigado centenas de casos e visto um número equivalente de variáveis no que dizia respeito aos meios e motivos para cometer um assassinato. Nenhum deles fornecia nem mesmo o menor contexto para aquela situação. A investigação do promotor Martin era um documento chocante, mas foi a última página que mais surpreendeu os detetives. Apenas cinco meses antes de Braun e Baldwin iniciarem a investigação,[12] o promotor do condado de Lehigh havia encerrado a dele. Oito meses de trabalho tinham sido, do ponto de vista processual, um desperdício de tempo e papel.[13]

Por que o promotor Martin desistiria do caso contra Cullen? A resposta mais óbvia era que ele não acreditava que pudesse vencer. Talvez já fosse difícil provar que havia uma vítima, mais ainda que Cullen fosse o culpado. Braun tentou imaginar os oito meses seguintes: percorrer a mesma estrada com menos recursos, sem testemunhas ou provas — e, de alguma forma, chegar a um destino diferente.

Danny não teve escolha a não ser recomeçar a análise dos relatórios médicos. Ele os espalhou sobre uma mesa da sala de reunião. Cada uma das seis vítimas em potencial tinha um arquivo, a maioria anotações e documentos impressos que registravam a evolução, as prescrições e o declínio. O jargão médico estava começando a fazer algum sentido, em parte graças às horas gastas folheando um exemplar do *Physician's Desk Reference* [Livro de referência do médico] e à paciência da esposa de Danny, a obstetra e ginecologista Kimberly Baldwin. Mas mesmo esclarecendo tudo em termos leigos, os gráficos e laudos de exames laboratoriais não eram de muita utilidade. O hospital já tinha explicado a eles: a digoxina estava, de alguma forma, presente no organismo dos pacientes, e isso ficava evidente nos exames laboratoriais. Mas a substância não aparecia nos prontuários. A prova de que precisavam não estava naquelas páginas. Esse era o problema.

A digoxina talvez não fosse a prova irrefutável, mas eles tinham quase certeza de que era a arma do crime de Cullen. Era útil pensar na digoxina em uma seringa carregada e apontada para alguém. Imaginar a substância como uma arma tornava o crime médico menos abstrato.

Como qualquer outra arma, a digoxina tinha que vir de algum lugar. A fonte mais óbvia era a caixa registradora de medicamentos: a máquina de medicamentos Pyxis, no andar da UTI. As retiradas deveriam constar nos registros da Pyxis. Mas então os detetives deram de cara com mais um beco sem saída: Mary Lund já dissera a eles que a morte de Gall tinha ocorrido mais de trinta dias antes, e esses registros não existiam mais.

— Mas alguém os viu — disse Danny.

— Como assim?

— Os registros da Pyxis. Quando Gall morreu, eles sabiam que o paciente tinha tido uma overdose de digoxina, certo? Devem ter olhado os registros dele na Pyxis. Quando chamaram o advogado e falaram com Cullen.

— Isso está nas páginas que recebemos, no que Fleming enviou por fax a Mary Lund.

— Isso — disse Danny. — A entrevista.

Danny mostrou o papel para Tim e passou o dedo sobre a frase.

— O sr. Cullen estava ciente de que a solicitação de medicamentos da farmácia apareceria no computador Pixis [*sic*], incluindo cancelamentos.

— É, que porra é essa?

— Não sei — respondeu Danny. — Mas eles examinaram a Pyxis.

A entrevista com Cullen foi em 14 de julho; dentro da janela de trinta dias informada por Lund.

— Então, o advogado e Lund tiveram acesso ao relatório Pyxis dele — concluiu Tim. — Viram as retiradas de medicamentos que ele fez na noite em que Gall morreu?

— É o que eu acho — disse Danny.

Isso faria sentido. Eles também deviam estar procurando uma prova, talvez Cullen tivesse feito pedidos de digoxina em quantidades excessivas, ou houvesse padrões suspeitos em suas atividades. E, por alguma razão, se concentraram em seus pedidos cancelados também. Então, onde estavam aquelas páginas da Pyxis agora?

— A investigação deles estava em curso até o dia em que nos ligaram — disse Tim. — Era de imaginar que tivessem um arquivo.

— Sim… — concordou Danny. Eles já tinham visto aquele filme. — Talvez só tenham consultado no computador, mas não imprimiram nada.

— É, talvez — disse Tim. Para ele, parecia mentira, mas muitas coisas pareciam mentira naquele caso. Pelo que tinham sido informados, Cullen não era suspeito, a papelada nunca havia existido e, aparentemente, a

Pyxis não tinha revelado nada de interessante. Ele leu as palavras outra vez, em voz alta. — "Não há nada tão manifestamente suspeito [...] que exija entrar em contato com as autoridades."

— Ou seja, não havia razão para acionar a polícia — resumiu Danny. — É como se eles tivessem pensado nisso cinco meses atrás, se perguntado e então respondido à pergunta.

Tim estava achando a investigação desconfortavelmente familiar. Homicídios, hospitais e suspeitos que eles não conseguiam descobrir como denunciar — as conexões entre aquele caso e o caso Duryea tiravam a sua paz no chuveiro ou dentro do carro, evocando a caixa com o arquivo guardada em seu armário e um sentimento que preferia não reconhecer. O caso Duryea lhe causara uma ferida profunda, fazendo com que se jogasse no escapismo da apatia e da aposentadoria, mas era difícil ficar indiferente quando o tempo urgia. Tim estava cada vez mais convencido de que continuava a urgir todas as noites em que Cullen voltava ao trabalho. Estava urgindo naquele exato momento.

Naquela tarde, Danny Baldwin fez uma visita a Mary Lund. Disse a ela que o enfermeiro deles Charles Cullen tinha ficha criminal e um histórico profissional cheio de problemas, que incluía vários hospitais dos quais ele havia sido demitido por questões relacionadas à prática da enfermagem, e que também era, àquela altura, alvo de uma investigação realizada pela Promotoria do Condado de Somerset. Danny precisava da taxa de mortalidade do hospital nas alas onde Cullen havia trabalhado e do cronograma de trabalho do enfermeiro naquele ano também. Ele sabia que um pedido como aquele revelaria ao hospital quem eles estavam investigando, mas não tinham escolha. O único acesso ao hospital era pela porta da frente.

Lund garantiu a Danny que o hospital tomaria medidas para monitorar Cullen de perto enquanto ele estivesse de plantão. Mas Danny sabia que vigiar aquele sujeito não seria o suficiente. Se a investigação deles pretendia prender Cullen, teriam que encontrar algo que nenhuma investigação anterior havia descoberto.

O ENFERMEIRO DA NOITE

***

Charlie havia se dado conta meses antes que teria que abandonar alguns de seus meios costumeiros de obter medicamentos. Ele já sabia disso antes mesmo da reunião com Fleming, em 14 de julho. Não precisava que um advogado corporativo lhe explicasse.

Era enfermeiro havia quinze anos. Tinha testemunhado a chegada da Pyxis e as mudanças que ela trouxera. Agora a digoxina seria tratada com os mesmos protocolos de segurança antes reservados a narcóticos como oxicodona e morfina. Eles já haviam tomado essas precauções com a insulina. As ações de Charlie eram sutis e os efeitos, públicos. Isso lhe servia de incentivo. Isso o agradava.

Um desses efeitos era a investigação. Charlie já havia passado por várias, e todas elas, de certa forma, o encorajavam. O processo se desenrolava como um jogo de esconde-esconde em câmera lenta. Charlie descobriu que os advogados diziam aonde iam procurar. E então, em algum momento — *buu!* —, procuravam lá. Fim do jogo.

Ele sabia que a morte do reverendo Gall havia levantado suspeitas. Obviamente, o homem era importante, um reverendo, e as consequências continuariam depois de sua morte. Com certeza, em algum lugar, uma congregação inteira estava se balançando como ramos de trigo ao vento. Seus pedidos de remédio cancelados na Pyxis também tinham chamado atenção. Então Charlie tomou uma decisão: não cancelaria mais pedidos de digoxina. Na verdade, não faria mais pedidos de digoxina. Nunca mais ia pedir o medicamento no Somerset, mesmo que um paciente precisasse dele. Era mais uma forma de mostrar a eles. De dirigir com apenas uma das mãos. Ele já havia jogado aquele jogo antes. Adaptava-se rapidamente. Um dia antes de sua conversa com o advogado, Charlie havia usado dobutamina e tinha funcionado bem.[14]

Ele havia descoberto muito tempo antes que, quando mudava o conteúdo da bolsa de soro, mudava o suspeito — simplesmente causa e efeito, com Charlie desempenhando o papel da causa. Não havia razão para parar.

36

O trabalho duro dos investigadores rendeu alertas vermelhos em meia dúzia de condados, uma forte suspeita sobre Charles Cullen e uma montanha crescente de documentos. Na reunião daquele dia, Tim pôs a equipe mais numerosa da Promotoria do Condado de Somerset a par da investigação de Danny, que já havia ultrapassado os limites do Centro Médico Somerset e estava se expandindo rapidamente por hospitais e cruzando fronteiras estaduais. No entanto, eles não tinham nenhuma prova concreta e ainda não haviam conseguido montar um caso. Para isso, teriam que analisar todas as informações que conseguissem reunir em cada jurisdição e torcer para identificar um padrão. Tim disse ao promotor que a maneira mais rápida de fazer isso era criando uma força-tarefa.

O detetive apresentou sua ideia ao promotor Wayne Forrest, começando pelas limitações da equipe da Promotoria do Condado de Somerset. Eles nunca tinham assumido uma investigação daquele escopo e não estavam preparados para isso. Aquele era o tipo de investigação importante com o qual ninguém no escritório tinha experiência; acrescida ao trabalho policial usual, ameaçava sobrecarregar o minúsculo escritório da promotoria e colocar o caso em risco. Uma força-tarefa permitiria que Tim e a Promotoria do Condado de Somerset usassem as equipes e os recursos de outros condados, incluindo um novo software do FBI chamado Rapid Start, que consolidava um vasto conjunto de dados em uma única base, na qual era possível fazer pesquisas. Tim ficou sabendo que o escritório do promotor Michael Rubinaccio estava usando o Rapid Start no condado vizinho de Morris, e que eles tinham uma funcionária perita no uso do software. Para reunir e conectar informações, uma equipe maior e um software melhor pareciam infinitamente mais eficientes do que folhear cadernos de anotações em uma sala de reunião. Mas também significava abrir a investigação para unir forças com detetives de outros condados, em jurisdições de outros promotores. Significava abrir mão da exclusividade na condução de um caso importante.

Forrest não se interessou. Na verdade, na opinião de Tim, ele pareceu irritado com a sugestão. Tim acompanhou o promotor até a sala dele após o término da reunião, mas os quinze minutos gastos argumentando com o chefe a portas fechadas não o levaram a lugar algum. Aquele caso era deles, Danny era o detetive encarregado, a decisão cabia a Forrest. Não iam compartilhar o caso, ponto final.

Naquela tarde, os detetives do condado de Somerset Douglas Brownlie, Nick Magos, Stuart Buckman e Edward Percell entraram na lanchonete 24 horas atrás de Danny e Tim. Seis caras armados, com cabelo à escovinha e gravata, de olho na vitrine giratória de tortas. Eles ocuparam a mesa de costume nos fundos. Era o mais próximo que iam chegar de uma força-tarefa.

Brownlie e Magos poderiam continuar correndo atrás de detalhes nos hospitais. Eles poderiam dar início à documentação para as intimações, trabalhando com o promotor assistente Tim Van Hise na obtenção de arquivos pessoais, investigações antigas e tudo o mais que conseguissem encontrar. Buckman e Percell ajudariam com outras pontas soltas, obtendo os arquivos do processo de Cullen na vara de família do condado de Warren, buscando registros de enfermagem em dois estados, fazendo trabalho de campo na investigação dos colegas de trabalho de Cullen. Enquanto isso, Tim e Danny iam continuar se concentrando no caso em Somerset.

O problema, seja lá o que tivesse acontecido com os pacientes do Centro Médico Somerset, estava aparentemente encerrado no âmbito da medicina, e Tim e Danny não entendiam nada do assunto. O Somerset estava repleto de especialistas, mas a investigação interna que eles realizaram durante cinco meses havia resultado em exatamente quatro páginas e nenhuma resposta. Eles sabiam que os pacientes tinham sido envenenados com medicamentos; mas Mary Lund não possuía nenhum registro da Pyxis, Paul Nittoly não tinha nenhuma entrevista e nenhum antecedente, e ninguém parecia ter uma evidência física sequer. Eles estavam ficando sem ter onde investigar.

Quanto às vítimas... até aquele momento, tecnicamente, ainda não tinham nenhuma. As overdoses no Somerset não eram homicídios confirmados; eram "incidentes" e "ocorrências médicas não explicadas", apenas potencialmente relacionadas a um monte de números complicados em laudos laboratoriais que qualquer advogado de defesa que já tivesse ganhado um caso de dirigir embriagado poderia facilmente contestar. A única coisa que eles tinham era Charles Cullen. As provas de que ele estava envolvido em incidentes em outros hospitais eram circunstanciais, na melhor das hipóteses. Não havia provas contra ele no Somerset. A única coisa que as pesquisas de antecedentes revelaram foram abordagens que haviam falhado. Eles precisavam de outra fonte e de documentos que tivessem relevância.

Durante a primeira reunião com os administradores do Somerset, o dr. Cors dissera a eles que, além de chamar a polícia, também haviam notificado as entidades médicas estaduais pertinentes. Danny ligou para o Departamento de Saúde e Serviços para Idosos de Nova Jersey, ao qual todos se referiam apenas como Departamento de Saúde de Nova Jersey.[1] As ligações foram transferidas entre os investigadores do departamento Edward Harbet e Kathey Demarkey e a diretora assistente Alma Clark, mas não renderam nada além da confirmação de que a investigação deles havia identificado alguns problemas no Somerset. Danny achava lógico unir forças e compartilhar informações com a agência estadual. Mas os representantes do Departamento de Saúde não podiam fornecer mais informações sem um mandado judicial, o que levaria tempo.[2] Nesse ínterim, a investigação do departamento tinha sido transferida para algo chamado Centro de Serviços de Medicare/Medicaid. Isso soava para Danny como algum tipo de problema de licenciamento em vez de algo relacionado a um homicídio.

Tinha que haver uma maneira de passar por cima dos diretores do Departamento de Saúde. Danny pegou seu caderninho de anotações e folheou-o de volta até a primeira página.

— Tudo bem, então Cors disse que o Somerset alertou o Departamento de Saúde sobre esses incidentes. Blá-blá-blá… aqui. Ele disse que também entraram em contato com o Conselho de Enfermagem do estado.

— Já falamos com eles — lembrou Tim. — Mesmos problemas que o Departamento de Saúde.

— E ele também disse: "O Centro de Controle de Intoxicações de Nova Jersey também foi envolvido na questão."

— Tudo bem — disse Tim. — Eles relataram a mesma merda lá. Quando foi isso?

— Não sei — respondeu Danny. Ele estava cansado de passar os dias deixando mensagens sem que ninguém retornasse. — Por que não vamos descobrir?

O Centro de Controle de Intoxicações de Nova Jersey ia se mudar de Newark dali a alguns meses. Até lá, os antigos escritórios ficavam em um edifício institucional monolítico com corredores intermináveis e um cheiro úmido de biblioteca assombrada. A entrada principal estava fechada com correntes; móveis quebrados e rolos de carpete manchados de cola atravancavam os corredores. O Controle de Intoxicações parecia ser o último inquilino restante no prédio.

O que exatamente esperavam encontrar lá, Tim e Danny não sabiam dizer. A única coisa que sabiam era que o Centro Médico Somerset havia contatado os especialistas em intoxicações para falar das overdoses. Tim imaginou um laboratório cheio de recipientes de vidro borbulhantes. Ele tinha esperança de que os profissionais de jaleco branco fossem tão úteis quanto os especialistas em balística em casos comuns de homicídio — talvez conseguissem até mesmo rastrear a substância tóxica, se Tim obtivesse uma amostra.

Eles encontraram o dr. Marcus um lance de escadas acima, no fim de um corredor de linóleo. Não havia laboratório, nenhuma das coisas frankensteinianas que os detetives esperavam, apenas uma porta aberta e um escritório cheio de livros e papéis, artigos relacionados a golfe que todo médico parecia ter, além de uma coleção de bugigangas sobre venenos, como cascavéis empalhadas e um tipo de arte tribal. Tim já vira ambientes com uma aparência melhor depois de a polícia revirar uma casa cumprindo um mandado de busca.

Steven Marcus, o diretor do Centro de Controle de Intoxicações, um sujeito de sessenta e poucos anos e cabelos brancos, tinha uma reputação no campo da toxicologia tanto pela vasta experiência quanto pelo jeito direto. Era considerado um encrenqueiro ou um cara direto e honesto, dependendo do ponto de vista. Marcus viu os dois homens corpulentos de bigode e terno à porta e os identificou instantaneamente como investigadores. Tim os apresentou como detetives do condado de Somerset. O diretor começou a revirar as folhas em cima de sua mesa em uma tempestade de papel branco, finalmente revelando uma pequena pilha de fitas cassete e um gravador portátil.

— Vocês estão atrasados! — exclamou ele. — Estava esperando vocês cinco meses atrás.

Danny rebobinou a fita, apertou "play", voltou a se apoiar no radiador do escritório de Tim e ouviu o cabeçote da fita emitindo o tom de discagem.

Ligações clandestinas eram as melhores. Melhor do que escutas. Sem pistas visuais, alheia à sinalização sutil de gestos e expressão, a pessoa que ligava era forçada a estabelecer uma comunicação articulada. Se quiser que uma pessoa fale a verdade, Danny descobrira, é melhor não dar a ela a chance de mentir: devia arrombar a porta, entregar o mandado de busca enquanto ela ainda estivesse no chuveiro, pegá-la desprevenida. Gravações e escutas eram meios ainda mais fáceis e, com frequência, mais reveladores.

As fitas de Marcus pintavam um retrato dos incidentes inexplicados e da investigação interna do Somerset muito diferente do que fora apresentado a Tim e Danny. Os administradores do Somerset não haviam mencionado sua interação com o Centro de Controle de Intoxicações nem os resultados das apurações. Tampouco o fato de terem sido instruídos pelo Centro de Intoxicações a acionar a polícia quase quatro meses antes. E, definitivamente, não mencionaram que tudo isso estava gravado.

Que Deus os perdoasse, pensou Danny, por tudo que havia acontecido naquele meio-tempo, porque ele com certeza não perdoaria.

37

Danny observou as engrenagens da fita cassete girando enquanto ouvia a familiar voz feminina[1] de Mary Lund se apresentando ao telefone a Bruce Ruck, farmacêutico do Centro de Intoxicações. Ouviu Marcus levantar a voz com o dr. Cors e com Lund, dizendo a eles que ia alertar o Departamento de Saúde. Dizendo a eles que as evidências sugeriam que alguém estava envenenando os pacientes do Somerset, dizendo a eles que estavam diante de um caso de polícia.

— Então foi Marcus, não o Somerset, quem primeiro entrou em contato com o Departamento de Saúde — disse Danny. — O Somerset disse que não procuraria ninguém antes de concluir a própria investigação.

Danny presumia que fosse esse o motivo pelo qual ninguém no Somerset havia mencionado as conversas.

— Sabe, deveríamos estar indo atrás é desses caras. — Tim apunhalou o gravador com a caneta. — Esses babacas na fita.

Na reunião do esquadrão naquela tarde, Tim tinha uma nova diretriz importante para os detetives que estavam trabalhando no caso do Centro Médico Somerset. Dali em diante, sempre que lidassem com o Somerset, ou com qualquer um dos hospitais que contatassem, o fluxo de informações seria estritamente de mão única.

— Nós obtemos as informações, mas não vamos dar porra nenhuma a eles — disse Tim. — Se façam de bobos se for preciso, façam o que tiverem que fazer, mas não compartilhem o que temos nem em que direção estamos indo, ponto final.

Tim não fazia ideia do que o Somerset sabia ou não, apenas tinha certeza de que os administradores não eram confiáveis. Depois de toda a enrolação, ele percebeu que dizer aos executivos o que estava procurando era a maneira mais provável de nunca encontrar o que quer que fosse.

— O que me deixa maluco é que esse cara está trabalhando neste exato momento — disse Tim a Danny mais tarde.

Dezesseis anos e nove hospitais diferentes, mas sempre o mesmo padrão.

— Se quisermos que isso mude, vamos ter que pegar mais pesado com os hospitais — completou Tim.

— Isso — concordou Danny — e começar a desenterrar corpos.

O caso precisava de uma vítima de homicídio incontestável. Primeiro, Danny fez uma visita ao escritório do dr. Mambo, o médico-legista da região, na Norfolk Street. Entregaram a ele cópias da papelada médica referente aos seis incidentes inexplicados que o Somerset havia encaminhado para os investigadores. Mambo consultou o dr. Jackson, do Laboratório de Toxicologia do estado. Dos seis, os dois consideraram que Gall era o caso mais consistente. Os níveis absurdamente elevados de digoxina encontrados nele eram o mais próximo que eles tinham de uma prova concreta. Mas a equipe da Promotoria do Condado de Somerset não ia montar um caso com base apenas em documentos.

Eles precisariam analisar os fluidos de Gall. Felizmente, o reverendo era o que os detetives da Divisão de Homicídios chamam de "morte fresca".[2] O corpo dele era o mais próximo que iam chegar de uma cena de crime.

Danny convocou Tim Van Hise para ajudá-lo com o linguajar jurídico de uma declaração juramentada, e, em seguida, encaminhou a papelada para o gabinete do juiz do Tribunal Superior, para que o

Exmo. Roger Mahon a assinasse. Danny também perguntou a Sua Excelência se ele estaria disposto a manter tudo — tanto a ordem quanto a declaração juramentada — sob sigilo. Para que aquilo funcionasse, precisava do máximo de sigilo possível.

38

Danny tivera de fazer centenas de notificações a parentes de vítimas de assassinato ao longo da carreira, e detestara cada uma delas. A primeira vez que disse a uma mãe que o filho dela havia sido morto por causa de um par de tênis, chorou mais do que ela. Ninguém queria ouvir que um ente querido estava morto, isso já era ruim o suficiente. A palavra *assassinato* apenas ampliava a dor. Era uma parte do trabalho pela qual ele nunca ansiava, mas a que tinha se acostumado ao longo dos anos; se tornara até mesmo bom naquilo. Mas sua visita a Lucille Gall foi algo inédito.

Danny precisava ter cuidado: ele não queria simplesmente entrar e despejar tudo de uma vez. Nem expor o caso a ela da perspectiva de um detetive da Divisão de Homicídios. A sra. Gall era enfermeira, entenderia o jargão, mas ainda assim era importante explicar a situação com calma, dando a ela a oportunidade de absorver o contexto antes de lhe dar as más notícias específicas e fazer o pedido. Danny repassou o cenário, lembrando a si mesmo: *Vá aos poucos. Fale de maneira direta e firme, sem hesitar ou vacilar. E, o que quer que aconteça, certifique-se de que a mulher esteja sentada.*

O endereço no bloco de notas de Danny era de um complexo residencial mais antigo, em um subúrbio bem cuidado com residentes mais velhos, não locatários, mas proprietários, a decoração de Halloween reduzida a uma única abóbora comprada em uma delicatéssen, nada de entalhes, nada de bagunça. Danny estacionou o carro sem identificação na rua, evitando a entrada da garagem, satisfeito por ter chegado enquanto ainda era dia. Essa parte ele havia planejado. Primeiro, saiu do carro e parou, dedicando um momento a alisar a gravata, se arrumando à vista de todas as janelas da rua. Em seguida, tirou o distintivo do bolso interno do paletó e segurou-o, com o escudo para fora, na mão direita, colocando o cartão de visita entre os dedos da mão esquerda enquanto caminhava lentamente em direção à casa da sra. Gall. Sempre seguia essa rotina, especialmente quando estava sozinho. Como era um homem negro, não importava que tivesse acabado de sair de um carro de polícia novo vestindo um terno de 500 dólares. Em uma das unidades na qual havia trabalhado, o dono da casa o vira e chamara a polícia por causa da polícia.

Danny podia sentir olhos observando-o através da janela. A mulher que atendeu à porta era branca, magra e o que o jovem detetive[1] percebeu vagamente como "mais velha", com cabelos loiros curtos.

Eles entraram em uma sala de estar elegante, cheia de móveis de madeira imaculados e toques do Velho Mundo, um visual que Danny considerou "católico". Ele parou um momento, lembrando-se de respirar, de ir devagar e ser direto. O detetive começou do início, quando Lucille já estava sentada.

A reação inicial de Lucille foi de choque. O queixo dela caiu, como se aquela ideia estivesse se expandindo tão rápido que a mandíbula se deslocara, como uma cobra comendo um coelho. Ela ficou arrasada. Em seguida, ficou com raiva.

Aceitar a morte do irmão tinha sido difícil, ainda mais depois de investir tanta energia e tantas orações para mantê-lo vivo. O irmão havia pedido que Lucille mantivesse uma vigília constante durante sua estada no hospital, e foi o que ela fez, permanecendo lealmente ao lado de sua cama, às vezes até doze horas por dia.

Quando o reverendo Gall foi hospitalizado, Lucille se conformou com a possibilidade da morte iminente do irmão e definiu seu status como "não ressuscitar". Se a medicina não conseguisse ajudá-lo e Deus tampouco o fizesse, ao menos ela poderia poupá-lo da indignidade de que o processo fosse demorado. Mas o irmão melhorou. No fim da primeira semana de internação no Somerset, Gall havia se estabilizado o suficiente para que Lucille rescindisse a ordem de não ressuscitá-lo. Mais uma vez, tinha motivos para ter esperança. Estava ainda mais esperançosa ao deixar a cabeceira do irmão às nove horas da noite do dia 27 de junho. Mas pouco antes do amanhecer de 28 de junho, Gall teve uma súbita piora. E então, depois das lágrimas, Lucille teve que se conformar novamente, lembrando a si mesma que aquele era o plano de Deus, a mão de Deus, e não a dela, de forma que não lhe cabia questionar. Era o que o irmão teria pregado na missa dominical: Deus faz um chamado, você responde. Mas agora essa paz havia sido destruída, e Lucille Gall estava lívida.

Exames laboratoriais realizados no hospital haviam encontrado níveis elevados da substância digoxina no sangue do irmão. Danny começou a explicar o que isso significava, mas Lucille o interrompeu: ela conhecia a digoxina; era enfermeira e ex-gerente de riscos hospitalares, tendo trabalhado com a digoxina por décadas. Sabia exatamente o que Danny queria dizer. Não havia sido um chamado de Deus.

— Alguém o matou — afirmou ela.

Danny tinha números. Lucille reconheceu imediatamente que aqueles níveis de digoxina exigiam uma necropsia.[2] Mas o Somerset não havia realizado uma necropsia no reverendo Gall. Eles haviam registrado seu falecimento como "morte natural". A raiva de Lucille era lógica e questionadora, e seguiu pelo mesmo caminho que Danny e Tim vinham trilhando havia semanas. Ela permanecera no hospital dia após dia, das nove da manhã às nove da noite. Era conhecida pela equipe, tanto como membro da família quanto como colega de profissão. No mínimo, deveria ter sido notificada por cortesia profissional. Lucille teria entendido exatamente o que significavam os altos níveis de digoxina. E teria exigido uma necropsia. Será que tinha sido por isso que não contaram a ela?

Danny decidiu que, em se tratando de ganhar Lucille Gall como aliada na investigação, o fato de ela estar furiosa poderia ser positivo.

— Seu irmão dedicou a vida a servir a Deus, a ajudar os outros — disse Danny. — E ainda pode ajudar as pessoas, mesmo agora.

Lucille o encarou.

— Precisamos da ajuda dele — continuou o investigador. — Precisamos da *sua* ajuda.

Danny disse que, com uma autorização assinada por Lucille, eles poderiam impedir que o assassino de seu irmão matasse outras pessoas. Mas ele estava errado.

39

21 de outubro de 2003

Fazia seis anos que Ed Zizik estava aposentado como engenheiro elétrico da Automatic Switch, em Edison, mas ainda não havia sido seduzido pelo fascínio do tempo ocioso. O trabalho voluntário no Centro Médico Somerset dava estrutura e significado a seus dias, e a esposa, com quem estava casado havia meio século, apreciava o fato de isso tirá-lo de casa.

Zizik era um homem alegre e familiar, sempre elegantemente vestido para seu trabalho no caixa da lojinha ou no balcão de informações, e havia se tornado uma figura popular no Somerset. Quando a ambulância chegou à casa dos Zizik, em 16 de outubro, não houve dúvida a respeito de para qual hospital ele iria.

Charlie tinha apenas dois pacientes naquela noite, e ministrou a ambos oito miligramas de alprazolam. O sr. Zizik foi medicado às 20h30 e se manteve estável durante toda a noite. Charlie cuidou dos acessos, analisou a telemetria e, pouco depois da meia-noite, começou seu ritual de despir o inconsciente sr. Zizik para um banho de esponja antes de passar o hidratante. Juntos, ele e Amy trabalharam rapidamente. Foi um bom plantão, sem problemas.

No dia seguinte, Charlie foi designado para cuidar de outros pacientes, para os quais registrou apenas uma solicitação de medicamento.

Ele voltou para casa ao amanhecer e encontrou Cathy de roupão, lavando irritada os pratos do café da manhã dos filhos. O tempo que eles passavam juntos no apartamento era marcado por discussões, travando agora linhas de batalha familiares, Cathy querendo que Charlie saísse de casa, Charlie não se recusando, mas tampouco fazendo as malas. O trabalho era seu único lar verdadeiro.

Charlie já estava no posto de enfermagem quando Amy Loughren chegou, mas ele mal notou a presença dela. Ela já havia visto essa versão do amigo, as feições contraídas, a boca uma linha fina como um corte de papel, e sabia que não devia levar para o lado pessoal. Amy cuidou de seus pacientes, às vezes avistando Charlie parado à porta do quarto do paciente dele com o carrinho Cerner, como um cachorro guardando zelosamente um osso. Ele passou a noite debruçado sobre o Cerner, digitando, examinando, um Rachmaninoff no teclado. Saía de perto da máquina apenas para se aproximar do posto de enfermagem e retirar medicamentos da Pyxis, o que fazia apenas quando o posto estava vazio. Ele ficou andando de um lado para outro durante todo o plantão; naquela noite, Charlie retirou talvez quarenta vezes mais medicamentos do que qualquer outro enfermeiro da unidade. Em vez de agrupar os pedidos, fazia um pedido separado para cada coisa. Esse procedimento faria pouco sentido para um enfermeiro experiente.

A administração vinha monitorando seus acessos à Pyxis durante todo o verão — mas será que estavam monitorando naquele momento? Charlie imaginava que sim. Encarava seus pedidos na máquina como uma carta aberta, endereçada principalmente a ele mesmo, mas disponível para qualquer um que quisesse ver.

Parte do jogo estava no hábito de Charlie de usar a Pyxis para pedir itens que poderia obter com mais facilidade indo diretamente ao almoxarifado. Ele era o único enfermeiro que se dava ao trabalho de inserir a própria senha e o nome do paciente para solicitar água oxigenada, aspirina ou pomada. Fazia isso apenas para que a grande gaveta da máquina se abrisse. Naquela noite, pediu todos esses itens, cada um em um pedido separado e trabalhoso, cada pedido abrindo uma ou outra gaveta de remédios. Fez um pedido de heparina e pensou a respeito: será que estavam monitorando a heparina? O advogado havia conversado com ele sobre os cancelamentos da digoxina. Ele cancelou a heparina. Era um novo truque, um entre muitos.

Vinte segundos depois da heparina, pediu mais pomada. Mais vinte segundos, e pediu a pomada novamente. Em seguida, pediu paracetamol. Logo depois, cloreto de potássio. Furosemida. Mais dois pedidos de paracetamol. Alguns segundos e mais dois pedidos de paracetamol.

Dirigiu para casa, estacionou, dormiu, não dormiu, *Os Três Patetas*, History Channel, outra briga com Cathy, e então de volta ao pequeno Ford, ainda pensando, ainda curioso, e, ao chegar ao hospital, pediu, imediatamente, paracetamol. Era outra noite, mas ainda a mesma noite em sua cabeça. O quadro-branco listava outros pacientes, mas ele tinha os mesmos pacientes em mente. Fez tantas viagens quanto possível. Pediu nitroglicerina e, oito minutos depois, mais nitroglicerina. Em seguida, nitroprussiato de sódio, mas apenas duas unidades — e duas unidades de nitroprussiato nem mesmo constituíam uma dose completa, todo enfermeiro sabia disso.

Metoprolol, ondansetrona, alprazolam, cloreto de potássio, sulfato de magnésio, metoprolol, metoprolol e nitroprussiato novamente, agora uma unidade. O sol veio e se foi, e Charlie se alternando com ele, de volta à UTI, fazendo o mesmo. Na noite seguinte, o mesmo. Na outra noite também.

Os registros de Charlie na Pyxis referentes à noite de 20 de outubro mostravam que ele havia pedido furosemida, furosemida, insulina, paracetamol, água oxigenada, propofol, propofol, heparina, heparina, pomada, haloperidol, sulfato de magnésio, pomada, heparina, insulina, norepinefrina, dobutamina, heparina, dobutamina. O prontuário mostrava que o coração de Zizik havia parado em 21 de outubro, aproximadamente às 2h30, devido a uma overdose de digoxina. Mas a digoxina não aparecia no prontuário do sr. Zizik. Nem nos registros das movimentações de Charlie na Pyxis.

40

Em 27 de outubro, Danny dirigiu até Newark com o primeiro promotor assistente, Robert Land, e o promotor assistente Tim Van Hise. A reunião era no Hospital Saint Michael's — uma escolha de Danny. Ele precisava que uma autoridade médica lesse os prontuários dos pacientes do Somerset cujos exames laboratoriais haviam apontado números suspeitos, e queria que fosse alguém de fora do Somerset.

O grupo da Promotoria do Condado de Somerset foi recebido no saguão por Paul Nittoly e seu detetive particular, Rocco. Danny o cumprimentou e fez as apresentações. Não disse mais nada até obter os resultados.

O dr. Leon Smith era o diretor clínico do Saint Michael's. Ele havia revisado os prontuários de todos os seis pacientes que o Somerset havia entregado aos detetives e não os considerou tão "inexplicáveis" quanto o hospital tinha asseverado. O dr. Smith apresentou ao grupo uma interpretação dos prontuários bem diferente daquela que o dr. Cors e Nittoly haviam fornecido aos detetives em 7 de outubro.

O dr. Smith se concentrara nos quatro valores laboratoriais mais anormais e suspeitos dos pacientes;[1] eram, por acaso, os únicos quatro que tinham ocorrido mais de trinta dias antes de os detetives serem chamados, e cujos registros da Pyxis estavam, portanto, aparentemente indisponíveis.[2] O dr. Smith não podia oferecer nenhuma explicação médica para o que havia acontecido com os quatro pacientes. Sua opinião profissional era de que os quatro pareciam ter sofrido uma overdose provocada por uma fonte externa.

Paul Nittoly se voltou para Danny para ver sua reação, mas o investigador já havia se afastado do grupo e saído da sala, correndo na chuva em direção ao carro.

Tim passou diante do tribunal, rock clássico tocando no rádio do carro, limpadores de para-brisa afastando a chuva fria de outubro. Em ambos os lados da rua, nas casas com grandes gramados, as folhas estavam reunidas em sacos de reciclagem de cores alegres, alguns laranja e decorados com abóboras sorridentes, combinando com a decoração. Os jardins da frente exibiam cemitérios falsos, teias de aranha artificiais enroladas em lápides falantes da CVS. Vinte minutos depois, Tim saiu da interestadual, obrigado a andar a trinta quilômetros por hora atrás de um Accord com uma perna de borracha balançando para fora do porta-malas enquanto cruzava Woodbridge em direção a Perth Amboy, onde a Florida Grove Road virava em direção ao Cemitério da Santíssima Trindade.

Danny estava esperando por ele sob um enorme guarda-chuva, observando uma retroescavadeira operada por trabalhadores que usavam macacões de borracha amarelos. Os caras eram pontuais. Tim havia ligado para a Funerária Gustav Novak no dia anterior, conseguira o número da equipe que eles costumavam usar no Cemitério da Santíssima Trindade e pediu a eles que estivessem lá ao meio-dia. Ele avisou: "Dessa vez, vão ter que desenterrar alguém em vez de enterrar", esperando uma reação, mas descobriu que, no fim das contas, dava na mesma para os coveiros.

O sujeito da retroescavadeira era muito bom, operando as alavancas hidráulicas da enorme máquina sem esmagar nada com a pá. Algumas escavações e pronto. Outro trabalhador entrou no buraco, se apoiando na pedra da sepultura e descendo antes de puxar a pá. Tim e Danny observaram o sujeito tirar alguns punhados de terra antes de a pá atingir o concreto, o som surdo e oco evocando reflexivamente um tesouro de filme de pirata. Uma hora depois, o homem expôs o jazigo no fundo de um buraco retangular cavado com cuidado, as dimensões calculadas precisamente de forma a permitir que o coveiro passasse uma corrente pelas laterais do caixão. Todas as sepulturas mais recentes tinham um; o concreto não cedia nem se partia como um caixão faria sob quilos de terra, motivo pelo qual o terreno dos cemitérios mais antigos era irregular demais para que a grama fosse aparada com um cortador. Os homens montaram um tripé com cerca de três metros de altura e o centralizaram sobre o caixão. Em seguida, o equiparam com um conjunto de polias e ergueram o jazigo manualmente, algo que devia pesar, sem sombra de dúvida, trezentos quilos saindo do solo como uma versão de sistema séptico da tumba do rei Tutancâmon. A madeira ainda parecia nova e o bronze ainda estava polido quando o caixão foi colocado na traseira de um Chevy Suburban e levado de volta à rodovia e ao laboratório do médico-legista da região.

Danny encontrou o caixão no laboratório de Mambo, acompanhado de um dos jovens sargentos da unidade, Brian Hoey. Por coincidência, Gall tinha sido o pastor de Hoey, que estava lá para testemunhar, diante de Deus e do médico-legista da região, que o corpo era de seu sacerdote, ou tinha sido. Danny entregou a Brian uma câmera e um filme extra enquanto o legista abria o caixão e inventariava o conteúdo.

1. Uma Bíblia de capa preta.
2. Um par de óculos cinza.
3. Um travesseiro branco com fitas e flores.
4. Um par de sapatos pretos.
5. Uma veste religiosa castanho-clara.
6. Um par de calças pretas.
7. Um manto religioso branco.
8. Um par de meias pretas.
9. Uma estola religiosa castanho-clara.
10. Um cinto preto.

11. Uma camisa preta.
12. Três fotografias coloridas.
13. Um colarinho branco.
14. Um cartão de DNA.
15. Um conjunto de impressões digitais.

Mambo era meticuloso e profissional. Não desperdiçou quase nenhum movimento enquanto trocava as luvas e se voltava para o gravador, descrevendo o corpo como o encontrou: os restos exumados e embalsamados de um homem branco de 1,75 metro de altura, setenta quilos, bem nutrido e ligeiramente magro, aparência consistente com a idade declarada de 68 anos.

O homem era calvo e tinha uma fronte comum. As conjuntivas dos globos oculares e as pálpebras estavam pálidas, as íris eram cinza-claro, as pupilas, iguais, redondas e de tamanho intermediário. O rosto não havia sido danificado pela escavação. Um mofo verde-claro cobria a parte inferior do nariz de Gall e a maior parte das bochechas. Nada saía dos ouvidos do cadáver.

Mambo removeu as vestes religiosas e encontrou uma abertura de traqueostomia preenchida com gel. Três incisões grosseiramente suturadas na parte superior direita do tórax estavam cobertas por espessas camadas de gel granular branco — resultado do embalsamamento, assim como os botões de trocarte de plástico branco que pontuavam seu abdômen. Mais abaixo no peito, encontrou mais mofo, do cinza-esverdeado ao preto. Sem mofo nos braços, muito mofo nos dedos, colônias espessas e peludas entre os dedos, pretas, depois verdes, terminando nos joelhos como bermudas peludas. O mofo nas canelas era amarelado, os pés estavam cobertos de uma camada de bolor da espessura de uma pantufa. Na etiqueta presa ao dedão do pé estava escrito Centro Médico Somerset. Mambo anotou e se preparou para o exame interno.

Seguindo a incisão toracoabdominal em forma de Y, percorreu a traqueia até os pulmões — vermelho-escuros, firmes e preenchidos com gel de embalsamamento granular. O coração do reverendo pesava 660 gramas e mostrava sinais de desgaste e reparos. Mambo começou então a coletar amostras para o toxicologista. Ele coletou gel do lado direito do pescoço, gaze de uma escara no sacro e mofo do corpo, colocando cuidadosamente cada amostra em um pequeno tubo rotulado. Cortou amostras das unhas de ambas as mãos e removeu a unha inteira do dedão do pé esquerdo, extraiu fluido do abdômen e do baço, cortou pelos do corpo e pequenas amostras dos pulmões e dos rins, do fígado e do intestino delgado, de ambos os testículos, de uma costela, do diafragma, do baço, do cérebro, da medula e do coração. Mambo ensacou o conteúdo do estômago do reverendo, encheu uma seringa com fluido viscoso do olho de Gall e, do pó ao pó, encheu um pequeno tubo com a terra do túmulo.[3] A noite de Mambo tinha se encerrado. Mas, no Somerset, o plantão noturno estava apenas começando.

41

Na véspera do Halloween, Charlie estava indo para o trabalho no mesmo horário em que quase todo mundo voltava para casa. Dirigiu pelo subúrbio de classe média baixa junto com outros carros como o dele, últimos modelos compactos com motores que zumbiam e adesivos de personalidades de para-choque, andando um colado no outro enquanto se fundiam no fluxo, Melhor Aluno da Turma, Mãe Terra, Fuzileiro Naval, juntos, mas separados, cada um por si em um rio de asfalto. Ele se sentira sozinho assim a vida inteira, nunca compreendido, sempre julgado pelos adesivos e enfeites de capô dos primeiros encontros, até que descobriu outra maneira de obter o que precisava da terra estéril. O trajeto era um tédio, apenas lava-jatos e restaurantes de comida chinesa fechados, loja de peças de automóveis fechada, centro de bronzeamento fechado. A sinalização havia sido reduzida a letras individuais e parafusos de olhal, molduras nuas como forcas. Supermercado, creche, manicure. Homens abatidos com bonés de marca de cigarro cruzavam as extensões de asfalto vazias de loja de conveniência em loja de conveniência, homens sem profissão ou uniforme, homens diferentes de Charlie. Nos terrenos baldios, as ervas daninhas cresciam rapidamente, sapadores fibrosos, lenhosos como unhas.

Na rodovia, o ritmo se acelerava, repentino e limpo. A I-78 logo apareceu, um escoamento de tráfego rápido em quatro pistas e que proporcionava quarenta minutos atravessando fazendas de verdade, colinas suaves e floresta verdejante, uma paisagem surpreendentemente rural à medida que Charlie cruzava a linha de volta para Nova Jersey, mais uma vez em ruas suburbanas, essas de mais alto padrão do que suas vizinhas em Bethlehem, casas coloniais de dois andares com garagens anexas, venezianas falsas ordenadamente afixadas a janelas panorâmicas, portas da frente com aldravas de águia americana, fachadas sazonais caras com pés de milho decorativos e abóboras de tamanhos surpreendentes e variedade rústica. A elegância dos arredores, uma cidade que se chamaria de "bonita", parecia ter um reflexo positivo sobre Charlie. Ele cruzou os limites da cidade de Somerville em direção aos significantes de status que marcavam sua posição profissional, as casas e os carros de prestígio, Nissans e Subarus sem ferrugem — e de repente um carro da polícia apareceu, atordoando-o com sua sirene.

O policial foi bastante educado, mas Charlie ficou irritado. Ele disse ao enfermeiro que ia apreender o veículo. Charlie se sentiu perseguido — mas sempre achava isso quando era parado. Dessa vez, no entanto, estava certo. Ele *estava* sendo perseguido.

Charlie argumentou. O motivo para a apreensão do veículo eram supostas multas de estacionamento ainda não pagas, da época em que ele morava em Phillipsburg. Charlie reclamou que não tinha nenhuma multa a pagar, pelo menos nenhuma de que tivesse conhecimento — na verdade, a casa de Phillipsburg tinha garagem. Que multas ele poderia ter? Era injusto, e ele estava prestes a ter um ataque de fúria. Não fosse pelo fato de, surpreendentemente, o oficial de fato tê-lo escutado. Ele o chamou de "senhor" e parecia estar falando sério. Prometeu que tudo estaria resolvido naquela tarde.

Nesse ínterim, Charlie seria levado para o trabalho no carro da polícia, um Ford de última geração, ainda reluzindo com tinta e cera. Ele entrou naquela caverna quente de propósito oficial e assentos de couro duros e se descobriu, apesar de tudo, gostando da experiência. E quando, algumas horas depois, recebeu uma ligação dizendo que estava tudo correto, que aparentemente houvera um erro, assim como ele dissera, apenas isso, e como recompensa o policial levaria seu carro direto para o hospital… bem, era exatamente o tipo de história que ele poderia contar a Amy da próxima vez que estivessem juntos no trabalho. Era um exemplo perfeito de como seu comportamento ideal e incompreendido se manifestava nas circunstâncias de sua vida maluca.

O plantão em si foi tranquilo, enfadonho até. Charlie se ocupou de seus pacientes e seus prontuários, de ensaboá-los, limpá-los e lubrificá-los, permitindo que sua mente voltasse à história, imaginando o que Amy pensaria dele e como ela riria. A noite estava quase terminando quando ele recebeu uma mensagem para ir ao escritório.

"Desligado" foi a palavra que usaram. Na experiência de Charlie, eles nunca diziam "demitido".

42

Amy estava em casa juntando as folhas secas no quintal em seu dia de folga quando sua amiga Donna ligou e deu a notícia sobre Charlie. Sua primeira reação foi chorar, mas em seguida ela ficou com raiva. Então, em algum momento durante o trajeto de quatro horas para o plantão noturno no Somerset, Amy desmoronou novamente e teve que ficar um tempo sentada no estacionamento e refazer a maquiagem usando o espelho retrovisor.

Charlie tinha sido demitido. *Seu* Charlie. O posto de enfermagem de repente parecia completamente sem graça. Ela havia passado longas noites ouvindo as histórias da vida dele, como ele sempre tinha sido alvo de bullying e azar, como havia sido empurrado de hospital para hospital por causa de sua depressão. Tentara protegê-lo, enfrentando os residentes quando eles o criticavam por usar o medicamento errado. Uma vez, havia inclusive assumido a responsabilidade em seu lugar, alegando que tinha sido ela quem administrara o medicamento errado. Mas falhara. Charlie estava desamparado de novo, demitido de outro emprego, justo na semana em que soubera que a namorada, Cathy, estava grávida. Ele era uma alma tão sensível; Amy imaginou o inferno que Charlie devia estar enfrentando naquele momento, e então as lágrimas voltaram, bem ali, no meio da enfermaria. Amy pediu a uma das colegas enfermeiras que a cobrisse enquanto ela se encolhia ao telefone no canto do posto de enfermagem, e ligava para a casa de Charlie.

— Querido, meu querido... Oi, o que houve?

O discurso de Charlie foi hesitante.

— Acho que você não sabe de tudo — disse ele. — Do motivo pelo qual fui demitido.

Charlie explicou que alguém dos Recursos Humanos do Somerset havia se reunido com ele pouco antes do fim de seu plantão. Eles o demitiram por "inexatidões em seu formulário de admissão", referindo-se às datas de seu trabalho anterior no St. Luke's.

— Eram datas aproximadas, sabe — explicou Charlie.

Depois de dezesseis anos de enfermagem, não podiam exigir que ele se lembrasse de todas as datas exatas.

Amy não entendeu. Ele já estava trabalhando no Somerset havia quase um ano. O hospital o havia acolhido, tinham até mesmo transformado Charlie Cullen em uma espécie de celebridade local: uma fotografia dele, junto com uma curta declaração pessoal, aparecera em destaque em um panfleto de recrutamento de enfermeiros que o hospital tinha enviado a milhares de funcionários em potencial. *Charles valoriza a tecnologia — e muito mais!* A frase em destaque era sobre a facilidade de acompanhar os pacientes por meio do Cerner. Quando o panfleto foi distribuído, ele reagiu com timidez, mas Amy percebeu que estava nitidamente orgulhoso de ter se tornado uma estrela e havia gostado do retorno. Tinha até mesmo cortado o cabelo para a foto. Por que os Recursos Humanos verificariam sua ficha agora? Por que tinham se dado ao trabalho de analisá-la?

Charlie não sabia. Talvez, sugeriu ele, tivesse algo a ver com a atenção que o hospital estava recebendo depois da morte do reverendo Gall.

— Houve uma investigação, e eles verificaram tudo — disse. — Procurando por qualquer detalhezinho. — Charlie era um bode expiatório. — Além disso — acrescentou —, pode ter sido por causa da parte... da razão pela qual deixei o St. Luke's. — Charlie disse que não havia contado ao Somerset, ou a Amy, toda a história. — Houve uma investigação no St. Luke's. Talvez alguém de lá tenha visto minha foto no folheto.

Amy não entendeu. Por que o fato de alguém no St. Luke's ter visto o folheto faria diferença? O que isso tinha a ver com a investigação?

Charlie podia imaginar os motivos. Ele contou a Amy que havia se demitido do St. Luke's sob suspeita. A administração de lá também o perseguia. A situação levou seis meses para ser esclarecida, mas, enquanto isso, custou-lhe outros empregos. Antes, Charlie havia se candidatado a um cargo no Hospital Easton. O Easton não quis contratá-lo. Charlie suspeitava de que eles tivessem sido alertados por alguém no St. Luke's; na verdade, o advogado Paul Laughlin havia contatado um membro da equipe da UTI do Easton.[1] Charlie disse a Amy que o que estava vivenciando no Somerset era mais do mesmo, exatamente o que havia acontecido um ano antes, no Hospital Sacred Heart.

— Lá, disseram que eu não tinha um bom relacionamento com meus colegas de trabalho e, bem...

Amy teve que rir disso.

— Ah, vejamos, o que você fez... Você simplesmente não falava? Charlie sorriu ao telefone, mas não a interrompeu.

— Não se preocupe, meu querido — disse Amy. — Você vai conseguir outro emprego. *Todo mundo* está contratando agora. Logo, logo vai estar trabalhando de novo.

— É — respondeu Charlie. — Eu sei.

43

Tim se lembrou de como, logo depois que começou a trabalhar em Somerset, o condado foi sacudido por um pequeno terremoto. Tinha sido um acontecimento sem muita importância, que quase não era digno de ser lembrado, exceto pela forma como o quadro de ramais telefônicos da polícia havia tocado sem parar. A equipe da promotoria tinha achado aquilo muito engraçado, chamar a polícia para relatar um ato de Deus, mas ao mesmo tempo compreendiam; mesmo em uma crise inexistente, as pessoas sempre recorriam aos profissionais uniformizados. Podia ser um policial ou um bombeiro, um médico ou um padre, o uniforme era uma garantia de que o mundo não estava desmoronando, de que existia uma rede de segurança. Então surgiu Charlie, um sujeito que estava fazendo buracos nas redes de segurança das cidades havia dezesseis anos. O mundo poderia não saber disso, mas a equipe da promotoria sabia, e isso assustou até os detetives mais experientes. Todos na equipe tinham família e, em algum momento, todos tinham confiado em pelo menos um dos hospitais nos quais Cullen havia trabalhado. A maioria dos policiais, a maioria das pessoas, tinha um respeito genuíno pelos especialistas que investigavam os mistérios do corpo humano. Trabalhar no caso de Cullen fazia com que se lembrassem de que, por baixo dos jalecos brancos e dos trajes hospitalares, havia apenas pessoas. E isso era assustador. Os policiais da Divisão de Homicídios conheciam as pessoas e sabiam do que eram capazes.

No entanto, por mais frustrante que fosse admitir, Tim não conseguia parar Cullen, apesar de tudo que os detetives haviam descoberto sobre ele. A investigação trouxera à luz um histórico de trabalho conturbado, que resultara em pelo menos três investigações anteriores, possivelmente uma quarta, e uma vida pessoal igualmente conturbada, que incluía talvez uma dezena de tentativas de suicídio e pelo menos uma prisão. Os detetives que trabalhavam para a promotoria não tinham dúvida de que seu suspeito era um assassino, mas isso não significava que seriam capazes de convencer um júri a colocá-lo atrás das grades para sempre. Nenhuma das provas que haviam reunido conectava o enfermeiro Cullen a um crime no Centro Médico Somerset de forma definitiva. Prendê-lo naquele momento serviria apenas para alertá-lo para o fato de que estava sendo vigiado. Bastaria que Charlie tivesse acesso a um telefone e logo estaria de volta às ruas. Tim poderia apostar que a próxima ligação que receberia seria a de um advogado.

Àquela altura, a única opção de Danny era permanecer focado, se esforçar para de alguma forma montar seu caso e torcer para que Cullen não tentasse fugir nem matar ninguém nesse ínterim. Todos os dias, no entanto, o assassino deles estava lá fora, no mundo, indo a agências dos correios e shoppings e sabe-se lá aonde mais ou com que risco. Tentar conter esse risco tinha sido a inspiração para a falsa abordagem de trânsito na noite anterior à demissão de Cullen.

Tim e Danny tiveram a ideia juntos e agiram dentro da lei — Danny e o promotor assistente Tim Van Hise recorreram a um juiz para conseguir a ordem. Enquanto Charlie Cullen aguardava a resolução de seu falso problema com a multa de estacionamento, os detetives desparafusaram o painel da porta do Ford apreendido e instalaram uma unidade de rastreamento a rádio. Dali em diante, os movimentos de Cullen seriam acompanhados a uma distância segura por um carro sem identificação, com um detetive da Unidade de Crimes Graves e outro do Esquadrão Antidrogas se alternando 24 horas por dia.

Para fazer mais do que vigiá-lo a distância — para conseguirem realmente parar Cullen —, a equipe da Promotoria do Condado de Somerset precisava provar definitivamente que o enfermeiro havia matado, ou tentado matar, pelo menos uma pessoa. Eles já tinham duas potenciais vítimas do Somerset listadas: o reverendo Gall e a sra. Han, por homicídio e tentativa de homicídio, respectivamente, além de um consenso médico de que quantidades letais de várias drogas haviam sido introduzidas no organismo deles. Tinham as vítimas, a arma do crime e um suspeito. Mas não eram capazes de estabelecer uma relação entre esses elementos.

Tim não podia simplesmente rastrear uma determinada substância até uma seringa e encontrar seu dono, como faria no caso de uma bala e uma arma. Os únicos registros de acesso aos medicamentos estavam na máquina Pyxis. Mas, como Mary Lund dissera a eles, a Pyxis armazenava os dados relativos aos medicamentos por um período de apenas trinta dias. O reverendo Gall estava morto havia quase quatro vezes esse tempo. Os registros relevantes haviam desaparecido, e o caso contra Cullen tinha chegado a um impasse.[1] Pelo menos de acordo com o que o hospital dissera aos detetives.

Tim pensou a respeito por alguns segundos, e concluiu que não havia nada a perder. Ele girou a cadeira para ficar diante do teclado, digitou "Pyxis" no navegador e encontrou o fabricante do sistema, uma empresa do Meio-Oeste chamada Cardinal Health. Discou o número, entrou em contato com um representante de vendas e se apresentou como sargento-detetive da Divisão de Homicídios e Crimes Graves de Somerset, Nova Jersey. Isso prendeu a atenção do sujeito.

— Olhe — disse Tim —, espero que você possa nos ajudar. — Ele explicou que estava tentando descobrir uma maneira de recuperar dados de uma de suas máquinas médicas, da mesma forma que uma pessoa faz quando derrama café no laptop. — São informações mais antigas. De seis meses atrás. Existe alguma maneira de ter acesso a relatórios antigos assim? Talvez algum tipo de sistema de recuperação de dados?

O representante pareceu não entender a pergunta. Não havia janela de trinta dias. O sistema Pyxis armazenava todos os dados inseridos desde o momento em que saía da fábrica. Todo o rastro documental de Cullen estava no disco rígido da máquina aquele tempo todo.

— É só solicitar a informação — respondeu o rapaz. — Há algo de errado com sua máquina?

Dessa vez, não houve papo furado simpático com a secretária de Mary Lund, nenhuma batida na porta, sem sorrisos, sem "por favor". Danny estava furioso demais para isso.[2]

Mary ficou sentada à mesa, de olhos arregalados, visivelmente assustada com o gigante que assomava sobre ela. Danny disse a Lund do que precisava e quando precisava.

Ele disse à gerente de riscos que, se não quisesse o FBI revirando sua salinha e uma acusação por obstrução de justiça em sua mesa, era melhor pegar a porra do telefone agora mesmo e entregar a ele os documentos e não uma daquelas merdas de apenas quatro páginas com uma faltando.

Mary pegou o telefone.

Danny registrou o incidente na linguagem sem floreios de um relatório policial:

Este detetive respondeu ao chamado do Centro Médico Somerset e se reuniu com a diretora Mary Lund para discutir a necessidade de obter o registro das atividades de Cullen na PYXIS em sua totalidade [...] Durante a reunião, também discutimos as várias situações que nos permitiriam obter essas informações.

Nota: No decorrer desta investigação, os detetives foram informados de que o sistema PYXIS armazenava dados por apenas trinta (30) dias.

Na conclusão da reunião, a sra. Lund efetuou vários telefonemas indagando sobre as possíveis formas de recuperar esses dados.

Como resultado, as informações solicitadas foram posteriormente obtidas e entregues a este detetive, juntamente com os registros de atribuição de enfermeiros para cada paciente na UTI durante o período em que Cullen trabalhou no hospital.

Os relatórios da Pyxis são impressos no formato de uma planilha. Danny viu cada uma das idas de Cullen ao computador que registrava os medicamentos como uma linha de informações com data e hora, mostrando a quantidade e o tipo de medicamento solicitado, assim como o paciente em nome de quem os itens seriam faturados.

Mas os pedidos registrados na Pyxis na noite anterior à overdose do reverendo Gall indicavam que Charles não havia retirado nenhuma quantidade de digoxina durante seu plantão, e aquela noite se parecia muito com as noites anteriores e posteriores. Aquilo deveria ser um bilhete premiado. Mas se havia uma prova irrefutável ali, Danny não estava enxergando.

44

Em 4 de novembro de 2003, os detetives começaram a agendar entrevistas com os enfermeiros da UTI do Somerset, na esperança de encontrar uma fonte de informação que não tivesse sido filtrada por advogados corporativos. Os advogados do Somerset solicitaram que todas as entrevistas fossem conduzidas dentro do hospital, na presença da gerente de riscos, Mary Lund. O promotor assistente concordou com as condições. Tanto Danny quanto Tim ficaram furiosos, a ponto de Tim dizer ao promotor assistente, ao promotor e ao chefe de polícia que todo o processo de entrevistas se tornara oficialmente uma "grande palhaçada". Em privado, o chefe de polícia, o capitão-detetive e os outros investigadores concordavam com Tim[1] — mas não disseram isso na reunião, na frente do chefe deles, o que, lógico, era exatamente o que ele esperava.

Orquestrar aquela perda de tempo era problema de Danny, que delegou aos detetives Russell Colucci e Edward Percell a condução das entrevistas.

Os relatórios diários forneciam uma enciclopédia de informações sobre procedimentos de enfermagem, escalas de plantão e configuração do espaço — um trabalho de base, essencial, mas incapaz de virar o jogo. Nem todos os enfermeiros haviam trabalhado com Charles Cullen. Os que o fizeram usaram muitas das mesmas palavras para descrevê-lo: "calado", "solitário", um pouco "esquisito" no âmbito pessoal, mas um "excelente" profissional. A maioria mostrou pelo menos uma leve afeição pelo colega de trabalho reservado e peculiar, e eram particularmente gratos por sua disposição para cobrir plantões.[2] Ao revisar as entrevistas mais tarde, Tim e Danny não puderam deixar de chegar à conclusão de que, à exceção dos assassinatos, Charles Cullen devia ser um enfermeiro realmente muito bom.

O que as entrevistas não revelaram, no entanto, foi alguma informação ao menos remotamente útil para uma investigação de homicídio. As descrições feitas foram breves e infrutíferas. Danny não tinha certeza se os enfermeiros não sabiam de nada ou se estavam se calando apenas por estar na presença de Mary Lund. Toda vez que os detetives faziam uma pergunta, parecia que os funcionários do hospital olhavam para Lund antes de falar. Finalmente, no fim de novembro, Danny decidiu adotar uma tática diferente. Dali em diante, ia conduzir as entrevistas pessoalmente, e sozinho. Até aquele momento, tudo que os detetives tinham feito fora pedir informações aos enfermeiros na presença de uma administradora. Tinham sido instruídos a não compartilhar nenhuma de suas suspeitas com a equipe do Somerset. Os profissionais da equipe de enfermagem ficaram confusos com o processo e tiveram pouco incentivo para se abrir. Nem sequer compreendiam o que exatamente estava sendo investigado. Até onde sabiam, eram eles próprios que estavam encrencados com a lei.

Colucci e Percell tinham sido orientados a agir dessa forma — Tim e Danny não podiam arriscar que qualquer informação vazasse para Cullen ou para os jornais, nem mesmo para a administração do Somerset. Mas Danny sabia que se quisessem chegar a algum lugar, teriam que burlar as regras e se arriscar a confiar em alguém. Colucci e Percell não estavam em posição de tomar essa decisão, mas Danny estava. E então, apenas três dias depois de invadir o escritório de Mary Lund para exigir as informações sobre a Pyxis, o investigador e a gerente de riscos estavam passando de cinco a dez horas por dia confinados em uma salinha junto da UTI do Somerset,[3] ambos odiando cada minuto daquilo.

***

Por necessidade, os dois haviam restabelecido uma relação de trabalho amigável, ainda que falsa. Mas Danny percebeu que algo fundamental havia mudado em Mary Lund. Era como se a mulher estivesse sofrendo um colapso nervoso em câmera lenta. Lund estava sendo pressionada de ambos os lados, o gargalo entre o hospital e a investigação de assassinato. Ela era a gerente de riscos em uma situação de consequências sem precedentes em termos de vidas, empregos e dinheiro.

Mary vinha perdendo peso continuamente desde o início da investigação, e não parecia a Danny algo intencional — ele conhecia mulheres que, depois de perder um ou dois quilos, saíam para comprar roupa e exibir a nova forma. Mary Lund tinha perdido talvez uns dez quilos, mas tentava esconder, se encolhendo dentro do terninho, nervosa como uma lebre. A presença de Danny Baldwin na sala tampouco ajudava seus nervos.

Amy vinha dizendo às amigas havia semanas que, definitivamente, não concordava com toda aquela investigação.

A unidade estava imersa em paranoia. Todos os enfermeiros temiam secretamente que as entrevistas policiais tivessem algo a ver com eles próprios e que pudesse afetar seu futuro. Eles cochichavam pelos corredores, formando alianças, escolhendo lados. Cada plantão ampliava e distorcia os rumores do plantão anterior. A maioria dos boatos era sobre Charlie. Duas semanas depois, passaram a incluir Amy.

Todos sabiam que ela era "amiga de Charlie". Lembravam-se da confusão que Amy havia armado por causa da exigência de assinar os pedidos de insulina. Aparentemente, houvera uma morte, e tanto a insulina quanto Charlie estavam envolvidos. Alguns enfermeiros passaram a evitar Amy, como se a suspeita fosse contagiosa. Seus amigos estavam preocupados com ela. Para falar a verdade, Amy também temia por si mesma.

Ela sempre havia bancado a durona, mas, por dentro, estava apavorada — totalmente fora de si de tanto medo. O que tinha feito? A condição cardíaca de Amy exigia que ela tomasse medicamentos ansiolíticos diariamente. Será que tinha tomado lorazepam demais uma noite e cometera um erro? Será que estavam faltando narcóticos, será que a culpa era do problema da insulina? Poderia ser qualquer coisa. Amy ligou para se certificar de que sua licença para praticar enfermagem não tinha expirado. Não tinha. O que seria, então? A enfermeira se perguntou se precisava de um advogado. Toda vez que os detetives marcavam um horário, ela ligava para o hospital dizendo que estava doente. Depois de duas semanas, não tinha mais como evitar a entrevista. Seu supervisor a mandou para a sala.

Lá dentro, ela encontrou Mary Lund e um detetive, um homem negro e robusto usando terno e gravata. Ele pediu que ela se sentasse. Chamou-a de "sra. Loughren". Havia uma jarra de água e copos descartáveis de papel. Amy se sentiu como uma criminosa. O coração dela ia explodir se continuasse guardando o que sabia, e então ela contou tudo.

45

Danny estava conduzindo entrevistas havia uma semana,[1] e logo de cara aquela enfermeira pareceu diferente. Ela estava evidentemente com medo de perder o emprego, assim como os outros, mas a diferença foi que Amy admitiu. E não olhou para Lund quando o fez.

Amy Loughren havia se formado na faculdade de enfermagem em 1988, o que significava que talvez fosse alguns anos mais velha que Danny. Era uma mulher branca com cabelo loiro platinado, olhos azuis grandes e inocentes e maçãs do rosto proeminentes — alta e atraente, mas não de um tipo de beleza frágil, e sim mais dura e prática e, apesar das curvas evidentes, nitidamente confortável diante de homens. Havia algo acessível em sua personalidade que transformou a formalidade da entrevista em uma conversa fluida.

Ela foi direto ao ponto, dizendo a Danny que ouvira rumores de que a investigação tinha algo a ver com seu amigo Charles Cullen, e tanto o falatório quanto a investigação a deixaram "completamente furiosa".

Era evidente que aquela mulher não tinha papas na língua. Danny se recostou na cadeira, deixando-a desabafar e sabendo de imediato que *era ela a peça que faltava*.

***

Amy não se lembrava de terminar o plantão nem do longo trajeto de volta para casa. Em algum momento, se deu conta de que estava parada diante da própria garagem, tentando dar sentido àquele dia enquanto sua respiração condensava no para-brisa. Ela estava tão defensiva no início, tão ferrenha. Protegendo o seu Charlie. Dissera ao detetive exatamente o que pensava da investigação, sem se importar que Mary Lund estivesse lá para ouvir. Mas o detetive não reagira como ela esperava. Ele ouvira e parecera calmo, talvez até contente. Isso não fazia sentido, já que ela estava gritando com ele daquela forma — Amy pensou ter até mesmo vislumbrado um sorriso. E então, em vez de fazer perguntas, o detetive começou a dar respostas a Amy. Informações sobre o que vinha acontecendo na unidade, informações sobre Charlie. Parte do que ele disse soou familiar. Outra grande parte a surpreendeu. Amy olhou de relance para ver como Mary Lund estava reagindo, mas ela não estava mais lá.[2] Amy estava tão tensa que nem tinha visto a mulher sair.

— Veja bem, sra. Loughren — disse o detetive —, não sei *por quê*, mas confio na senhora. Está bem?

Ele deslizou uma folha de papel pela mesa. Amy viu que era uma impressão da Pyxis. Eram os registros da movimentação de Charlie na noite em que o reverendo Gall morrera.

Quando Mary Lund voltou para a sala, a página da Pyxis já não estava mais na mesa e a Amy furiosa e insolente desaparecera. Em seu lugar estava uma mulher silenciosa cujos olhos estavam cheios de lágrimas e choque. Mary olhou para o outro lado da mesa, da enfermeira para o detetive, mas Danny também estava em silêncio. Ele concentrava todos os seus esforços em não sorrir.

Assim que viu os registros da movimentação de Charlie na Pyxis, Amy soube. Era óbvio, pelo menos para ela. Sempre havia se esforçado para defender Charlie dos valentões do mundo, das acusações injustas. O papel que Danny lhe mostrara dizia que ela não deveria ter feito isso. Pela primeira vez, era possível imaginar que Charlie tivesse feito algo estranho e terrível durante aqueles plantões. Ela conseguia acreditar nisso agora. O que não conseguia fazer, o que ainda não achava possível fazer, era conciliar aquele papel com a ideia que tinha do amigo.

Ao chegar em casa, Amy largou o casaco e a bolsa e pegou a garrafa grande de Cabernet que estava em cima da geladeira. Ela se sentou à mesa da cozinha com uma taça. Como ia lidar com aquilo? Não havia um livro de autoajuda para uma situação como a que se encontrava. Tinha visto os pedidos de medicamentos. Sabia o que havia acontecido com Gall. Enfermeiros não faziam aquilo. Um enfermeiro tinha feito aquilo. Seu amigo tinha feito aquilo. Talvez.

Pode ter sido egoísta, mas foi isso que a atingiu primeiro. Ela confiava em Charlie — ou tinha confiado — como confiara em poucas pessoas, e menos ainda em homens. Esta era a essência de sua personalidade de garota durona: blindagem contra o mundo. Depois de uma vida inteira lutando contra seus problemas de autoconfiança, essa dificuldade tinha passado a defini-la. Ela não fazia segredo de sua terrível infância. O homem que a molestara sexualmente era quase um membro da família. Alguém em quem confiavam. Mas Amy conhecia as pessoas e sabia do que elas eram capazes. Na infância, quando ainda era uma garotinha se escondendo em armários, cestos e atrás da porta do porão, ela havia rezado diversas vezes para o universo, implorado pelo superpoder da invisibilidade. Em vez disso, ele a encontrava, repetidas vezes. No fim das contas, Amy concluiu, a única pessoa em quem realmente podia confiar era nela mesma. Levou seu cofrinho até o centro de atendimento psicológico local e perguntou a uma perplexa recepcionista: "Quantas sessões consigo pagar com isto?"[3]

Foram necessários anos de terapia para parar de sentir culpa. A decisão de sobreviver e então prosperar fora consciente. Ela não queria se deixar destruir, espremida e aprisionada nos destroços da infância. Tinha decidido que era forte demais para isso e desempenhara esse papel. Tinha decidido, com a ajuda da terapia, ter uma participação ativa no mundo. E isso seria impossível se continuasse incapaz de confiar em outras pessoas. Parte de sua decisão de se tornar enfermeira em UTI tinha origem nessa questão. Os pacientes da UTI precisavam de tudo. A dependência deles diminuía a dela, que recompensava a confiança com cuidado. A enfermagem era isto: um bom salário, sim, mas também uma relação que curava ambas as partes. Ou, pelo menos, era o que ela achava. Se a Pyxis estivesse certa, Amy havia falhado em sua parte do acordo. Não mantivera seus pacientes seguros. E agora também não se sentia segura

46

Tim e Danny haviam partido na escuridão da madrugada de 24 de novembro, ainda cheirando a espuma de barbear e banho, o banco da frente do Crown Vic tomado de embalagens de isopor do Dunkin' Donuts e uma pilha de jornais intocados. Eles dirigiram para o norte, saindo de Nova Jersey, passando por estradas secundárias, fazendas e barraquinhas de verduras no que Tim chamava de "quinze minutos do fim do mundo" de Nova York, que ficava ainda pior a cada curva em meio às montanhas. O plano era acertar tudo pessoalmente, longe do hospital e antes que Amy mudasse de ideia. Na época, não sabiam que ela percorria um longo trajeto entre o emprego e sua casa, que ficava a horas de distância.

Danny havia contado a Tim sobre a mulher, enfermeira com catorze anos de experiência, trinta e poucos anos, filhos, loira, bonita e durona. Na unidade, ela era conhecida como uma das amigas de Charlie, talvez sua melhor amiga. Dar a Amy detalhes sobre a investigação tinha sido um risco; ela poderia passá-los ao amigo. Danny ainda não sabia exatamente por que havia decidido que valia a pena. Foi em parte seu instinto, dizendo-lhe que havia algo de errado no padrão de pedidos cancelados que ele vira na página da Pyxis, dizendo-lhe para confiar naquela mulher quando não podiam confiar em mais ninguém. Quando Mary Lund saiu da sala, ele teve a chance de testar esse instinto.

— Por que Lund saiu da sala?

— Não faço ideia — respondeu Danny. — Talvez ela precisasse ir ao banheiro. De qualquer forma, ela saiu, eu mostrei os registros da Pyxis para a enfermeira e foi, tipo, *bam*! Ela ficou arrasada.

— Ela disse por quê?

— Sim, bem… Primeiro ela ficou, tipo… atordoada — disse Danny. — Depois ficou repetindo "ah, meu Deus, puta merda", assim mesmo, várias vezes. Meio que desacelerou a fala, como uma testemunha, sabe?

— Nossa — disse Tim. — Então ela acha que Cullen é culpado.

— Acho que está tentando processar — respondeu Danny. — Ela meio que saiu do ar, quer dizer… foi quase como se a informação fosse demais e tivesse dado um curto-circuito na cabeça dela.

— Ela disse mais alguma coisa sobre a Pyxis, sobre o que viu?

— Ela ficou basicamente repetindo "puta merda". E também falou outra coisa, disse "Charlie e eu preparamos muitos corpos juntos".

Danny disse ter pensado que talvez ela fosse chorar. Não sabia quando Lund ia voltar e não queria que a gerente de riscos percebesse nada, então eles mudaram de assunto.

— Essa enfermeira falou com Charlie depois que ele foi demitido, ligou para ele. Ele disse que alguém tinha visto uma foto dele, provavelmente alguém do St. Luke's. Disse que eles deviam ter ligado para o Somerset.

— Que foto é essa?

— Um negócio que o Somerset enviou pelo correio — respondeu Danny. Ele procurou na pasta embaixo dos jornais. — Dá uma olhada. Nosso suspeito no panfleto de recrutamento do hospital.

Tim desviou rapidamente os olhos da estrada. Era um folheto de recrutamento, um material que o hospital distribuía para funcionários de enfermagem em potencial, Charlie Cullen sorrindo como em um retrato escolar.

— Tá de sacanagem — disse o investigador.

— Parece um assassino para você? — perguntou Danny.

— Pois é — respondeu Tim. — Mas quem parece?

***

Os detetives chegaram ao endereço de Amy Loughren pouco depois das dez da manhã e encontraram uma casa colonial branca no meio do bosque, a mulher parada de braços cruzados à janela. Ela observou os dois homens saindo do que presumiu ser um carro de polícia sem identificação, o detetive negro e agora também um detetive branco, ambos sujeitos grandes de bigode e terno, como uma dupla inter-racial de policiais da Divisão de Homicídios, carregando uma caixa de donuts e uma bandeja de café para viagem até sua porta da frente.

Amy os conduziu até a sala de estar. Os homens se acomodaram, um pouco grandes demais, ao redor da mesa de centro. Amy cruzou as pernas sob o corpo no sofá enquanto Tim começava a falar, apresentando o caso do Somerset, em detalhes agora, mas sem usar a linguagem oficial. Danny olhou de relance para o parceiro; ele dera a ela algumas informações privilegiadas como isca, mas o plano era ir devagar dali em diante. Agora o colega estava simplesmente contando tudo a Amy. Tim deu de ombros: por que não? Ele tinha começado. Teriam que confiar em alguém se quisessem resolver aquele caso.

A página da Pyxis que Danny havia mostrado a Amy no hospital era apenas uma de uma pilha. Os detetives observaram enquanto ela folheava as páginas, parecendo agitada. Não era um pedido de medicamento específico, disse a enfermeira. Eram todos os pedidos combinados.

— Para começar, se vocês imprimissem todos os meus pedidos na Pyxis, eles dariam, tipo, um décimo disso — falou Amy. — Menos, provavelmente. Ninguém faz pedidos dessa forma.

— E o que isso lhe diz?

— Nada específico — respondeu a mulher. — Mas é estranho. — Charlie fazia um pedido separado para cada medicamento que solicitava. — Seria como pedir uma dúzia de ovos, um ovo de cada vez — disse ela.

240 O ENFERMEIRO DA NOITE

E muitas das entradas tinham sido feitas em intervalos de apenas alguns segundos — mesmo quando Cullen pedia o mesmo medicamento para o mesmo paciente. Amy não conseguia pensar em uma razão lógica para aquilo.

— E a digoxina? — perguntou Danny. — Estamos interessados nisso.

Amy folheou as primeiras páginas da pilha, começando com as retiradas de medicamentos de Charlie no início do ano.

— Estão vendo isso? — disse ela, percorrendo as colunas com a unha. — E isso, e isso?

Os detetives se aproximaram para olhar.

— É a digoxina — observou Danny. Ele havia reparado naquilo antes. — Isso é incomum?

— Hum, *sim* — disse Amy. — Charlie estava pedindo digoxina umas... não sei, dez vezes por mês.

— Isso é muito?

— Talvez seja mais do que eu já pedi durante todo o tempo em que trabalhei no Somerset.

— Ok — disse Tim. — Nossa.

— E isso foi na UTI — acrescentou a enfermeira. — A digoxina não é um medicamento muito comum lá.

— Amy — disse Danny. — Queremos lhe pedir uma coisa. Estamos confiando em você. Ninguém mais, nenhum dos outros enfermeiros, sabe nada disso. O hospital não sabe disso.

— No momento, não estamos compartilhando nossas informações, hum, *livremente* com o hospital — completou Tim.

— Não queremos que eles adotem uma postura defensiva em relação às informações, legalmente falando — justificou Danny.

— O que Danny está querendo dizer é que, desde o início, o Somerset está preocupado em salvar a própria pele — explicou Tim.

Danny olhou irritado para ele. O parceiro o ignorou.

— Eles não nos disseram que poderíamos obter esses registros da Pyxis. Não nos falaram sobre... bem, digamos apenas que não estamos totalmente certos de que estejamos do mesmo lado nessa história.

— Eles não falaram sobre a Pyxis? — perguntou Amy. — Mas vocês...

— Nós sabíamos sobre a máquina. Só tivemos, hum, dificuldade de obter os registros por um tempo.

— E o Cerner?

Tim olhou para Danny.

— Não sei o que... Quem é Cerner?

Amy não conseguia acreditar. Eles não tinham os dados do Cerner? Nem Tim nem Danny tinham ouvido falar dele. Lund nunca o mencionara; ninguém no hospital o mencionara. Amy teve que se perguntar: *Como diabos eles vinham conduzindo aquela investigação?*

Amy explicou que, se quisessem informações sobre os pacientes, o Cerner era a ferramenta certa. Tratava-se de um sistema de computador que mantinha registros das pessoas internadas, da mesma forma que a Pyxis fazia com os pedidos de medicamentos. Ao acessar os dados do Cerner, eles teriam um registro cronológico da evolução de cada paciente na UTI e um registro com data e hora de todas as vezes em que Charlie havia acessado um prontuário. Não sabiam disso?

— Está vendo, é por isso — disse Danny enquanto anotava. — É por essa razão que estamos confiando em você. Mas, para podermos fazer isso, você vai precisar manter nossa relação, hã, em sigilo.

— A ideia é não dizer porra nenhuma ao hospital — resumiu Tim.

— Tudo bem — prometeu Amy. — Não vou dizer nada.

— Ótimo — disse Danny. — Eu sei que estamos colocando você em uma situação difícil...

— Não vou dizer nada, é sério — reforçou Amy. — Eu juro.

— Veja bem, Amy... deixe-me explicar uma coisa — disse Tim. — Não correríamos o risco de mostrar tudo isso a você se não achássemos importante.

— Está evidente para nós, e eu acho que está evidente para você também, que Charles Cullen estava fazendo algo de errado no Somerset — acrescentou Danny.

— Suspeitamos que ele tenha matado um paciente. Talvez mais de um. E achamos que isso vem acontecendo há um bom tempo.

— Ah, meu Deus — disse a enfermeira.

— E, veja bem, Amy, a questão é a seguinte: se não conseguirmos detê-lo, ele vai matar pacientes outra vez, em outro lugar.

— Meu Deus — repetiu ela. — Eu cometi um grande erro! Eu disse a ele que o ajudaria a conseguir um emprego... Eu sou a referência de Charlie...

— Está tudo bem — garantiu Tim. — Isso significa que você tem um motivo para falar com ele. Porque é o seguinte...

— Precisamos da sua ajuda — interveio Danny.

— Você pode nos ajudar a deter Cullen. Queremos que trabalhe conosco.

— Acompanhe Charlie, veja como ele está.

— Seja nossos olhos e nossos ouvidos.

— Esperem... o quê? — perguntou Amy. Ela se afastou da mesa. — Vocês me contam que ele está matando pessoas, mas querem que eu continue amiga do sujeito?

— Eu sei, eu sei, eu sei — respondeu Tim. — Mas... sim.

— Não amiga — explicou Danny. — Vocês não precisam ser amigos. Só mantenha contato.

— Tipo uma informante.

— Não pode contar a ninguém no trabalho, Amy.

— Nem mesmo a seus amigos.

— Ninguém.

— É, eu... — Amy não estava negando, mas começou a balançar a cabeça.

— Eu sei, é muita coisa para processar.

— É — disse Amy. — Eu vou... eu preciso pensar a respeito.

— Pense.

— Eu vou pensar, eu...

Trimmm! O telefone a assustou. Amy colocou reflexivamente a mão sobre o coração.

CHARLES GRAEBER 243

— Fique à vontade, se quiser atender... — disse Tim.

— Sim, um minuto, um minuto — pediu Amy. — Pode ser minha filha, da escola. — Ela se inclinou para verificar o identificador de chamadas. — Ah, meu Deus.

Apertou o botão para atender no telefone sem fio e lançou um olhar tenso para os detetives, acenando para que chegassem mais perto. Tim e Danny se aproximaram.

— Oi, Mar-ryy — cumprimentou Amy, soando casual.

Era Mary Lund.[1] Tim olhou para Danny. Eles tinham sido pegos.

Amy afastou o telefone do ouvido para que os dois pudessem ouvir. Mary Lund a cumprimentou e disse que estava apenas querendo fazer um acompanhamento depois da entrevista policial na noite anterior. A gerente de riscos queria saber: o que Amy tinha achado?

— Tudo bem — respondeu a enfermeira. — Foi tudo bem.

— Tudo bem — repetiu Mary.

Ela soou apressada demais, nervosa. Amy arregalou os olhos para os detetives, balançando a cabeça lentamente e articulando em silêncio com a boca: *Que merda...*

— Bem, tenho certeza de que você está feliz por ter terminado — disse Mary. — Se a polícia pedir mais alguma coisa, ou se você planejar fazer qualquer tipo de declaração, talvez seja melhor se certificar de que o advogado do hospital a acompanhe. Para sua proteção.

— Hum, sério? — falou Amy. — Não acho que isso seja necessário, Mary. É? Quer dizer, eu não sou o alvo da investigação deles nem nada.

— Amy, isso não é uma boa ideia — disse Mary. — Se a polícia tentar entrar em contato com você novamente, diga a eles para falarem diretamente com um de nossos advogados. Nós temos uma...

— Agradeço sua ligação, Mary, mas eu estou bem, de verdade. A investigação não é sobre mim, eles disseram que eu não sou uma suspeita.

— Amy, sugiro fortemente que você seja acompanhada por um advogado do Somerset se voltar a falar com a polícia — insistiu Mary. — A investigação deles... avançou.

Amy encerrou a ligação e largou o telefone. O que diabos estava acontecendo? Era como se alguém tivesse trocado de canal no meio de sua vida e mudado para uma série policial.

— Está vendo, é disso que estamos falando — ressaltou Danny.

— Eles estão se protegendo — disse Tim. — Nós estamos tentando pegar um assassino.

Amy foi atrás de um cigarro e se jogou na cadeira, que soltou um rangido. Que estranho. Era muita coisa para processar, mas pelo menos a ligação de Lund havia deixado algo evidente: o hospital estava preocupado apenas consigo próprio.[2] Amy teria que cuidar de si sozinha. Naquele momento, ter dois policiais grandalhões da Divisão de Homicídios em sua sala de estar fazia com que ela se sentisse a pessoa mais segura do mundo.

— Tudo bem — disse Amy, apagando o cigarro. — Liguem o gravador, rapazes, e me digam o que querem saber.

47

Amy teve que repensar as excentricidades e peculiaridades de Charlie Cullen sob aquela nova perspectiva. Por que ele era tão reservado com seus pacientes? Por que sempre chegava cedo para trabalhar? Por que só usava óculos às vezes e por que estava sempre digitando no terminal Cerner? Parecia paranoico associar todos os seus traços de personalidade a intenções sinistras, mas igualmente ingênuo se pelo menos não considerasse a possibilidade.

Com tantas perguntas a responder, foi bom conversar livremente com os detetives. Ela não teve medo e não foi cautelosa. Na adolescência, Amy tinha aprendido com a terapia paga com suas economias a não se deixar paralisar pela verdade. Quando contou à família sobre seu molestador, eles agiram como se ela fosse o problema. Foram necessários anos de mais terapia para enxergar as coisas de outra forma.

Ela falou por uma hora, acendendo, fumando e apagando os cigarros no pequeno cinzeiro de vidro, as unhas feitas afastando a fumaça na direção das janelas da varanda. Aquele era seu prazer proibido, carregado de culpa; ela reconhecia a idiotice que era fumar e beber apesar de seu problema de coração. Às vezes, ela o sentia parar de bater até o marca-passo entrar em ação. De alguma forma, a morte não a assustava tanto quanto deveria.

Mas arriscar seu emprego como agente infiltrada, mentir para Charlie, mentir para seu empregador, para todo mundo? Seria capaz disso? Havia um risco verdadeiro nisso tudo. Os detetives poderiam estar errados, ou ela poderia estar sendo enganada. Eles eram desconhecidos. Charlie era seu amigo. Não deveria ficar do lado dele, não importando o que acontecesse?

Amy se recostou no sofá e cruzou os braços. Talvez se envolver mais fosse uma má ideia.

— O que exatamente querem de mim? — perguntou ela. — Tipo, o que eu faria?

— Coisas pequenas — respondeu Tim. — Nada perigoso.

— Telefonemas, principalmente — explicou Danny. — Você teria que fazer algumas ligações para nós.

— Talvez, no futuro, tenha que usar uma escuta.

— Vocês querem dizer que eu precisaria vê-lo? — perguntou Amy. — Em pessoa?

— Talvez, só… esqueça isso por ora — disse Tim. — Cullen alguma vez falou sobre eutanásia, ou algo do tipo…

— Hã? Não. Não. Acho que não. Não, eu…

— Tudo bem, tudo bem — disse Tim. — Bem, só estamos pedindo que você nos ajude.

— É verdade — concordou Danny. — Apenas isso.

Amy disse que teria que pensar a respeito.

— Ligo para vocês hoje à noite — concluiu ela. — Preciso falar com uma pessoa antes de concordar definitivamente com isso.

A velha casa ficou assustadoramente silenciosa com a partida dos detetives. Amy[1] continuou sentada na cozinha, pensando, escutando o barulho da geladeira até o ônibus escolar chegar. Ela ouviu as tábuas da varanda rangerem, o ruído metálico da porta de tela batendo, a filha subindo as escadas correndo com a mochila enorme e em seguida voltando ao andar de baixo. Alex entrou na cozinha para pegar uma caixinha de suco e encontrou a mãe à mesa, se esforçando para não parecer séria.

Alex percebeu que havia alguma coisa errada. Ela achou que fosse algum problema com a peça da escola. Sua mãe ia dirigir a peça naquele ano, uma história sobre alienígenas pousando em uma cidadezinha entediante e transformando-a em um lugar divertido. *Invasion from Planet Zorgon* [Invasão do planeta Zorgon]. Alex achava que era uma peça boa porque as crianças que não quisessem papéis com falas podiam simplesmente interpretar os habitantes da cidade de Humdrum Falls. A única coisa que precisavam fazer era parecer surpresos, o que basicamente se resumia a apontar o dedo e ficar de boca aberta.

Mas o que ela tinha a dizer era mais estranho do que qualquer coisa relacionada a Zorgon, explicou Amy a Alex. Alguém que ela conhecia no hospital, outro enfermeiro, podia ter matado um paciente. Talvez de propósito. E provavelmente mais de uma vez. Tudo bem, a filha dela tinha onze anos, sabia o que era um *serial killer*, lógico que sabia. Policiais tinham ido até a casa delas. Queriam a ajuda da mãe para pegar aquele enfermeiro mau. Alex ficou sentada diante da mãe, sem tirar os olhos dela, mas também sem soltar o canudo da caixinha de suco.

Amy queria que a filha soubesse que aquela decisão poderia mudar a vida de ambas. Os detetives estavam pedindo que ela continuasse fingindo ser amiga de um homem suspeito de assassinato. As pessoas poderiam ficar falando sobre o assunto. Podia até ser perigoso — Amy achava que não, mas não tinha como ter certeza. Sabia como, naquela idade, qualquer acontecimento podia mudar uma pessoa para sempre. A filha estava cada dia mais perto de se tornar uma adolescente. *Nossa*, pensou Amy, *seria praticamente um suicídio social.*

— Então, é uma decisão que temos que tomar em família — disse ela a Alex. — Precisamos saber, como família, se vamos ser capazes de, você sabe... Você acha que consegue lidar com isso?

— Isso tudo vai acontecer? Essas coisas?

— Não sei, querida. Esta é a questão: não sei.

— Mas pode acontecer.

— Pode.

Alex enrolou o canudo no dedo como um anel.

— Qual é a melhor das hipóteses?

— Bem, se funcionar, esse homem vai para a cadeia.

— Para sempre, né?

— Não sei o que vai acontecer — respondeu Amy. — Se não houver provas suficientes para colocá-lo na prisão, ou se ele sair... não sei se estaremos correndo perigo.

Ela observou enquanto a filha absorvia aquela informação. Um *serial killer*, sua mãe como espiã disfarçada, o potencial adiamento do planeta Zorgon. Amy sabia como tudo aquilo devia ser estranho para Alex. Era muito estranho para ela também.

— Então, mãe, esse cara está realmente matando pessoas?

— É possível que esteja, querida. Sim.

— Bem... Então você tem que descobrir, não é?

48

Danny vestiu a calça jeans e o moletom antes de se instalar no chão da sala de estar com sua pilha crescente de papéis, incluindo as novas informações que havia pedido a Lund. Uma das pilhas continha os registros de mortalidade da UTI do Somerset durante o tempo em que Charles Cullen trabalhara lá. A outra pilha listava os plantões de Cullen durante esse período. Danny cruzou as informações em busca de um padrão.

Ele havia tentado cruzar o dia da morte de pacientes com a data do aniversário de Cullen, de suas filhas, ex-esposas e namoradas, seus pais e irmãos conhecidos. Em seguida, tentou aniversários de casamento, aniversários de divórcio, dias comemorativos e feriados — qualquer coisa que pudesse estar relacionada com as mortes, alguma regra de assassinato. Quanto mais itens acrescentava, mais ideias vinham à mente. Logo ele estava comparando os nomes dos falecidos com os nomes da família de Cullen, depois comparando as iniciais e, em seguida, usando as iniciais para formar palavras... Danny largou o bloco e esfregou os olhos. Eram quatro da manhã. De que adiantava? Se acrescentar variáveis suficientes à mistura, você consegue encontrar um padrão em qualquer coisa. O mundo inteiro é um código para os paranoicos, mas isso não significa que faz sentido.

Já estava quase amanhecendo quando Danny finalmente foi para a cama. Ele ficou lá deitado por algumas horas, de olhos fechados, mas acordado, ainda embaralhando números e letras na tentativa de encontrar um motivo, como se os motivos fossem o que importasse.

Tim não tinha a mesma responsabilidade de organizar todas as drogas entorpecentes, datas e detalhes que Danny, como detetive responsável pelo caso, tinha, mas a mente dele ainda estava ocupada fazendo cálculos sobre assassinato e as chances de pegarem o sujeito. Fazia meses que estavam trabalhando arduamente naquilo, mas ainda tateavam no escuro. No total, Charles Cullen vinha se comportando daquela maneira havia dezesseis anos em dez hospitais diferentes. O cara era um veterano em uma área de homicídios na qual os detetives eram novatos.

Tim Braun havia pesquisado sobre assassinos da medicina na internet: as duas enfermeiras que matavam como um tipo de fetiche sexual, o auxiliar de enfermagem que causava a morte de pacientes para diminuir sua carga de trabalho, os assassinos do tipo Kevorkian, os anjos da morte, os psicopatas, e sabe-se lá mais quem. O FBI tinha especialistas em Quantico que lidavam apenas com isso, agentes, psiquiatras e pessoas que eram ambas as coisas. Talvez o FBI tivesse um arquivo inteiro sobre gente como Cullen, uma espécie de manual que eles pudessem consultar, com dicas de captura. Tim conhecia um cara no FBI que talvez pudesse colocá-los em contato com os especialistas em Quantico. Ele não sabia se ajudaria, mas o que tinham a perder? Essa esperança permitiu que ele dormisse um pouco, pelo menos.

Durante a reunião da manhã seguinte, no entanto, quando mencionou a ideia do FBI, o promotor Forrest a rejeitou: eles não iam envolver mais ninguém. Tim entendia a ambição — não dava para ter sucesso como promotor entregando seus casos —, mas isso não significava que concordasse. De qualquer forma, como estava muito perto de se aposentar, podia se dar ao luxo de encarar ordens apenas como sugestões.

Charlie já estava desempregado havia um mês, a namorada estava grávida, mas querendo que ele saísse de casa, e ele não estava com vontade de atender ao telefone. Mas a voz na secretária eletrônica era de Amy, a compreensiva Amy. Ela sabia como ele estava, sabia que ele estava exausto demais para atender e sabia que devia ligar de volta mesmo assim. Dessa vez, ele atendeu com um "oi" de reconhecimento.

— Oi, querido — disse Amy.

— Oi.

— Como você está?

— Ah, bem... — Ele suspirou. — Tudo certo. Hum, você sabe como é... Eu pedi o seguro-desemprego, mas meu pedido foi negado.

— Por quê? Por que eles negariam?

— Bem, eles dizem que, ah... que é porque eu coloquei... eu vou apelar, mas...

— Sim, mas quando você é demitido, você não deveria poder... quer dizer, isso não faz sentido.

— É — disse Charlie. — Bem, eu não fiquei no emprego por tempo suficiente.

— Vou escrever uma carta de recomendação, você sabe disso. Mas o que... Sabe, eu... é... estou ligando também porque estão fazendo perguntas estranhas. No hospital.

— Hummm — disse Charlie.

— E é como se estivessem chamando as pessoas para, tipo, uma verificação interna. E, hum, uma pessoa me fez perguntas sobre você, sabe?

— Tudo bem — disse Charlie, esperando para ver aonde aquilo ia chegar.

— E você sabe. Eu meio que... eu meio que queria avisá-lo sobre isso. — Amy esperou, mas ouviu apenas a respiração do outro lado da linha. Então continuou: — E eles me perguntaram... ficaram me fazendo perguntas sobre alguns pacientes, e eu não consigo, você sabe, não consigo me lembrar de nenhum deles, não consigo me lembrar dos nomes nem... você sabe. E eu fiquei... eu não sabia. Eu não sabia se eles tinham feito perguntas a você...

— Certo — respondeu Charlie. — Bem, eles...

— Porque eu estou meio... Para ser sincera, Charles, estou um pouco nervosa, só isso — concluiu Amy. — Eles ficaram me fazendo perguntas idiotas sobre certos medicamentos e, você sabe, me perguntaram sobre digoxina...

— Bem, eu me lembro de um paciente, um reverendo qualquer coisa — afirmou Charlie.

— Sei.

— Eles também me fizeram perguntas sobre esse paciente. Ah, mas, de novo, eu... eu não sabia nada sobre esse paciente. Eu ouvi a, você sabe, a... a Joan falar sobre isso no dia seguinte ou dois dias depois...

Amy o interrompeu.

— O que quero dizer é: isso é algo com que eu deveria me preocupar ou...

— Eu... eu não, eu acho que não — disse Charlie. — Quer dizer, acho que provavelmente estão falando com outras pessoas. Eu sei que a coisa da insulina ainda está em andamento, então... Não sei do que se trata agora.

— Eles realmente têm conversado com os outros — informou Amy. — E eu sei que perguntaram sobre você. Eu queria que você soubesse disso porque... eu sei que eles questionaram outras pessoas e mencionaram o seu nome. E eu, ah, você sabe... Eu fiquei furiosa. Foi então que eles... foi quando me chamaram.

— Certo — disse Charlie.

— Mas você me conhece, eu fico muito nervosa! Me preocupo demais. E você não está por perto para fazer com que eu me sinta melhor.

— Sim. Bem, hum, não sei se sou o foco da investigação deles — disse Charlie. — Quer dizer... como eu falei, fui demitido.

Amy riu.

— Sim, você já foi embora, seu bobo!

Ouvindo com um fone de ouvido na sala ao lado do escritório do promotor, Danny teve que admitir: ela realmente tinha um dom inato para usar uma escuta.

49

Tim estava preocupado com a possibilidade de Lund suspeitar que Amy estava ajudando na investigação e tentar impedi-la, então ele e Danny elaboraram uma estratégia para proteger a fonte. Naquele mês de dezembro, Danny disse a Colucci e Percell que continuasse com as entrevistas no Somerset, que continuassem obtendo todas as informações que pudessem. E fazer a todos os funcionários da UTI perguntas específicas e incriminadoras sobre a enfermeira Amy Loughren.

As perguntas desviariam o foco de Charles Cullen e ajudariam a preservar o anonimato de sua informante confidencial. Mas também tornariam a vida muito mais difícil para Amy. Até onde seus colegas de trabalho sabiam, ela agora era alvo de uma investigação de assassinato.

Amy foi informada disso quase de imediato, não diretamente pelos detetives, mas por um telefonema de sua amiga Annie, a auxiliar de serviços de saúde cujo carregado sotaque jamaicano a identificou logo no *alô*…

— *Ai-mee* — disse Annie. — Eu só queria que você soubesse. Estão fazendo todo tipo de pergunta sobre você, sem parar, estão…

— Quem, querida?

— Os detetives. Os investigadores, eles estão aqui. Estão fazendo perguntas a todo mundo.

— Eu sei.

— Todo mundo, diversas vezes. "Amy, Amy, e quanto a Amy?"

— Eu sei. Não se preocupe. Vai ficar tudo bem. — Não que ela mesma tivesse certeza disso.

Os detetives registraram Amy como "informante confidencial consensual, autorizada a fazer interceptações de áudio, tanto telefônicas quanto presenciais", e forneceram a ela uma sala no escritório do promotor. Depois das primeiras ligações gravadas, no entanto, Amy achou mais confortável falar do sofá de sua sala. Quando não estava dormindo ou trabalhando, ela se sentava com uma pilha de folhas impressas, virando as páginas e fazendo anotações. Os papéis contavam uma história. E era muito mais assustadora do que ela poderia imaginar.

Tim e Danny haviam pedido que ela se concentrasse no reverendo Gall — o caso estava ali. Amy leu os laudos laboratoriais do legista estadual indicando que a causa da morte de Gall tinha sido uma overdose de digoxina. A Pyxis mostrava que Charlie fizera um pedido de digoxina um dia antes de o reverendo sofrer uma parada cardíaca e morrer. Poderia ser apenas coincidência, se fosse a única coisa errada. Mas havia um padrão maior. Seriam necessárias semanas examinando os papéis para que Amy enxergasse o quadro completo.

Os registros da Pyxis não tinham sido totalmente reveladores para Tim e Danny — Danny havia identificado alguns padrões, mas a maioria dos nomes em latim era apenas uma lista de palavras impronunciáveis. Os detetives tinham procurado os medicamentos que conheciam e as datas em que haviam sido administrados. O resto era apenas ruído. Mas Amy conhecia os remédios e as práticas de enfermagem em uma UTI. E do ponto de vista de uma enfermeira, os pedidos de medicamentos de Charlie não faziam o menor sentido.

Página após página, noite após noite, Charles Cullen fazia pedidos de medicamentos que seus pacientes não precisavam. Ele estava fazendo retiradas de substâncias raramente usadas em quantidades absurdas e com uma frequência alarmante. E, de acordo com a papelada, Charlie estava fazendo algo que fazia ainda menos sentido.

Diversas vezes, pedia medicamentos e, em seguida, cancelava o pedido. Na noite em que Gall morreu, por exemplo, Charlie havia feito um pedido de digoxina e, em seguida, o cancelara. De acordo com os registros da Pyxis, ele nunca havia retirado o remédio. Mesmo assim, Gall o recebera e morrera.

Um cancelamento por si só não era grande coisa. Todo enfermeiro cometia erros ocasionais. Mas erros não aconteciam daquela forma. Charlie vinha cometendo os mesmos todas as noites, às vezes de hora em hora. Parecia mais um sistema: era como se ele estivesse errando de propósito.

Enquanto isso, a própria Amy cometia cada vez mais erros. Ela estava exausta por causa do trabalho duplo de atuar como informante confidencial depois de dar plantões na UTI, e, quase no fim de um de seus plantões de domingo à noite, percebeu que digitara o pedido errado na Pyxis. *Que ótimo*, pensou. Com os detetives espalhando suspeitas sobre ela no hospital, até mesmo erros involuntários poderiam causar sua demissão. Amy pressionou a tecla para cancelar o pedido no mesmo instante em que a gaveta de medicamentos se abriu.

A enfermeira olhou para a tela — o pedido continuava aparecendo como cancelado. Nos registros, ia parecer que ela não havia retirado o medicamento. Repetiu os passos mais algumas vezes para ter certeza. Então, ligou para Tim. Ela foi até o escritório da promotoria no dia seguinte, espalhando os papéis sobre a mesa para mostrar a eles como aquilo funcionava.

Amy revisou a papelada, mostrando aos investigadores as linhas indicadoras de que Charlie havia feito e então cancelado o pedido de um medicamento, diversas vezes. A princípio, a gaveta de remédios da Pyxis teria se aberto em cada um desses cancelamentos. Cullen poderia ter pegado os remédios sem que isso aparecesse nos registros. Amy mostrou como ele havia cancelado pelo menos 27 pedidos de digoxina entre o momento em que começou a trabalhar no Somerset e o dia 27 de junho — oito vezes apenas no mês de fevereiro. Nenhum dos outros enfermeiros da unidade havia solicitado nem mesmo um quinto dessa quantidade.

Era uma boa teoria, impressionante, ainda que circunstancial. Será que Tim e Danny poderiam provar que Cullen vinha roubando medicamentos por meio de pedidos cancelados? Não podiam provar que ele tinha feito isso no passado. Poderiam instalar uma câmera na Pyxis e tentar pegá-lo em flagrante, mas, de acordo com os registros da máquina, não adiantaria. Depois de 27 de junho, quatro dias após a morte de Gall, os pedidos de digoxina feitos por Charlie foram interrompidos por completo, incluindo os cancelamentos.[1] Os resultados laboratoriais inexplicáveis, no entanto, não pararam.

Talvez Cullen tivesse alguma outra maneira de obter os medicamentos. Ou talvez o amigo de Amy não fosse o responsável pelos estranhos incidentes no Somerset. Era difícil conviver com qualquer uma dessas possibilidades. Ou a enfermeira não ia conseguir resolver aquele mistério ou ia acabar incriminando seu melhor amigo, transformando seus erros em evidências de assassinato.

— Então, o que isso significa? — perguntou Danny. — Que ele parou? Ou apenas que passou a agir de outra maneira?

Amy reuniu os papéis e os enfiou na bolsa para a longa viagem de volta para casa.

— Não sei — disse ela. Na verdade, não tinha mais certeza de nada. — Aviso a vocês se descobrir.

50

Amy tomou um banho e vestiu seu pijama mais antigo e macio. Deitou-se perto da lareira, fingindo relaxar com um livro. Como não funcionou, largou a taça de vinho e pegou o telefone. Charlie atendeu ao segundo toque.

— Oi, Charlie! — cumprimentou Amy. Ela não podia acreditar: estava genuinamente feliz em ouvir a voz dele. — Como estão as coisas?

— Tudo bem... — respondeu Charlie.

— Tudo bem?

— Tudo bem. Não, você sabe, quer dizer... Estou ficando cada vez mais preocupado — corrigiu Charlie. — Porque, você sabe, de novo, como eu disse, já faz algumas semanas. E você sabe que tudo é uma espécie de... Eu sinto que estou sendo engolido por tudo isso.

Sua namorada, Cathy, lhe dissera para não se preocupar, que tudo acontecia por uma razão, que Deus cuidava das coisas. Mas Charlie sabia que às vezes era preciso cuidar das coisas sozinho.

Amy, porém, não era como Cathy.

— Sabe — disse ele. — Você me entende.

— Mas será que ela está apoiando você de verdade? — perguntou Amy. — Quer dizer, ela está realmente dizendo "Não se preocupe"? Ela vinha sendo tão horrível antes.

— Acho que ela percebeu que, sabe, não estou em uma situação muito boa — explicou Charlie. — Mas nós brigamos feio alguns dias depois disso. E a briga tinha a ver com… um cara do lugar onde ela trabalha, que escreveu para ela, na verdade, escreveu uma carta de amor. E…

Charlie já havia contado a ela sobre o "amigo" da sua namorada.

— É o mesmo cara que levou almoço para ela ou algo assim? — perguntou Amy.

— Eles jantaram juntos — corrigiu Charlie. — E, ah, ela subiu para jantar, sabe, no andar dele. E ele… ele escreveu umas cartas estranhas, sabe, reclamando da noite em que foi trabalhar e ela não estava lá. E então ele escreveu, tipo: "Você sabe que tem que devolver minha alma, você tem que…"

— *O quê?* — gritou Amy.

— Você sabe, "você tem que", tipo, "aliviar meu coração", todas essas coisas estranhas — disse Charlie.

— Ah, meu Deus! — exclamou Amy. — Você não sentiu vontade de vomitar?

— Bem, ela, tipo, guardou a carta com outros papéis pessoais e essas coisas — disse Charlie.

Ele havia encontrado a carta enquanto arrumava o almoço que levaria para o trabalho. Ele confrontou Cathy, mas ela ficou indignada por ele estar bisbilhotando. Disse a ele que era uma brincadeira. Então Charlie encontrou mais uma carta na bolsa dela. As brigas começaram a sair do controle.

— Nós superamos isso, está tudo bem desde então, até onde eu sei — disse Charlie. — Na verdade, fui até a casa dele para perguntar sobre isso e…

— Você foi até a casa dele?! — Charlie era uma figura! Ele estava perseguindo o namorado da sua namorada grávida.

— Fui — respondeu Charlie. Ele parecia estar se divertindo com a história. — Bem, veja só… O mais estranho é que… E isso é só uma parte da coisa toda, hum, ele…

— Espere… Você o conhece?

— Não — disse Charlie. — Mas, hum, ele, na verdade, mora na casa onde ela morava, o que é outra coincidência estranha. Exatamente a mesma casa na rua... não, no quarteirão, exatamente a mesma casa em que ela morava.

— Tudo bem, Charles. Isso é muito estranho.

— Bem. E, sabe, ela disse que é só uma coincidência bizarra.

— Não, isso não é uma coincidência — disse Amy. — Você sabe disso.

— Bem, foi o que eu achei — prosseguiu Charlie. — Mas ela continua dizendo que foi. Quer dizer, eu não sei como, isso é só... estranho. Mas como ultimamente minha vida tem sido uma série de coisas estranhas, estou me acostumando.

— Uhum.

— Porque, você sabe, eu passei por alguns episódios menores de depressão e... bem... — ele lembrou a ela.

— *Menores?*

— Bem... — repetiu Charlie lentamente, alongando o momento.

— Fala sério, Charlie.

— Eu tenho, sabe, bem, tenho tido... pensamentos suicidas. Mas estou conseguindo lidar com eles... até agora. Mas...

— Querido! — disse Amy. — Isso é sério?

— Estou com medo. Não sei como as coisas vão ficar. Especialmente se ainda acharem que eu tenho algo a ver com a morte dos pacientes. Porque eu, você sabe... eu já tenho duas filhas e tem mais um bebê a caminho...

— O que é mais uma razão para manter a calma — disse Amy. — Por que não se consulta com alguém, por que não começa a tomar um antidepressivo?

Charlie suspirou. Essa não era uma conversa que o interessava.

— Sabe, quero dizer... eu pensei nisso — respondeu ele. — Mas, sabe... eu não sei por que tudo isso está acontecendo agora. Espero que tudo fique bem. Mas estou, hum, muito preocupado com o meu futuro. Você sabe, acho... Eu acho que são só as festas de fim de ano chegando também, porque ainda não contei para minha ex-mulher.

Charlie estava atrasado com os pagamentos da pensão alimentícia. O único ponto positivo da semana tinha sido a ligação do serviço social oferecendo a ele uma prorrogação de prazo. Charlie não fazia ideia de que tinha sido tudo orquestrado pelos detetives da Divisão de Homicídios: eles não queriam que Charlie se esforçasse demais para encontrar um novo emprego e acabasse indo parar em outro hospital.

— Sabe, eles disseram: "Tudo bem, você está tentando, então não vamos emitir um mandado de prisão por não pagamento." O que é legal da parte deles, até agora. Mas ultimamente não tenho tido muita autoconfiança — explicou Charlie. — Sabe, se eu tivesse mais confiança em mim mesmo, talvez ficasse mais feliz com o meu relacionamento, com o que está acontecendo, mas... — Charlie voltou a falar dos problemas com Cathy, do novo homem que ele percebia estar espreitando ansioso pelos cantos. O que ela teria visto nele? — Quer dizer, eu o conheci, e ele não me pareceu nada, sabe, fora do normal.

— Bem — disse Amy. — Ele não é inteligente como meu Charlie.

— É — concordou Charlie. Amy sempre sabia o que dizer.

Naquela noite, Amy teve um sonho. Charlie estava de volta ao trabalho. Ela observava enquanto ele enchia a seringa, injetava o conteúdo em uma bolsa de soro e, enquanto o êmbolo era pressionado, Amy sentiu uma onda de adrenalina. Era *ela* quem estava injetando a substância. *Ela* era a assassina. E estava gostando.

Mas, em seguida, Amy era a paciente. Estava deitada na cama do hospital. Charlie estava lá. Ele estava parado no fim do corredor, onde tantas vezes o vira, com o carrinho portátil Cerner diante de si como um púlpito. Charlie estava falando, mas Amy não conseguia entender o que ele dizia, nem responder. Em pânico, percebeu que não conseguia se mover. Era a injeção. Ela estava paralisada. Ainda estava paralisada quando acordou. Checou o coração, sentindo-o pulsar sob a palma da mão, acelerado como o de um pássaro. Não precisava procurar o significado do pesadelo em seus livros sobre sonhos já com várias marcações. Aquele pesadelo era fácil de interpretar. Ela se sentia insegura e impotente, sabia disso. Mas havia algo mais. Só depois de terminar o café da manhã e ficar sozinha em casa foi que ela conseguiu decifrar o restante.

O que a incomodou foi o lugar onde Charlie estava: sua posição costumeira no fim do corredor em forma de L. Era um local isolado, próximo às portas do elevador, distante do posto de enfermagem. Ela nunca tinha pensado muito sobre isso antes. Agora se perguntava por quê.

Amy se deitou no sofá e fechou os olhos. Havia usado esse método centenas de vezes antes, uma espécie de auto-hipnose que aprendera para enfrentar os episódios dolorosos da infância. Ela respirava e desaparecia. Era uma experiência mais próxima de reviver do que de lembrar.

Ela se viu de novo no plantão, com Charlie. Viu o colega em um canto da UTI. Ele era adorável, com seu jeito tímido e ingênuo, se escondendo atrás do computador. Todos os dias, depois da passagem de plantão, ele empurrava o computador portátil Cerner pelo corredor. Lembrava um carteiro triste com seu cardigã, empurrando o carrinho. Ela sempre achou que ele queria apenas trabalhar em paz. Nunca havia considerado a possibilidade de que ele quisesse estar perto das portas do corredor. Era por lá que os medicamentos chegavam.

Parado junto às portas, Charlie era a primeira e muitas vezes a única pessoa a ver o funcionário da farmácia encarregado de transportar os medicamentos. Charlie sempre o ajudava; ele era muito prestativo. Sempre ajudava o mensageiro com a bolsa de entrega de medicamentos. Na época, parecia que Charlie era um cara legal, poupando uma viagem ao entregador que estocava a unidade, ajudando-o no seu trabalho. Agora ela percebia outra coisa.

Meu Deus, Amy se deu conta. *Charlie nem precisava tocar no sistema Pyxis.*

51

Naquela noite, Amy analisou a papelada até os olhos se fecharem. Ela levou os papéis para a cama, pegou no sono com eles e os leu pela manhã antes de iniciar o longo trajeto para o sul, para usar a Pyxis, mais um longo fim de semana de plantões noturnos.

Amy tentava não pensar em si mesma como uma traidora, mas cada dia ficava mais difícil. Ela havia se rebelado e se sentia correndo o risco intolerável de ser demitida pela própria instituição que estava se esforçando para melhorar, e vinha enfrentando esse estresse completamente sozinha. Ela ainda era enfermeira, mas apenas os detetives conheciam sua identidade completa. Tim e Danny quase sempre ficavam trabalhando até tarde agora; Amy passava lá depois do plantão, tomava um café e entregava mais uma pilha de papéis. Ver os detetives trabalhando fazia com que ela se sentisse um pouco menos sozinha, um pouco mais corajosa.

Fora Amy quem primeiro contara aos detetives sobre os prontuários dos pacientes no Cerner. Os investigadores da equipe da Promotoria do Condado de Somerset queriam esses registros, intactos e por inteiro. O detetive Douglas Brownlie já tinha começado a preparar a papelada para o mandado judicial. Enquanto isso, Amy tinha outro jeito de fazer as coisas.

Ela se sentia como o sujeito da canção de Johnny Cash sobre o operário de uma montadora que todos os dias, durante vinte anos, levava uma peça de carro para casa em sua marmita e acabou montando um Cadillac completo. Exceto pelo fato de que Amy não tinha vinte anos para obter todos os registros de Charlie no Cerner sem que ninguém percebesse. Em vez disso, passou a levar uma bolsa maior para o trabalho.

Aparentemente, nenhum de seus colegas de trabalho havia notado como suas impressões dos prontuários do Cerner haviam aumentado; a privacidade do plantão noturno proporcionava essas liberdades. Amy lia os registros na tela rapidamente durante o plantão, depois folheava as páginas com mais calma quando estava sozinha no carro. Ela dizia a si mesma que não era uma atitude suspeita uma enfermeira, usando uniforme de enfermeira, ficar dentro do carro estacionado na beira da estrada lendo prontuários médicos, mas sabia que era suspeito, óbvio que era. Naqueles dias, ela parecia suspeita até para si mesma. Estava tentando seguir os rastros de Charlie, descobrir seus métodos de assassinato, se é que ele era realmente um assassino. No entanto, no processo, também passou a agir como o enfermeiro.

A passagem entre o turno de sexta-feira e o turno de sábado era fácil: sair às onze da manhã, estar em casa entre a uma e meia e as duas da tarde para passar um sábado inteiro com as crianças antes de voltar para o plantão da noite. Mas no domingo ela sempre estava exausta, e aquele domingo havia sido mais exaustivo do que o normal. Amy se sentou no posto de enfermagem para a troca de plantão se sentindo uma impostora. Ela não confiava em si mesma naquela noite. Ia trabalhar em uma cena de crime, mas estava cansada demais para atuar como enfermeira ou investigar. Trabalhar com a promotoria deixava Amy nervosa. Ela temia por todos agora, incluindo seus pacientes e ela mesma. O estresse logo se cristalizou em uma forte dor de cabeça.

Amy foi até a Pyxis para fazer um pedido de paracetamol, mas rapidamente se deteve. Tudo era tão suspeito agora, até as coisas mais rotineiras. Até mesmo pedir um maldito paracetamol em um hospital.

Os enfermeiros chamavam isso de autodispensação. Não chegava a ser um segredo, mas não figurava exatamente no manual. Quando um enfermeiro precisava de uma aspirina ou de um paracetamol para si mesmo, com frequência pedia o medicamento na máquina Pyxis. Era algo sem muita importância, como uma garçonete comendo uma batata frita de um prato. Amy se afligia diariamente com seu balanço cármico, mas nunca havia se preocupado com isso. Então, por que aquela torrente de culpa? Ela sentiu raiva de si mesma — era apenas um paracetamol, pelo amor de Deus, para que sua cabeça não explodisse enquanto ela se matava de trabalhar durante o plantão noturno. Mas Amy acabou decidindo: dane-se, ia trabalhar com dor mesmo.

Cancelou seu pedido de paracetamol na Pyxis. A gaveta de medicamentos, é claro, se abriu mesmo assim, e ela pensou instantaneamente em Charlie ao se curvar para fechá-la, e mais uma onda de culpa passou por seu corpo. Então ela parou e percebeu. Lá estava o paracetamol, em seu pequeno compartimento. A digoxina ficava na mesma gaveta, eram praticamente vizinhos.

Era fácil assim. Conforme repassava os pedidos de Charlie na Pyxis, tudo começou a fazer sentido. A informação estava o tempo todo no computador. Ele nem sempre pedia digoxina — não precisava. Poderia pedir paracetamol. A digoxina ficava na mesma gaveta.

Depois do plantão, Amy voltou ao início da pilha de registros da Pyxis. Os detetives estavam tentando condenar Cullen pelo assassinato de Florian Gall, concentrando-se nele e na digoxina. O problema era que os pedidos do medicamento não correspondiam às mortes pela substância. Mas os pedidos de paracetamol, sim. Talvez não houvesse nenhuma maneira de provar que ele havia pedido uma coisa e pegado outra, mas nenhum enfermeiro olharia para aquele padrão de pedidos de paracetamol sem achar bizarro. Amy não pôde deixar de se perguntar se tinha sido a primeira no Somerset a reparar nisso.

Os pedidos de paracetamol não eram o único padrão estranho. Ao analisar novamente os registros da Pyxis, Amy encontrou outras combinações curiosas de medicamentos que Charlie havia pedido consistentemente. Nitroprussiato. Norepinefrina. Nitroglicerina. Pancurônio. A lista era extensa, às vezes meia dúzia por noite. Amy sabia que esses medicamentos eram mais comumente usados nas Unidades Coronarianas.

Charlie estava trabalhando na UTI. Seus pedidos esvaziavam as gavetas. Então, vez após vez, Charlie pedia um reabastecimento na farmácia. Seu lugar junto ao Cerner no corredor significava que ele era o primeiro a receber a entrega. Na época, Charlie era considerado prestativo. Agora Amy não tinha tanta certeza. Os pedidos de reabastecimento eram incomuns e apareciam nos registros dele na Pyxis. Fleming, o advogado do Somerset, havia feito perguntas a Charlie sobre aquilo, além das perguntas sobre os cancelamentos frequentes. Mas será que ninguém tinha perguntado a Cullen o que ele fazia com todos aqueles medicamentos para o coração?

Antes de dormir, Amy pegou o telefone e ligou para Tim. Ele e Danny estavam tentando rastrear uma única arma; ela achava que a Pyxis apontava para um arsenal inteiro. Mas ainda não sabia o que ele fazia com tudo aquilo.

Amy voltou ao banheiro, unindo as mãos em concha e levando a água gelada ao rosto, mas sua palpitação não era irracional. Ela estava procurando respostas que lhe dissessem quem seu amigo realmente era. E as respostas estavam lá, nas páginas de dados sobre as movimentações de Charlie na Pyxis e no padrão distinto de combinações de substâncias que ele pedia.

Eram combinações que, do ponto de vista fisiológico, se complementavam, adequando-se a um propósito da mesma forma que notas individuais contribuem para um acorde ou que a aparente desarmonia de diversas bebidas se combinam em um drinque. Tudo fazia um sentido terrível agora. Amy precisava dormir, mas tinha medo de sonhar.

52

Amy expôs suas novas descobertas espalhando-as na mesa diante de Tim e Danny na tarde seguinte. Charlie vinha agindo como uma espécie de bartender, explicou a eles, dosando uma mistura de fármacos tanto com medicamentos que retirava das gavetas da Pyxis quanto com os que não retirava de lá.[1] Cada substância no coquetel tinha um efeito bioquímico específico. Juntas, formavam uma sinfonia bioquímica. Quando combinadas, não era necessária uma quantidade tão grande de nenhum dos medicamentos para levar um paciente vulnerável ao colapso. Uma substância empurrava enquanto a outra puxava.

Apenas a reação do paciente importava. O intervalo entre a administração do coquetel e a reação do paciente era repleto de suspense. Podia haver uma piora súbita, uma parada cardiorrespiratória ou uma recuperação milagrosa como a de Lázaro. O coquetel era o enigma e os laudos laboratoriais eram a resposta.

Amy tinha imaginação suficiente para dar sentido aos padrões, mas não conseguia imaginar o monstro que se divertia com eles. A única coisa de que tinha certeza era que não podia ser a pessoa gentil que era o seu amigo Charlie. A desconexão emocional a incomodava tanto quanto os assassinatos em si.

Amy se considerava uma pessoa perceptiva — uma viajante espiritual, uma ouvinte com antenas bem sintonizadas para a frequência das vibrações. Depois do que havia vivenciado na infância, sempre presumiu que saberia se estivesse perto de outro monstro. No entanto, quando estava ao lado de Charlie, ela nunca sentia nada parecido com maldade. Talvez tivesse formado uma ideia errada sobre ele, ou talvez suas antenas estivessem quebradas. Ou talvez, pensou Amy, fosse parcialmente cega e visse apenas o lado bom das pessoas.

As páginas de Charlie no Cerner compreendiam todos os prontuários que ele havia acessado no Somerset. Cada página dizia que Amy havia presumido errado. Na verdade, Charlie não era o melhor enfermeiro do mundo, ou o melhor administrador de prontuários que Amy já tinha visto. Ele mal havia digitado uma linha.

Seus registros nos prontuários eram, na verdade, os *piores* que Amy já tinha lido. Havia amontoados de palavras aqui e ali, anotações descuidadas, espasmos de observações apressadas e com erros ortográficos. Ele não devia ter levado mais de um minuto para fazer aquele trabalho. O que fosse que ficasse fazendo no computador, não era contribuir com informações. Isso significava que Charlie estava procurando algo.

Amy teve que esperar até o plantão seguinte para imprimir o restante dos registros. Dessa vez, não conseguiu esperar até chegar em casa. Naquela manhã, ligou e, em seguida, levou a papelada para o segundo andar do escritório da promotoria para compartilhar sua descoberta com os detetives.

O Cerner registrava automaticamente tudo que um enfermeiro fazia no sistema, mostrando a data e a hora em que era acessada uma determinada página. Charlie passava a noite acessando prontuários. Ele não estava simplesmente lendo, ele estava... *caçando*.

A palavra lhe causou um arrepio.

No sonho de Amy naquela noite, Charlie estava ao lado da Pyxis, arrumando as bolsas de soro. Prestativo. Ele fazia isso sozinho.

Havia pacientes na ala, os nomes listados no quadro-branco. Strenko, Simco, Strickland, cada um com um número correspondente. Os números dos quartos eram uma espécie de loteria; os enfermeiros ficavam encarregados de números diferentes a cada dia. Alguns achavam que determinados números davam sorte e apostavam neles. Alguns eram palíndromos, iguais de trás para a frente, como o 212. Outros correspondiam a datas de aniversário, se você tivesse nascido em fevereiro.

Agora Charlie está diante do Cerner. Na tela, há o prontuário de um paciente, mas não um dos dele. Depois outro paciente, e outro.

Os enfermeiros estão nos quartos, cuidando dos leitos. Charlie está com o seu paciente. Ele fecha as persianas e a porta e puxa a cortina em torno da maca do paciente. Por que tanto sigilo? Charlie está no quarto? Qual quarto? Ele tem três pacientes em três quartos. As três cortinas estão fechadas. Pode ser qualquer um dos três. É como um monte de três cartas. Onde está Charlie? Mas ele não está nos quartos. Charlie está no posto de enfermagem, pegando medicamentos. Por que tantos? Ele está sozinho na Pyxis, mas não está usando a Pyxis. Por que tantas vezes? Outra enfermeira precisa pegar um medicamento e Charlie se oferece para fazer isso por ela. Por que tão prestativo?

Em cima da Pyxis, Amy vê as bolsas de soro intravenoso, pequenos úberes transparentes formando uma fileira. Cada uma tem um adesivo com números e letras, fonte tamanho dez, seria necessário usar óculos para enxergar. Ele está usando óculos? Não está. Charlie é vaidoso. Ele é bonito. Ele não consegue enxergar.

Seria preciso ir com calma, parar, analisar as bolsas para descobrir qual delas ia para cada paciente. Será que ele faz isso? Ele está com o coquetel nas mãos e enfia a agulha em uma das bolsas. Será que sabe o nome ou o número? Sabe para quem vai?

Agora ele está de volta atrás do carrinho do Cerner, um novo paciente na tela. Então outro. E outro. Por que tantos, Charlie? O que você está procurando, querido?

Charlie, o que você está procurando?

Charlie não sabe. É por isso que ele está olhando.

É uma loteria.

Amy acorda.

Cruzados com os relatórios da Pyxis, os registros de Cullen no Cerner eram a prova mais incriminadora que a promotoria tinha contra ele até aquele momento. Mas, para que os detetives a entendessem, Amy teve que lhes dar uma rápida aula.

O Cerner tinha sido apresentado aos profissionais da área médica apenas alguns anos antes como uma forma compacta e eficiente de fazer anotações sobre os pacientes, pesquisar suas alergias, as medidas de reanimação autorizadas,[2] resultados de exames laboratoriais etc. Mas os enfermeiros só deveriam acessar o prontuário dos pacientes pelos quais estavam responsáveis no plantão.

O que os enfermeiros nunca faziam, pelo menos nenhum que Amy conhecesse, era usar o Cerner para pesquisar o status de pacientes sob a responsabilidade de outros enfermeiros. Mas isso, ao que parecia, era exatamente o que Charlie Cullen vinha fazendo.

Amy começou com os acessos do colega ao prontuário do paciente Florian Gall em junho. Os registros do hospital mostravam que Gall tivera uma parada cardíaca às 9h32 da manhã de 28 de junho, morrendo cerca de 45 minutos depois.

Gall não era um dos pacientes sob os cuidados de Cullen na noite em que morreu. No entanto, os registros do Cerner mostravam Charles Cullen bisbilhotando o prontuário do reverendo às 6h28 e novamente às 6h29 do dia 28 de junho. Ele estava verificando de minuto em minuto, procurando algo apenas meia hora depois que o pico de digoxina foi detectado nos exames laboratoriais de Gall e três horas antes de os níveis de digoxina no sistema do paciente fazerem o coração dele parar.

— E isso é apenas Gall — ressaltou Amy.

Os registros do Cerner continham linhas e mais linhas de logins de Charlie Cullen no computador, milhares deles, às vezes centenas por noite.

270 O ENFERMEIRO DA NOITE

— Ele estava estudando os pacientes — concluiu Danny. — Por que diabos estava fazendo isso?

Amy achava que sabia. As bolsas de soro ficavam enfileiradas para os enfermeiros. Mas e se Charlie tivesse preparado um coquetel de medicamentos e injetado em uma ou mais das bolsas de soro que ficavam junto à Pyxis? Ele não precisaria levá-las até o quarto do paciente, não precisaria estar presente. Os outros enfermeiros — até mesmo Amy — fariam esse trabalho por ele. Charlie poderia simplesmente ficar no seu canto e usar o Cerner para verificar os exames laboratoriais e o progresso de cada paciente. O Cerner diria a ele onde suas bolsas de soro adulteradas tinham ido parar. Ele não precisaria estar presente no momento da morte para sentir o impacto; bastava consultar os prontuários no Cerner a qualquer momento e acompanhar os desdobramentos. Poderia ser na mesma noite ou no dia seguinte, não importava; o acontecimento estaria sempre disponível na tela para ser revivido repetidas vezes. Era isso que ele ficava fazendo? Amy sentiu o coração começar a apertar. Ela havia administrado os coquetéis de medicamentos dele. E seu amigo tinha acompanhado tudo do outro lado da unidade, como o placar de um jogo.

53

29 de novembro de 2003

O laudo do exame toxicológico de Gall chegou às 10h38 de sábado. A maior parte do documento era dedicada ao que eles *não* haviam encontrado: cerca de 96 medicamentos diferentes, de paracetamol a zolpidem. O que os testes encontraram foi digoxina, em grande quantidade: 23,4 mcg/l no fluido vítreo; 32,0 mcg/kg no baço; 40,8 mcg/kg no coração; e 104 mcg/kg nos rins. Agora Mambo poderia corrigir seu relatório. Causa da morte: *intoxicação por digoxina*. Tipo de morte: *homicídio*. Tinham uma vítima de assassinato e a arma do crime. Mas ainda não tinham uma maneira contundente de condenar o assassino.

A equipe da promotoria vinha se reunindo agora duas vezes por dia. Os relatórios da Pyxis e as impressões dos registros do Cerner eram o principal conjunto de provas ligando Cullen às substâncias que haviam matado Gall. Mas os registros da Pyxis demonstravam apenas que era possível para Charles Cullen ter obtido os medicamentos de que precisava para matar. O promotor Forrest sabia que isso estava longe de ser uma prova de assassinato.

Charles Cullen poderia facilmente alegar que os pedidos de paracetamol eram válidos e reais.[1] A leitura de Amy sobre a Pyxis sugeria que Cullen estava jogando um jogo com os pacientes da unidade, uma suposição que talvez fosse complexa demais para comprovar. Eles tampouco podiam atestar que os numerosos cancelamentos de pedidos de Cullen na Pyxis iam além de erros, ou que o fato de ele estar sempre junto ao Cerner da unidade era outra coisa que não uma obsessão estranha, mas inofensiva. E com Cullen desempregado, obviamente era tarde demais para pegá-lo em flagrante sem arriscar outro assassinato. Havia apenas uma maneira segura de colocar Charles Cullen atrás das grades: ele teria que confessar os crimes, ou pelo menos um deles, a alguém em quem confiasse. Para que o caso do reverendo Gall não fosse arquivado, como o de Ethel Duryea, Tim precisaria pedir outro favor a Amy.

Os detetives arranjaram um telefone para a enfermeira em uma das antigas salas da Divisão de Combate às Drogas, um telefone cujas ligações apareciam no identificador de chamadas como número privado. Ela encontrou Charlie em casa, pouco antes das onze, e deu a ele seu "Oi, querido!" mais animado.

Quando a conversa se voltou para o caso, ela disse:

— Acho que o que mais me incomoda, Charlie, é que realmente sentia que você era uma das razões pelas quais eu estava lá. Simplesmente não é a mesma coisa sem você. E, você sabe, quer dizer, isso é uma droga. É uma droga sem você lá.

Charlie tinha certeza agora de que havia sido demitido por causa da sua foto nos anúncios de enfermagem. Alguém tinha visto, essa mesma pessoa o havia denunciado, então eles checaram as datas em seu formulário. Charlie gostava dessa versão dos acontecimentos; era um lembrete de seu efeito duradouro no mundo, a foto dele e suas consequências. Ele era uma vítima, mas uma vítima famosa. Eles o haviam enviado pelo correio, seu rosto, sorridente, bonito, *Charles*. Ele havia aparecido em duas revistas também.

— Você é uma estrela, Charlie! — exclamou Amy. Ela disse que sentia muito a falta dele. Será que ele não poderia voltar para ela; atravessar a divisa do estado e ir até Somerville? — Eu quero... eu quero ver você, ok?

— Tudo bem — concordou Charlie.

— Quer dizer, eu não sei — disse Amy, a voz intensa e sedutora. — Eu sinceramente não sei como Cathy se sentiria, mas...

— Ela me disse que, sabe, não se importaria se eu saísse com outra pessoa, e que eu não deveria me importar se ela saísse com alguém — explicou Charlie.

— Certo — disse Amy rapidamente, recuando. Ela tinha se sentido segura brincando no limite, usando o charme que sabia que o atrairia como homem, mas presumindo que ele não cruzaria a linha da amizade platônica. Ele nunca fizera isso antes. Mas sair com outras pessoas? — Bem, talvez até... talvez você, eu e Donna possamos sair juntos — sugeriu ela. Não um encontro, apenas uma reunião de enfermeiros da unidade.

— Tudo bem — disse Charlie. Ele não parecia mais tão interessado. — Então, sim, ah... sim. Podemos tentar combinar alguma coisa.

— Você tem meu número?

— Ah, sim, ainda tenho — respondeu Charlie. — Você sabe, em algum lugar...

— Eu sei que você não vai ligar — brincou Amy. Ela precisava deixá-lo interessado outra vez, mas sem despertar nenhum impulso sexual. — Eu sei que você é um bobo, que não vai ligar, não vai entrar em contato comigo, e você sabe que isso é um saco. É um saco.

Charlie percebeu a pena dela e pressionou por mais.

— É só que, agora, eu me sinto totalmente imprestável, é a maneira como me sinto.

— Bem, você não é imprestável, está bem? Você não é.

— Porque, odeio dizer isso, mas você sabe que, para mim, meu trabalho é uma parte importante do meu... do meu senso de identidade. De quem eu sou.

— Eu sei, Charlie.

Charlie começou a explicar novamente por que tinha sido demitido, divagando de forma incompreensível sobre o assunto por vários minutos, sobre as datas, por que havia se confundido, como *ele* havia sido mal interpretado...

— O que acha de experimentar sertralina? — sugeriu Amy. — Ou fluoxetina?

Charlie hesitou.

— Bem, não sei.

— Quer saber, eles têm o novo — disse Amy. — Ser-fluo, conhece?

— Quero um de cada.

— Sim, mas, *falando sério*, eu quero dizer...

— Certo.

Charlie não estava interessado nesse tipo de ajuda.

— Este é um momento realmente péssimo para você.

— Eu fiquei tão deprimido. Simplesmente não dei a mínima.

— Charlie — disse Amy. — Como posso ajudar?

Ele já havia cadastrado seu currículo em alguns sites de busca de emprego; Amy tinha ouvido dizer que eles eram bons para trabalho hospitalar, mas com as festas de fim de ano chegando e a perspectiva de voltar a pagar pensão alimentícia, Charlie estava tendo dificuldade de se manter otimista.

— Acho que tenho mais ou menos um mês antes de realmente começar a me desesperar.

— E é por isso que você vai precisar do meu apoio, seu bobo!

— Sim.

— Você *sabe* que precisa manter contato — disse Amy. — E eu com certeza vou manter contato. E, na verdade, estou sendo... estou sendo um pouco indelicada, porque estou usando o telefone de uma amiga, já que o meu quebrou, então talvez seja melhor eu desligar, porque a ligação é interurbana.

— É, acho que sim — disse Charlie.

— Então vou mandar um e-mail para você, e aí você me liga, sem falta. Promete?

— Vou ligar.

— Não, prometa!

— Eu... eu prometo.

***

Tim esperou até ouvir ambos os cliques antes de registrar o horário da gravação. Amy tinha sido perfeita ao telefone, atraindo-o, fazendo planos de contatos futuros e fornecendo informações importantes que os detetives não poderiam ter obtido em nenhum outro lugar. O problema era a informação em si. Charlie Cullen estava procurando trabalho.

Tim não sabia o que devia fazer em seguida. Ele queria envolver os especialistas do FBI, mas Forrest o havia proibido de entrar em contato com a sede de Quantico. A equipe da promotoria teria que resolver aquele caso sozinha; enquanto isso, cada dia de trabalho deles era mais um dia que Cullen estava solto, livre para matar outra vez. Poderia ser uma questão de dias até ele voltar à UTI. Os relatórios da equipe de vigilância confirmavam: Cullen estava nas ruas, indo a entrevistas e sabe-se lá o que mais. A abordagem de construção lenta do caso estava levando tempo demais. A única coisa que restava era a abordagem direta.

54

Os detetives observavam Charlie Cullen do lado de fora, na frente da casa, tirando o lixo.

— Ou isso vai funcionar ou vai dar muito errado — disse Tim.

— Não tenho como discordar — falou Danny. — Como quer agir?

— Vamos acabar com esse idiota sendo excessivamente gentis com ele — explicou Tim. — E, se ele resistir, nós apenas acabamos com o sujeito.

Ele abaixou a janela automática e assobiou.

Charlie olhou e viu o carro fumegando no ar de dezembro. Um carro do tipo oficial, grande e novo, com placas de Nova Jersey. O motorista estava com a janela aberta, o braço estendido como se tentasse chamar um garçom.

— Ei, Charlie — gritou o sujeito. — Venha aqui.

Charlie parou, sem saber o que fazer com o lixo. Ele segurava as duas lixeiras grandes, tentando arrastá-las até a calçada de uma só vez, o que não daria certo, a não ser que as arrastasse de costas.

Os detetives saíram do carro.

— Você sabe quem somos? — perguntou Braun, sorrindo para ele. Amigável.

Charlie parou e encarou o chão. Dois deles, ambos de bigode, o branco de jaqueta de couro e o negro de terno. Charlie pensou ter visto outro cara esperando dentro do carro.[1]

— Vocês são policiais.

— Isso mesmo, Charlie, somos policiais — disse Braun. — Na verdade, somos detetives, Charlie. E sabe por que estamos aqui?

— Imagino que seja alguma coisa relacionada ao Somerset — respondeu Charlie.

— E você imagina isso porque...

— Bem, por causa da placa de Nova Jersey.

— Bem, devo dizer que isso é muito perspicaz, porque você está certo.

— Vou ser preso?

— Você é o alvo da nossa investigação, Charlie. Estamos apurando as mortes no Somerset e precisamos lhe fazer algumas perguntas.

— Sim, eu fui... eles me interrogaram no hospital, duas vezes — disse Charlie. — Sobre os incidentes incomuns. Fizeram isso recentemente, me perguntaram sobre os ocorridos lá.

— Ótimo. Tudo bem. Agora nós queremos falar com você também.

Tim abriu a porta de trás do carro, dando tapinhas na lataria como se estivesse chamando um cachorro, esperando que Charlie seguisse as instruções.

— Venha. Vamos dar uma volta. Podemos conversar no nosso escritório.

— Hum, eu não... eu estou sem o meu casaco — disse Charlie.

A cabeça dele estava virada para o chão, mas os olhos estavam voltados para cima agora, olhando de relance para a rua, para os homens, para o banco de trás do carro.

— Não vai precisar do casaco — disse Tim. — Está quente aqui dentro. — Ele deu tapinhas na porta de trás novamente. — Vamos. — Sem dizer que ele era obrigado, mas também sem dizer que tinha escolha.

O carro era diferente dos outros carros da polícia nos quais Charlie tinha estado: mais espaçoso, mais confortável e sem divisória entre os bancos dianteiro e traseiro. Os detetives não pararam de falar durante o trajeto, descontraídos. Conversaram sobre trabalho, esportes e até sobre o clima. Tim conhecia a pizzaria perto do cruzamento onde

Charlie tinha crescido, em West Orange, se lembrava do mascote do time da escola do enfermeiro. Atravessaram a divisa interestadual com Cullen e o levaram, em caráter não oficial, à sala de interrogatório da delegacia de polícia do condado de Somerset. E quando Charlie parecia tranquilo o suficiente, eles começaram.

Em Newark, Tim costumava mandar algemar os sujeitos a um olhal em sua mesa. Ele levantava os olhos enquanto digitava o depoimento e lá estava o sujeito, dormindo na cadeira. Preso por assassinato, vislumbrando uma pena de vinte anos e roncando. Tim demorou um tempo para perceber que, para alguns deles, a parte realmente estressante era escapar dia após dia. Ser pego era um alívio. Ser pego significava que não havia mais nada com que se preocupar, pelo menos para alguns caras. Mas não, o detetive se deu conta, para sujeitos como Charlie.

Eram duas da manhã quando o Crown Vic sem identificação de Braun parou novamente diante da casa de Cullen. Eles não tinham conseguido nada. Cullen saiu do banco de trás do carro e se encaminhou silenciosamente em direção à porta de entrada. Braun abaixou a janela.

— Ei, Charlie! — chamou ele. — Olhe para mim.

Charlie estreitou os olhos contra os faróis altos.

— Da próxima vez que nos virmos — disse Braun —, você vai estar usando algemas.

Então Tim Braun colocou o braço para fora da janela, um punho fechado na extremidade da jaqueta de couro. Ele sabia que era ridículo, mas fez o gesto mesmo assim, não conseguiu evitar. Estava extremamente frustrado. O punho para fora da janela era o mais perto que poderia chegar de uma ameaça.

Tim esperou uma resposta engraçadinha, um *vá se foder*, ou algo assim. Era o que teria feito se um cara estendesse o braço e dissesse aquilo para ele. Charlie apenas balançou a cabeça, se virou e caminhou lentamente de volta para casa. Como se aquilo não o tivesse afetado. Ele não precisava dizer *vá se foder*. Era um homem livre, e eles não tinham o suficiente para prendê-lo. Para Tim, isso era um *vá se foder* bastante expressivo.

55

Enquanto Braun, Baldwin e o capitão Andy Hissim interrogavam Charles Cullen em Somerset, outra equipe foi até a casa dele em Bethlehem. Os detetives da equipe da promotoria Lou DeMeo, Andrew Lippitt, Edward Percell e Douglas Brownlie, acompanhados pelo promotor assistente Tim Van Hise, pelo vice-chefe Norman Cullen e pelo tenente Stuart Buckman, tinham se juntado ao detetive Delmar Wills, um contato da Promotoria do Condado de Northampton. Eles apresentaram um mandado de busca à namorada de Charlie, Catherine Westerfer, que os atendeu à porta da frente, depois passaram três horas vasculhando a casa e o carro de Cullen, procurando principalmente por substâncias controladas que ele pudesse ter roubado do hospital.

As buscas resultaram em uma cartela de comprimidos, um frasco de medicamento para alergia e um frasco de ibuprofeno. Cada um dos recipientes foi esvaziado, e as cápsulas e os comprimidos, contados, fotografados e ensacados para serem guardados no depósito de evidências da promotoria de Northampton. A análise dos medicamentos não revelou nada mais forte do que remédio para resfriado.[1]

Braun e Baldwin percorreram o trajeto de volta da casa de Cullen pela rodovia interestadual em um silêncio desconfortável. Danny Baldwin estava mais do que ciente de que, como o detetive no comando do caso, a responsabilidade pelo que tinham acabado de fazer recairia sobre ele primeiro. Fora Danny quem procurara o promotor assistente Tim Van Hise, pedindo que confiasse nele enquanto atestava uma causa provável para o mandado de busca, trabalhando com Van Hise por horas até chegarem à linguagem jurídica adequada. Tinha sido uma jogada ousada, e, antes de ir com ele até o gabinete do juiz, o promotor assistente dissera: "Baldwin, é o seu pescoço que está arriscando — tem certeza disso?" Danny respondera que sim, absoluta. Agora não estava mais tão certo. Ele sabia que era melhor nem se dar ao trabalho de tentar conversar sobre o assunto naquele momento, não no carro. A frustração irradiava de seu parceiro em ondas.

Eles haviam interrogado Cullen por seis horas, usando tudo que tinham contra ele. Charlie ficara perfeitamente à vontade em contar sua história pessoal. Ele não demonstrou surpresa ao descobrir que os detetives sabiam sobre as alegações nos hospitais Saint Barnabas, St. Luke's e Warren. Não negou as acusações. Disse apenas que nunca havia sido formalmente acusado e os hospitais o haviam inocentado. Depois disso, não viu nenhuma razão para dizer mais alguma coisa. Então os detetives tentaram pressioná-lo com o conhecimento sobre seus métodos secretos para obter digoxina.

Disseram que tinham os registros de suas movimentações na Pyxis. Tinham visto seus pedidos e cancelamentos de digoxina nos dias 15 e 27 de junho. Na verdade, como Danny havia notado de início, Cullen cancelava pedidos o tempo todo na Pyxis. O que ele achava disso? Podia explicar? Ele respondeu que não. Que não precisava.

— Talvez eu tenha pressionado a tecla errada — disse Charlie. Depois, sugeriu: — Talvez eu não estivesse usando meus óculos.

Isso não fazia sentido, e os detetives disseram isso a ele. Se tinha cometido um erro e apertado a tecla errada, por que em seguida não havia pressionado a correta? Charlie não sabia. Eles perguntaram de novo, e ele apenas deu de ombros, encarando o chão em seguida. Sabia que não estava preso. Que ia continuar impune. Braun queria deter o cara, fisicamente se pudesse, só colocá-lo na prisão antes que ele matasse mais uma vez. Mas há um limite até onde é possível pressionar um sujeito quando ele sabe que pode ir embora quando quiser.

Finalmente, a pressão chegou a um beco sem saída. Os detetives faziam perguntas e Cullen repetia a resposta, sem parar, dizendo que "não podia falar sobre isso". Estas palavras: *não podia*. Não era uma negação, mas tampouco uma confissão. Então os detetives pressionaram mais.

Cerca de seis horas depois, Charlie estava em lágrimas. O promotor finalmente disse que encerrassem. E agora ali estavam eles, em uma situação pior do que quando haviam começado. No trajeto de volta, essa foi a primeira coisa que Danny disse em voz alta. Estava tudo arruinado. E pegar o cara sem provas suficientes para a prisão fora a gota d'água. Agora ele estava assustado. Sabia que estava sendo vigiado, sabia que estava sendo investigado.

— Você sabe qual é a próxima ligação que vamos receber — disse Danny, por fim.

Tim imaginava que pela manhã Cullen já teria um advogado e pronto, fim da história. Eles haviam arriscado tudo para obter uma confissão. Mas as chances de conseguir arrancar algo de Cullen agora eram praticamente zero.

Charlie esperou até que Cathy fosse trabalhar e ligou para Amy. Tinha tantas coisas para dizer a ela, a semana tinha sido emocionante, uma loucura total. Mal podia esperar para contar à amiga. Então, quando a ligação foi atendida pela secretária eletrônica de Amy, Charlie contou a história mesmo assim.

— Quinta-feira: uma grande, grande-grande-grande comoção! — disse Charlie sem fôlego. — Fui levado para ser interrogado, e Cathy foi detida e, hum, eu fui interrogado por algumas horas e... por cinco horas. Grande, *grande* provação, hum, e eu acho que... a coisa toda no, hum, Somerset provavelmente está ficando um pouco... maior. Hum, mas, sim, é... bem, hum, eu posso na sexta-feira. Eu nem achei que iam me deixar voltar para casa na quinta — continuou Charlie —, mas, até agora não teve mais nada... *enfim*. Nossa, eu falo demais!

Charlie desligou antes de se dar conta de que, em sua empolgação, havia se esquecido de contar a Amy a outra grande notícia. Ela estava certa: aqueles novos sites de busca de empregos realmente funcionavam. Charlie ia voltar a ser enfermeiro.

56

Tim saiu do escritório, deixando o estacionamento em direção aos rastros lamacentos da primeira grande tempestade de neve do inverno. Não se falava em outra coisa no rádio, e ele já podia imaginar: cem condados cheios de crianças em idade escolar lamentando o azar de a primeira grande nevasca da estação ter caído em uma noite de sexta-feira. As condições climáticas foram uma boa desculpa para Tim sair do trabalho mais cedo; ele tinha uma conversa por telefone marcada com os caras do FBI, uma ligação que o promotor Forrest havia exigido que não fizesse. Tim decidiu comprar um café, estacionar e fazer a ligação de dentro do carro, com o aquecimento ligado.

Ele tinha noção de que Danny adoraria participar da conversa, mas sabia que era melhor não incluir o parceiro. Danny era dez anos mais jovem, ainda estava avançando na carreira. Irritar os promotores não era a melhor maneira de progredir.

Tim tinha absoluta certeza de que o promotor estava tomando a decisão errada. Então, em vez de discutir, simplesmente ignorou a ordem e fez o que achava certo, entrando em contato com o FBI sem dizer nada ao superior. O risco parecia valer a pena. Poderia ajudá-los a resolver o caso e, provavelmente, não custaria seu emprego. Provavelmente. Se a ligação tivesse sido feita sete dias antes. Nesse ínterim, eles foram atrás de Cullen e estragaram tudo.

Era tentador, ao conversar com os figurões, amenizar os momentos difíceis e os erros — como fazer Cullen chorar e a parte sobre ameaçá-lo diante de sua casa. Mas embelezar as coisas para os caras de Quantico seria contraproducente. Ele não podia esperar obter a ajuda certa sem fornecer a eles os fatos. Ao mesmo tempo, aquela não era uma conversa que Tim estava ansioso para ter.

Braun havia entrado em contato com o FBI com a ajuda de um conhecido na subdivisão de Newark. A pessoa que o atendeu, por sua vez, colocou Tim em contato com um agente estadual, que contatou o pessoal de Quantico — que, pelo que Braun sabia, estava acostumado a lidar com aquele tipo de coisa. *Serial killers* não eram casos extraordinários para eles; simplesmente faziam parte do dia a dia. Os criminologistas de Quantico já tinham lidado com enfermeiros assassinos. Mas nunca tinham visto nada parecido com Charles Cullen.

Ao telefone,[1] o agente do FBI havia explicado a Tim que 99% dos *serial killers* relacionados à medicina eram mulheres. E com as mulheres, eles disseram, a tendência era se deparar com dois cenários: *Eu vou ser a heroína* ou *É um ato misericordioso — eu odeio vê-los sofrer*. Um *serial killer* da área médica do sexo masculino era algo raro, mas não inédito. As motivações tendiam a ser sexuais, ou baseadas em poder e controle. Até onde os analistas de perfil de Quantico puderam determinar, Cullen não se encaixava em nenhum dos tipos. Ele parecia ser "um protagonista masculino que talvez fosse um pouco feminino". Isso os colocava diante de uma subespécie ainda não estudada de *serial killer*, algo desconhecida, logo além da rede de informações. Os analistas de perfil de Quantico enviaram a Tim uma espécie de questionário sobre o seu *serial killer*, elaborado para ajudá-los a especificar ainda mais a personalidade de Cullen. A esperança era que conseguissem fazer previsões sobre como o sujeito agiria em seguida e dar conselhos a Tim sobre a melhor maneira de lidar com ele.

Mas Tim já havia lidado com ele[2] — tinha praticamente sequestrado Cullen. Ele havia estragado tudo. Agora estava na posição constrangedora de ter que ficar sentado no carro, ouvindo sobre o que deveria ter feito.

— Normalmente — disse um dos agentes de Quantico —, apresentamos nossa estratégia *antes* de o sujeito ser interrogado, então...

— Sim — disse Tim.

— Quer dizer, o tempo é um pouco curto, temos uma quantidade mínima de informações e vocês já foram atrás dele.

— Sim — repetiu Tim. Ele não esperava que fosse *tão* desconfortável. — Se tivermos outra chance com ele quando chegar a hora de acusá-lo... é nesse momento que vamos poder agarrar o sujeito.

Ele explicou que havia um novo desdobramento, uma informante confidencial. Foi bom ter algo positivo para relatar.

— E quem é essa pessoa?

— É uma colega de trabalho dele e...

— Tudo bem... outra enfermeira?

— Outra enfermeira — confirmou Tim. — Eles desenvolveram uma amizade... provavelmente a única amizade que ele fez enquanto trabalhava lá.

— Aqui diz que ele é "solitário" — leu o agente de Quantico.

— Sim, na verdade isso foi corroborado ontem à noite pela namorada do sujeito, que está grávida de seis meses.

— De um filho *dele*?

— Acredita-se que seja filho dele, sim.

— Tudo bem, deixe-me perguntar uma coisa, Tim. Que provas concretas vocês têm contra esse cara que seu promotor acha que podem usar?

Tim não respondeu.

— Ou vocês não têm nada?

— Bem — começou Tim. — As evidências que estamos reunindo são circunstanciais. — Ele esperou pela interrupção. Como o agente não o interrompeu, continuou: — Hum, provas concretas? Testemunhas oculares? Isso nós *não* temos.

Ele esperou novamente. Nada.

— A maior parte do material que estamos reunindo são provas circunstanciais, como registros. Acessos a computador, hum... — Tim estalou a língua, pensando. — E... antecedentes, padrões anteriores de comportamento similar em outros locais de trabalho. Coisas dessa natureza.

— Tudo bem, porque esses outros casos são muito semelhantes, no sentido de que são dificílimos de resolver.

— *Sim* — respondeu Tim. — *Sim*, eles são.

— É quase como os caixas de banco que desviam dinheiro e são demitidos porque o banco não quer que as pessoas saibam que seus caixas estão roubando. Eles acabam trabalhando em todos os bancos do estado. Essas pessoas simplesmente pulam de hospital em hospital.

— É verdade — concordou Tim. — Isso.

— Sabe, na maioria das vezes eles não confessam, devido à natureza do crime e à falta de provas concretas. Quer dizer, não se sintam mal por não terem provas concretas contra esse cara, é comum nesse tipo de caso...

— Espere... hum, você disse que a maioria *não* confessa?

— Esse tipo de sujeito... é raro, para começar, que as pessoas confessem em caso de homicídio — informou o agente. — E a maioria desses caras acaba não confessando. Eles *sabem* o que estão fazendo, e as provas concretas *não* existem, então... não estou dizendo isso para desencorajá-los. Só não quero que vocês pensem que, sabe, não fizeram o trabalho de vocês. É um caso difícil.

— Bem, isso é reconfortante! — exclamou Tim. E forçou algo como uma risada: *ha-ha*.

— Sim. Bem, é reconfortante de uma forma negativa — disse o agente. — Aqui — continuou, aparentemente para um segundo agente na linha, surpreendendo Tim. Ele não havia percebido que era uma teleconferência. O FBI tinha o hábito de fazer as pessoas se sentirem sempre dois passos atrás. — Está cedo para Tim nos contar sobre a noite de ontem?

— Não, essa era a segunda pergunta — confirmou o segundo agente. — Eu ia primeiro perguntar que tipo de prova tinham, depois queria saber como foi a noite de ontem.

Tim estava conversando com duas pessoas agora. Começou a desejar não ter ligado. Era como ouvir alienígenas inteligentes discutindo planos para o jantar.

Ele respirou fundo e mergulhou de volta nas evidências, descrevendo os cancelamentos de pedidos de digoxina de Cullen e como o haviam confrontado com essa informação na noite anterior. Contou a eles como, todas as vezes, Cullen dissera que havia cometido um erro, ou "Eu não estava usando meus óculos", ou "Não me lembro de isso ter acontecido".

O primeiro agente o interrompeu.

— Entendi. Então, basicamente, vocês o questionaram sobre algumas dessas coisas e ele deu desculpas esfarrapadas?

— Sim — respondeu Tim. — Foi isso. — Ele explicou como, depois de levá-lo, eles passaram as primeiras horas no carro apenas estabelecendo uma conexão com Charlie. Foi depois, no escritório, que começaram a pressioná-lo. — Nós tentamos, vocês sabem, não *o confrontar*, mas...

— Tim?

— Hum, sim?

— Você continuou bancando o policial bonzinho durante todo o tempo?

Tim pensou a respeito.

— Hum, sim — respondeu.

— Acha que conseguiu estabelecer uma conexão melhor com ele por causa do papel que interpretou? Ou pelo menos... você não pressionou muito o sujeito...

— Não — disse Tim.

Ele achava que não tinha pressionado o sujeito tanto quanto Danny. O colega meio que tinha ido para cima de Charlie com tudo. Então o capitão dos investigadores entrou para usar algumas coisas que tinha aprendido em um curso de psicologia e tocou a perna de Charlie, o que, para Tim, deixou as coisas um pouco constrangedoras.

— Como vocês deixaram a porta aberta? No fim.

Foi a janela que deixei aberta, pensou Tim, *comigo colocando o punho para fora dela, dizendo a Cullen que, da próxima vez que o vir, vou prender o merdinha*. Mas essa obviamente não era a resposta certa.

— Hum, nós dissemos, hum, você sabe, "Ligue para nós se lembrar de mais alguma coisa", coisas desse tipo.

— Então você não disse o equivalente a: "Bem, sabemos que você é culpado, seu filho da puta, sabemos que vamos pegá-lo..."

— Bem... ha-ha. — Tim tentou a risada novamente, pensando em como aqueles caras de Quantico sempre pareciam ler sua mente. — Sim, ele foi, hum... informado — disse Tim. — Isso foi mencionado, sim.

O outro lado da linha ficou em silêncio por um longo tempo.

— Tudo bem — disse, por fim, o primeiro agente. — O promotor... sem a confissão da noite passada, ele ainda vai adiante com a coisa toda?

— Não.

— A confissão é fundamental.

— Neste estágio inicial, sim.

O silêncio deles durou tanto tempo que Braun se perguntou se a ligação havia caído.

Isso era ruim. Tim interpretou o silêncio como um fracasso. Eles tinham ido para cima de Charlie, talvez sua única chance de fazê-lo falar, e estragaram tudo. Agora o enfermeiro estava solto, e os detetives não tinham nada além de uma informante confidencial. As gravações das ligações de Amy para Charlie estavam enchendo fitas, mas eles não estavam nem perto de uma confissão. E a última ligação dela tinha ido direto para a secretária eletrônica; Charlie não estava mais ligando de volta. Nem o FBI poderia ajudar. Eles o haviam perdido.[3]

— Estamos colocando a cabeça para pensar aqui — disse um dos agentes.

— É — concordou Tim. — É o que estou tentando fazer aqui também.

***

Amy estacionou o carro, tirou as botas sobre o tapete, acendeu a luz da cozinha e pegou a garrafa de vinho na prateleira da geladeira. *Casa*. O trajeto tinha levado quase o dobro do tempo por causa da neve. Queria esquecer o trabalho, queria esquecer a unidade, queria esquecer o maldito Charlie Cullen. Pelo menos por aquela noite.

Ela tirou o uniforme do hospital, lavou os cabelos para se livrar do fedor institucional e os enrolou em uma toalha. Pegou novamente o vinho e, depois de desabar no sofá da sala, reparou que a luzinha vermelha da secretária eletrônica estava piscando, indicando que havia uma mensagem. Ela não estava particularmente ansiosa para descobrir o que era.

O plano era que Amy estabelecesse uma conexão pessoal com Charlie e depois o levasse ao condado de Somerset. A esperança era que o enfermeiro dissesse algo, qualquer coisa, que o incriminasse. E, nesse momento, eles o prenderiam. Amy tinha estabelecido a conexão pessoal, havia tentado marcar um encontro, havia flertado com ele e para quê? Charlie ainda estava lá fora, pensando nela. Ele tinha carro e o endereço dela estava no catálogo telefônico. O que o impediria de ir até lá? Ele tinha feito isso antes com outras mulheres, como aquela que havia perseguido quando trabalhava no Hospital Warren. Charlie contara a ela aquela história uma noite no trabalho, e na hora ela riu. Não parecia tão engraçado agora, com as crianças dormindo no andar de cima. Até onde ela sabia, Charlie podia estar do lado de fora da casa naquele momento, parado na neve, diante das janelas escuras, observando. Não tinha como ver o lado de fora sem apagar as luzes — e ela não ia apagar as luzes de jeito nenhum.

Amy passou a tranca na porta da frente, trancou a tela dos fundos e fechou as cortinas. Mas ainda assim não se sentia segura. Tinha que saber onde ele estava. Amy se abaixou ao lado da secretária eletrônica e apertou o botão que piscava, enfrentando o medo.

Era Charlie. Ele não dizia nada sobre ir procurá-la, o que era bom. Mas tinha outras notícias assustadoras. Havia encontrado um anúncio de vaga em um hospital chamado Montgomery, que estava em busca de uma equipe de enfermagem experiente para suas unidades de cuidados intensivos. Ele tinha ido até lá e preenchido uma ficha. Como referências, tinha listado o Lehigh Valley, o Hospital St. Luke's e o Centro Médico Somerset.[4] Havia incluído o número de telefone do Somerset e o nome de sua supervisora, Val. Charlie havia marcado o quadradinho que indicava que ele fora demitido do Somerset, escrevendo "Havia datas incorretas na minha ficha de inscrição" como o motivo da demissão. Apresentara dois registros estaduais de enfermeiro e licenças válidas de especialização em Suporte Avançado de Vida em Cardiologia, além de dezesseis anos de experiência com quase todos os tipos de unidade, máquina e medicamento.[5] Ele queria um trabalho em tempo integral, preferia os plantões noturnos, estava disposto a trabalhar nos fins de semana e feriados. Sua expectativa de remuneração era 25 dólares por hora. Estava pronto para começar imediatamente. No dia 8 de dezembro, o Hospital Montgomery incluiu o enfermeiro Charles Cullen no cronograma de treinamento para o plantão noturno de quinta-feira, começando às sete horas da noite.

O funcionário dos Recursos Humanos havia enfatizado: *em ponto*. Isso não era problema, respondera Charlie. Ele era um bom enfermeiro e sempre chegava cedo.

57

Mesmo no meio da noite, Tim atendeu ao telefone, um hábito de policial, assim como de médicos e encanadores. Aquela coisa de as boas notícias sempre esperarem até de manhã era verdade, mas estar sempre alerta fazia parte do trabalho. As pessoas tampouco ligavam para médicos e encanadores com boas notícias.

Tim tentou dormir pelo menos algumas horas depois da ligação de Amy, mas por fim decidiu parar de fingir e pegou o terno e a arma. O escritório era o lugar onde devia estar naquele momento. Lá estaria sozinho. E poderia pensar.

Tim ficou sentado no escuro, enumerando suas certezas. Charlie Cullen era um criminoso. E eles iam pegá-lo, precisava acreditar nisso. Mais cedo ou mais tarde, iam conseguir. Mas, como havia aprendido no caso Duryea, mais tarde era tarde demais. No caso de Charlie Cullen, já era tarde demais havia muito tempo.

Tim viu o sol nascer através das janelas do escritório, observou as primeiras crianças subirem a colina do tribunal com seus novos trenós. Então fechou a porta para fazer uma ligação particular.

Discou para a central telefônica de Norristown, Pensilvânia, e foi atendido pela recepção do Hospital Montgomery. Eles o transferiram de ramal em ramal pela administração até que chegasse à mesa da vice-presidente, Barbara Hannon.

Tim estava ligando como um cidadão comum, mas mesmo assim se apresentou como sargento Braun, da Divisão de Homicídios do condado de Somerset, sabendo o efeito que isso teria. Ele disse a Hannon que se ela quisesse manter seus pacientes vivos, precisava tirar o enfermeiro recém-contratado da escala do plantão noturno. Isso chamou a atenção da mulher. Ela prometeu fazê-lo imediatamente.

Tim não podia dizer a ela quem era Cullen, nem falar de seus antecedentes. Ele não podia dizer que ela havia contratado um *serial killer*, não com essas palavras; era ilegal. Provavelmente tão ilegal quanto fazer uma ligação como aquela, para início de conversa. Mas Tim pensou: dane-se; Cullen poderia processá-lo mais tarde.

A reunião matinal foi com a equipe completa, todos mal-humorados e exaustos por causa da carga de trabalho e do novo clima de inverno, depois ainda mais mal-humorados quando ficaram sabendo que a notícia das mortes suspeitas no Somerset estava prestes a sair nos jornais. De alguma forma, a história tinha vazado. A Divisão de Homicídios, o Centro Médico Somerset e o escritório da promotoria já haviam recebido ligações de repórteres. Tim tinha a impressão de que talvez essas ligações fossem uma via de mão dupla. Às vezes, parecia que a promotoria tinha assessores de imprensa na folha de pagamento.

Então a investigação discreta, sem chamar a atenção da mídia, estava encerrada. O nome de Charlie ainda não tinha sido divulgado, mas era apenas uma questão de tempo. E depois que a mídia tivesse um nome, as luzes se acenderiam. Todos entrariam em pânico e arrumariam um advogado, e o restante da ação ia ser no tribunal. O caso circunstancial que vinham construindo havia quase dois meses e meio não estava nem perto de ser incontestável, mas estava terminado. O FBI tinha razão: era dificílimo de resolver.

Para solucionar um caso com base em evidências circunstanciais, era preciso envolver o suspeito diretamente, fazê-lo falar, até mesmo pedir-lhe ajuda para entender as provas, esperando que ele mesmo se enredasse em uma teia de mentiras. Então, mais tarde, diante do júri, essas mentiras seriam expostas, desmascaradas uma por uma, pondo fim a todas as dúvidas razoáveis. É assim que os casos circunstanciais são construídos, mentira a mentira. Mas se o suspeito pede um advogado, acabou. Nenhum advogado permitiria que seu cliente falasse em uma situação como essa. Muito menos que confessasse.

Cullen não ia falar com os detetives, mas talvez ainda estivesse disposto a falar com uma amiga. Tim e Danny conversaram a respeito, em seguida ligaram para a casa de Amy e disseram que precisavam de mais um favor.

Era uma atitude que não pretendiam tomar nos próximos meses, mas se viram sem escolha. Amy tinha que fazer Cullen falar, e rápido. E tinha que fazer isso cara a cara.

58

O microfone era um dispositivo pequeno, como nos filmes. O técnico a ajudou a colocá-lo, um processo profissional dificultado porque Amy fazia piadas com o fato de precisar ser colocado no alto, entre os seios. Foi a primeira vez que os detetives viram a cicatriz do marca-passo.

E isso mudou o clima. Eles lhe ofereceram a chance de abandonar toda aquela história, naquele exato momento, pois não queriam que ela morresse por causa do estresse ou algo assim. Amy garantiu que estava tudo bem e, apesar de o coração estar acelerado, conseguiu, com uma calma praticada, soar convincente. A pergunta seguinte foi para o técnico: o marca-passo pode causar interferência no microfone?

Depois que o microfone foi afixado com fita adesiva, Amy pediu licença, foi até o banheiro e trancou a porta. Silêncio. Ela largou a bolsa sobre a pia e se olhou no espelho. Parecia a mesma. Será que não havia nada que denunciasse sua missão, aquele negócio de agente secreta?

Amy lançou a si mesma um olhar severo, do tipo que dirigia à filha para fazê-la se comportar. Prendeu o cabelo, mas em seguida achou besteira e o soltou. Então apagou a luz e voltou para o escritório da Divisão de Homicídios, grampeada.

Amy tinha marcado o almoço com Charlie e tentara ser breve. Charlie queria desligar logo o telefone. Ele disse que provavelmente estava grampeado. Isso pareceu amplificar a fantasia do encontro para ele. Na verdade, era o telefone de Amy que estava grampeado.

Mais tarde, a enfermeira ligou para Tim com os detalhes do encontro, que seria em um restaurante italiano chamado Carrabba's. Tim ficou impressionado: Amy tinha escolhido uma comida que realmente queria comer, pensando não apenas em expor seu amigo como um *serial killer*, mas também em degustar linguiças artesanais. Caramba, Amy não era apenas a informante mais divertida com quem ele já havia trabalhado, mas talvez fosse também a melhor, pensou. Se um dia quisesse deixar a enfermagem, ela daria uma ótima policial.

Os detetives haviam traçado o plano na delegacia, no início da tarde. O objetivo era que Amy fizesse Cullen cruzar a divisa interestadual, de forma que pudessem prendê-lo em Nova Jersey, evitando o processo de extradição. Durante todo o tempo, ela estaria usando uma escuta, na esperança de conseguir fazer Cullen confessar. Quando Tim e Danny foram inspecionar o local, no entanto, encontraram o Carrabba's fechado. Era algo inesperado, mas bom. O ponto de encontro em um restaurante fechado, a impressão de precisar trocar de lugar em cima da hora... se Cullen fosse paranoico, isso faria com que toda a situação parecesse espontânea.

Tim e Danny se acomodaram no Crown Vic sem identificação, estacionado em um ponto com vista privilegiada. Eles viram Amy sair do carro, Charlie vindo de seu Escort azul, os dois se cumprimentando e reclamando do fato de o restaurante estar fechado. Quando Danny sintonizou a escuta, ela já estava novamente dentro do carro, Charlie atrás, no dele. Os detetives os seguiram.

Amy estava em pânico. Ela podia dirigir, girar a chave na ignição, pisar no acelerador e usar a seta, mas não conseguia ouvir a seta, nem nada mais, apenas o ruído abafado do sangue latejando nos ouvidos. Experimentou dizer algumas frases em voz alta — para si mesma, para os deuses, para os detetives, informando a eles que estava a caminho de um novo local, um lugar chamado The Office, tentando soar profissional. E então, quando esses dois segundos acabaram, decidiu: *Dane-se*. E girou o botão do aparelho de som, deixando que uma parede sônica consistente de *power metal* fizesse tudo desaparecer.

Amy viu o pequeno carro de Charlie ziguezagueando em seu retrovisor quando acionou a seta para a direita, entrando no estacionamento do restaurante. Sentiu uma nova onda de pânico diante do desafio de parar entre as linhas amarelas e desligou o motor para inspirar meio segundo de silêncio.

Em seguida, olhou para o espelho retrovisor, lançou um olhar de *fica tranquila* para si mesma e saiu do carro, chamando: *"Oi, querido!"*

59

A escuta sem fio tinha sido emprestada pela Divisão Antidrogas. Ambos sabiam que era uma porcaria, um recurso não muito usado nas ruas perigosas do condado de Somerset, mas com sorte bom o suficiente. Ouviram uma porta de carro bater, cumprimentos mútuos, *oi-oi*, conversa fiada e portas duplas que se abriram para barulhos de restaurante, uma mistura de risadas e conversas, tinidos de talheres e pratos. Amy pediu uma mesa silenciosa, *garota esperta*. Tim e Danny se recostaram nos bancos de couro, ouvindo com atenção.

— Oi, querido, como você está?

Charlie estremeceu ao sol de dezembro.

— Ah, tudo bem — respondeu.

— Mesmo?

— Mesmo — garantiu ele. — Tudo bem.

Amy acenou com a cabeça, indicando os pequenos cortes abaixo do nariz e do lábio dele.

— Olha só, você fez a barba.

Charlie revirou os olhos.

— É, passei a lâmina rente demais. — Ele tocou o queixo, sentindo sangue seco. — Eu me barbeei, depois me olhei no espelho com os óculos e disse: Ah, meu Deus![1]

Eles passaram pelas portas duplas para um ambiente com decoração divertida, uma temática "hora da cerveja" com canecas penduradas para clientes assíduos e mesas nos fundos. Amy deu mais uma olhada em Charlie. O barbear rente demais, o novo corte de cabelo e... tudo bem, ele *realmente* parecia ter se arrumado para um encontro.

— E olhe só você! — exclamou Amy. — Com uma camisa estampada.

— Eu sei — respondeu Charlie. Apesar do clima de dezembro, ele usava uma roupa tropical antiquada: camisa folgada do mesmo branco cremoso que as calças e os sapatos. — Estou todo de branco. — Se não fosse pela estampa de folha da selva em uma das laterais da camisa, poderia estar de uniforme.

Amy disse à recepcionista que eles estavam matando tempo de trabalho, dirigindo sorrisos furtivos para Charlie e tornando as coisas divertidas enquanto seguiam a garçonete até o fundo do bar. Charlie e Amy se sentaram em lados opostos de uma mesa com assentos estofados de vinil.

— Então — disse Charlie, indo direto ao assunto. — Estavam falando sobre mim no rádio.

— Espere... *quando*?

— Ah, quando eu estava no carro vindo para cá.

Ele vinha acompanhando as notícias de perto havia vários dias. Rick Hepp, repórter do *Star-Ledger*, de Newark, tinha uma fonte não identificada que confirmava que a Promotoria do Condado de Somerset estava investigando uma série de possíveis homicídios no Centro Médico Somerset, com um enfermeiro local não identificado como principal suspeito. O vazamento de notícias aumentou rapidamente a partir daí, ganhando escopo e uma especificidade interessante a cada hora que passava.

— Eu estava ouvindo a estação de clássicos, era uma estação local, tipo a 99, uma estação local de clássicos. Ou era...

— E eles disseram...

— Meu nome — completou Charlie. — "Charles Cullen." E a outra, sabe, a 101,5, mencionou apenas que era um enfermeiro. Eu também tinha lido antes... sobre a investigação, eles mencionaram.

— E esse foi...

Charlie vinha acompanhando a si mesmo nos jornais.

— O *Star*, de Newark.[2] E eu li no *Morning Call*, um jornal local, que eles contataram o empregador do enfermeiro, o que eles acharam que seria o empregador, e o que eles acharam... é o Montgomery, então...

— Ah, o Montgomery — reconheceu Amy. — É aquele...

— Como estão hoje? — perguntou o garçom, Joel. — Querem começar com duas bebidas?

Charlie olhou para Amy, inseguro. Amy pediu uma Corona. Mas Charlie estava sóbrio havia semanas. Prometera à filha que permaneceria assim.

— Hum, é — disse Charlie. — Uma cerveja Miller? Ou uma cerveja Michelob?

— Temos a Michelob Ultra.

— Sim — falou Charlie rapidamente. — Ótimo, ótimo...

— Isso é, tipo, baixo teor de carboidratos, cara — comentou Amy.

— Ah, é? — disse Charlie. — Ah, ha-ha. Não, não, não, isso não. Vou querer uma Corona.

Charlie esperou até que o garçom se afastasse antes de continuar.

— É, bem, minha filha mais velha tem treze anos. Então eu disse a ela... eu expliquei tudo.

— Então você contou a ela... porque estava preocupado que fosse parar nos jornais?

— Bem, eu só falei com ela alguns dias atrás — informou Charlie. — Quando me levaram para ser interrogado. Porque eles me disseram, sabe, que da próxima vez que me vissem, iam me algemar e me levar preso, então eu quis ligar para ela e avisar.

Charlie disse a Amy que agora acordava e ia dormir todos os dias se fazendo a mesma pergunta: *Será que vou dormir a noite toda ou será que eles já estão à porta?* Quando recebeu a ligação, não era a polícia, mas o repórter de um jornal. Charlie era famoso. Ele queria que Amy soubesse que aquilo era muito maior do que o folheto de recrutamento.

— E, bem... apareceu no *The New York Times*, então...

300 O ENFERMEIRO DA NOITE

— Vocês já deram uma olhada no cardápio ou… — Era o garçom novamente.

Charlie baixou a cabeça e ficou olhando para o jogo americano até que o rapaz desaparecesse e ele tivesse a atenção de Amy de novo.

— Ok — disse ele. — Então… você quer que eu comece do início?

Na escuta, o barulho aumentava gradativamente, com os grupos que saíam mais cedo do trabalho ficando mais ruidosos a cada rodada. Além disso, havia algo elétrico interferindo na frequência do microfone: controle de tráfego aéreo, um pager ou o marca-passo de Amy; eles não sabiam, sabiam apenas que era difícil de escutar.

Os homens se inclinaram para a frente, as gravatas penduradas, como se chegar mais perto da caixa de som fosse ajudar com os fones de ouvido. Eles ouviram Amy dizer a Charlie:

— Tudo bem, vamos começar do início.

E isso fez com que se inclinassem ainda mais.

— Quando… quando tudo aconteceu no Somerset, eles disseram apenas… que houve um problema com a minha ficha — começou Charlie. — Você sabe, algo assim. Quer dizer, eu fui para a primeira entrevista e correu tudo bem, então, quando fui para a segunda entrevista, quando me tiraram do andar… a primeira foi na diretoria, foi a respeito do reverendo…

— O que aconteceu? Eu… quer dizer, sinceramente, eu nem sei o que aconteceu com ele.

— Não sei — respondeu Charlie. — Quer dizer, ele parecia bem na época.

— Parecia… Você estava cuidando dele? — Amy sabia de tudo isso, obviamente; ela sabia mais do que Charlie poderia imaginar. O objetivo era fazê-lo confessar. — O que ele teve? — perguntou Amy. — O que houve de errado?

— Acho que ele teve insuficiência hepática e insuficiência renal — respondeu Charlie. — Tivemos que fazer diálise.

— Acho que cheguei a cuidar dele — comentou Amy.

— Sim, bem, eu cuidei dele uma vez. Ou duas. Quando ele estava na UTI.

— Então você cuidou... ele estava na UTI e depois foi transferido?

— Sim, eles o transferiram e então... todos ficaram falando sobre como ele morreu e sobre como os níveis de digoxina estavam altos... Não tenho certeza se ouvi... mas me lembro de vê-lo, porém não me recordo, então...

— Mas quem estava cuidando dele quando tudo isso aconteceu?

— Era eu, acho que eu estava cuidando dele naquela noite — respondeu Charlie.

Ele explicou a Amy como haviam lhe mostrado suas assinaturas. Disse que não se lembrava de todas as vezes que havia solicitado medicamentos para uma parada cardiorrespiratória atípica, mas cometia erros às vezes e de vez em quando esquecia os óculos... e, de qualquer maneira, sabe, sério, quem se lembra dessas coisas?

— E quando a administração foi acionada?

— Algum tempo depois — respondeu Charlie.

— Então, quando você foi questionado pelo pessoal do departamento de gerenciamento de riscos, eles chegaram a mostrar a você o prontuário?

— Eles me mostraram o prontuário — confirmou Charlie. — E me mostraram minha assinatura. E eu não me lembro de ter feito isso, mas assinei o pedido de digoxina. E então eles me mostraram os registros da Pyxis, eles tinham os registros e me mostraram como, acho, eu tinha cancelado pedidos de digoxina que estavam em nome de outro paciente. Eu tinha pedido digoxina para outro paciente e, em seguida, cancelei o pedido.

— Você *fez* isso?

— Sim, eu fiz — respondeu Charlie. Ele dirigiu a Amy um olhar envergonhado. — Eu fiz isso.

— Charlie, você é um bobo — brincou Amy.

— Eu sei, eu sei! — exclamou Charlie.

***

— Ouviu isso? — perguntou Danny.

— Lund tinha os registros da Pyxis para Gall.

— E os cancelamentos.

— Sim.

— Filhos da puta.

Os rolinhos primavera foram colocados como pétalas de margarida ao redor do molho.

— Espere — disse Amy. — Você *trouxe* os jornais?

— Sim — respondeu Charlie. — Bem, só o mais importante.

Ele colocou o jornal na mesa como se estivesse mostrando a mão vencedora numa partida pôquer e observou a reação de Amy.

— O… o *The New York Times*? — Seu choque era genuíno.

Essa foi sua reação.

— Sim — disse Charlie.

Amy balançou a cabeça, sem saber como deveria agir.

— Nossa! — exclamou ela. — Nada menos do que o *The New York Times*.

— Sim. — Charlie acenou com a cabeça na direção do jornal. — Na seção de notícias metropolitanas.

Amy leu. Ele observou o espanto na expressão dela, como seus lábios formavam palavras enquanto ela acompanhava a história, os fios de cabelo loiro que caíram quando Amy se inclinou para mais perto do jornal para ler a descrição dele.

— Eles falam apenas de "um enfermeiro" — explicou Charlie.

— Ah, minha nossa… — disse Amy, com uma voz de assombro. — Eu me pergunto quem é… "Foi demitido no fim de outubro."

— Sim — disse Charlie.

— Blá, blá, blá… cinco outros hospitais. — Amy ergueu o rosto, com os olhos semicerrados e séria. — Charlie, isso é *verdade*?

— Sim, veja, quer dizer… eu trabalhei em cinco outros hospitais…

— É *verdade*?

Charlie pegou sua cerveja.

— Eu tive... um problema, quando comecei, com... hum... o primeiro hospital no qual trabalhei, o Saint Barnabas... houve um paciente lá que teve um pico de insulina no sangue, e isso levantou algumas dúvidas. — Ele tomou um gole. — Mas não deu em nada. Houve outros problemas no Saint Barnabas. Alguém estava injetando insulina em bolsas de soro no depósito e...

— *O quê?!* — exclamou Amy.

— Pois é...

— Mas... conhecendo sua UTI, quer dizer, como eles...

Charlie explicou o processo e como, após os picos de insulina e a confusão, alguém finalmente verificou as bolsas de soro e...

— *Todas* as bolsas ou...

— Ah, não. Não, não — disse Charlie, como se fosse a coisa mais absurda que já tivesse ouvido. Pegou casualmente um rolinho primavera e o segurou, esperando.

— Então... por que eles apontaram... mas eles apontaram *você* — disse Amy, como se estivesse fazendo a conexão pela primeira vez. — Eles tentaram...

— Sim, mas...

— Esses pacientes eram mais velhos?

— Não — respondeu Charlie, mastigando. — Um deles era jovem.[3] Mas os outros... eles me questionaram.

— O que você achou? O que você achou quando eles o questionaram?

Tinha sido um problema sério no Saint Barnabas; Charlie queria deixar isso bem óbvio. Um mistério. Havia enfermeiros de todos os tipos encarregados de pendurar as bolsas. Nem mesmo uma pessoa inteligente seria capaz de encontrar um padrão em uma situação como aquela.

— Mas o que *você* achou? Quando estava passando por isso, o que você achou que *poderia* ter acontecido?

Charlie mastigou seu rolinho primavera, pensando a respeito.

— Eu não tinha certeza. Não tinha... Houve uma paciente, uma paciente com HIV, o quadro era de aids terminal, e a mãe não estava presente na vida da moça, mas o pai queria que a paciente… Hum, e ele achou que, talvez, eu pudesse fazer isso. Mas eu realmente não sabia sobre o todo. — Charlie se apressou em acrescentar: — Você sabe. Eu nunca fui acusado. Mas saí de lá.[4]

— Mas quando foi isso? Isso aconteceu *anos* atrás.

— Sim.

— Então qual é a sua opinião? Porque a coisa *parece que foi grave*.

— Ah, eu sei. Eu sei.

— Quer dizer, Charlie… parece grave.

— Eu era um alvo. Fui investigado, você sabe, no condado de Warren. No Hospital Warren, eles fizeram interrogatórios. Disseram: "Queremos falar com você." Então disseram: "Veja bem, seria uma longa investigação, não temos o suficiente para acusá-lo."

— Sim, mas você é *capaz* de fazer algo assim?

Charlie baixou a cabeça e ficou em silêncio por um longo tempo.

Quando voltou a falar, a voz dele estava estranhamente lenta.

— No que diz respeito aos resultados laboratoriais anormais, eu fui… da outra vez, foi digoxina. Isso foi no Warren. Uma paciente que morreu 24 horas depois de eu ter sido o enfermeiro dela. Alguém disse, o filho falou que eu injetei algo nela.

— O filho?

— A mulherzinha. A mãe… a mãe disse isso, ela disse… sim, eu não me lembro, hum… disso, de nada — falou Charlie, se enrolando. — Além de, você sabe, que o médico… achou que era uma picada de inseto, e eles investigaram.

Ele insistiu em ser submetido ao teste do polígrafo a respeito da morte da mulher. E, sim, passou.

— Boa! — exclamou Amy.

Charlie ficou radiante.

— E então eu processei o hospital por discriminação — disse ele. Na verdade, foi uma licença administrativa com pagamento integral por parte do Warren, o que manteve Charlie fora da instituição por quase três meses, mas a quantia recebida seria a mesma se ganhasse um processo, o que dava uma história muito melhor. — Eles fizeram um acordo fora do tribunal e eu recebi, tipo, 20 mil dólares,[5] então...

— Boa! — repetiu Amy.

— Simsimsimsim — disse Charlie. — E foi lá que fui internado como paciente, naquele hospital, depois da minha tentativa de suicídio... Então, tem mais uma reviravolta nessa história também. — A matéria no jornal mencionava sua permanência na ala psiquiátrica do Muhlenberg. Era uma história que ele gostava de contar. — Eu estava me divorciando na época. Eu estava no Warren. E então comecei... a falar com uma pessoa.

Bip bip. Amy remexe na bolsa em busca do celular. O despertador era um sinal para os detetives que estavam ouvindo virarem a fita. Charlie esperou até que ela estivesse prestando atenção novamente para continuar a história.

— Então, eu comecei... a me encontrar com alguém... de maneira romântica. Eu estava tecnicamente me divorciando e... se ela achou ou não...

Amy soltou um gritinho.

— Você estava tendo um caso?

— Sim... mas, na verdade, eu estava me divorciando.

— Você *estava* tendo um caso!

— Bem, *foi* antes do divórcio, tecnicamente.

— Tecnicamente — brincou Amy.

— Tecnicamente — repetiu Charlie. Assim como naquele momento ele ainda estava *tecnicamente* morando com Cathy.[6]

Depois de os policiais revistarem a casa e das mensagens de Amy na secretária eletrônica, no entanto, Cathy já estava convencida de que Charlie e Amy iam fugir para o México como dois criminosos. Não era a pior das ideias; Charlie estava vestido para os trópicos.

Ele contou a Amy a história da perseguição a Michelle Tomlinson novamente, fazendo a coisa toda soar como um romance-pastelão. Ele gostava dela, mas houve um mal-entendido que acabou levando a toda aquela situação ridícula em que ele meio que, hum, *invadiu o apartamento dela certa noite* e...

— Querem pedir alguma coisa?

Amy se virou. Era o garçom irritante de novo.

— Vamos combinar uma coisa... Qual é o seu nome? Jeff? Joel. Joel, se precisarmos de você, nós chamamos, está bem?

Amy observou enquanto ele se afastava. Entre ele e a livre associação de Charlie, ela não estava chegando a lugar algum. Sua coragem estava se esgotando mais rápido do que a capacidade da cerveja de substituí-la. Ela teve uma breve imagem de seu coração explodindo, o microfone captando o som líquido.

— Eu só queria que ele parasse de encher o saco — brincou ela, e lançou um olhar furtivo para Charlie. Não ia suportar aquilo por muito mais tempo.

Nos fones de ouvido, uma porta rangeu, então rangeu novamente. O barulho do restaurante ficou repentinamente baixo e distante. Em seguida, outra porta, o salto de uma mulher sobre ladrilhos, o metal oco de uma cabine sendo fechada.

— Tudo bem, olha, é melhor vocês desligarem isso — disse Amy.

Ela não tinha percebido quão pública sua vida havia se tornado até precisar usar o banheiro feminino. Quem sabia quantas pessoas estariam ouvindo. Amy fechou os olhos com força, imaginando o sibilo alto contra a porcelana. Mas havia um microfone preso a seu peito. Eles podiam ouvir tudo.

Ela deixou a água correr na pia, o barulho fazendo-a se sentir finalmente sozinha, e estudou a mulher no espelho, aquela em quem Charlie confiava, aquela em quem os detetives também haviam confiado. Quem era ela? Uma amiga? Uma espiã? Amy passou os dedos pela cicatriz deixada pelo bisturi em seu peito, pensando no coração danificado embaixo, o microfone colado bem perto dele. Aquela era sua vida agora: era possível ouvi-la urinar no rádio. Ela estava totalmente exposta, como o manequim de plástico da aula de biologia, as dimensões conflitantes de sua vida interior encapsuladas em peças multicoloridas: ferimentos e inseguranças, as secreções glandulares de medo e esperança. Ela não conseguia ver o interior de Charlie da mesma forma. Por trás das telas de computador, da papelada, dos cancelamentos e do uniforme havia um homem que ela não conhecia. Mas talvez agora, do outro lado da mesa de um restaurante, pudesse conhecê-lo.

— Você consegue — disse ela, testando as palavras e gostando. Então retocou o gloss e saiu de novo pela porta.

Amy imaginou que Charlie pudesse ter fugido do restaurante. Teve um súbito vislumbre dele na estrada, indo para o norte, para casa, esperando na entrada da garagem enquanto as filhas voltavam da escola. Mas lá estava ele, afundado na cadeira como um robô desconectado. Amy se acomodou e observou os olhos do colega se iluminarem e registrarem sua presença. E, de repente, ele estava presente, e a história continuou exatamente de onde eles haviam parado.

Charlie falou livremente sobre as alegações e circunstâncias, dando detalhes de pacientes que haviam morrido de forma misteriosa. Ele ficava à vontade com os detalhes. *Eles* acharam que tinha sido ele, disse Charlie. Os hospitais. Os detetives. Ele podia falar sobre *eles*.

— Charlie? — interrompeu Amy. — Eu preciso fazer uma pergunta. *Você* seria capaz de fazer essas coisas?

Charlie de repente desanimou.

— Porque é isso que eu quero saber. Você seria *capaz*?

Charlie ficou em silêncio. Quando finalmente voltou a falar, foi em rompantes monocórdicos e hesitantes direcionados à mesa.

— O que eles estavam dizendo... é que essas pessoas que estavam morrendo... eram pessoas que iam morrer... estavam muito mal, mas...

— Charlie?

— Eu não quero falar com você sobre isso — disse ele, e ficou sentado, os olhos fixos na mesa por mais alguns segundos. — Sabendo que, você sabe... quer dizer... eles até perguntaram se eu sentia atração pela morte de um paciente... — disse, por fim. — Eles... eles disseram que sim.

— Charlie — chamou Amy.

Ele ergueu os olhos novamente.

— Me escute.

Ele esperou.

— Você é... *excelente*.

Charlie estava ouvindo.

— Você é... — Amy procurou a palavra certa — um enfermeiro *fenomenal*. E você é meu... meu melhor... *parceiro*. O *melhor* com quem já trabalhei. E eu... você sabe, e eu *vejo* isso e eu... você sabe que estou *escutando*, e realmente me pergunto, Charlie, o que... sabe... Não consigo me imaginar sendo investigada nem sequer *uma vez*. Mas ser investigada *diversas* vezes...

Charlie baixou o olhar e encarou a cerveja vazia.

— Charlie?

Ele ergueu os olhos.

— Qual é a sua opinião sobre... *si mesmo*?

Amy tinha acabado de colocar Charlie em uma situação difícil e inesperada.

— Mas eu não, eu não...

— Você sabe o quanto eu gosto de você...

— Eu sei. Eu sei, não é, você sabe... — Ele balançou a cabeça. — As coisas chegaram a um ponto em que se eu *for* acusado...

— Charlie — chamou Amy novamente. — Charlie. Olhe para mim.

Ele olhou.

— Isso aconteceu *diversas* vezes.

— Será que eu quero que isso acabe? — disse ele.

— Você quer ser pego? — perguntou Amy gentilmente. — Você quer mesmo que acabe?

— Eu... realmente... no que diz respeito às acusações... — começou Charlie.

— Charlie. Olhe para mim. — Ele estava se esquivando. Ela se inclinou para mais perto. — Olhe para mim.

Ele olhou.

— Você *não* é idiota.

Ele a observou.

— Não.

— E sabe que *eu* não sou idiota.

— Sim. Eu sei, eu sei.

— E sabe o quanto me importo com você.

— Eu sei, eu sei, eu sei, eu sei...

— E estou com medo por você — disse Amy. Ela não conseguiu evitar: uma onda de tristeza começou a crescer em seu peito. — Você quer ser pego?

— Cheguei a um ponto em que... se eles apresentarem as acusações e... eu me sinto um pouco... hum... exausto — respondeu Charlie. — E eu sinto, hum, você sabe, o hospital, as acusações, se eles... quando, hum, eu tenho dívidas e tenho contas a pagar e...

Ela pegou as mãos dele, pousadas na mesa.

— *Por favor.* — Amy estava chorando agora. — *Por favor*, deixe-me ajudá-lo.

— Eu não... Eu não faria... Eu não posso.

— Deixe-me ajudá-lo.

— Eu não posso. Não posso...

— *Deixe-me ajudá-lo.*

Charlie parou de se mexer.

— Eu conheço você, Charlie, e *não* sou idiota. *Ninguém* é investigado diversas vezes *sem motivo*, Charlie. Você *sabe* que eu sei disso.

Ele olhou para um buraco no tampo da mesa.

— Eu...

— O que você quer? — perguntou Amy. — Como vai continuar daqui em diante?

— Eu não sei. Eu não sei. Eu...

— Seria mais fácil se fosse pego?

— Não — respondeu Charlie. — Não seria. Eu...

— Onde você vai parar? — perguntou Amy. — Por quê? *Por quê?* Você é *muito bom. Você* sabe por quê?

310   O ENFERMEIRO DA NOITE

Charlie balançou a cabeça, olhando para o chão.

— Charlie, e o reverendo Gall? O que aconteceu? *O que aconteceu?*

— Eu só… não posso… Eu não posso… eu… eu não consigo… eu…

— Eu *sei* que você consegue. O que aconteceu? Eu sei que você está com medo, mas *o que aconteceu?*

— Eu vou, eu vou lidar com…

— Charlie, eu estou bem aqui — disse Amy. — *Agora*. Entende?

— É… em público — continuou Charlie. — Eu não quero… Não posso… Eu não quero que a minha vida… ela vai… a minha vida vai… desmoronar…

— Sua vida *já* desmoronou — disse Amy. Ela deixou que ele absorvesse as palavras. — Ela já desmoronou. *Já desmoronou.*

— Espero que não. Espero que não. Espero que não.

— Sim — insistiu ela. — *Sua vida desmoronou. E continua desmoronando*. E não vai voltar a ser como antes. Eu acho que não. — Ela sacudiu o jornal diante de Charlie. — E eu li isso…

— As pessoas… acreditam… — Seus olhos examinaram a mesa. — Depende… do que você acha que as pessoas são capazes.

— Por favor, me diga como posso ajudar — pediu Amy. — *Por favor*, diga. O que eu posso fazer?

— Você… já… ajuda. O que acho que vai acontecer é… inaceitável. Você sabe… eu…

— *O que* você acha que vai acontecer? Charlie?

— Vou ser acusado. Vou para a prisão — respondeu Charlie. Ele parecia ter se distanciado, as palavras escapando de sua boca como bolhas subindo à superfície. — Vou perder minhas filhas…

— Você *já* as está perdendo — disse Amy. — Já está. E… eu nunca respeitei um enfermeiro como respeito você. E ver o que está acontecendo está me dilacerando. Estou *dilacerada*. Porque eu enxergo você. De todas as pessoas que conheço, enxergo *você*. E *conheci* você e *senti* você.

Charlie se balançou suavemente em seu assento, como uma criança, murmurando:

— Eu não sei, sobre, sobre, você sabe, o que, sua ideia, de mim… Eu só quero que isso acabe…

CHARLES GRAEBER 311

— Como podemos fazer isso, então? Como podemos fazer isso?

— Eu... eu... eu... eu, a única coisa que posso fazer... — continuou Charlie. O tom de voz permanecia constante, quase inaudível. — Eu dei a eles a verdade. A verdade. Verdade.

— Não *toda* a verdade — corrigiu Amy. — E se você confessasse?

Charlie olhou para ela.

— Eu não posso.

— Existe outra opção?

— Eu... vou enfrentar as fontes — anunciou Charlie. — Vou enfrentar as acusações... eles... eu... eles não sabem, o... eu não vou suportar o julgamento, o...

— Charlie! — implorou Amy. — Sou eu. Por quê? Apenas... por quê? Por que tudo isso começou? Charlie! Por quê? Você nunca vai parar? Pode mentir para a polícia, mas não para mim. *Não* para mim.

Charlie murmurou, tentou fugir das perguntas, repetindo as palavras.

— Eu *não* sou idiota — disse ela. — Não tenho medo de ser sua amiga. Eu sou sua amiga.

Amy sentiu o vinil do banco onde estava sentada crescer ao seu redor, sufocando-a.

— Eu... gosto. De estar com você. Adorava... quando trabalhávamos juntos em uma parada cardiorrespiratória. Eu *adorava* quando você estava comigo. E você me... abandonou.

Ela posicionou o jornal na parte da mesa para onde Charlie olhava fixamente.

— Querido. Quando leio isso, sabe o que penso? Sou enfermeira há muitos anos. E *ninguém* nunca me acusou de assassinato. E você já foi acusado cinco vezes... talvez mais; você estava me dizendo que talvez sejam ainda mais. E os outros acham que você realmente matou pessoas.

— Não, eu não posso... não seria... eu não posso...

— Eu estou aqui, Charlie. Estou aqui porque... eu te amo. E estou aqui porque... eu *sei* que você matou aquelas pessoas.

Charlie parou de se mexer.

— Eu *sei* — repetiu ela.

O mundo parou. Os lábios dele se moveram.

— Foi apenas... um ímpeto? — perguntou Amy. Ela estendeu o braço por cima da mesa. A mão de Charlie estava fria. — Foi só pela adrenalina, como a que sentimos quando estamos diante de uma parada cardiorrespiratória?

Os olhos de Charlie se voltaram para a ponta da mesa, para o espaço ali.

— Eu não sei por quê — continuou Amy. — Eu... eu não sei qual foi a sua motivação. Mas sei que você é mais inteligente do que isso. E eu *sei* que você fez isso.

— Eu não posso...

— Eu sei que você matou aquelas pessoas. Vamos para a delegacia. Podemos contar a eles juntos.

— Não posso, não posso, não posso...

— Porque eu *sei* que você matou aquelas pessoas, Charlie.

Ele ergueu os olhos.

Dessa vez, Amy sentiu uma onda repentina e gelada de estática. Então viu a mudança.

Viu a pele dele relaxar e ficar brilhosa de oleosidade. Observou a mandíbula mudar de forma e a coluna se reposicionar. Então os olhos de Charlie começaram a se afastar um do outro.

O olho direito se desconectou e vagou preguiçosamente até a borda da mesa, lendo a escuridão ali, percorrendo trajetos cinestésicos para a frente e para trás. O olho esquerdo a observava. A cabeça de cera girou e falou. A voz baixa e disfônica. Amy nunca tinha ouvido aquela voz antes. Não se assemelhava a nada humano.

Havia detetives disfarçados ali, homens armados vigiando de algum lugar — mas não era esse tipo de medo que ela estava sentindo. O que ela enxergava no homem à sua frente não era maldade. Não era ódio nem desejo homicida. Era um vazio, um nada horrível. Uma barreira havia caído. Não havia nada atrás dela. Naquele momento, Amy soube. Charlie não era Charlie. Se não o conhecia, era apenas porque na verdade não havia nada para conhecer.

***

Tim havia tentado ajustar todos os níveis do maldito receptor sem fio, mas eles não estavam conseguindo ouvir absolutamente nada. As vozes saíam distorcidas e abafadas. Eles ouviram por um tempo, se esforçando para filtrar os assobios, estalos e chiados nos alto-falantes. Então Danny mexeu nos botões. Depois de um tempo, limitaram-se a olhar para a frente, através do estacionamento, e vigiar as portas.

Charlie saiu primeiro, pela porta lateral, sozinho. Eles o observaram destrancar o carro e seguir pela Route 22.

— Cadê ela? — perguntou Tim.

— Não sei.

— Isso não é bom — disse o investigador. — Eu vou entrar.

Então Amy surgiu pela porta da frente. Ela se agarrou à maçaneta e parou, atordoada. Os detetives saltaram do carro, acenando e gritando. Amy olhou na direção de onde vinha o som, perdida no mar do estacionamento.

Ela reconheceu o carro antes de desmoronar e desabar, soluçando nos braços de Danny. Tim abriu a porta, e eles a ajudaram a entrar para se recompor no calor do Crown Vic. O gravador estava entre os assentos e era possível ver uma fita ainda girando através do visor de plástico. A visão a acalmou.

— Então — disse ela. — Vocês gravaram?

Tim olhou para Danny.

— Nós vamos pegá-lo — garantiu ele. — Mas… tivemos um pouco de dificuldade de entender o que ele estava dizendo.

— Eu disse a ele — contou Amy. — Eu disse a ele que sabia. E uma coisa estranha aconteceu. O rosto dele. Foi terrível. E ele não parava de dizer a mesma coisa.

— O que ele disse?

— Ele falava de um jeito estranho — lembrou Amy. — Baixo, quase um rosnado, uma palavra por vez. Mas acho que o que ele disse foi: "Me. Deixe. Lutar. Até. O. Fim."

60

Amy tinha depoimentos para assinar na promotoria antes que a liberassem para ir à festa de Natal de sua equipe. Não importava que tipo de dia tivesse tido, Amy simplesmente *tinha* que comparecer. Era o grande evento de trabalho do ano, o tipo de coisa pelo qual os enfermeiros recorriam ao tempo de casa para se livrar do plantão. Costumava ser uma boa festa, em se tratando de uma confraternização com colegas de trabalho, médicos e enfermeiros, o pessoal da farmácia e da administração, secretárias e funcionários da manutenção dançando, animados, sob o globo espelhado do salão de festas do Bridgewater Marriot. Os colegas de trabalho de Amy contavam com a presença da festeira escandalosa que não tinha medo de dar em cima dos médicos, rebolar na pista de dança ou fazer com que todos bebessem drinques com nomes embaraçosos. Uma festa de Natal sem Amy era como um ano sem Papai Noel. Amy não era o tipo que decepcionava ninguém, exceto ela mesma. Ela ligou para Donna da mesa de Danny, dizendo que ia chegar atrasada, mas sem poder explicar o motivo.

Amy estava cheia de emoções não processadas. Um minuto se sentia enojada pelas revelações de Charlie, no minuto seguinte se sentia culpada por não ter percebido sua escuridão antes, e então se sentia amedrontada por aquela mesma escuridão. Ela temia que seu envolvimento no caso pudesse lhe custar o emprego. Então, na respiração entrecortada seguinte, sentia uma onda de orgulho. Usar uma escuta, trabalhar disfarçada para detetives da Divisão de Homicídios, pegar um *serial killer*. Quão incrível ela era? Amy se sentia extraordinária e experimentou uma onda de vaidade que não vivenciava desde os dias em que tocava baixo em uma banda cover de rock. Então se deu conta de que estava alimentando seu ego com a proximidade do assassinato e da infâmia, da mesma maneira que Charlie fizera durante o almoço, mostrando a ela quão famoso havia se tornado no jornal, o Anjo da Morte. Amy foi tomada por uma aversão a si mesma, seguida de culpa e raiva. As emoções surgiam em sucessão. A enfermeira não conseguia manter nenhuma delas; parecia muito mais simples não sentir nada. Ela ansiava por entorpecimento. O álcool era o solvente universal. Poderia limpar seu quadro-branco mental.

No hotel, ela se arrumou em um quarto que havia reservado com as amigas e tomou algumas doses antes da festa. Olhou-se no espelho do elevador e se sentiu atraente: os cabelos em cachos dourados, maquiagem perfeita e uma roupa que havia escolhido semanas antes. Era um vestido colado ao corpo e sem alças que levantava os seios quase até o queixo, de um tecido acetinado, vermelho-sangue. Amy achava que lhe dava uma aparência de conto de fadas, como uma Cinderela má. Quando as portas do elevador se abriram, ela andou com mais confiança e se dirigiu ao salão de festas. Podia não saber exatamente quem era naquele momento, nem mesmo como se sentia, mas estava definitivamente confiante em sua capacidade de chamar a atenção dos homens. Com um vestido como aquele, o rosto de todo homem era um espelho. Ela sabia que era superficial, mas também era reconfortante.

O diretor-executivo do Somerset, Dennis Miller, estava fazendo seu discurso para os funcionários quando ela entrou no salão de festas lotado. Amy foi direto para o bar, pedindo duas Heineken alto o suficiente para atrair alguns olhares. Miller ainda estava falando. Amy pegou suas cervejas, bebeu uma, pediu outra, em seguida as levou para onde seus amigos enfermeiros estavam sentados. Jogou-se dramaticamente em uma das cadeiras, fazendo uma careta animada para todos os conhecidos, brindando, fazendo estardalhaço. O homem ao microfone continuava falando. Miller. Amy se concentrou no rosto e na gravata vermelhos do diretor-executivo. Ele estava falando sobre Charlie. Miller não disse o nome dele, mas era disso que estava falando. Estava parabenizando o Somerset por ter se posicionado e denunciado irregularidades.

— Blá-blá-blá — disse Amy.

Era isso que era. Um discurso para fazer as pessoas se sentirem bem. Ele estava levando o crédito. "Eu denunciei isso, eu denunciei aquilo." Amy estava enojada. *Ela* havia feito denúncias. *Ela* estava arriscando seu emprego. Ninguém mais estava ouvindo aquele disparate? Amy examinou os rostos ao redor da mesa em busca de concordância, mas todos estavam simplesmente ouvindo Miller, esperando que ele terminasse para poderem comer a sobremesa. Amy teve vontade de vomitar. Acenou para o garçom e pediu duas taças de vinho branco.

Miller seguiu falando sobre como *outros hospitais fizeram vista grossa, mas nós encaramos isso, como uma equipe.*

— Mentira — disse Amy, talvez um pouco alto demais.

Afirmando que estava *orgulhoso do Somerset por manter os pacientes seguros.*

— Mentira, mentira, mentira — disse Amy. — Blá-blá-blá.

Todos à mesa estavam olhando para ela agora. Alguns sorriam: *um comportamento típico da Amy.*

Ela sabia que estava sexy, mas teve que se perguntar se alguns dos olhares que recebia também não tinham algo a ver com Charlie. Evidentemente, nenhum de seus colegas do hospital imaginava que ela fosse uma informante confidencial trabalhando com a promotoria, muito menos que tivesse passado a tarde almoçando com o assassino, ou as semanas anteriores contrabandeando evidências para fora do Somerset. Ela os via às outras mesas, se inclinando, sussurrando, olhando. Os rumores circulavam, os olhares diziam: *Ela é uma de nós ou um deles?* Àquela altura, nem ela mesma tinha certeza. Bateu palmas um pouco alto demais quando Miller saiu do palco, em seguida bebeu uma rodada de shots. A festa havia mudado de direção, acelerando por uma trajetória

CHARLES GRAEBER

movida à livre oferta de bebidas. As luzes diminuíram, a música começou, alguns colegas de trabalho dispersos batiam palmas, dobravam os joelhos e faziam pistolas com os dedos no ar.

Amy viu Miller circulando entre as mesas, uma bebida na mão. Ela se levantou e se aproximou furtivamente até ficar ao lado dele, esperando ser notada. Ele notou. Gostou do vestido. Aproximou-se dela, gritando algo em seu ouvido, a música alta demais, mas Amy entendeu muito bem. Ela disse "O quê?" mesmo assim.

Miller sinalizou para a garota com a bandeja de bebidas, mostrou dois dedos. Ele parecia arrogante. Um daqueles sujeitos poderosos com a barba bem-feita e uma cabeça cheia de cabelos grisalhos. Amy detestava aquele homem. Ele se inclinou em direção aos seios dela.

— Preciso saber o seu nome! — disse ele. — Quem é você?

Amy terminou o vinho, manteve os lábios úmidos e os aproximou do ouvido do diretor-executivo.

— Eu sou a melhor amiga de Charlie Cullen! — respondeu.

Miller endireitou a postura. Ele pareceu mudar de cor, mas Amy não tinha certeza se eram apenas as luzes da discoteca. Ela achou que ele ia se afastar, fugir para o bar, mas o homem permaneceu onde estava.

— Eu conheço você — disse ela. E se inclinou para trás, encarando-o.

— Ah, conhece?

Amy percebeu que o sujeito gostava de se aproximar, a música os obrigava a respirar em proximidade.

— Conheço — disse ela. — Você me conhece?

— Agora conheço — respondeu Miller.

Amy viu seu sorrisinho. Ele não a conhecia. Provavelmente não sabia de nada. Que sujeito arrogante. Ela queria arrancar aquele sorrisinho malicioso daquele rosto gordo.

— Sim, bem, eu sei que você é um mentiroso — gritou.

— Vamos dançar — disse Miller. Ele tomou a mão dela. Ela deixou que ele a conduzisse até a pista de dança.

— Eu sei de coisas — disse Amy em meio à música. — Eu sei o que aconteceu. Você tem segredos, senhor... por baixo dos panos.

Miller sorriu para ela. Ele parecia achar que ela estava flertando com ele. Ela o observou fazer uma espécie de giro, como um inspetor em um baile de colégio, aquele sorriso presunçoso. Ela queria vomitar tudo o que sabia sobre aquele homem. Simplesmente despejar todo aquele dia em cima dele, cada emoção incontida, cada medo, todos os segredos e toda a raiva. Ela queria que ele ficasse com medo, como ela estava. Que fosse humilde, pelo menos. Eles não estavam dançando juntos, e sim um para o outro, cada um em seu ritmo. Amy, na verdade, estava fazendo uma dança da vergonha-vergonha-vergonha, apontando o dedo para o diretor-executivo.

— Eu sei de coisas — gritou ela. — Grandes notícias. Grandes, grandes notícias.

Miller pôs a mão em concha por trás da orelha, como se não conseguisse escutá-la, sem nem sequer tentar, e pegou a mão dela para girá-la. A essa altura, suas amigas começaram a tirar fotos. *Típico da Amy!* Os flashes eram como uma luz estroboscópica. Amy olhou para a mão, para o homem de gravata, para as fotógrafas. O que ela estava fazendo? Aproveitando o fato de ser o centro das atenções, furiosa com aquele homem, dançando… Bêbada, era como estava. Bêbada e confusa em uma festa da empresa.

— Você é um mentiroso — acusou Amy, em seguida se virou e voltou para a mesa onde estavam suas amigas. — Dennis Miller é um mentiroso — anunciou ela. — Ele está mentindo.

Amy não sabia o que fazer em seguida, então voltou para o bar. Tentou beber um pouco mais, tentou flertar com um dos residentes bonitos. Finalmente, saiu para o estacionamento. Os sons distantes da estrada misturados à música. Amy olhou para cima, mas não enxergou nem as estrelas nem o céu.

61

Charlie saiu do estacionamento do The Office no Ford Escort e se juntou ao fluxo de carros ao longo da 22 West às 16h40. Danny havia se comunicado pelo rádio com os policiais Timothy Musto e Michael Vanouver e com o detetive Douglas Brownlie, posicionados no fim da rua em uma viatura do Departamento de Polícia do Condado de Somerset. Ele e Tim queriam fazer aquilo pessoalmente, mas o policial que prendesse Cullen e o informasse sobre seus direitos não poderia fazer parte da equipe que ia interrogá-lo depois. Tim havia aprendido que quando você prende um sujeito e diz a ele "Você tem o direito de permanecer calado" e depois pede que ele fale, ele acha que você está de sacanagem. Era melhor que um policial o parasse, usando um veículo que pudesse ser reconhecido como uma viatura da polícia e fazendo parecer que era uma abordagem rotineira. Então, quem sabe, Cullen estivesse disposto a falar mais tarde com os caras de terno.

Quinze minutos depois, a viatura apareceu atrás de Charlie e acionou a sirene. Charlie parou o carro no acostamento pouco antes da saída para a Frontier Road. Os policiais ordenaram que ele descesse do carro e se deitasse no chão, onde foi algemado e revistado antes de ser colocado no banco traseiro da viatura. Ele foi então conduzido ao escritório da promotoria, no número 40 da North Bridge Street, e preso pelas algemas à corrente aparafusada no chão na Sala de Interrogatório, no segundo andar. Então Tim e Danny apareceram.

Charlie olhou para os homens de terno, sujeitos grandes em uma sala pequena. Dois caras assomando sobre ele enquanto estava acorrentado ao chão.

— Olá — disse Tim. Ele moveu o polegar entre ele e Danny. — Lembra-se de nós?

Charlie olhou para o chão.

— E como você está agora, idiota?

Charlie tentou se virar, mas estava preso a uma corrente curta. O homem continuou falando.

— Sim, é isso mesmo, seu filho da puta doente — provocou Tim. — Eu disse a você, não disse?

Tim era sabichão, e admitia que gostava disso. Mas dar uma lição em Cullen servia a outro propósito além da diversão. Tim sabia que o enfermeiro havia sido investigado diversas vezes e nunca sofrera nenhuma consequência. Ele era um sujeito que havia tomado decisões e pagado por elas com outras vidas humanas. Não importava como parecesse estar naquele momento, esse fato por si só significava que Cullen era extremamente arrogante. Não há nenhuma medida do controle que um ser humano pode exercer sobre outro maior do que o assassinato.

Os detetives precisavam fazer Cullen compreender que ele não estava mais no controle. Aquilo não era o plantão noturno em um hospital em que o enfermeiro tomava as decisões; era a sala de interrogatório da promotoria. O homem precisava compreender todas as ramificações de sua nova realidade. Tinha que internalizá-las. Ele precisava ser destruído e subjugado. Enquanto isso, o restante da equipe da promotoria assistia pelo espelho bidirecional, perguntando-se por quanto tempo o cara ficaria sentado lá antes de se tocar e pedir um advogado.

A verdade era que eles não podiam *obrigar* Charlie a falar, ninguém podia. O melhor que os detetives podiam fazer era criar um ambiente no qual Charlie *quisesse* falar.

Eles estavam pedindo que Cullen lhes dissesse coisas que achasse que não podia dizer. O trabalho dos detetives era ajudá-lo a resolver esse paradoxo. Eles precisavam questionar seu sistema de crenças de forma tão profunda que a arquitetura de seu universo ruísse. Então, precisariam reconstruir o mundo de tal forma que confessar os assassinatos parecesse uma boa opção. E a única maneira de fazer isso era criar uma situação na qual não falar fosse pior.

— Vou lhe dizer o que eu vejo, Charlie — começou Tim. — Eu vejo você se masturbando com pessoas mortas. Nós vimos seus registros no Cerner. Vimos seus pedidos e cancelamentos de medicamentos. Pegamos você, seu merda. Só queremos ouvir da sua boca, só isso. Foi isso que você fez? Você se masturbou antes ou depois de matar aquelas pessoas, Charlie?

Charlie não olhou para ele. Ficou olhando fixamente para o canto da sala.

— Sabe o que o mundo vai saber sobre você? — perguntou Danny. Ele deu a volta para entrar no campo de visão de Cullen. — Que você é um monstro pervertido. Charlie Cullen, ah, sim… aquele enfermeiro que gozou com caras velhos mortos. Foi isso que você fez com Gall.

— Eu não posso — disse Charlie, calmo. — Eu não posso. Eu…

— Por que não nos fala sobre isso, idiota? — continuou Tim. — Porque, caso contrário, é assim que você vai ficar conhecido. O monstro sexual pervertido que matava para bater uma punheta. Vai ser ótimo para as suas filhas. Como pôde fazer isso com elas? Em algum momento pensou nas suas filhas, Charlie?

Depois de algumas horas disso, Charlie estava curvado em posição fetal, as mãos sobre o rosto, chorando. Em toda a sua carreira, Tim só tinha visto um suspeito fazer aquilo duas, talvez três vezes. Era a última parada no caminho para o precipício. Todos os outros caras que ele havia subjugado dessa forma tinham caído. Mas Charlie simplesmente permanecia na beirada. Era como se de alguma forma não conseguisse pular. Então Danny e Tim tentaram outra abordagem.

Eles se revezaram dizendo a Charlie: "Ei, sabe a sua namorada? Ela tem ligado para a delegacia. Uma garota chamada Amy. Vocês dois estiveram juntos durante muitas mortes. O que acha de a prendermos também?"

— Eu não posso. Eu não posso. Eu não posso.

— Vocês se revezavam ou enfiavam a agulha juntos?

Eles queriam ver se conseguiam motivá-lo a proteger Amy.

Depois das provocações, davam um pequeno descanso a Charlie, saíam da sala para deixá-lo imerso naquilo por um tempo, depois voltavam. Os intervalos não eram regulares. Eles entravam quando queriam, saíam e voltavam, às vezes acompanhados do capitão Nicholas Magos, surpreendendo Charlie, mostrando que ele não estava no controle. Mostrando que podiam continuar com aquilo a noite toda.

— Ou você é um doente ou é o Anjo da Misericórdia, você decide. Batedor de punheta ou anjo piedoso: qual dos dois suas filhas vão preferir ter como pai?

Fizeram isso por uma hora, saíam, tomavam um café, viam o cara rolar de um lado para outro no monitor, voltavam para a sala, retomavam o interrogatório: "E se eu dissesse que encontramos impressões digitais em algumas das bolsas de soro?" Blefavam, mas deixavam uma margem de manobra com o *e se*, para o caso de ele ter usado luvas.

Seis horas depois, Charlie ainda estava curvado sobre si mesmo, se balançando, emitindo sons animalescos e guturais. Os detetives ficavam perto dele, ouvindo. Sons de frustração. Comunicação sem palavras. Ainda não era uma confissão. Às vezes, Charlie parava e parecia se recompor, mas em seguida enterrava o rosto nas mãos outra vez e começava a chorar. Às vezes, estudava o chão como se fosse um mapa e ele estivesse perdido. Às vezes, apenas dizia: "não posso", repetindo isso por períodos de meia hora como um mantra de abnegação. Estava cansado. Cullen era um enfermeiro noturno, estava acostumado com plantões que se estendiam noite adentro, mas devia estar exausto agora. Isso era bom. Os detetives saíram da sala novamente para deixar que ele dissesse seu "não posso" para as paredes. Pegaram um café fresco, discutindo se deviam tentar a abordagem de Amy ou a abordagem do tarado doentio, quando Forrest disse: "Mandem-no de volta." Ou seja, o interrogatório estava encerrado e Cullen ia voltar para a prisão.

Tim e Danny não haviam terminado, tampouco achavam que Charlie Cullen tivesse terminado. Às vezes um suspeito chega a um determinado ponto e é isso, acabou, mas Charlie não estava lá ainda. O sujeito estava avançando. Eles estavam tão perto que mais um empurrão talvez fosse o suficiente. Bastava empurrá-lo, e ele cairia. Se desistissem agora, ele não iria a lugar algum além do tribunal.

Mas o promotor Forrest temia que continuar com o interrogatório parecesse ruim. Eram três da manhã, e o sujeito estava grunhindo no chão, praticamente espumando. Eles o estavam pressionando fazia nove horas.[1] Forrest não achava que pudessem pressioná-lo muito mais. Estava acabado. Tim e Danny sabiam que antes do amanhecer o sujeito já teria um advogado.

Tim foi para casa e se deitou por volta das quatro da manhã. Ele esperava que seu relógio interno lhe permitisse dormir até a manhã seguinte, mas não. Assim que o sol nasceu, estava acordado. Tim odiava se desligar de um caso importante, deixando-o a cargo da instituição. Ele nem estava no comando da investigação e se sentia dessa forma. Danny devia estar ainda pior. Era desorientador; nunca parecia a coisa certa a fazer. A mente de Tim ainda estava em modo de emergência, tentando fazer o sujeito confessar. Em vez disso, ele deveria relaxar, recarregar as energias, deixar pra lá. Tinha feito seu trabalho. Era fim de semana. Havia coisas a fazer na casa. Agora havia tempo. Ir até o chalé, verificar o encanamento. Tarefas. No início da tarde, Tim se viu sentado no estacionamento do shopping, tamborilando no volante enquanto a esposa fazia compras na loja de artesanato.

O que enfurecia o investigador era que eles não tinham terminado de interrogar o sujeito. Mais algumas horas e ele teria confessado. Cullen tinha aquele olhar. Se um advogado entrasse na jogada, no entanto, o sujeito não ia mais abrir a boca. A situação se arrastaria por alguns anos e ele iria a julgamento no tribunal do júri por um assassinato e uma tentativa de assassinato — e isso *se* o Centro Médico Somerset não tentasse manter a coisa toda sob sigilo com um grande júri,[2] o que Tim achou que eles com certeza fariam.

Será que a acusação de ter matado o reverendo Gall se sustentaria? Tinham o suficiente para condená-lo ou teriam que fazer um acordo? Tim se lembrou do assassino de Duryea, posteriormente condenado por uma tentativa de homicídio e saindo da prisão depois de cumprir sete anos da pena. Tim podia imaginá-lo. Provavelmente estava andando pela rua, assobiando uma melodia alegre, naquele exato segundo. Talvez estivesse ali no shopping naquele momento, aproveitando o fim de semana para fazer compras de Natal. Por que não? Todo mundo parecia estar lá. Afinal, era o maldito fim de semana.

Tim ficou pensando sobre isso, tamborilando no volante. Refletiu mais um pouco. E então pensou: *talvez.*

Pressionou os números em seu telefone e ligou para a casa do promotor assistente Tim Van Hise, que disse que sim, ainda era legal e ele estaria disposto a se responsabilizar. Cullen tinha assinado os formulários atestando que havia sido informado sobre seus direitos antes de ser interrogado. Ele havia rubricado as páginas afirmando que estava ciente desses direitos. Havia concordado em ser interrogado sem a presença de um advogado. Isso tinha sido no dia anterior, mas ainda estava valendo, com certeza.

Cullen tinha sido preso depois do expediente em uma sexta-feira. Tinha ido direto para interrogatório e só fora processado na prisão do condado na manhã seguinte. Era fim de semana. O juiz provavelmente estava fazendo compras de Natal com a esposa. Cullen ainda não havia sido formalmente acusado. Ainda não tinha se apresentado diante de um juiz. Tim ligou para o escrivão da prisão. O arquivo de Charlie ainda estava lá. Ainda não havia um advogado designado para o caso. Em seguida, Tim ligou para Danny. Era a ligação que o colega estava esperando.

Eles ainda poderiam fazer mais uma tentativa com o sujeito. Ainda não tinham terminado. Só precisavam de Amy em Somerville uma última vez.

62

A notícia da prisão de um suspeito de assassinar pacientes no Centro Médico Somerset foi divulgada na tarde de sexta-feira. Os telefonemas começaram menos de um minuto depois, congestionando a central telefônica do escritório da promotoria com mais de 170 pedidos de informação e denúncias de possíveis vítimas, todas de delatores anônimos e familiares preocupados. Já era fim da tarde quando Tim e Danny conseguiram se liberar, deixando que o detetive Brownlie e o capitão Magos lidassem com o público enquanto se dirigiam até a prisão do condado.

O sargento conduziu os dois através do barulhento detector de metais e da parede com espelhos duplos e por uma série de portas com acionamento eletrônico até a carceragem.

Tim e Danny encontraram Cullen encolhido em sua cama, encarando a parede.

— Ah, *aí* está ele — disse Tim.

Cullen se virou. Dirigiu-lhes um olhar inexpressivo. Em seguida, olhou para o chão.

— Está sendo bem tratado aqui, Charlie? — perguntou Danny.

Charlie olhou para os tênis do uniforme da prisão.

— Sim, está tudo bem. Esses sapatos não são exatamente o meu número, mas... vocês sabem. Está frio...

— Sim, bem. Vamos ver o que podemos fazer a respeito — respondeu Danny. — Enquanto isso, vou lhe dizer. Eu não sei se você... bem, é o seguinte: sua amiga ligou de novo.

— Amy?

— Sim — confirmou Danny. — Amy. Ela não para de ligar.

— Não nos deixa em paz — acrescentou Tim.

— Ela está muito preocupada — disse Danny. — Disse que precisa falar com você. Ela está chateada.

Na história que Tim e Danny inventaram, Amy era uma amiga histérica, mas leal, com amigos influentes no governo local.

— Para nós, isso não tem a menor importância — disse Danny. — Mas agora nosso chefe está pegando no nosso pé. Então, vou dar uma sugestão. Tim e eu queremos levá-lo de volta para a sala de interrogatório, para continuarmos nossa conversa.

— E você pode falar com a sua amiguinha.

— Amy.

— Sim, falar com a Amy. Vocês podem conversar, para ver se ela sai do nosso pé. Depois continuamos nosso papo, você e nós dois. Pode ser?

— Tudo bem — concordou Charlie.

Ele não tinha nenhum problema com isso.

Braun abriu a porta de grade da cela de Cullen e o acompanhou até uma mesa de metal, onde Danny lhe entregou um formulário com seus direitos listados para que ele lesse em voz alta. Era o segundo desde que havia sido preso, mas o promotor assistente Tim Van Hise havia sugerido a cautela. Danny observou enquanto Charlie marcava "SIM" e escrevia suas iniciais em cada linha, assinando no final e, em seguida, entregando o documento ao sargento para que registrasse a data e a hora. Danny pegou a caneta de volta, para o caso de Cullen ter alguma ideia, e o levou até o carro para o trajeto de volta ao escritório da promotoria.

***

Amy estava esperando em uma sala do escritório,[1] os olhos fixos na tela do circuito fechado de televisão, que piscava. A tela mostrava a sala de interrogatório, um espaço simples com paredes de blocos de concreto, uma mesa e cadeiras de plástico esverdeadas e borradas pela transmissão de vídeo, o que fazia Amy se lembrar das notícias da guerra no Iraque. Não era uma sala agradável de se olhar, pelo menos não no monitor, e pior ainda quando Charlie apareceu. Ele estava curvado e não demonstrava nenhuma emoção. Os braços e as pernas estavam algemados. Ele avançou, arrastando os pés, vestindo o uniforme bege da prisão e os tênis sem cadarço. Amy se sentiu nauseada. Ela fizera aquilo com Charlie. A culpa a dominou, e ela começou a chorar. O que tinha feito?

Outros detetives a acompanhavam na sala: o capitão Nick Magos, advogado do escritório da promotoria, Tim e Danny, talvez outros indo e vindo — agora ela os conhecia de vista, pelo menos. Eles certamente pareciam conhecê-la. Ela era Amy, a informante confidencial. Disseram a ela que era ótima, que tinha um talento natural, incentivando-a. Palavras. Ela ouviu outras, como *pena de morte*, *prisão perpétua*. Na tela, Amy observou o amigo, aquele que eles queriam matar, o homenzinho submisso tremendo em sua cadeira de plástico no abrigo de guerra. O assassino de quem os homens falavam não estava ali naquele momento. Ela via apenas um menino assustado e sozinho. Ela havia mandado aquele menino para a prisão e, no entanto, lá estava ele, esperando por ela, acreditando sinceramente que ela tinha ido até lá como sua amiga. E, naquele momento, ele estava certo. Ela ainda era sua amiga, de alguma forma. Os olhos de Charlie dispararam pela sala, em seguida encontraram a câmera presa à parede e a encararam. Amy se sentiu corar de uma vergonha terrível. Ele não podia vê-la, ela sabia disso. Mas isso não mudava como se sentia.

Os detetives começaram com Charlie do início, atuando em dupla, como na noite anterior.

— Veja, Charlie, vai ficar parecendo que você se satisfazia sexualmente ao matar essas pessoas. Ou podemos ficar com a hipótese de que você matava como um ato de misericórdia. Você decide.

Em seguida, Danny apresentou seus argumentos.

Depois foi Tim. E Danny.

Então chegou a vez de Amy.

Os detetives conduziram Amy por um labirinto de corredores e portas; os homens conversavam, mas ela não ouvia nada além das batidas do próprio coração. Todas as portas pareciam iguais. Amy tinha a sensação de que estava no inferno ou em um programa de TV. Finalmente, eles pararam diante de uma porta e a abriram, deixando Amy em uma sala com um sofá. Ela se sentou em uma das pontas, depois na outra, decidindo-se por uma posição mais distante da porta. E então, finalmente, se permitiu olhar ao redor. Era uma sala particularmente simples, com paredes nuas. Os únicos outros móveis além do sofá duro com algumas almofadas de lã áspera eram uma mesa de centro, um armário e uma câmera na parede. Ela presumiu que a câmera estivesse ligada. Havia um gravador colado na parte de baixo da mesa de centro, do tipo que ela se lembrava de ter usado na quinta série. O armário estava cheio de bonecas.

Amy olhou mais de perto. As bonecas eram todas anatomicamente fiéis. Era a sala usada para investigar crimes sexuais contra crianças. Ela ficou sentada no sofá, olhando para os pequenos pênis e vaginas do tipo Muppet. Não havia contado a ninguém do escritório da promotoria que fora abusada sexualmente; não tinha compartilhado isso com ninguém, mas ainda assim se perguntava se havia algo sobre ela que denunciava esse fato, se eles a haviam colocado ali de propósito. Amy não pôde deixar de pensar em como teria sido diferente se uma policial a tivesse levado para uma sala como aquela quando ela tinha sete anos, o rumo que sua vida poderia ter tomado e os pesadelos que nunca teria. Mas ninguém a havia protegido, e quando tentou se proteger, a família não acreditou nela. Disseram que o homem que ela acusou jamais poderia ter feito aquilo. Ele era tão legal. Era um bom tio. Mas Amy sabia que dentro do bom tio havia um monstro. Ele estava sempre presente em aniversários, no Dia de Ação de Graças e no Natal. Sempre estava lá, quer alguém o visse, quer não. Essa era a verdade sobre a vida de Amy. E também era a verdade sobre a vida de Charlie.

Ele entrou na sala, sem algemas. Amy abriu um sorriso solidário. Não parecia falso. Ela não estava mais nervosa. Charlie se sentou ao lado dela no sofá. Ele ainda era pequeno, ainda dócil, como um boneco de palito frágil usando pijama bege e sapatos de lona azul. Ainda parecia um garotinho assustado. A camisa de manga curta da prisão deixava à mostra seus braços nus. Era a primeira vez que Amy os via. Eram pálidos, meio azulados, e magros. Os olhos dela se voltaram para uma grossa cicatriz ao longo do bíceps.

Ele mesmo tinha feito aquilo, explicou. Uma tentativa de suicídio fracassada. Charlie contou a ela sobre como, no treinamento militar básico, os oficiais tinham dito "Se quiserem se matar, senhoras, façam direito!", e mostraram a eles como fazer. O método-padrão — fazer um corte no pulso, como se estivesse cortando a garganta do braço — resultava apenas em dor. Mas ao fazer um corte ao longo do braço, você se esvai em sangue. "Esse é o caminho, é assim que se faz", disseram. Era apenas um discurso de sujeitos durões, do tipo que os sargentos fazem aos berros, mas Charlie guardou aquilo na memória, e uma tarde largou o esfregão, foi ao banheiro e traçou uma linha no braço com uma lâmina de barbear. Os sargentos estavam certos. E quando viu o sangue, quão espesso era, e viu, *meu Deus*, seu próprio músculo, o fio branco do tendão, ele começou a gritar.

— Então, basicamente, sou um fracasso em tudo — disse Charlie.

Vinte tentativas de suicídio e ali estava ele, ainda respirando. Eles riram disso. Mas aquele suicídio *tinha* ensinado algo a ele. Nos momentos de crise, sempre que se sentia encurralado ou impotente, o instinto de Charlie era subverter esses sentimentos com a ameaça da morte. Mas, na verdade, não estava particularmente interessado em morrer, não pessoalmente. Sua carreira como enfermeiro tinha resolvido o paradoxo. O acesso a pessoas vulneráveis permitia que ele invocasse a morte sem morrer. Ele havia aprendido a se matar indiretamente.

Ninguém poderia dizer a Charlie o que fazer. Ele nunca seria forçado a coisa alguma, não seria a criança com os braços presos, indefesa diante do garoto mais velho, não. Os detetives não iam conseguir obrigá-lo a fazer nada daquela forma. Mas ele poderia fazer algo. A amiga não exigia a verdade, mas Charlie podia contar.

Amy olhou nos olhos dele e soube aonde Charlie precisava ir. Ele não precisava ser um santo, Deus sabia que não era. Ele compreendia a diferença entre o certo e o errado, sabia que o que havia feito era ruim, no sentido de que era ilegal. Não, ele não era um santo. Mas precisava ser um herói. E poderia ser um herói, por ela.

Depois que ele começou, foi fácil. Não era tanto uma confissão, mas uma história sobre si mesmo, e uma história que ele gostava de ouvir. Charlie se sentou na cadeira da sala de interrogatório com as pernas cruzadas sob o corpo e o casaco de lã macio de Amy sobre os ombros. Ele tinha a palavra. Os detetives queriam que falasse sobre o reverendo Gall. Charlie contou a eles sobre Gall. Em seguida, continuou falando. Havia uma longa trajetória pregressa, e ele a percorreu minuciosamente.

Charlie não mantivera uma lista do que havia feito por escrito, não guardara recordações de seus crimes e nunca havia contado a ninguém sua história completa em voz alta. Mas a havia contado a si mesmo durante todo aquele tempo, revivendo as lembranças editadas como uma música que não saía de sua cabeça. Ele começou a falar às 18h15 de domingo, parando apenas para comer, tomar café e ir ao banheiro. Falou durante sete horas em um tom sussurrado e constante, pausando pacientemente no meio da frase sempre que Tim precisava virar uma fita e recomeçando exatamente do ponto em que havia parado, expondo as complexidades técnicas da profissão, as adversidades de uma vida inteira de conhecimento especializado e breves descrições de episódios de depressão e suicídio, amores comicamente desperdiçados, situações inadequadas. Cada uma era um dado a serviço da saga de um errante incompreendido exercendo uma compulsão benevolente, embora criminosa. Os pacientes "faleciam", ou "pereciam", ou às vezes "morriam"; ele "intervinha" ou era "compelido a intervir" — mas Charles não "matava" e não havia "assassinato". Era uma história branda, uma narrativa muito ensaiada e nunca encenada, apenas uma pequena fração da verdade completa. Mas era uma boa história, e era o suficiente; para os enfermos, para suas famílias, a morte era uma graça que não era concedida apenas por Deus.

Eles precisavam apenas de um; Charlie havia lhes dado quarenta quando a última fita acabou. Já era tarde, e os detetives deram a noite por encerrada. E à 1h31 de segunda-feira, Charlie parou de falar, deixando os detetives cuidarem da papelada e de muita coisa não dita.

POSFÁCIO

A mídia rapidamente apelidou Charlie de "o Anjo da Morte". Nunca saberemos exatamente quantos pacientes ele matou. A fonte da maioria das evidências nos casos contra Charles Cullen foi, por necessidade, o próprio Cullen. De início, ele confessou talvez quarenta assassinatos, especificamente. Em sua narrativa, deixou de mencionar hospitais e anos inteiros, e não quis arriscar suposições sobre aqueles que não tinha certeza absoluta de ter matado. No Hospital Lehigh Valley, por exemplo, Cullen se lembrava de ter sido responsável por quatro ou cinco vítimas; até o lançamento deste livro, apenas duas foram identificadas de forma inequívoca. E embora Cullen tenha dito, em um primeiro momento, que não provocou overdoses em nenhum paciente no Centro Médico Hunterdon, cinco vítimas acabaram sendo descobertas lá. Especialistas com profundo conhecimento do caso dizem que o número real de assassinatos cometidos por Cullen é algo provavelmente em torno de quatrocentos. Charlie ouviu esse número e, apesar de não gostar dele, também não o nega. Tampouco admite que esse número, se estiver correto, lhe confira a infame distinção de *serial killer* mais prolífico da história dos Estados Unidos.

O problema de contabilizar o número exato de pessoas mortas por Cullen foram as provas. Quando o escritório da Promotoria do Condado de Somerset foi alertado, muitos dos prontuários médicos estavam incompletos ou tinham sido perdidos, bem como a maioria dos mortos já havia virado pó, o que tornou as necropsias impraticáveis. Separar o número de mortes provocadas por Cullen do ritmo geral de mortalidade hospitalar se provou extremamente difícil. Nos primeiros hospitais em que ele trabalhou, cujos registros foram destruídos, uma contabilidade precisa seria quase impossível.

Sua confissão formal continha apenas um nome referente aos cinco anos em seu primeiro emprego, na Unidade de Tratamento de Queimados do Centro Médico Saint Barnabas: o do juiz John Yengo, morto em 6 de novembro de 1988. Mas Cullen havia contado anteriormente que seu primeiro assassinato tinha sido o de uma jovem paciente com aids no Saint Barnabas, em 1987. Essa paciente nunca foi identificada. Nem nenhum outro no Saint Barnabas. Os únicos registros remanescentes dessa época estavam no arquivo incompleto que os detetives recuperaram e em algumas páginas manuscritas descobertas mais tarde na gaveta de uma escrivaninha armazenada em um depósito, contendo detalhes da investigação de Barry e Arnold sobre as bolsas de soro adulteradas com insulina e a sucessão de overdoses provocadas pelo hormônio na UTI. Mais tarde, Cullen admitiu aos detetives da Divisão de Homicídios que tinha tanto mirado em pacientes específicos quanto adulterado bolsas de soro com insulina de forma aleatória, às vezes três ou quatro vezes por semana, no Saint Barnabas. Sem prontuários médicos e necropsias, esses números não puderam ser verificados. Até o momento em que este livro foi escrito, ele foi condenado por apenas um assassinato ou tentativa de assassinato referente aos cinco anos que passou nesse hospital. Charles Cullen trabalhou em outras oito instituições ao longo de mais onze anos. Talvez seja útil comparar esse número à lista de vítimas especificamente identificadas depois que os detetives tiveram acesso a informações sobre medicamentos e prontuários médicos completos e computadorizados, como foi o caso do Centro Médico Somerset.

Liderados pelos esforços incansáveis do detetive Danny Baldwin, Tim Braun e os investigadores do condado de Somerset cruzaram cerca de 175 denúncias com o cronograma de trabalho de Cullen, os prontuários dos pacientes pelos quais ele era responsável, os registros da Pyxis e a movimentação do enfermeiro no Cerner. O resultado inicial foi uma lista com 26 vítimas altamente prováveis apenas no ano que Charlie Cullen passou no Centro Médico Somerset. Charlie disse que alguns nomes lhe "chamaram a atenção". Quanto ao resto, disse ele, precisaria revisar os prontuários.

Em abril de 2004, Charles Cullen se declarou, no tribunal de Nova Jersey, culpado de treze assassinatos e duas tentativas de assassinato, crimes que legalmente o qualificavam para a pena de morte. De início, Charlie havia alegado que realmente queria ser condenado à morte. Ele disse isso a Amy, bem como aos detetives do condado de Somerset, durante sua confissão gravada. Mas nunca disse o mesmo ao advogado designado pelo tribunal para defendê-lo, o defensor público sênior Johnnie Mask. Nem mesmo as "tentativas" de suicídio do enfermeiro tinham sido, de fato, com o objetivo de morrer. Charles Cullen queria viver. Ele e Mask fizeram um acordo com os promotores de Nova Jersey, que concordaram em não pedir a pena de morte em troca da cooperação dele. Danny Baldwin e a equipe do escritório da Promotoria do Condado de Somerset passaram os três anos seguintes investigando.

Meses se transformaram em anos na cadeia do condado de Somerset, em Somerville, e a vida de Charles Cullen assumiu uma regularidade que ele raramente experimentara enquanto homem livre. Tinha sua cela, seus romances de espionagem, tempo para se exercitar, tomar banho e se encontrar com o diácono católico ou a capelã-chefe, com quem estava estudando a vida dos santos. Os guardas o escoltavam pelo gramado até o escritório do promotor, onde se reunia a Danny ou Tim e os ajudava a decifrar os eletrocardiogramas arrítmicos, as paradas cardíacas fatais e os hemogramas de milhares de pacientes. Ele era sempre o centro das atenções. Nada poderia agradá-lo mais.

Havia novos prontuários quase todas as semanas, caixas deles, cobrindo dezesseis anos de mortes em nove hospitais. Os detetives e advogados pediam donuts, sanduíches e batatas fritas — pequenas regalias para lidar com a burocracia da morte —, e conforme o inverno deu lugar à primavera e então ao inverno de novo, acumularam alguns quilos sob as calças de sarja. Charlie, no entanto, repassava os arquivos do caso apenas com uma xícara de café preto, ficando cada vez mais magro; quando por fim as investigações fossem encerradas e a gritaria terminasse, ele poderia levar sua sentença de prisão perpétua para a cela e desaparecer por completo.

Então, em agosto de 2005, um envelope chegou à prisão de Somerville. A essa altura, Cullen estava acostumado com os pedidos de entrevista e as cartas ameaçadoras, até mesmo com as ocasionais "cartas de fã", mas aquilo era algo novo: um pequeno recorte de um jornal comunitário de Long Island com alguns parágrafos sobre um homem chamado Ernie Peckham e uma anotação à margem escrita em letra cursiva: "Você pode ajudar?"

Cullen sabia quem era Peckham — um sujeito de sua idade, com quatro filhos, uma esposa dona de casa e um emprego moldando metal para caixilhos de janelas e portas giratórias em Farmingdale. Ele era irmão de Catherine Westerfer, ex-namorada de Charlie e mãe de seu filho mais novo, que ele nunca tinha conhecido e provavelmente nunca ia conhecer. Talvez ele e Ernie tivessem se cumprimentado em um casamento anos antes, Charlie não conseguia se lembrar, mas não eram amigos, nem mesmo conhecidos, certamente não próximos o suficiente para que doasse seus órgãos a ele. Mas, de acordo com a matéria, era disso que Ernie precisava.

Os médicos não sabem exatamente como nem quando, mas, em algum momento de 2003, Ernie contraiu estreptococos. Provavelmente foi apenas um pequeno arranhão que infeccionou, o tipo de coisa que incha e depois desaparece, ou faz com que você fique uma semana com dor de garganta e tenha de tomar uma dose de antibióticos. Mas Ernie não percebeu a infecção e ela se espalhou. Seu sistema imunológico atacou a bactéria, dando origem a nós de proteínas complexos que se prenderam aos filtros microscópicos de ambos os rins. Em condições normais, esses filtros removeriam as toxinas do sangue de Ernie e as excretariam pela urina; agora, eles eram como uma pia entupida por cabelos. O corpo de Ernie começou a acumular as próprias toxinas, inchando as mãos e o rosto e fazendo sua urina ficar da cor de cacau. Quando foi ao médico, seus rins já estavam mortos. Sem tratamento, ele seria o próximo.

336 O ENFERMEIRO DA NOITE

Charlie nunca havia trabalhado como enfermeiro nefrológico, mas sabia que, quando os filtros de um rim se entopem, não é possível consertá-los. A diálise é a opção mais comum, um método de remoção de fluidos e filtragem do sangue por meio de uma máquina. Ernie considerava suas três sessões de diálise semanais no Hospital Stony Brook, com duas horas de duração cada, "outro emprego em tempo integral", mas aquele transtorno não havia impedido sua deterioração. Suas veias de acesso não paravam de ser obstruídas por coágulos. O acesso que os cirurgiões haviam colocado na principal veia do pescoço dele era como uma ferida que nunca se fechava e o deixava vulnerável a novas infecções. Ernie tinha sido forçado a desistir do posto de chefe dos escoteiros e diminuiu o tempo que dedicava à VFW local, organização de ajuda a veteranos de guerra. Se realmente quisesse ter sua vida de volta, a diálise não era a solução. O que ele realmente precisava era de um novo rim.

Na época, havia cerca de 60 mil pessoas esperando por um rim nos Estados Unidos. A maioria viria de cadáveres (as taxas de doação são mais altas no início da primavera, quando motociclistas inexperientes pegam estradas ainda ladeadas pela areia do inverno). Mas o rim de um cadáver tem uma expectativa de vida reduzida de seis anos em comparação com a de um doador vivo; o tempo na lista de espera por um doador cadáver aleatório variava entre cinco e sete anos, uma espera que, conforme a saúde de Ernie se deteriorava, estava começando a parecer uma sentença de morte.

A melhor maneira de encontrar um rim compatível com o receptor é por meio de um parente de sangue, mas ninguém na família de Ernie estava clinicamente apto a doar. Sua única chance era encontrar o desconhecido perfeito. Infelizmente, as chances de um indivíduo aleatório ter um tipo de tecido perfeitamente compatível com outro — de uma doação ser pessoal — são incrivelmente pequenas. Ernie Peckham tinha mais chance de ser atingido por um raio. A mãe de Ernie, Pat Peckham, já havia hipotecado a casa para ajudar com as despesas médicas do filho e contatado o jornal local para que publicasse um artigo de interesse público com o tipo sanguíneo de Ernie e o número da linha direta de doações do hospital. Ela esperava encontrar um doador

CHARLES GRAEBER 337

milagroso. Mas nenhum doador milagroso surgiu. Pat estava ficando sem opções para salvar o filho; estava disposta a tentar qualquer coisa — ou qualquer pessoa — que pudesse ajudar. E o que seria necessário além de um selo? Então ela recortou a matéria do jornal, colocou-o em um envelope endereçado à prisão de Somerville e esperou pelo milagre. O mais incrível a respeito dos milagres: não é possível prever que forma eles vão assumir, ou que asas os trarão. Pode ser qualquer um, até mesmo o *serial killer* que havia engravidado a filha dela.

O pedido judicial de Cullen para se tornar doador de órgãos da prisão, no entanto, foi motivo de muita irritação, especialmente para as famílias das vítimas. O enfermeiro que havia matado dezenas de doentes de repente queria salvar um? Parecia no mínimo irônico; na pior das hipóteses, manipulador. Em teoria, o Estado havia parado Charles Cullen com a prisão. Então, de repente, lá estava ele de novo — não havia sido parado, estava mais uma vez nas manchetes, manipulando processos judiciais, "brincando de Deus" com mais uma vida e usando os próprios órgãos como última garantia. Será que Charles Cullen era motivado pela compaixão ou por uma compulsão doentia? Seria tudo apenas uma tentativa de se redimir aos olhos da mãe de seu filho, de Jesus Cristo ou dele mesmo? Era impossível saber. A maioria dessas respostas estava dentro do próprio Charles Cullen, e ele se recusava a falar.

"As pessoas olham para Charles, para o que ele fez, e veem um monstro", explicou a reverenda Kathleen Roney, capelã de Cullen na cadeia do condado de Somerset. "Dá para entender o porquê, é óbvio; Charles matou muitas pessoas, mais do que jamais saberemos. Algo é devido às famílias das vítimas por isso. Mas ele não é um monstro", acrescentou ela. "Ele não é o Anjo da Morte. Charles é muito mais complexo do que isso."

Charles Cullen ficou sentado na cama de sua cela, lendo e relendo o pedido de Pat Peckham. *Você pode ajudar?* Ele não tinha certeza. Cullen entendia as implicações médicas da doença de Ernie — que poderia matá-lo em breve — e os benefícios de ter um doador vivo, o que poderia estender a vida do rim em seis anos em relação à doação de um cadáver. Mas também sabia dos inconvenientes. Ele era o Anjo da Morte. Não pensava em si dessa forma, mas era conhecido assim, os jornais diziam. E ele sabia: se o Anjo da Morte doasse um órgão, isso resultaria em alguma publicidade. Ao dar uma parte de si mesmo a Ernie, ele estaria dando uma parte do Anjo da Morte e uma parte dessa publicidade. Não apenas para ele, mas para sua família também. Na prisão, Cullen era muitas vezes atormentado pelas "coisas assustadoras" que aconteciam com sua família do lado de fora: os repórteres que seguiram sua ex-namorada e ameaçaram publicar seu endereço caso ela não falasse, o homem que havia encurralado sua filha de onze anos à porta de casa.

"Eu sei que terei medo do que acontecerá depois que eu morrer, mas tenho mais medo de ver e sentir o que acho que meus filhos terão que enfrentar pelo resto da vida", disse Cullen para mim durante uma de nossas entrevistas. Ele não gostava de pensar que os filhos teriam que crescer como "os filhos de um *serial killer*". E também não queria isso para os filhos de Ernie. Motivo pelo qual se perguntava: o Anjo da Morte poderia realmente ajudar Ernie Peckham?

Charles sempre gostou de ser útil, ainda mais em termos médicos. Ele sempre havia sido um doador particularmente prolífico, tendo doado cerca de 45 litros de sangue e se registrado como doador de medula óssea — não porque conhecesse em pessoa alguém que precisasse de sua medula, mas apenas para o caso de alguém precisar. Cullen era saudável e ainda relativamente jovem; as chances eram de que ele estivesse pelo menos fisicamente apto a doar um de seus rins para alguém. Ser uma correspondência específica para uma necessidade aleatória era uma possibilidade remota; a melhor hipótese, ter uma compatibilidade de seis antígenos, exigiria um milagre. Mas Charlie estava na prisão e, ele me disse, alguém havia pedido algo que ele podia dar. Valia a pena tentar.

Durante o tempo em Somerville, Cullen assistia a um serviço religioso semanal com o diácono católico visitante, e lhe fez uma pergunta, casualmente, como se fosse uma simples curiosidade: era possível para um prisioneiro doar um rim? O diácono Tom Sicola teria que pesquisar; não haviam lhe ensinado nada sobre esse tipo de coisa no seminário. Depois do confinamento, ele voltou para sua sala, fechou a porta e discou o ramal de sua supervisora, a reverenda Kathleen.

Kathleen Roney usava anéis com pedras zodiacais enormes e amuletos celtas em torno do colarinho clerical; as sobrancelhas castanhas se moviam como as aletas de uma máquina de pinball enquanto ela falava. Ela havia perdido noventa quilos em decorrência de uma doença e uma cirurgia naquele ano, mas manteve a autoridade da antiga aparência, a voz de megafone e o jeito direto que, na prisão de Somerville, lhe renderam o apelido de "reverenda durona". Roney e eu nos encontramos em uma pequena mesa de madeira atrás do estande de revistas da livraria Barnes and Noble de Bridgewater, Nova Jersey. Roney gostava de livros sobre os templários, espiritualidade irlandesa e misticismo druida; Charles gostava de romances de espionagem e romances policiais. "Mas nada com assassinato", disse ela. "Você sabe como é difícil encontrar um livro de mistério que não tenha um assassinato?"

Kathleen começou a pregar para Charles quando ele foi para a prisão de Somerset, em 2003, e recentemente passara a ensinar-lhe as técnicas de meditação dos Padres do Deserto. Ela achava que o que havia funcionado para os místicos cristãos do primeiro século que tinham mantido sua fé viva durante anos de ascetismo hermético no deserto poderia ser útil para um homem que passaria o resto da vida em uma cela de 2,7 por 1,5 metro. A "Oração de Jesus", que Charles recitou durante sua sentença em Somerset, veio de um desses tutoriais. A prisão apenas intensificou a necessidade de conforto religioso, e Charles tinha muito a recuperar; a maior parte de seu conhecimento sobre o cristianismo vinha de lembranças embaçadas da escola primária católica ou dos dramas épicos em tecnicolor de Cecil B. DeMille, que ele preferia.

Ao longo de quase três anos, Roney foi aos poucos conhecendo Charles, mas isso não significava que o compreendesse. Ela não entendia, por exemplo, por que ele havia matado tantas pessoas. Tampouco conseguia entender por que, exatamente, de repente queria doar um órgão. "Então naquela noite eu fui até a prisão e o questionei. Eu precisava saber as verdadeiras intenções dele, para ter certeza de que não estava sendo usada."

340 O ENFERMEIRO DA NOITE

"Eu perguntei a ele: alguém vai pagar algo a você? Está fazendo isso pela fama? Está achando que isso é algum tipo de acordo com Deus, uma negociação: 'Vou salvar essa vida, e isso apaga as que eu tirei?'"

As perguntas pareceram magoá-lo. "Mas tudo bem", disse ela. "Eu precisava saber quais eram as intenções dele, especialmente se fosse me envolver." Então Roney fez mais uma pergunta: aquilo por acaso era uma espécie de tentativa passiva de suicídio? Ele achava que poderia morrer na mesa de cirurgia?

Não, disse ele. Não era nada disso.

Então, pela terceira vez, ela perguntou a ele: Charles, por que isso? Por que agora? Você teria feito isso dez anos atrás, dezessete anos atrás, antes de tudo mudar, antes de tudo isso começar?

"'Sim', respondeu ele. 'E por quê? Porque eu posso, porque é possível. Uma pessoa me pediu algo que é possível. Por que agora? Porque foi agora que me pediram. E eu acho que é a coisa certa a fazer.'"

"Eu acreditei nele", disse a reverenda. Ela afastou seu grande chá gelado para o lado e tomou minhas mãos entre seus dedos de unhas pintadas. "Charles teve uma infância absolutamente horrível e todos os tipos de problema, mas nunca culpou ninguém por nada disso, nem me deu qualquer desculpa para justificar o que fez. A pessoa que matou todos aqueles pacientes é a mesma pessoa que tomaria essa decisão. Com certeza."

O kit do hospital continha uma série de tubos codificados por cores para recolher o sangue de Cullen. Depois da coleta, o Stony Brook ia testar os antígenos em seu sangue com os antígenos de Ernie, o critério de compatibilidade mais básico para ver se Cullen realmente poderia doar um rim. "Foi assim que me tornei a mula de sangue", disse Roney, rindo.

As chances de Charles ser compatível eram incrivelmente remotas, mas havia uma vida em jogo, e Kathleen havia feito uma promessa, cujas ramificações ainda se esforçava para compreender. Naquela noite, quando pediu aos amigos que a ajudassem com as orações, não disse a eles pelo que estavam rezando, ou por quem. "Precisávamos manter segredo", disse ela. "E, além disso, como pedir às pessoas que rezassem por um *serial killer*?"

***

Todo equinócio, a reverenda Roney e outros cristãos celtas que pensavam como ela passavam uma semana em um retiro espiritual druida perto das montanhas Pocono. Era um momento espiritual para ela, um tempo de dançar em torno de fogueiras, meditar diante de imagens e viajar espiritualmente em meio a reproduções em tamanho real de Stonehenge e acres de fazendas holandesas a perder de vista na Pensilvânia. Todas as manhãs, ela caminhava sobre a terra dura por entre a palha de milho, recitando preces sob o céu azul, sentindo a sabedoria ancestral, procurando por um sinal. Foi então que sentiu a vibração.

A vibração, obviamente, era o celular dela — eles encorajam o silêncio nesses retiros, então Kathleen tinha que manter o telefone no modo vibratório —, e no mesmo instante a reverenda soube o que havia acontecido. E seu grupo de oração também. Na verdade, todo o retiro espiritual soube o que havia acontecido; ela não sabe explicar como, pois não tinha dito nada a eles, eles apenas sentiram e começaram a chorar, porque sabiam. E ela pensou: *É isso, era para ser.*

Ela estava chorando enquanto contava a história, borrando o rímel ao se lembrar de como Charles tinha sido uma combinação perfeita de seis antígenos: era como ganhar na loteria. A reverenda enxugou as lágrimas com um guardanapo da Starbucks. "Sinceramente, achamos que foi um milagre", disse. Haveria mais testes, raios X, tomografias, testes com máquinas que não era possível enviar para a prisão pelo correio. Mas isso era trivial em comparação com aquela luz na escuridão, um sinal do plano maior de Deus.

"Na época, eu não sabia que era apenas o começo", lembrou ela. "Mas quando contei a Johnnie, a única coisa que ele fez [foi] balançar a cabeça. Ele sabia que seria como mexer em um vespeiro."

O escritório da Defensoria Pública de Nova Jersey é um prédio de quatro andares de tijolos cor de chocolate, com vagas para pessoas com deficiência, projeto paisagístico de arbustos e mulheres gordas com camisetas do Piu-Piu fumando cigarros mentolados perto das portas de vidro duplas. Nas salas do segundo andar, sempre há pessoas esperando, nervosas, sob as lâmpadas de vapor de mercúrio amarelas, e um buraco no acrílico no qual você pode se anunciar enfiando a boca e gritando educadamente. A sala de Johnnie Mask ficava nos fundos, uma das poucas no prédio com janelas e porta. Com barba grisalha no estilo Ismael e rosto largo, de aspecto leonino, o defensor público adjunto do condado de Somerset parecia um James Earl Jones do Velho Testamento e falava com o mesmo tom barítono autoritário. "Alguém", disse ele, "está tentando impedir essa doação". Depois de quase três anos representando o maior *serial killer* da história de Nova Jersey, Mask estava cansado, e atuar na dianteira do lado legal da doação de Cullen não tinha facilitado seu trabalho. "Eu prometi tentar fazer com que essa doação fosse aprovada", disse ele, com um suspiro. "Mas parece que estamos sendo enrolados." Mask semicerrou os olhos e balançou a cabeça diante do que se tornara uma velha piada. "Basicamente, não acho que ninguém esteja muito motivado a fazer isso acontecer para um *serial killer*."

Tribunal do Condado de Lehigh
Allentown, Pensilvânia
20 de março de 2006

Allentown é uma cidade do aço empobrecida, que vive nas ruínas do que um dia foi uma cidade rica. O centro é um grande espaço público cerimonial revestido de pedras importadas, com colunatas altas e malucos enlouquecidos procurando latas, aos quais se juntava agora um reduzido grupo de famílias vestindo roupas formais escuras com pequenos adesivos azuis colados na lapela para mostrar que eram vítimas do Anjo da Morte.

O antigo tribunal está em grande parte em ruínas por causa de um projeto de reforma paralisado, e os familiares são guiados por uma espécie de tour mal-assombrado, passando por salas cujas paredes foram reduzidas a ripas e salas com arquivos de metal verdes, subindo as escadas e percorrendo corredores com luzes piscando. No fim desse trajeto fica um tribunal em estilo italiano do século XIX surpreendentemente iluminado. É uma sala de pé-direito alto, adornada com todo o esplendor dourado do rococó Beaux-Arts e todos os quilos de mármore que o dinheiro oriundo do aço pôde comprar. O pé-direito tem doze metros e o teto é ornamentado com anéis concêntricos de filigrana e lustre de medusa, sob o qual fica sentado o juiz, isolado por uma mesa gigante decorada com luminárias de estilo federalista e grades tão intrincadas quanto o verso de uma nota de 2 dólares.

As mãos de Cullen estão acorrentadas na frente de sua virilha e as pernas estão presas com algemas de couro, o que lhe confere o ar de alguém extremamente perigoso. É óbvio que ele não é, pelo menos não nesse contexto, mas o efeito é que, quem sabe pela primeira vez, Charles Cullen se parece com o que espera de um *serial killer*. A sensação é de que se o condado de Lehigh pudesse colocar uma máscara com focinheira nele e prendê-lo a um carrinho de transporte de carga, certamente o teriam feito. Por acaso, Charlie vai lhes dar essa chance.

Depois de todas as nossas conversas sobre a sensibilidade de Cullen ao sofrimento de outras pessoas, era de se esperar que ele exibisse seu melhor comportamento, especialmente se sua única ação remanescente na vida pública — a doação de um rim — ainda estivesse sob o escrutínio da opinião pública. No mínimo, ninguém esperaria que ele usasse aquela oportunidade para torturar as famílias, fomentar seu sofrimento e despertar ainda mais má vontade. Mas, por mais estranho que possa parecer, é exatamente isso que ele faz. Cullen começa o processo recitando, de memória, declarações que o juiz William Platt deu à imprensa.

— E por esta razão, meritíssimo — diz Cullen —, o senhor precisa se retirar do caso.

— Sua moção está negada — diz o juiz Platt.

— Não, não, meritíssimo — interrompe Cullen —, o senhor precisa, precisa se retirar. Meritíssimo, o senhor precisa se retirar do caso.

— Se continuar com isso, vou mandar amordaçá-lo e contê-lo — avisa o juiz.

Mas Cullen grita mais alto que ele.

— Meritíssimo, o senhor precisa se retirar! Meritíssimo, o senhor precisa se retirar! Meritíssimo...

O tribunal é uma bela sala, mas um péssimo plenário, formado inteiramente por superfícies de mármore que amplificam e distorcem o som. Charles Cullen preenche o recinto. As famílias esperam, segurando suas declarações cuidadosamente preparadas junto ao peito, enquanto Cullen continua a gritar sua afirmação dez, trinta, quarenta vezes. Ele se recusa a parar, então os guardas do tribunal vão para cima dele. Colocam sobre a cabeça do réu uma máscara para impedi-lo de cuspir — um véu de malha que impede que o prisioneiro dispare cusparadas contra seus captores —, mas o barulho continua.

Eles cobrem a máscara de cuspe com uma toalha e o empurram contra a cadeira, enrolando a toalha na parte de trás da cabeça dele e apertando com força, de modo que a única coisa que resta da birra é a cadência grave, como um homem gritando em um travesseiro enquanto as famílias das vítimas tentam ler.

— Você é um completo desperdício de corpo humano… Você é o pior tipo de monstro, uma cria do diabo…

Apenas fragmentos podem ser ouvidos sob os gritos abafados de Cullen, e logo as mãos do sargento começam a doer. Ele afrouxa o aperto e, frase após frase, a voz de Cullen fica mais nítida, quase operística. O juiz franze o cenho e o sargento se esforça ainda mais, torcendo a toalha com ambas as mãos. Várias mulheres na bancada do júri levam as mãos ao rosto, horrorizadas.

— Não vou permitir que ele saia deste tribunal! — diz o juiz Platt, mas não há ordem. Cullen está recitando três "meritíssimo" por segundo agora, e o sargento gesticula para o juiz, fazendo um sinal sobre a própria boca. O juiz acena positivamente com a cabeça, e o sargento sai da sala e volta com um rolo de fita adesiva do tamanho de um prato. Eles lacram a boca de Cullen como em um desenho animado, formando um grande X sobre seus lábios, o que, essencialmente, não adianta de nada. As vítimas leem suas declarações pessoais e Cullen grita a sua, como uma versão torturante de "Rema, Rema, Rema o Barco".

— Se estivesse viva agora, minha avó diria a você: "Espero que apodreça no inferno, seu filho da puta doente…"

— Meritíssimo, o senhor precisa se retirar, meritíssimo, o senhor precisa se retirar...

— ... mais três sentenças de prisão perpétua, cumpridas simultaneamente às já proferidas...

— ... precisa se retirar, meritíssimo, o senhor precisa...

E com um "De forma que permaneça na prisão pelo resto da vida" final, a sessão é encerrada. Mais uma vez, os oficiais do tribunal arrastam Charles Cullen — amarrado, amordaçado, com a boca coberta por fita adesiva — para fora da sala de audiências do tribunal e para dentro de um elevador que os espera. Ele ainda está recitando a mesma frase quando as portas se fecham. O silêncio que se segue também é terrível.

Depois, as famílias se reúnem no corredor, abaladas e insatisfeitas.

— Acho que ele queria intencionalmente desrespeitar todos naquele tribunal — desabafa Julie Sanders, cujo amigo sofreu uma overdose provocada por Cullen. — Ele diz que é um homem compassivo. Ele diz que quer doar um rim para salvar a vida de outra pessoa, diz que quer fazer isso por compaixão. Onde está a compaixão agora? — Sanders empunha o dedo em direção ao vazio onde antes Cullen estava. — Eu precisava dizer uma coisa a ele. Ele ao menos sabe o que fez? Ele sabe o que fez com nossas vidas?

"Todas as precauções para evitar que eu mate outros pacientes", diz Cullen com um suspiro e, sutilmente, revira os olhos diante da ideia. Ao longo de nossas visitas, Cullen estava ficando cada vez mais deprimido. Essa depressão recente estava especificamente relacionada aos atrasos na doação. Cullen gosta de ser útil, mas ali estava ele, sentado em uma cela, enquanto alguém lá fora precisava de um pedaço seu.

"O Estado está preocupado com o fato de que, uma vez que meus crimes foram cometidos em um hospital, eu possa cometê-los novamente. Por que eles acham que é mais fácil se matar em um hospital do que em qualquer outro lugar?", perguntou-se ele.

Especialmente considerando que ele estaria algemado à cama e sendo vigiado. Não fazia sentido. Era apenas mais um falso obstáculo para sua doação. E isso o deprimia ainda mais. Ele tinha uma ordem assinada pelo juiz de Somerset. Seu advogado, Johnnie Mask, vinha há tempos se esforçando para cuidar da papelada, a reverenda Kathleen estava trabalhando como intermediária entre a família do destinatário e o hospital. E ainda assim nada acontecia.

Cullen estudou minhas mãos através do vidro, em seguida olhou de volta para seu pedaço de balcão de aço. "Quando fizemos os exames de sangue, achei que, tudo bem, ia acontecer", disse ele. "Mas agora não sei. Quer dizer, não estou recebendo nada de especial por isso, não estou pedindo tratamento especial na prisão, não estou sendo pago nem nada... qual é o problema?" Os olhos de Cullen examinaram o vidro em busca de uma resposta. "O que as famílias prefeririam que eu fizesse, simplesmente ficasse sentado aqui assistindo à televisão?"

"Admito que com certeza fiz coisas muito ruins, tirei vidas", acrescentou ele rapidamente. "Mas isso me impede de fazer algo positivo? A única coisa que posso fazer é ficar sentado em uma cela e custar ao contribuinte 40 mil dólares por ano? E eu sei que os prisioneiros do estado de Nova Jersey não fazem mais placas de automóveis." Ele apontou para o ar e balançou a cabeça. "Então, que contribuição positiva uma pessoa pode dar na prisão?"

"Eu sei que as pessoas dizem que estou brincando de Deus, mas eu não posso fazer isso. A única coisa que estou fazendo é abrir mão de um órgão. Quanto ao que vai acontecer depois, isso está nas mãos de Deus. Como enfermeiro, eles me viram tirando vidas diretamente, mas eu não posso dar a vida, não posso prolongar a vida. Nós damos amor. Para nossos filhos. Mas não os possuímos nem os controlamos. Nós fazemos muitas coisas, mas não consideramos que, ao fazer essas coisas, estamos brincando de Deus. Por alguma razão, eu fui compatível, seis dos seis antígenos. A pessoa que precisa receber a doação fez uma campanha junto aos bons cidadãos de Nova York, para ver se alguém era compatível. Mas ninguém se apresentou. Nem uma única pessoa sequer se apresentou. Ninguém."

Cullen me encarou, em seguida desviou o olhar, como se quisesse analisar minha reação em particular. "Na verdade, depende de como você encara as pessoas", disse ele. "E do que você acha que as pessoas são capazes."

***

Depois da sentença final no Tribunal do Condado de Lehigh, em Allentown, Charles teve as mãos e os pés algemados e foi colocado na parte de trás de uma van sem janelas. Nenhuma luz penetrava em sua cela móvel, e, quando a van entrou na rodovia para Nova Jersey, Cullen começou a se sentir nauseado. Ele tentou usar as técnicas que a reverenda Roney havia lhe ensinado, visualizando Jesus em um halo de fogo na escuridão, mas Jesus começou a parecer nauseado também, então ele parou e voltou para a Oração de Jesus.

Foi recebido na prisão estadual de Nova Jersey, em Trenton, por cerca de dez guardas, quatro deles usando traje e equipamentos antimotim. Foi levado para uma cela temporária, onde dois guardas o revistaram diante de câmeras. Um deles disse que tinha lido sobre Charles no jornal. O outro disse que qualquer movimento seria considerado um sinal de agressão. Ele recebeu roupas novas e foi levado para a ala psiquiátrica da prisão, onde teve que tirar a roupa e ser revistado novamente. Recebeu uma espécie de toga feita de lona plástica que, segundo ele, se parecia com o material com o qual se embrulham aparelhos de TV novos, e permaneceu em uma cela por 72 horas. A toga se rasgou no fim do primeiro dia, então ele passou o segundo e o terceiro dia nu e envergonhado, sob a vigilância constante de uma câmera. Tentou não dar ouvidos aos guardas, aos comentários de "Hora da sua insulina", concentrando-se no Salmo 25: "Vê como aumentaram os meus inimigos e com que fúria me odeiam! Guarda a minha vida e livra-me!" E recebeu gradualmente pedaços de sua nova vida. Sua cela era menor do que a de Somerville, e os guardas o provocavam, dizendo-lhe que não havia biblioteca, dando-lhe tênis dois números menores que ele calçava, coisas do tipo. Coisas que o ensinaram a não pressupor mais nada. Ele ficava na ala de isolamento, trancafiado 23 horas por dia e separado dos outros prisioneiros, para sua própria segurança. Quando se tornou apto a receber visitantes para uma conversa por telefone, ele estava visivelmente mais magro e com uma barba grisalha, mas sua doação não parecia mais próxima do que cinco meses antes, e por isso se encontrava ainda mais frustrado.

Para Cullen, os adiamentos simplesmente não faziam sentido. Se aquela compatibilidade era a vontade de Deus, se o fato de ele ser perfeitamente compatível com um homem que precisava de um rim era algo que estava destinado a acontecer, por que o transplante não era realizado? Seria uma espécie de punição, uma espécie de tormento médico? Teria havido algum tipo de engano?

"E enquanto isso, a pessoa que precisa do rim está ficando cada vez mais doente", disse Cullen durante uma de nossas conversas. Dessa vez, seu discurso foi lacônico e ele parecia cansado e deprimido. "Ele voltou a ser internado e tem em média uma complicação por mês. Pelo menos foi o que fiquei sabendo."

Ele sabia que as famílias das vítimas viam a doação como um exercício de sua vontade pessoal, justamente o tipo de liberdade do qual a prisão deveria privá-lo. "Mas o simples fato de eu ter conseguido fazer um exame de sangue não é minha vontade, é o esforço de muitas pessoas: o sr. Mask, a reverenda Roney, o juiz Armstrong. Eu mencionaria o promotor, mas, bem, ele não está na minha lista de pessoas boas. E a família de Ernie, definitivamente, já esperou muito." Ele pensou sobre isso por um segundo e balançou a cabeça de maneira sutil. "Esperou demais."

Cullen parou por um momento, olhando para baixo, piscando para afastar as lágrimas. Por fim, respirou e tentou novamente. "É difícil saber que, se eu não estivesse aqui, a coisa toda poderia já ter acontecido… É difícil encarar isso como apenas brincar de Deus. Ernie não teve escolha entre uma pessoa boa e uma pessoa má. Se houvesse um rim compatível de uma boa pessoa, tenho certeza de que ele aceitaria." Cullen cruzou um braço com força sobre o peito e estudou o balcão. "Há pessoas que eu ainda amo, pessoas com as quais me importo. Talvez, talvez os outros achem que eu não deveria poder fazer algo por aqueles de quem gosto. Mas se eu simplesmente escolhesse alguém aleatório para quem doar, as pessoas iam pensar que sou totalmente louco." Ele olhou para cima. "Isso é curioso. Se você faz alguma coisa por alguém que não conhece pessoalmente, acham que você é louco."

"Não posso desfazer o mal que já causei, mas uma coisa boa… por que não posso fazer isso?", perguntou-me Cullen. "Eu sei que [as pessoas] acham que eu deveria ir para o inferno e levar meu rim comigo. As pessoas acham que são capazes de compreender como Deus pensa. Mas só Deus conhece o coração, a alma e a mente de um indivíduo."

Havia muito que Johnnie Mask estava convencido de que o processo fracassara, e Roney tinha apostado um jantar que daria certo. Afinal, era o plano de Deus, não era?

Desde que Charles havia chegado à prisão em que ela atuava, as pessoas tratavam a reverenda Roney como cúmplice. Talvez ela tivesse se aproximado demais e gostado um pouco demais da euforia, enxergava isso, era uma tentação. Kathleen não concordava com o que Charles Cullen tinha feito, lógico, não concordava com seus crimes — ninguém podia concordar —, mas ainda assim não entendia os comentários, alguns de pessoas que um dia havia chamado de amigas, outros de outros pastores, cristãos que perguntavam: *Como você pode considerar que um* serial killer *é um filho de Deus?*

Uma das primeiras cartas que recebeu foi de um cristão evangélico que a alertou sobre pregar para um monstro. "Ele disse: 'Se você o salvar e ele for para o céu, não vai ser justo'", lembrou Roney. "É assim que os evangélicos pensam. É tão estúpido, mas eu passei dois dias muito nervosa por causa disso."

As mensagens de ódio se seguiram, algumas delas ameaçadoras. Não resultavam em nada, obviamente, e ela tentava não se deixar abalar — era compreensível, até natural, que a comunidade se sentisse ameaçada por um homem que havia usado uma posição de confiança para assassinar seus familiares mais vulneráveis. Então, na época da apresentação das acusações no tribunal, ela estava saindo da prisão quando alguém gritou, chamando-a de "pastora de Satanás", e atirou algo em seu rosto. Ela não sabia que tipo de sangue era, provavelmente sangue de porco, como as pessoas faziam nos protestos contra as clínicas de aborto. Tentou não pensar a respeito, simplesmente foi para casa e lavou toda aquela sujeira marrom pegajosa. "Sim", disse Kathleen, rindo, "se houver um paraíso e eu for para lá, com certeza deveria ganhar uma coroa".

É óbvio que, quando a doação se tornou pública, as coisas só pioraram. "Eu tenho uma amiga que não é mais minha amiga", contou-me ela. "Ela me disse que, ao ajudar Ernie a conseguir um transplante de Charles Cullen, eu estava arruinando a vida dele, porque o estava ajudando a receber o rim de Satanás."

Kathleen se lembrou de quando começou seu trabalho e achava que se um indivíduo fosse um ser humano decente e cristão, seria bondoso com todos. "Isso não faz sentido?", perguntou Roney. "Quero dizer, por mais que odiassem Hitler, meus pais diziam: 'Bem, ele é filho de Deus.' Eu achava que esse era o modo de vida cristão. Mas esse julgamento mudou isso. Nossa, como eu aprendi que os cristãos podem ser cruéis."

No dia anterior, Kathleen tinha recebido um telefonema da mãe de Ernie Peckham, Pat. "Ela me informou que eu nunca mais deveria falar com eles", disse ela. "Nunca mais. Antes de desligar na minha cara, Pat basicamente disse que eu e aquele maldito advogado estávamos arruinando a vida dela! Bem, eu não estou querendo soar soberba, mas se não fosse por mim e por Johnnie, eles não estariam sequer pensando em conseguir um bendito rim!"

A única coisa que ela podia esperar era que o transplante tivesse sido marcado pelo hospital e, como Charles era uma grande ameaça à segurança de todos, que Pat tivesse recebido instruções para ter cautela e mantê-lo o mais sigiloso possível. "Quer dizer, não espero flores e um bolo de chocolate, mas não estamos tentando arruinar a vida de Ernie, estamos tentando salvá-la."

Roney parou de falar e respirou fundo. Lentamente, a raiva desapareceu. E quando isso aconteceu, ela começou a chorar.

Eles foram buscar Charlie Cullen à noite, guardas com chaves e algemas. Ele ia para o Centro Médico St. Francis. Se sabiam o porquê, não lhe disseram. Entregaram-lhe a bata de papel, colheram seu sangue, algemaram-no à cama. A televisão no canto ficou o tempo todo ligada, noticiário local, *Oprah*. Um dia se passou e ele pensou: *Lá vamos nós de novo*. Não era a doação. Era outra coisa.

Os guardas voltaram pela manhã. Iam levá-lo para o andar de baixo, mas não disseram o motivo. Ele foi instruído a responder apenas a perguntas diretas. Disseram-lhe que seu nome não era mais Charles Cullen. Seu nome agora era Johnny Quest. O médico o chamava de sr. Quest. As enfermeiras o chamavam de John. Cullen achou isso ridículo. Ele não sabia o que estava acontecendo.

Deram-lhe algo para relaxar — diazepam, ele acha, não disseram. A substância o deixou zonzo. Deram-lhe formulários para assinar. Ele ficou segurando a caneta, sem saber que nome usar. "Use o nome que deve usar", disse o médico. Ele assistia àquele desenho quando era criança, se lembrava do belo garoto loiro e de suas aventuras, um menino útil e com habilidades, cheio de potencial. Charlie assinou no papel "Johnny Quest". Não tinha valor legal, lógico, então lhe deram outro formulário, no qual ele deveria assinar "Charles Cullen, pseudônimo Johnny Quest". A enfermeira desviou o olhar enquanto ele assinava. Era para ser um segredo. Então lhe deram outra injeção, e dessa vez ele começou a perder a consciência.

Uma hora depois, o rim de Johnny Quest foi colocado em um refrigerador Coleman vermelho e levado para um helicóptero Lifestar. Voaram de Trenton para o norte, mantendo Manhattan à esquerda, e seguiram para Long Island. A noite do dia 18 de agosto era uma noite de verão perfeita, e o tráfego lá embaixo estava intenso, com os turistas que iam passar o fim de semana nos Hamptons enfileirados diante do enorme complexo médico de Stony Brook, iluminado na encosta escura como Bilbao em construção.

Parei o carro no estacionamento C. Nas noites de fim de semana, os hospitais costumam ficar movimentados apenas após o fechamento dos bares, e em geral o movimento se restringe à emergência. Às oito da noite, o saguão principal estava silencioso como uma loja de departamentos fechada. Um segurança lia o jornal do dia anterior novamente, a lojinha se resumia a balões de gás hélio na escuridão. O centro cirúrgico fica no quarto andar, com a Unidade de Tratamento de Queimados e a radiologia. O rim pegou o elevador dos fundos; eu peguei o da frente.

Na sala de espera do centro cirúrgico, a TV está sempre ligada, simulando a normalidade para as famílias acampadas ali, as mulheres e suas mães com rímel borrado, os homens segurando copos de café do Dunkin' Donuts. A televisão exibia o filme *Sexta-feira muito louca*, duas pessoas trocando de corpo e identidade e, como se trata de Hollywood — Disney, aliás —, se tornando mais próximas como resultado. Mas era apenas um filme. Em transplantes, partes são partes. Você aceita o que conseguir e sobrevive.

E assim, enquanto Jamie Lee Curtis e Lindsay Lohan tinham sua primeira discussão de mãe e filha sobre qual delas tinha a vida mais difícil, Ernie Peckham estava deitado em uma mesa de cirurgia, anestesiado e rodeado de estranhos usando máscaras e trajes azuis descartáveis. Alguns traçaram uma incisão curva ao longo do lado esquerdo da camada de gordura do abdômen; outros separaram e drapearam os músculos da parede abdominal com grampos de aço frio. O rim de Johnny Quest era mais ou menos do tamanho da mão de um cirurgião, um órgão no formato de um feijão trêmulo salpicado de gordura rosada que se aninhou perfeitamente na pélvis de Ernie. Um coto da artéria renal, cortado da base aórtica do doador apenas algumas horas antes, foi conectado ao sistema circulatório de Ernie com fio de sutura 5-0, então a veia foi suturada e, horas depois, enquanto Jamie Lee e Lindsay, ambas de volta aos respectivos corpos, trocavam um sorriso cúmplice no clímax de uma cena de show, um grampo cirúrgico era removido de uma artéria ilíaca externa e o rim de Johnny Quest se inchava, rosado pelo sangue oxigenado, vivo de novo, e agora pertencente a Ernie.

Sob as lâmpadas de xenônio, esse milagre médico não parecia muito mais do que carne cauterizada em um buraco aberto no papel azul. Não era possível ver nenhum dos milhões de minúsculos túbulos em sua medula, ou as estruturas, infinitas como cristais de gelo em uma geada, que iam filtrar e titular seu sangue assim como o cérebro filtra as escolhas, separando o bem do mal tão bem quanto humanamente possível.

Os julgamentos civis se seguiram ao criminal. As famílias das vítimas, ou vítimas em potencial, processaram os vários hospitais nos quais Charles Cullen havia trabalhado. Todos os processos contra hospitais em Nova Jersey foram resolvidos fora dos tribunais.[1] Os arquivos são sigilosos, assim como os acordos. Não houve processo criminal contra nenhum dos administradores dos hospitais que empregaram Charles Cullen.

O Legislativo do estado de Nova Jersey aprovou duas novas medidas em reação ao caso Charles Cullen. A Lei de Segurança do Paciente, aprovada em 2004, aumentou a responsabilidade dos hospitais de comunicar todos os "eventos adversos graves evitáveis"[2] que ocorrerem em suas unidades de saúde ao Departamento de Saúde e Serviços para Idosos. No ano seguinte, o regulamento foi complementado pela Lei de Aprimoramento, que exige que os hospitais relatem ao Serviço de Defesa do Consumidor (incluindo o Conselho de Enfermagem) certos fatos limitados sobre os profissionais de saúde em suas instalações e mantenham registros de todas as denúncias e medidas disciplinares relacionadas ao cuidado de seus pacientes por um período de sete anos. Essas medidas foram adotadas por outros 35 estados. Um hospital que esteja em conformidade com essas determinações não estaria sujeito a ações cíveis que pudessem resultar de uma denúncia. Não há penalidade ou responsabilidade civil para hospitais que deixem de cumprir essa determinação.

Todos os hospitais nos quais Cullen trabalhou foram contatados durante a pesquisa para este livro. Vários não responderam aos repetidos pedidos de entrevista ou comentários. Muitos estavam impedidos de fazê-lo devido ao litígio civil com as famílias das vítimas, se recusando a comentar sobre a contratação de Charles Cullen devido a uma política de Recursos Humanos ou afirmaram que não queriam "comentar ou se envolver". O Centro Médico Somerset continua a ser um dos mais prestigiados centros de saúde do estado de Nova Jersey. Um porta-voz afirmou que "o Somerset cooperou totalmente com todas as agências e partes interessadas durante o curso da investigação sobre Cullen. No momento, estamos dedicando todos os nossos recursos e esforços a fornecer atendimento da mais alta qualidade aos membros de nossa comunidade".

***

Tim Braun se aposentou após a condenação de Charles Cullen. Ele agora tem um escritório de investigação privada especializado em assassinatos médicos e é voluntário de uma força-tarefa nacional que se mobiliza para ajudar as polícias locais a capturar assassinos de crianças.

O assassinato de Ethel Duryea, que tanto o atormentara, teve uma resolução parcial: em 2010, finalmente vazou que a arma do crime havia sido ligada, anos antes, a outro assassinato, como Tim Braun tinha constatado. Mas o assassino de Duryea nunca foi identificado, e esse caso permanece oficialmente sem solução.

Danny Baldwin foi transferido do condado de Somerset e agora trabalha como detetive no gabinete da Promotoria do Condado de Monmouth. Ele também é professor adjunto de justiça criminal.

Tanto Danny quanto Tim receberam diversos prêmios e condecorações pelo trabalho investigativo no caso do "Anjo da Morte", como ficou conhecido o processo de Charles Cullen. Seu reconhecimento público inclui várias menções oficiais do Congresso e o prêmio de melhores policiais da Associação Nacional de Organizações Policiais.

No discurso que proferiram ao receber o prêmio, os detetives fizeram um agradecimento especial à informante confidencial identificada apenas como "Agente Amy".

Amy Loughren parou de atuar como enfermeira logo após a prisão de Charlie. Ela está casada e trabalha como hipnotista e terapeuta de regressão a vidas passadas, uma vocação inspirada diretamente por suas experiências com Charlie.

Seu envolvimento na prisão e condenação de Cullen nunca foi tornado público; este livro marca o primeiro reconhecimento da atuação dela como informante confidencial nesse caso. Nem mesmo Charlie ficou sabendo o que Amy havia feito.

Em outubro de 2012, Amy foi até a prisão estadual de Nova Jersey, em Trenton, para ver Charlie pela primeira vez desde a confissão. Ela pediu que ele a perdoasse; Charlie disse que não era culpa dela.

Amy ainda não contou a Charlie que era ela a informante confidencial.

AGRADECIMENTOS

Quero agradecer às fontes anônimas e às famílias das vítimas, por me permitirem mergulhar em sua dor, e à família chocada de Charles Cullen, especialmente Adrianne "Baum" e suas filhas. Também preciso agradecer a contribuição do próprio Charles Cullen, por ter conversado comigo. Ele disse que não queria que este livro fosse publicado, que queria desaparecer. Talvez agora ele possa. Minha esperança para todos os envolvidos é que a verdade sirva de consolo.

Agradecimentos especiais a todos aqueles que foram designados como detetives responsáveis nas respectivas jurisdições e àqueles cujas histórias não contadas e cujo trabalho investigativo incansável contribuíram muito para o sucesso geral do caso, incluindo: Nick Magos, capitão do Departamento de Investigações Criminais do condado de Somerset; o sargento-detetive Russell Colucci; os detetives da Divisão de Homicídios Doug Brownlie, Lou Demeo e Matt Colucci; Tim Van Hise, promotor assistente do condado de Somerset, e, obviamente, o promotor do condado de Somerset, Wayne Forrest, bem como Ed Percell, detetive do Departamento de Polícia de Somerville; Tom Kelly, detetive da Divisão de Homicídios do condado de Essex, e o agente Jack McGarry; Howard Zuckerman, promotor assistente do condado de Essex; o detetive Barry Bittenmaster, da equipe da promotoria de Morris; o detetive Scott Lessig, de Raritan (no condado de Hunterdon); o tenente-detetive Richard "Dick" Dalrymple, da Divisão de Crimes Graves do condado de Warren, e o detetive Stephen Matuszak; os detetives da polícia do estado da Pensilvânia Ron Garza e Robert Egan e o policial Bruchak; o promotor do condado de Lehigh, Jim Martin; os médicos Nobby C. Mambo (médico-legista responsável) e o toxicologista George Jackson, do Instituto Médico-Legal de Nova Jersey; e o médico-legista do condado de Northampton Zachary Lysak. O sargento-detetive e comandante da unidade Tim Braun e o detetive responsável Daniel Baldwin me cederam de maneira especialmente generosa os tempos e honraram este livro com sua honestidade e paciência, além de fazerem críticas e correções ao manuscrito. Amy Park Loughren abandonou o anonimato e quebrou seu silêncio para este livro; seu tempo, sua energia e sua coragem fizeram toda a diferença. Contei com o apoio de Jim e Joan Reichardt, Julian Porta, Saskia Lane, Mike Didovic, Nicole Davis, Scott Jardine, Jeff e Mina Kauffman, Lisa Santandrea, Richard Ketchum, Nick Gault e Caroline Cole, Señor Pip Wood, Liz Gilliland, Kathryn Fitzgerald, Katie Trainor, Kari E. P. Niles, os Jeffreys-Osborne e West-Stacey e, lógico, meu irmão, Matthew Waterbury Graeber. Steve Byers, da National Geographic Adventure, instruiu este jovem escritor sobre prioridades. Adam Fisher, da *New York Magazine*, enxergou uma história em um recorte de notícia em minha carteira; Diana Mason, enfermeira, professora da Escola de Enfermagem Hunter-Bellevue School e codiretora do Hunter College Center for Health, Media and Policy, exerceu uma vigilância ferrenha pela profissão e teve acesso a delatores amedrontados demais para falar com qualquer outra pessoa. Mary Jennings, musa de Madaket, sabia que os escritores também precisam ler. Maura Egan deu conselhos e trabalho e me cedeu seu apartamento para que eu pudesse começar este livro; sua irmã, Kathy Egan, me cedeu o dela para que eu pudesse continuar; a reverenda Kathleen Roney compartilhou sua visão espiritual sobre a humanidade de Charlie Cullen por trás das manchetes; e tenho uma dívida com Barbara Morgan e a ilha de Nantucket, onde sempre há trabalho para sustentar o hábito de escrever. Os pacientes funcionários do sistema judiciário de Nova Jersey e da Pensilvânia me cederam muitas horas, especialmente Steve e Sal, no arquivo do Tribunal do Condado de Middlesex. O trabalho foi impulsionado pelo incentivo inicial do lendário mestre do mistério Otto Penzler e sua antologização do artigo original a partir do qual este livro surgiu; o Virginia Center for the Creative Arts forneceu meses monásticos cruciais para a escrita deste livro, assim como a equipe da Writer's Room de Nova York, que generosamente mantém escrivaninhas baratas e limpas 24 horas por dia e onde Donna Brodie trafica sorte e magia. A brilhante percepção editorial da inabalável Ann Patty ajudou a domar a loucura e transformá-la em uma narrativa estruturada — ela contribuiu mais do que o necessário, com exatamente o que eu precisava. Sou grato à advogada Devereux Chatillon, que foi de certa forma incansável, mas nunca sem senso de humor em seus pareceres legais. Excelentes escritores e editores, incluindo David Evanier, Bliss Broyard, Jill Frayne, Michael Fitzgerald, Owen Matthews, Brad Wieners, Tom Downey, Thomas Coleman, George Hodgeman, Jane Ciabattari, Thomas Pettit e o talentoso Douglas Rogers me deram conselhos, conforto e o torturante exemplo de seu próprio trabalho; às vezes também compravam bebidas, como fazia o falecido e lendário jornalista esportivo Trent Frayne, que me recebeu calorosamente no "parque de diversões" e, com sua esposa, June Callwood, tratou gentilmente este garoto como um igual. Bill Abbott e os Allen de Harpswell, no Maine, emprestaram mesas com uma vista digna de E. B. White. O pintor Karl Franke ajudou a reestruturar escutas inaudíveis em diálogos, o designer Ahmer Kalam generosamente emprestou seus valiosos talentos de design e o célebre cirurgião e escritor dr. Jamie Koufman generosamente me manteve andando e falando. E foi o advogado Robert L. Powley, da Powley & Gibson P.C., que, com a garantia de que estava me dando cobertura, tornou possível o meu avanço. O estimado John T. Schulz III, catedrático associado do Departamento de Cirurgia e diretor médico da Unidade de Tratamento de Queimados de Connecticut, viabilizou as semanas que passei acompanhando o trabalho dos enfermeiros da unidade sob a orientação da enfermeira Jacqueline Laird, nos longos e muitas vezes dolorosos plantões noturnos no Bridgeport Hospital, do Sistema de Saúde de Yale-New Haven. Eles enfrentam o insuportável com uma determinação, uma compaixão e um humor incomuns e exemplificam o melhor dos bons enfermeiros em toda parte. Agradecimentos pessoais também aos enfermeiros do Des Moines General, do Centro Médico da Universidade de Iowa, do Hospital Beth Israel de Manhattan, do New York Presbyterian e do Hospital Weill Cornell, do Hospital Nantucket Cottage, das unidades de diálise de Newington e do Hospital New Britain General e em especial aos enfermeiros C5 do Hospital de Connecticut Central, com quem passei meu décimo sexto aniversário fazendo tração ortopédica.

Eu ainda estaria grunhindo e desconheceria a gramática se não fosse por minha amorosa mãe, Diann Waterbury Graeber, uma ex-professora de inglês que conhece médicos como apenas uma filha e esposa poderia conhecer e ama escritores como apenas uma mãe deveria. Um livro sobre assassinato por intermédio da química só foi palatável por causa do meu pai, o dr. Charles W. Graeber, o homem mais generoso e trabalhador que conheço; segui-lo quando criança, enquanto ele fazia a ronda dos pacientes, me deixou com uma memória sensorial do plantão noturno no hospital inextricável da infância em si. Ele e meu avô, o dr. Carl Waterbury, médico osteopata (cujo primeiro encontro com minha avó Patsy acabou em um atendimento domiciliar de emergência e um parto em casa no sudeste longínquo de Des Moines), inspiraram em mim uma reverência pela arte da medicina que, espero, imbua os detalhes sombrios de um propósito maior.

De alguma forma, tive a sorte de receber o apoio incansável de Susan Golomb, da Agência Golomb, que, desde o momento em que suei pela primeira vez em uma das cadeiras de seu escritório em uma tarde quente de agosto, foi uma defensora do meu trabalho como eu mesmo não poderia ser. E particular respeito e gratidão são devidos à equipe do Twelve/Hachette Book Group: os esforços incansáveis de Libby Burton e Tony Forde, a tolerância do editor sênior da Grand Central Publishing, Bob Castillo, a sabedoria paciente e a ajuda do experiente editor associado da Twelve/Grand Central Brian McLendon, o apoio da editora interina Susan Lehman, a visão e o profissionalismo da editora Deb Futter e a fé do ex-editor da Twelve Cary Goldstein. Cary lutou por este livro, e devo muito a ele, além de um lápis vermelho novo. Ele é um verdadeiro *mensch*.* Mais pessoalmente, não posso nem começar a mensurar as contribuições salvadoras e a generosidade natural da minha amada Gabrielle Allen, que de alguma forma tolerou este Charlie escrevendo sobre aquele Charlie, o que nem sempre foi divertido, e cuja parceria faz tudo parecer possível.

---

* | Do germânico, pessoa íntegra e honrada. (N.T.)

NOTAS

Capítulo 1

1 | Nascido em 22 de fevereiro de 1960.

2 | Com a morte do pai, sete meses depois do nascimento de Charles, os oito filhos dos Cullen sobreviveram da caridade da igreja, das encomendas de costura que a mãe doente recebia e dos cheques do benefício social por invalidez aos quais a tia paterna tinha direito por causa da perna deformada.

3 | Na Kling Street.

4 | Ele tinha 24 anos.

5 | Em uma turma de 87 pessoas.

6 | Charlie não gostava do risco de humilhação que concorrer à eleição, ou a qualquer outra coisa, parecia representar, mas sua amiga insistiu.

7 | As informações sobre o relacionamento entre Adrianne Baum e Cullen foram obtidas por meio de entrevistas com ambas as partes; foi a primeira vez que a sra. Baum concordou em ser entrevistada. Os nomes foram alterados a pedido dela.

8 | Adrianne achava que sabia tudo sobre o namorado, mas conhecia apenas ele; além de sua irmã, Maureen, que havia trabalhado no Roy Rogers por um tempo, Adrianne não conheceu nenhum membro da família e nenhum amigo de Cullen. Quando pedia para visitar o lugar onde Charlie havia crescido ou para conhecer seus irmãos, o namorado ficava na defensiva. Ela se lembra de que um dos irmãos de Charlie, James, morreu logo depois, bem no antigo quarto de Charlie — uma aparente overdose de drogas, possivelmente suicídio. O irmão mais velho, Edward — que chamavam de Butchy —, ligou bêbado de um telefone público, abalado com a notícia; Charlie o levou para o apartamento de Adrianne

e deixou que ele dormisse no sofá. Essa foi a primeira vez que se viram. A única outra vez que Adrianne encontrou Butchy foi em seu casamento.

9 | Ele tinha 26 anos.

Capítulo 2

1 | Quando começou sua carreira, Charlie tinha conhecimento das manchetes chocantes sobre outro assassino que encerrava suas atividades. Em 6 de abril de 1987, um sujeito chamado Donald Harvey, que havia abandonado a Força Aérea, sofria de depressão, tinha tendências suicidas e se tornou enfermeiro, foi preso por assassinatos cometidos enquanto exercia a profissão em Ohio e Kentucky. Harvey fora apelidado de "Anjo da Morte" por seus colegas de trabalho, por estar sempre perto de pacientes que sofriam paradas cardiorrespiratórias. Ele foi condenado por 34 assassinatos.

2 | Costumam ser chamadas de "queimaduras de vovó", porque são mais comumente observadas em idosos, cujas roupas largas podem pegar fogo ao entrar em contato com a chama acesa de um fogão, por exemplo.

3 | São chamados de escarotomias, do latim para "cicatriz".

4 | As práticas descritas neste capítulo datam do início dos anos 1990. As unidades de tratamento de queimados modernas são muito mais silenciosas, e a dor e a ansiedade são cuidadosamente controladas com novos tipos de medicamento.

5 | Embora outras datas tenham sido fornecidas, essa é a mais provável; os registros de 1987 do Centro Médico Saint Barnabas foram perdidos ou destruídos em algum momento antes da investigação realizada pela Promotoria do Condado de Somerset. Por coincidência, essa também é a data em que, em 1992, Charles Cullen assassinou o juiz John Yengo. Embora Cullen reconheça ter havido pelo menos uma vítima antes de Yengo, o juiz foi a primeira a quem ele se referiu pelo nome ao confessar os assassinatos à polícia.

6 | Um levita do Chipre que traçou o destino da Igreja, foi Barnabé, enviado para cuidar da crescente população cristã em Antioquia, quem reconheceu a importância de ter uma cabeça de ponte cristã na Grécia e tirou o apóstolo Paulo da aposentadoria.

7 | Como apóstolo recém-nomeado, Barnabé pregou aos pagãos na Licônia. Os licônios presumiram que ele não fosse um pregador, mas o próprio Deus. Barnabé era uma representação de Jesus; eles o chamavam de Júpiter. O Filho do Encorajamento se sentiu desencorajado?

Fontes: *Little Pictorial Lives of the Saints*, uma compilação baseada em *Vidas dos santos*, do reverendo Alban Butler, e outras obras de John Gilmary Shea (Nova York, Benziger Brothers, 1894); *Les Petits Bollandistes*: *Vies des Saints*, de monsenhor Paul Guérin (Paris, Bloud et Barral, 1882), vol. 6.

8 | Ele foi apedrejado até a morte por judeus recalcitrantes em Salamina, na ilha de Chipre.

Capítulo 3

1 | Os nomes das crianças foram alterados a pedido de Adrianne Baum.

Capítulo 4

1 | Os detalhes desses incidentes e da investigação que se seguiu foram obtidos por intermédio de relatórios da apuração policial, depoimentos de testemunhas e documentos judiciais, além de entrevistas com Charles Cullen e Thomas Arnold.

2 | A heparina é um anticoagulante, útil para afinar o sangue e prevenir coágulos que possam provocar ataques cardíacos e acidentes vasculares cerebrais, mas antagônica na contenção de sangramentos após cirurgias.

3 | Pelo Endocrine and Radioisotope Laboratories, de Livingston, Nova Jersey, e pela Abbott Hospital Products Division, de Abbott Park, Illinois.

4 | Arnold disse aos investigadores que as unidades nas quais a investigação sobre Charles Cullen se concentrou foram a antiga Unidade Coronariana, no sexto andar, e a Unidade 5700, ambas unidades cardíacas. Arnold e Barry estavam tão focados em Cullen como suspeito que concentraram a análise das taxas de mortalidade apenas nas unidades nas quais ele trabalhava; Arnold afirmou que não havia investigado a Unidade de Tratamento de Queimados devido ao fato de Cullen não ter trabalhado lá no momento em que a investigação estava sendo conduzida.

5 | Inicialmente, Cullen e duas enfermeiras estavam sob suspeita. Uma delas foi inocentada e descobriu-se que a outra estava roubando morfina para uso pessoal.

6 | Esse foi o primeiro de dois interrogatórios aos quais Arnold e Barry submeteram Cullen relativos à investigação.

7 | A investigação incluiu análise de prontuários de pacientes, horários de trabalho, gabinetes de dispensação de medicamentos Pyxis, filmagens das câmeras de segurança instaladas nas enfermarias, interrogatórios, provas materiais (bolsas de soro) e análises patológicas.

8 | Registros da investigação policial. Essa foi a lembrança de Charles Cullen, bem como de sua ex-esposa, Adrianne, em um depoimento à polícia, ampliada durante uma entrevista com o autor em 2010. O fato de Cullen ser o foco principal da investigação foi uma declaração direta feita à Promotoria do Condado de Somerset por Betty Gillian (a mulher que, como diretora administrativa das unidades de cuidados intensivos, demitiu Cullen). O depoimento de Gillian foi dado em 14 de novembro de 2003, quando ela era supervisora e vice-presidente do escritório corporativo do Saint Barnabas. Thomas Arnold confirmou de forma independente que Charles Cullen era o foco principal da investigação.

Em resposta aos interrogatórios decorrentes de litígios civis na sequência da condenação de Cullen, o escritório de advocacia Sills Cummis Epstein & Gross P.C., que representava o Centro Médico Saint Barnabas, negou essa afirmação. "O Saint Barnabas não realizou nem fez com que fosse realizada nenhuma investigação interna como consequência de resultados laboratoriais inexplicáveis no que diz respeito a medicamentos ministrados a pacientes ou suas mortes inexplicáveis enquanto Charles Cullen era funcionário do Saint Barnabas, da Livingston Health Care Services ou da Medical Center Health Care, Inc. Em fevereiro e outubro de 1991, foram realizadas investigações internas no Saint Barnabas no tocante aos níveis inexplicavelmente baixos de açúcar no sangue de vários pacientes [...] A esse respeito, o Saint Barnabas afirma que só foi capaz de recuperar parte dos documentos relacionados a essas investigações; acredita-se que o restante tenha sido destruído anos antes, durante uma mudança de escritório." O texto prossegue afirmando: "As investigações internas realizadas em 1991 a respeito de níveis inexplicavelmente baixos de açúcar no sangue de vários pacientes não se concentraram em Charles Cullen." Esse documento foi assinado por Nancy Holecek, vice-presidente sênior de serviços de atendimento ao paciente do Saint Barnabas Health Care System, falando em nome do hospital. A sra. Holecek era ex-diretora da Unidade de Telemetria e também esteve envolvida com Barry, Arnold e Gillian na investigação.

9 | Nancy Holecek mais tarde comparou o processo a encontrar uma agulha em um palheiro.

Capítulo 5

1 | Charles Cullen, entrevistas feitas pelo autor.

2 | Cullen era tecnicamente contratado da Medical Center Health Care Services, anteriormente Livingston Health Services, uma subsidiária com fins lucrativos de propriedade exclusiva da Saint Barnabas Health Care Corporation, que fornecia pessoal para as unidades. Depoimentos de funcionários do Medical Center Health Care Services explicam que, entre 6 e 10 de janeiro de 1992, Cullen se tornou um profissional a "não contratar", já que a política era não utilizar os termos *desligado* e *demitido*. A causa dada para a rescisão foi documentação insuficiente e um comportamento "cada vez menos adequado". Descobriu-se que, por exemplo, em 20 de junho de 1990, Cullen havia cancelado o pedido de um médico para que um paciente vítima de queimaduras fosse mantido em ventilação contínua e, na manhã do dia 21 de junho, cancelou outro pedido de ventilação para outro paciente. Entre seus problemas documentados estão vários erros de medicação, incluindo uma ocorrência em 14 de março de 1991, de acordo com a qual um enfermeiro que iniciava o plantão descobriu que Cullen não havia ministrado ao paciente o medicamento prescrito pelo médico e, em vez disso, ministrou uma bolsa de soro apenas com um rótulo vermelho sem nada escrito. Seus colegas de trabalho expressaram uma "profunda preocupação com relação à atitude de Charles diante desse erro duplo de medicação" e tiveram a impressão de que ele "não estava nem um pouco preocupado com o erro ou com o bem-estar do paciente". Dentre vários outros incidentes com o potencial de afetar a segurança do paciente, havia uma ocorrência de 26 de julho na qual Cullen escrevera em um prontuário um pedido

médico de quatro unidades de insulina; na verdade, nenhuma insulina deveria ser administrada àquele paciente. Nos autos de seu depoimento ao tribunal, Nancy Holecek, vice-presidente sênior de serviços de atendimento ao paciente do Saint Barnabas Health Care System, explicou que Cullen fora demitido por "questões de cuidados de enfermagem".

Capítulo 6

1 | Os detalhes do processo de contratação de Cullen e dos acontecimentos no Hospital Warren vêm dos arquivos da instituição sobre Charles Cullen, dos documentos da investigação policial, dos depoimentos dados à polícia por testemunhas e dos registros do tribunal.

2 | As datas exatas da demissão de Cullen do Saint Barnabas não são evidentes, mas sua entrevista no Warren ocorreu em 21 de janeiro de 1992.

3 | Os registros disponíveis desse período contêm a inclusão de Cullen dessas referências e números, mas não deixam explícito se alguém do departamento de Recursos Humanos do Warren ligou para confirmar suas referências no Saint Barnabas ou na empresa Medical Center Health Care Services.

Capítulo 8

1 | Detalhes de documentos judiciais, entrevistas com Adrianne Baum e relatórios policiais.

2 | Ele descobriu, mais tarde, que o corpo da mãe ainda estava lá.

3 | Charlie completou dezoito anos três meses depois da morte da mãe e, por sugestão do recrutador da Marinha, fez a prova para obter o certificado de equivalência de conclusão do ensino médio. Alistou-se em abril de 1978 para oito semanas de treinamento básico no centro de treinamento dos Grandes Lagos, em Illinois, depois sete meses na Escola Naval de Mísseis Guiados, em Virginia Beach, na Virgínia, seguidos de três meses na escola de submarinos em Groton, Connecticut. Ele acabaria baseado em Charleston, na Carolina do Sul.

4 | Várias audiências disciplinares decorreram da recusa de Cullen em urinar diante de outro marinheiro para os testes toxicológicos obrigatórios; Charlie afirmava que, embora o uso de maconha fosse comum na Marinha, ele nunca havia experimentado a droga nem nenhuma

outra substância ilícita e se indignava com a humilhação de se expor ao urinar em público. A incapacidade de urinar diante de outras pessoas lhe causaria problemas por toda a vida.

5 | Isso incluiu um incidente no qual um dos companheiros de bordo de Cullen afirmou tê-lo encontrado diante do painel de lançamento dos mísseis nucleares usando uma bata cirúrgica verde, máscara e luvas do armário de suprimentos médicos. Esse episódio foi relatado aos repórteres por um dos ex-oficiais superiores de Cullen após a notícia de sua prisão ter se espalhado. Cullen diz que acha essa história muito engraçada, mas que ela não é verdadeira.

6 | Finalmente, Cullen foi transferido do submarino para um navio de suprimentos, o USS *Canopus*.

7 | Cullen estava ansioso devido a sua iminente dispensa do serviço, que se esperava que fosse desonrosa; ele disse aos psiquiatras da Marinha que queria se matar porque "não queria voltar para casa como um fracassado". Em tentativas anteriores de suicídio alcoólico, os médicos da Marinha o consideraram são e apto para o serviço, e prescreveram terapia para a dependência de álcool e dissulfiram. Charlie usou a droga para tentar o suicídio novamente.

8 | Ele foi tratado como se tivesse sofrido envenenamento por salicilato de metila.

9 | "Contato visual fraco e voz suave", observou o médico. "Verbalizações concisas e evasivas." O médico também constatou que Cullen tinha uma visão não condizente de seu alcoolismo e era passivo-agressivo e resistente à rotina e às regras da enfermaria. Mas logo ele se tornou mais verbal, particularmente sobre seus sentimentos em relação à perda da mãe (de quem Cullen era "incomumente próximo") e a uma noiva cujo nome não revelou. "Ele sempre foi tímido, com poucos amigos", observou o relatório. "Tem demonstrado dependência, principalmente nos relacionamentos com mulheres, envolvendo-se intensamente em pouco tempo."

10 | A morte do irmão mais velho de Cullen, James, em decorrência de uma overdose de drogas em 1986, aos 36 anos, foi um aparente suicídio. Embora alguns investigadores da polícia tenham especulado que

Charles Cullen pudesse estar envolvido na morte do irmão, não há evidências diretas que sirvam de base para essas especulações.

11 | 31 de janeiro de 1993.

12 | Arquivo da Ação Civil nº FM-21-229-93, Tribunal Superior de Nova Jersey, condado de Warren, 19 de outubro de 1994.

13 | Ficava localizado no número 263 da Shafer Avenue.

Capítulo 9

1 | Phillipsburg, Pensilvânia, registros policiais.

Capítulo 10

1 | Todas as citações vêm das minhas entrevistas com Charles Cullen, de sua confissão à polícia ou das transcrições da Polícia Estadual da Pensilvânia.

Capítulo 11

1 | O Greystone era o "Hospício Estadual para Insanos", uma versão atualizada do "Asilo para Lunáticos do Estado de Nova Jersey, em Morristown". As mudanças de nome fornecem uma história codificada da percepção pública e do cuidado privado de "doenças da mente" (o próprio termo uma versão mais moderna); era, na época que Cullen ficou internado lá, um "hospital psiquiátrico".

2 | O Tax Day, nos Estados Unidos, é o dia em que as declarações de imposto de renda de pessoa física devem ser enviadas ao governo federal. Desde 1955, o Dia do Imposto costuma cair em 15 de abril. (N. T.)

3 | As fontes se contradizem quanto às datas exatas do tratamento pelo qual ele passou. Em 24 de março, Cullen foi inicialmente internado na Clínica Carrier, em Belle Mead, Nova Jersey; em seguida, foi transferido para o Hospital Psiquiátrico Greystone, em meados de abril.

Capítulo 12

1 | Há outros sinais vitais que a telemetria pode monitorar — pressão arterial, nível de oxigênio no sangue, temperatura —, mas o eletrocardiograma é o mais comum.

CHARLES GRAEBER

2 | De acordo com Cullen, o juiz que ordenou que ele arcasse com os custos do advogado foi responsável por forçá-lo a voltar a trabalhar como enfermeiro. Se tivesse liberdade, afirma, teria desistido. Mas a enfermagem era o cerne da autodefinição de Cullen, e algo que evidentemente lhe oferecia atrativos que iam além de um bom salário. Embora seja possivelmente verdade que ele teria dificuldade de ganhar um salário semelhante em outro emprego, o que é certo é que teria muito menos probabilidade de se safar de um assassinato em outro ambiente de trabalho.

3 | Cullen depois caracterizaria o relacionamento como romântico, mas não sexual.

Capítulo 13

1 | Declarações de Larry Dean e registros da investigação policial.

2 | Larry Dean morreu em 2001, ainda tentando provar a alegação de que a mãe havia sido assassinada. Após sua morte, amostras de sangue e tecido de sua falecida mãe foram encontradas no freezer da casa dele.

3 | Cullen deu a Helen Dean uma injeção intramuscular que deveria atingir o efeito máximo em três ou quatro horas. Mas a sra. Dean morreu no dia seguinte, quase 24 horas depois e logo após receber alta do hospital.

4 | O detetive Richard Clayton e o tenente G. Dundon.

5 | Os resultados da necropsia de Helen Dean, redigidos pelo dr. M. L. Cowen, médico-legista do condado de Warren: "O local da injeção foi examinado para verificar a presença de produtos químicos e substâncias tóxicas […] a análise química foi negativa […]. O enfermeiro suspeito de injetar uma substância desconhecida na parte anterior da coxa esquerda da sra. Dean passou com sucesso em um teste de polígrafo, o qual indicou que estava falando a verdade ao afirmar não ter injetado nada na paciente."

Capítulo 14

1 | Hospital Fair Oaks (antigo Hospital Summit), Summit, Nova Jersey.

2 | Relatório da investigação policial.

3 | Aparentemente, o departamento de Recursos Humanos do Saint Barnabas nunca foi contatado por ninguém do Hunterdon, mas vários

funcionários do Warren deram referências positivas sobre ele, entre os quais a supervisora de enfermagem de Charlie e a gerente de enfermagem da UTI. Ambas fizeram comentários positivos a respeito de Cullen, sua gerente de UTI acrescentando apenas que ele havia deixado o hospital por "razões pessoais".

4 | Charles Cullen mudou seu relato muitas vezes. Depois da confissão inicial, ele voltaria atrás e concluiria que, em se tratando de mortes, provavelmente foi responsável por pelo menos um paciente em janeiro. Além disso, definitivamente um em abril, e, sim, outro cerca de uma semana depois, então outro duas semanas mais tarde e duas semanas depois disso — ele não conseguia se recordar dos detalhes, sabia apenas que todos eles teriam recebido injeções enquanto ele trabalhava na UTI.

5 | Registros da investigação policial e depoimentos de testemunhas, além do arquivo pessoal de Cullen.

6 | Um paciente, encontrado coberto de panos ensanguentados e frascos vazios em um quarto, estava nu e precisando de oxigênio, olhando para o teto. Os médicos afirmaram que esses fatores contribuíram para que o paciente posteriormente sofresse um derrame (se é que não foram diretamente responsáveis por isso).

7 | As grafias e os espaçamentos são da carta original.

Capítulo 15

1 | Carco Research.

2 | Registros da investigação policial. Os departamentos de Recursos Humanos do Hunterdon e do Warren confirmaram que Cullen havia trabalhado para esses hospitais; o Medical Center Health Care Services, agência de empregos de propriedade da Saint Barnabas Health Care Corporation, indicou que podia atestar que Cullen havia trabalhado lá depois de 1990, mas o Saint Barnabas em si não localizou o arquivo de Charles Cullen.

3 | Arquivo pessoal de Cullen no Morristown e documentos dos registros do tribunal.

4 | Um sedativo de ação curta, geralmente usado para indução de anestesia.

5 | Essa era a lembrança de Cullen, conforme relatado aos detetives em 14 de dezembro de 2003. O enfermeiro acreditava que "poderia ter havido um ou dois em Morristown" e que, embora "não se lembrasse de pormenores", ele "poderia estar envolvido em algo lá". Cullen não forneceu mais detalhes na época e, durante a investigação subsequente, não conseguiu identificar vítimas nos registros de pacientes do Hospital Morristown Memorial.

6 | Em 7 de abril de 1997: "Tammy, eu não queria mesmo escrever isto, mas é pelo bem do paciente e pela segurança dele, bem como pela reputação da unidade. Este é apenas um dos muitos pacientes que verbalizaram a mesma coisa. Me ligue." Esse foi apenas um dos bilhetes manuscritos, presumivelmente pelo supervisor ou por colegas de Cullen, encontrados na papelada relativa ao tempo de trabalho de Cullen no Morristown.

7 | Esse e todos os detalhes subsequentes foram extraídos de relatórios da investigação policial.

8 | Quinhentos dólares, de acordo com o testemunho de Cullen e a investigação policial.

9 | Essa seria uma análise séria, e os advogados do Morristown Memorial e da Associação Americana de Arbitragem trocaram cartas em preparação.

Capítulo 16

1 | Uma empresa chamada Medical Staffing Network substituiu a agência de empregos Health Force em 2000, e nessa época todos os registros de funcionários antigos foram removidos do sistema.

2 | É impossível dizer exatamente quando os problemas começaram no Liberty, mas o sr. Henry foi o primeiro paciente de lá em cujo caso Charles Cullen admitiu ter "intervindo".

3 | Registros da investigação policial e relatórios de investigação do Conselho de Enfermagem do Estado da Pensilvânia.

4 | De acordo com a petição apresentada por Kimberly Pepe em seu processo contra o Liberty, Henry foi levado para o Hospital Lehigh Valley, nas proximidades, depois que começou a ter problemas respiratórios

naquela manhã. Funcionários do hospital identificaram a overdose de insulina. Henry mais tarde foi transferido de volta para o Liberty, onde recebeu morfina intravenosa e, posteriormente, morreu. Os registros do Liberty não informam se a morte dele foi resultado da overdose de insulina. Charles Cullen acabou confessando ter sido o responsável pela overdose de Henry.

5 | O processo de Pepe alegou que os administradores do Liberty "escolheram deliberadamente ignorar e negligenciar qualquer evidência que apontasse para o fato de que Cullen poderia ser o enfermeiro que havia administrado a insulina", apesar de os repetidos erros de medicação cometidos por ele o colocarem sob "possíveis suspeitas". Charles Cullen não era o enfermeiro de Henry naquela noite, mas entrou e saiu do quarto com frequência para cuidar de outro paciente. Pepe também fez uma denúncia junto à Comissão para a Igualdade de Oportunidade no Emprego.

6 | De acordo com um artigo publicado no dia 29 de fevereiro de 2004 no *New York Times* ("Death on the Night Shift: 16 Years, Dozens of Bodies; Through Gaps in System, Nurse Left Trail of Grief", de Richard Pérez-Peña, David Kocieniewski e Jason George), Julie Beckert, porta-voz da HCR Manor Care (proprietária do Liberty), se recusou a discutir o caso do sr. Henry, mas negou que o enfermeiro Cullen estivesse sob investigação por roubo de medicamentos. O Liberty encerrou o processo da sra. Pepe com um acordo cujos termos ambos os lados mantiveram em sigilo.

7 | Quatro anos depois, em janeiro de 2002, o Conselho de Enfermagem do Estado da Pensilvânia iniciou uma investigação sobre Charles Cullen em resposta a reclamações sobre outro incidente. Naquela época, Dawn Costello, diretora de enfermagem do Liberty, foi interrogada e questionada se "algum problema com medicação ou mortes inexplicáveis havia ocorrido durante o período de trabalho [de Cullen] lá". A sra. Costello respondeu que "não".

8 | O Liberty admitiu que sua investigação sobre a morte do paciente foi inconclusiva, de acordo com o processo movido por Pepe em 1998.

9 | Um porta-voz do Liberty afirmou que as infrações de Charles Cullen foram relatadas ao Departamento de Saúde da Pensilvânia, que fiscaliza os hospitais, mas não os profissionais de enfermagem.

10 | Internamente, o Liberty registrou o motivo da demissão como "não cumprimento do protocolo de administração de medicamentos". Em 2003, o *Express-Times* de Easton, Pensilvânia, citou a porta-voz do Liberty, Julie Beckert, como a autora da afirmação de que Cullen havia sido demitido em 1998 depois de ser acusado de ministrar medicamentos a pacientes em horários não programados. Beckert disse que não havia evidências de que Cullen, que trabalhou no centro por oito meses, tivesse ministrado aos pacientes medicamentos que não tinham sido prescritos.

Embora ministrar medicamentos a pacientes violando o cronograma prescrito possa causar sérios danos, Beckert afirmou que o Liberty não tinha conhecimento de nenhum caso em que um paciente tivesse apresentado reações adversas. O Liberty afirmou ter relatado as ações de Cullen ao Departamento de Saúde da Pensilvânia, que regulamenta as casas de repouso, mas não tem o poder de aplicar sanções disciplinares a enfermeiros individualmente. De acordo com uma reportagem publicada no *New York Times* em 18 de dezembro de 2003:

> No ano seguinte à demissão da sra. Pepe, ela processou a casa de repouso e registrou uma queixa junto à Comissão para a Igualdade de Oportunidades no Emprego. Ela e o hospital chegaram a um acordo em 2001, e os termos foram mantidos em sigilo. Ontem, por meio de seu advogado, Donald Russo, a sra. Pepe se recusou a conceder entrevista e o sr. Russo alegou não poder dizer muito sobre o caso.

> O relato da sra. Pepe, no entanto, é apresentado em detalhes em seu processo original e em um depoimento que deu à comissão de emprego.

> Em 8 de maio de 1998, ela disse que depois que o sr. Henry foi levado para o Hospital Lehigh Valley, membros da equipe ligaram três vezes para perguntar se ela havia administrado insulina a ele e disseram que seu nível de açúcar no sangue havia caído para 25 — tão baixo que um paciente pode perder a consciência e sofrer danos cerebrais. Exceto em raras circunstâncias, o açúcar no sangue de uma pessoa não cai para menos de 70 por conta própria. Mas a insulina, um hormônio usado por diabéticos para combater níveis elevados de açúcar no sangue, pode forçar essa queda, com o efeito atingindo o

pico uma ou duas horas após a injeção da substância. A sra. Pepe disse que o sr. Henry não era diabético.

A sra. Pepe também relatou que, ao ser questionada sobre o incidente dias depois, uma supervisora de enfermagem lhe disse que "não estavam suspeitando de mim naquele momento; estavam, em poucas palavras, suspeitando do meu colega de trabalho, Charles Cullen".

Em um comunicado ontem, a empresa controladora do Liberty, HCR Manor Care, afirmou: "Até onde sabemos e de acordo com nossos registros de funcionários, Charles Cullen não estava sendo investigado pelo centro ou pela farmácia externa em maio de 1998."

11 | Charles Cullen foi admitido por intermédio da Health Force, uma agência que o Hospital Easton usava para contratar sua equipe.

12 | Os detalhes desse incidente são corroborados por depoimentos de testemunhas à polícia e registros da investigação policial.

13 | Ottomar Schramm foi removido de ambulância da casa de repouso com alimento aspirado nos pulmões.

14 | Essas conversas foram reproduzidas conforme os registros dos interrogatórios realizados com Kristina Toth pela polícia de Easton.

Capítulo 17

1 | O legista do condado de Northampton, Zachary Lysek, não entendia como Schramm poderia ter recebido acidentalmente a dose das drogas letais encontradas em seu organismo e realizou uma investigação rigorosa da morte durante oito meses, interrogando dezenas de funcionários que estiveram envolvidos nos cuidados dispensados a Schramm tanto na casa de saúde, de onde foi transferido, quanto no hospital, onde teve uma overdose e morreu. Ele havia sido informado por Toth da menção a um homem que aparentemente era enfermeiro, mas não sabia a identidade desse enfermeiro. O patologista forense descobriu que o sr. Schramm morreu de pneumonia, com a overdose de digoxina como fator contribuinte, e, como resultado, relatou que a "morte [do sr. Schramm] será registrada como acidental". Lysek ainda estava desconfiado, mas, apesar da opinião pessoal, não tinha provas para levar a investigação adiante.

De acordo com documentos judiciais e relatórios da investigação policial, Lysek foi contatado três anos depois por uma fonte não identificada, a qual lhe disse que o enfermeiro misterioso mencionado por Toth se chamava Charles Cullen e que ele poderia ter tido envolvimento na morte do sr. Schramm. Nessa ocasião, Lysek contatou a polícia estadual.

De acordo com o dr. Lysek, ele também ligou para o Easton no intuito de perguntar sobre os registros de Charles Cullen lá. O administrador do Easton consultou os arquivos dos funcionários e informou que não havia nenhum registro de que tivessem empregado um homem chamado Charles Cullen. Embora tenha sido de pouca ajuda para Lysek, isso era de fato tecnicamente verdade; apesar de Cullen ter trabalhado no Hospital Easton, ele fora contratado por intermédio de uma agência chamada Health Med One, de Harrisburg, na Pensilvânia. Esse foi um problema familiar no rastreamento de Charles Cullen ao longo de sua carreira, problema esse que ensinou a Lysek a importância de garantir que os investigadores forenses fizessem as perguntas certas ao compilar listas completas e precisas dos integrantes da equipe médica que pudessem ter tido contato com uma vítima em potencial.

2 | O OxyContin (um dos nomes comerciais da oxicodona) entrou no mercado em 1996.

3 | Essa percepção da situação foi extraída de entrevistas, realizadas tanto por mim quanto por detetives da polícia, com Charles Cullen; os fatos que cercam suas ações subsequentes e a reação do hospital vêm diretamente de documentos da investigação policial e de depoimentos de testemunhas à polícia.

4 | Embora Cullen tenha dito aos detetives que se lembrava de ter matado quatro ou cinco pacientes no Lehigh Valley, eles só foram capazes de identificar de forma definitiva duas das vítimas: Matthew Mattern, de 22 anos (morto em 31 de agosto de 1999), e Stella Danielczyk, de 73 anos (morta em 26 de fevereiro de 2000); ela apresentava queimaduras em mais de 60% do corpo, uma sentença de morte pela regra dos nove.

5 | Os cirurgiões retalhavam o músculo para estabelecer uma rede vascular acima do osso, sobre o qual, por fim, poderiam enxertar pele. As drogas em seu organismo impediam o corpo de rejeitar o tecido transplantado ao mesmo tempo que o impediam de combater infecções de maneira eficaz. Cada infecção levava Mattern de volta ao centro cirúrgico.

6 | Espécie de pequeno fogão aquecido a carvão. (N. T.)

7 | Esse relato vem de entrevistas e cópias do relatório de incidente policial de Duddy. O diálogo foi retirado dessas fontes e usado na forma de citações pelo autor.

8 | Charlie foi examinado e mandado para casa. Não havia nada de errado com ele fisicamente, e ele parecia bastante são.

Capítulo 18

1 | Em abril de 2000, Cullen usou o computador da unidade para enviar um e-mail a dois enfermeiros que haviam sido demitidos recentemente do hospital, expressando apoio e solidariedade. Cullen explicou que também estava deixando a Unidade de Tratamento de Queimados — já havia solicitado uma transferência para o andar da Unidade Coronariana. Era um deles, afirmou, dos que se posicionavam contra o "Serviço Sênior" — os veteranos com quinze anos na unidade. Charlie se referiu a eles como "SS", para abreviar, e continuou com as referências nazistas — na época, ele não percebeu que esse e-mail seria enviado não apenas para as duas enfermeiras demitidas, mas para todos os funcionários da Unidade de Tratamento de Queimados, incluindo os membros do "Serviço Sênior". Depois disso, a convivência na unidade ficou insuportável, e não havia mais espaço na Unidade Coronariana para que ele fosse transferido.

2 | As lembranças confessadas por Cullen do tempo que trabalhou no Lehigh incluem ter sido responsável pela morte de quatro ou cinco pacientes lá. Apenas dois assassinatos foram identificados com certeza nos registros do hospital: Matthew Mattern, em 31 de agosto de 1999, e Stella Danielczyk, em 26 de fevereiro de 2000.

3 | De acordo com relatórios da investigação policial, o departamento de Recursos Humanos do Hospital St. Luke's solicitou referências de colegas de trabalho do "Centro de Repouso e Reabilitação Liberty" e da Unidade de Tratamento de Queimados do Hospital Lehigh Valley; as citações neste parágrafo vêm dessas referências.

4 | De acordo com um artigo publicado no dia 9 de março de 2008 no *Morning Call*, a participação do St. Luke's na área de assistência médica cresceu espantosos 25% entre 1990 e 2007, superando o ganho de

2% do vizinho Hospital Lehigh Valley e assumindo entre 29% e 39% dos pacientes e do dinheiro dos pacientes de hospitais menores, como o Easton e o Sacred Heart.

5 | O St. Luke's ofereceu a ele uma posição em tempo integral no plantão noturno, a partir de 21,45 dólares a hora.

6 | Os nove quartos de pacientes ficavam dispostos em um semicírculo em torno do posto de enfermagem, e em geral havia apenas um paciente por quarto.

7 | A percepção dos enfermeiros advém de depoimentos de testemunhas e registros de inquérito policial.

8 | Retirado de depoimentos de testemunhas em inquéritos policiais e documentos da investigação policial, incluindo registros obtidos por meio de intimação judicial e relatórios de incidentes do próprio hospital.

Capítulo 19

1 | Julie (sobrenome não divulgado) era secretária da unidade no St. Luke's.

2 | Do depoimento do enfermeiro Brad Hahn à polícia do estado da Pensilvânia.

3 | O presidente do hospital tinha doutorado em bioestatística. O St. Luke's foi reconhecido diversas vezes com sua inclusão na lista anual do *U.S. News & World Report* dos melhores hospitais dos Estados Unidos e na classificação dos "100 melhores hospitais" da Truven.

4 | As declarações das lembranças de Cullen a respeito dos acontecimentos são todas tiradas diretamente dos interrogatórios de Charles Cullen e corroboradas por registros da investigação policial, incluindo depoimentos de testemunhas e declarações de Cullen à polícia.

Capítulo 20

1 | Documentos da investigação policial e registros do tribunal.

2 | Comentário da enfermeira Thelma Moyer, conforme lembrado no relatório confidencial entre o advogado Paul Laughlin, do escritório de advocacia Stevens and Johnson, e o advogado do St. Luke's, Sy Traub.

3 | De entrevistas pessoais e interrogatórios policiais com Charles Cullen. Essa era apenas a percepção de Charlie, lógico, assim como a ideia do St. Luke's enquanto uma instituição católica. A suposição de Cullen foi feita com base no nome escolhido pelo hospital, o nome de um santo, com um apóstrofo cruciforme em forma de estrela de Belém. Na verdade, o St. Luke's não tinha nenhuma afiliação religiosa.

4 | Joe Chandler era o enfermeiro do plantão diurno que solicitava o reabastecimento de medicamentos. Ele havia percebido que os medicamentos começaram a desaparecer já em dezembro de 2001.

5 | De documentos de inquérito policial e depoimentos de testemunhas, entrevistas pessoais com Cullen e as próprias lembranças e a documentação do enfermeiro para a polícia. Três pacientes tiveram parada cardiorrespiratória naquela noite. Se Charles Cullen foi responsável por todos os três é um ponto controverso. Cullen acabou sendo indiciado apenas pela morte de Edward O'Toole, de 76 anos, naquela noite.

Capítulo 21

1 | Extensos interrogatórios detalhando esses incidentes estão registrados em documentos de inquérito policial, em relatórios de investigação do Conselho de Enfermagem da Pensilvânia e do subsequente processo judicial.

2 | Materiais que representam risco biológico, luvas usadas, material com sangue, membros amputados e órgãos excisados, abortos, tumores, gordura lipoaspirada etc.; hospitais usam e removem uma grande quantidade de massa.

3 | É usado para ajudar a acalmar os pacientes que não conseguem manter a ventilação — pacientes cuja musculatura do diafragma fica paralisada devido a efeitos colaterais de outros medicamentos.

4 | Por essa razão, o brometo de vecurônio é sempre prescrito na menor dose possível para ter eficácia — o suficiente para relaxar o diafragma e permitir a respiração, mas não o suficiente para prejudicar o fornecimento de oxigênio ao cérebro e a outros órgãos vitais.

5 | Cullen admitiu ter usado vecurônio para matar no St. Luke's.

6 | Os registros de números exatos variam de acordo com a fonte, mas a maioria corrobora a lembrança de Kimble de ter visto entre seis e doze frascos de vecurônio usados.

7 | Como o caso de O'Toole só foi investigado especificamente muitos anos depois, a causa da morte não pôde ser determinada oficialmente. Mais tarde, em seu depoimento voluntário aos detetives de Somerset, Charles Cullen confessou ter matado O'Toole com vecurônio.

8 | O interrogatório de Janice Rader realizado pela polícia do estado da Pensilvânia foi consultado para que fosse usada no livro essa expressão específica sobre as razões para contatar o conselho externo, de que seria o melhor para o hospital. Sy Traub é o indivíduo citado no relatório confidencial de Paul Laughlin no que diz respeito a sua resposta à ligação telefônica do St. Luke's sobre esse assunto.

9 | A mesma firma que havia sido contratada pelo Hospital Easton depois da morte suspeita de Ottomar Schramm. Alguns sócios, entre eles Laughlin, deixaram a firma.

10 | Em um depoimento antes dos julgamentos civis, no entanto, Laughlin deixou explícito que seu trabalho era simplesmente determinar quem havia colocado os medicamentos na caixa de descarte de objetos perfurocortantes, não extrapolar quanto ao que havia acontecido com eles nem qual seria o curso das ações que o hospital deveria adotar em relação a essas informações.

11 | Charles Cullen também disse essas palavras quando a segurança o levou para fora.

Capítulo 22

1 | O resumo que Laughlin fez para o advogado interno do St. Luke's fornece um relato de seu encontro com Cullen, e interrogatórios subsequentes com Charles Cullen confirmaram e acrescentaram detalhes a esse relato sem contradições; essa passagem reflete ambas as coisas. Tomei a liberdade de inserir travessões nesse relato para dar maior clareza.

2 | Estas são perguntas e frases do relatório de Laughlin; o uso de travessões talvez seja apropriado.

3 | Charles Cullen afirmou que não usava luvas, e suas impressões digitais estavam nos frascos. É impossível saber o que é verdade. Essas

são as lembranças de Charlie; os frascos foram descartados, e Laughlin nunca comentou sobre essa questão.

4 | Laughlin participou de uma reunião administrativa na qual ficou decidido que Charles Cullen teria a oportunidade de se demitir; não foi decisão dele.

5 | Documentação detalhada em processos judiciais e documentos de inquérito policial.

Capítulo 23

1 | Suas referências incluíam a enfermeira do St. Luke's Pat Medellin, que mais tarde alertaria Laughlin sobre uma série de mortes suspeitas na unidade que ela acreditava poderem ser atribuídas a Cullen, e, por fim, levaria sua preocupação à polícia.

2 | O departamento de Recursos Humanos do St. Luke's deu referências "neutras" para Charlie, de acordo com documentos que fizeram parte da investigação policial. No entanto, demoraram três semanas para responder ao pedido do departamento de Recursos Humanos do Sacred Heart.

3 | Dos documentos do tribunal. O juiz Bryan D. Garruto, do Tribunal Superior de Nova Jersey, em seu relatório de decisão sobre duas moções — (1) Moção do Hospital St. Luke's para rejeitar a acusação do autor da ação e (2) Moção do Centro Médico Somerset para alterar sua acusação e acrescentar o St. Luke's como réu —, rejeitou a alegação do St. Luke's de que não tinha conhecimento e não era responsável por informar o Somerset sobre o perigo representado por Charles Cullen; o hospital poderia, portanto, ser processado pelas famílias das vítimas de Cullen no Somerset. Garruto não se pronunciou sobre o mérito das alegações dessas famílias.

Em um parecer apresentado em 21 de agosto, Garruto escreveu: "Que conste dos autos que o St. Luke's não afirmou que o sr. Cullen era um 'funcionário-modelo'. No entanto, como o St. Luke's optou por omitir informações sobre o status de recontratação do sr. Cullen em um questionamento feito pelo Somerset quando, ao mesmo tempo, funcionários do St. Luke's estavam entrando em contato com outros hospitais locais para informá-los sobre o status de 'não recontratar' de Cullen, o referido hospital não está isento de responsabilidade."

Garruto citou especificamente o relatório de 21 de março de 2005 entre o dr. Saunders e a vice-presidente e diretora executiva do St. Luke's, Elaine Thompson, no qual Saunders reconhece as ligações feitas em sigilo para alertar os hospitais da área a não contratar Charles Cullen; essa citação é a única razão pela qual se sabe da existência desse documento.

Em sua decisão, o juiz Garruto observa: "Especificamente, o dr. Saunders escreve que em agosto de 2002, ou por volta dessa época, telefonou para seu equivalente no Hospital Lehigh Valley, o dr. Robert Laskowski, 'para informá-lo sobre o desvio de medicamentos descoberto no St. Luke's; para verificar se havia algum incidente semelhante em registros de funcionários no Lehigh Valley; e para alertar o dr. Laskowski a não contratar esse enfermeiro devido a seu comportamento bizarro'. Saunders também indicou ter informado ao dr. Laskowski que o sr. Cullen estava na lista de funcionários a 'não recontratar' do St. Luke's. O relatório de 21 de março de 2005 do dr. Saunders também observa que o então diretor de operações do St. Luke's, Vince Joseph, estava fazendo 'ligações semelhantes para outros hospitais da área'."

O "Relatório de decisão sobre a moção nos termos da R. 1:6-2(f)" foi interposto em 21 de agosto de 2007 e era relativo a "todos os casos e números de processo decorrentes do Processo de Litígio Cullen Tipo 270".

4 | Em 23 de dezembro de 2003, policiais estaduais da Pensilvânia entrevistaram Deborah Borse, diretora executiva assistente do Hospital Easton, e a gerente de riscos do Easton, Georgianne Gerlach. Borse relatou que, em agosto de 2002, Gerlach, que era então a recrutadora de enfermagem do Easton, havia sido contatada por Paul Laughlin: "Laughlin avisou que, por motivos que não podia informar, eles não deveriam contratar Charles Cullen."

5 | Nenhuma observação sobre essas ligações jamais foi encontrada no arquivo pessoal de Charles Cullen do Lehigh Valley, do Sacred Heart, do Easton ou do St. Luke's.

6 | Nesse mesmo relatório, o juiz Garruto indeferiu a moção do St. Luke's e deferiu a do Centro Médico Somerset. "Aqui, o problema é que o St. Luke's assumiu um dever para com os pacientes que estariam sob os cuidados do sr. Cullen", concluiu o juiz Garruto. "Mas então tomou a decisão de escolher quem ia viver e quem ia morrer."

7 | Ao indeferir o pedido do Hospital St. Luke's de um julgamento sumário em cinco processos civis movidos contra a instituição por famílias de pacientes, o Tribunal de Primeira Instância da Pensilvânia proferiu o seguinte parecer:

> Seria chocante contemplar um estado de coisas no qual a sociedade tolerasse que um hospital se mantivesse em silêncio sabendo ou tendo consciência de que é altamente provável que um membro de sua equipe tivesse matado um paciente. Por conseguinte, o dever de divulgar tais informações certamente se estabelece não apenas como algo concomitante aos deveres expressos estabelecidos em Thompson, supra, mas também é entendido de forma mais profunda como parte do conjunto de deveres que as pessoas civilizadas esperam umas das outras e de suas instituições. Portanto, embora seja possível ter a impressão de que o tribunal, nessa situação, está "impondo" um dever, na verdade está apenas reconhecendo uma obrigação que, pode-se dizer com justiça, as pessoas esperam amplamente que seja cumprida, mesmo na ausência de um pronunciamento judicial mais formal. É, afinal, a medida em que nossos princípios de jurisprudência ecoam nossas convicções coletivas e noções compartilhadas de certo e errado que, em última análise, confere vitalidade e impõe respeito ao nosso sistema de leis. Deixar de reconhecer um dever tão óbvio da parte de um hospital nessas circunstâncias, em contraste, tornaria o *common law* não apenas estéril, mas um legítimo objeto de escárnio. (Parecer do Tribunal de Primeira Instância da Corte Superior da Pensilvânia, Krapf *vs.* Hospital St. Luke's, 9 jul. 2009, pp. 25-6, mantido pelo Tribunal Superior em 27 de julho de 2010, disponível em: <caselaw.findlaw.com/pa-superior-court/1533011.html>.)

Capítulo 24

1 | Quatro hospitais e o Centro de Repouso e Reabilitação Liberty.

2 | Além disso, a licença dele de enfermagem da Pensilvânia expiraria em outubro de 2002. Tentar renová-la seria abusar da sorte, especialmente à luz de seu infame desligamento do St. Luke's. Cullen havia se preparado para essa possibilidade e solicitado a renovação de sua licença em Nova Jersey enquanto ainda trabalhava no St. Luke's.

3 | Sua licença de enfermagem do estado de Nova Jersey estava em dia, com validade até março de 2003.

4 | Em homenagem a Somerset, na Inglaterra.

5 | "Já foi a casa de campo de algumas das famílias mais ricas do século XIX, e os residentes modernos incluem barões da indústria farmacêutica e química." Sara Clemence, "Home of the Week: Peapack Palace", *Forbes*, 14 mar. 2005, disponível em: <www.forbes.com/2005/03/14/cx_sc_0314how.html>.

6 | Detalhes dos arquivos de pessoal do Centro Médico Somerset e documentos de investigação da polícia.

7 | Charlie havia, por um tempo, empreendido um grande esforço com o intuito de fazer planos para os fins de semana nos quais tinha a custódia das filhas, organizando idas a museus, ao cinema e até mesmo à praia. Mas depois que foi morar com Cathy, parou de fazer esses planos e muitas vezes dava desculpas para não ficar com as crianças.

8 | Cullen era um funcionário com status de "não recontratar" no St. Luke's. Em 6 de setembro de 2002, Connie Osinski, recrutadora de enfermagem no Centro Médico Somerset, ligou para o St. Luke's a fim de verificar as referências listadas na ficha de Cullen para trabalhar no Somerset. O departamento de Recursos Humanos do St. Luke's confirmou o emprego de Cullen, as datas e o cargo, mas não respondeu à pergunta sobre se ele estava apto a ser recontratado. O vice-presidente assistente de Recursos Humanos do St. Luke's, Andrew Seidel, mais tarde diria em depoimento que "referências neutras" — ou seja, nenhuma referência, nem boa nem má — eram a política padrão tácita para todos os ex-funcionários.

Após a investigação interna do St. Luke's, Seidel afirmou que esteve presente em uma reunião em agosto com outros administradores e consultores jurídicos de alto nível do St. Luke's, incluindo Amedeo, Saunders, Anderson e Traub, na qual a decisão de formalizar o status de "não recontratar" de Cullen foi tomada. Seidel ainda testemunhou que, embora Cullen já tivesse oferecido pedir demissão na noite em que foi afastado do St. Luke's, ele depois falou com o enfermeiro por telefone, informando-o de que "tinha uma escolha": pedir demissão ou ser demitido.

"A diferença era que, ao se demitir, ele poderia manter as aparências, deixar a organização e se candidatar a outros empregos, indicando que havia pedido demissão do cargo", testemunhou Seidel. "Quando se demite alguém, isso se torna algo de conhecimento público, e se outros empregadores perguntassem a ele se havia sido demitido de um emprego, se fosse sincero, teria que dizer que sim." Seidel explicou que, como as evidências na época eram circunstanciais, e Cullen não havia admitido ter cometido nenhum delito, "com base nas informações que tinha [...] [eu não] queria arruinar suas possibilidades de conseguir outro emprego". Questionado se "havia considerado que, ao permitir que o sr. Cullen pedisse demissão em vez de ser demitido, seria mais fácil para ele [Cullen] conseguir o próximo emprego como enfermeiro", Seidel respondeu que sim. Questionado sobre as alegações de Cullen de que teve "discussões sobre uma referência neutra" com alguém do St. Luke's na época de sua rescisão, e se Seidel havia discutido tais referências neutras com Cullen, Seidel respondeu: "Não me lembro." Em seguida, explicou que, na verdade, referências neutras eram o que eles davam na época "para todos", independentemente de o funcionário ter sido demitido pelo hospital ou não, e por qual motivo. "Portanto, pedindo demissão ou não", disse Seidel, "ele ainda assim teria referências neutras".

Nas ações civis que se seguiram à prisão de Cullen, os advogados do St. Luke's assumiram a seguinte posição no tribunal: "Não há evidências que sugiram que o St. Luke's permitiu que Cullen pedisse demissão 'em troca de uma referência neutra' que o ajudasse a obter emprego no futuro, como afirma o Somerset. Pelo contrário, as evidências sugerem que o St. Luke's aceitou a demissão de Cullen e, de acordo com a política do hospital, não forneceu referência alguma — positiva, negativa ou de outra natureza — em nome de Cullen."

9 | Para fins de conveniência narrativa, outra amiga de Charlie na unidade não é mencionada: Donna Hardgrieve, agora Donna Scotty. Donna também era uma amiga próxima de Amy; juntos, eles formavam um grupo ao qual os outros enfermeiros se referiam como "Os Três Mosqueteiros". Algumas das histórias que Amy ouviu inicialmente sobre Cullen, na verdade, chegaram a ela indiretamente, transmitidas por Donna. Donna não participou da investigação e nunca soube do envolvimento de Amy.

10 | Fred Rogers (1928-2003) foi um apresentador estadunidense de TV, popular por apresentar um programa educativo voltado para crianças. (N. T.)

11 | Amy tinha 38 anos nessa época; ela obteve o diploma de enfermagem no St. Elizabeth College em 1988.

12 | 14 de janeiro.

13 | Essas são palavras de Cullen; se sabia o nome da sra. Han, não se lembrava disso em dezembro, quando foi questionado a respeito.

14 | Cada unidade tem dois centímetros cúbicos ou 0,5 miligrama; de acordo com o dr. Shaleen, a sra. Han havia recebido apenas 0,125 miligrama em 12 de junho e 0,125 miligrama em 13 de junho.

15 | O exame de sangue de Gall mostrou níveis baixos de proteína do sangue, sintomáticos da capacidade reduzida de seu sistema imunológico de combater a infecção (hipogamaglobulinemia).

16 | Gall morreu no sábado, 28 de junho. De acordo com os relatórios da investigação policial, a enfermeira Marty Kelly pediu uma reunião com a gerente de riscos, Mary Lund, a respeito da situação na segunda-feira de manhã. Lund convocou uma reunião para o dia seguinte. Os participantes incluíram o dr. William Cors, diretor médico; Sharon Holswade, diretora de operações; o médico Anthony D'Aguillo, diretor da patologia; Kathy Puder, dos serviços de laboratório; Stuart Vigdor, diretor da farmácia; Nancy Doherty, da farmácia; a enfermeira MaryJo Goodman, diretora da Unidade Coronariana; a enfermeira Valerie Smith, gerente da UTI; a enfermeira Darilyn Paul, da UTI; e a enfermeira Linda Vescia, gerente de Qualidade e Melhoria de Riscos. Uma das várias medidas tomadas como resultado da reunião no que diz respeito à farmácia foi verificar o acesso à digoxina na Pyxis na UTI e em períodos que compreendessem os horários em que se observaram valores laboratoriais anormais. A farmácia também foi orientada a entrar em contato com o Centro de Controle de Intoxicações para, entre outras coisas, obter informações sobre a dose do medicamento necessária para causar um nível sérico de digoxina de 9,61 miligramas/mililitro, como encontrado no exame de sangue de Gall. O foco estava nos Pacientes Quatro e Três: reverendo Gall e sra. Han. Os relatórios da Pyxis foram analisados, com especial preocupação em relação aos pedidos de medicamento cancelados.

Capítulo 25

1 | Da transcrição da chamada gravada. Essas passagens foram resumidas por questões de tamanho e clareza. Todas as ligações entre o Centro Médico Somerset e o Centro de Controle de Intoxicações de Nova Jersey foram gravadas por este último, embora a equipe do Somerset só tenha ficado sabendo disso muito mais tarde.

2 | Ruck era diretor de informação sobre medicamentos e educação profissional e possui doutorado em farmácia clínica.

3 | De acordo com uma linha do tempo posteriormente enviada ao Departamento de Saúde pelo dr. William Cors, Kelly e Doherty contataram Mary Lund a respeito desses pacientes em 19 de junho.

4 | Dos registros da investigação policial.

5 | Dos relatórios da investigação policial e entrevistas do autor com o dr. Marcus.

6 | Sim, Vigdor, na verdade, foi citado em todos os processos civis contra o Centro Médico Somerset, assim como o diretor executivo da instituição, Dennis Miller, William Cors e Mary Lund.

Capítulo 26

1 | Registros da investigação policial. Para essa conferência, o Somerset reuniu a gerente de riscos Mary Lund, o vice-presidente sênior para assuntos médicos, dr. William Cors, a gerente de qualidade, Linda Vashed, o diretor farmacêutico, Stuart Vigdor, e a farmacêutica Nancy Doherty. O Centro de Controle de Intoxicações de Nova Jersey foi representado pelo farmacêutico Bruce Ruck e por seu chefe, o dr. Steven Marcus.

2 | Os regulamentos estaduais exigiam que os hospitais relatassem ao Departamento de Saúde quaisquer ocorridos nos hospitais que colocassem em risco a saúde e a segurança dos pacientes. A comunicação deveria ser imediata; a causa desses eventos não precisava ser conhecida pelos hospitais para que eles fossem relatados.

3 | Depoimentos de testemunhas constantes nos registros da investigação policial e nos registros do Departamento de Saúde.

4 | Registros da investigação policial e registros do Departamento de Saúde.

5 | Registros da investigação policial e entrevistas com o dr. Marcus.

6 | O e-mail, datado de quinta-feira, 10 de julho de 2003, e constante dos registros policiais, diz em parte:

> Falei com a gerente de riscos do hospital, o diretor de farmácia, a diretora de operações e o diretor médico. Eles me disseram que não planejavam relatar esses incidentes a ninguém, nem ao Departamento de Saúde e Serviços para Idosos de Nova Jersey nem à polícia, até fazerem uma investigação completa.

7 | De acordo com os registros do Departamento de Saúde e documentos judiciais, a comissária assistente Amie Thornton enviou um e-mail ao dr. Marcus novamente em dezembro de 2003:

> Eu queria ter entrado em contato com vocês, mas as coisas estão caóticas por aqui (como você pode imaginar). Seu telefonema para Eddy e para mim em junho parece ter sido o grão de areia na ostra que trouxe essa situação à luz. [Sua] capacidade de identificar a tendência e fazer com que o hospital se concentrasse em investigar esse problema se mostrou bastante valiosa. Seus instintos estavam obviamente certos! Obrigada.

De acordo com registros públicos e documentos judiciais, o dr. Bresnitz enviou um e-mail ao dr. Marcus dois anos depois a respeito das ligações:

> É irônico que o Somerset se comporte como se tivesse feito a coisa certa ao nos notificar quando isso nitidamente aconteceu em resposta ao fato de você tê-los informado de que, se não o fizessem, você o faria.
>
> A propósito, você também gravou nossa conversa e a sua conversa com Amie Thornton, para que eu saiba, caso recebamos uma ligação da imprensa? Imagino que eles vão continuar a fazer perguntas para saber exatamente o que o departamento fez para investigar as mortes durante aquele verão.

8 | Às 16h23 do dia 10 de julho de 2003, várias horas depois de o dr. Marcus ter ligado e enviado um e-mail para o Departamento de Saúde.

9 | Os pacientes foram Joseph P. Lehman, que sofreu um pico hipoglicêmico inexplicado em 28 de maio de 2003, e Francis Kane, com quem ocorreu um incidente semelhante em 4 de junho de 2003.

10 | Eles haviam contratado uma enfermeira de uma agência de inspeção que passou dois dias entrevistando diretores e verificando as máquinas antes de fazer um relatório.

11 | Um relatório interno sobre a entrevista (redigido em 25 de julho de 2003 e incluído nos relatórios da investigação policial), escrito por Fleming, indica que ele não havia entrevistado nenhum outro enfermeiro além de Cullen, que ele suspeitava de que as overdoses inexplicáveis no Somerset poderiam estar conectadas e que eles precisavam se preparar para a possibilidade de esses incidentes ainda não terem terminado. As observações de Fleming também indicam ímpetos e informações conflitantes.

"A sra. Lund e eu discutimos uma variedade de questões e planejamos investigações adicionais", escreveu Fleming. "Parte do sangue colhido de pacientes na UTI nos últimos dias vai ser testado, e o sangue colhido de pacientes internados na UTI neste momento e no futuro imediato está sendo armazenado. Além disso, vamos conversar com os enfermeiros que cuidaram do reverendo Gall nos dias 27 e 28 de junho. Os registros da contabilidade serão verificados para sabermos se a digoxina foi cobrada de algum desses três pacientes, ainda que os registros não mostrem que ela foi ministrada. Por fim, a sra. Lund vai me enviar o prontuário médico de Han e Maurer." (Maurer era outro paciente desconhecido que aparentemente também estava dentro do escopo da investigação de Fleming.)

O penúltimo parágrafo do relatório sugere que Lund e Fleming já suspeitavam de Cullen como um indivíduo a ser observado: "Nós concordamos que não há nada de tão evidentemente suspeito neste momento (sejam nos registros, seja no comportamento do sr. Cullen) que demande um comunicado às autoridades. No entanto, todos os pacientes na UTI estão sendo cuidadosamente monitorados e um alerta está sendo acionado para qualquer pedido de digoxina na farmácia [...] Incidentalmente, os registros também mostram uma série de fracos [*sic*] de digoxina não contabilizados no mês passado."

Capítulo 27

1 | Pasquale Napolitano, morto em 13 de julho.

2 | O dr. Max Fink, chefe da unidade de coma por insulina no Hospital Hillside em Glen Oaks, Queens, Nova York, de 1952 a 1958, descreveu alguns dos efeitos da insulina para o programa *The American Experience*, da PBS:

> *Estágios de coma*
> *0630–0715: Pré-comatoso.*

O paciente perde gradualmente os sentidos, em seguida entra em coma. Há duas formas de coma reconhecidas, uma "úmida" e outra "seca". Na forma "úmida", a sudorese é abundante e acompanhada de "arrepios" na pele. A salivação aumenta tanto que as enfermeiras precisam enxugá-la com chumaços de gaze. Na forma "seca", a pele fica quente e seca, músculos se contraem, em uma sequência que começa no rosto, nos braços, depois nas pernas. Com frequência se observam pequenos espasmos, mas às vezes os pacientes movem e puxam bruscamente um braço ou uma perna. Ocasionalmente, ocorre uma convulsão.

3 | Götz Aly et al., *Cleansing the Fatherland* (Baltimore, Johns Hopkins University Press, 1994). A Estação Eichberg foi projetada para acomodar experimentos com overdoses intravenosas intencionais; ver Henry Friedland, *The Origins of Nazi Genocide* (Chapel Hill, University of North Carolina Press, 1995), p. 131.

Capítulo 28

1 | Os detalhes desse terrível incidente e de todas as mortes de pacientes foram obtidos em documentos da investigação policial.

2 | Em 23 de setembro de 2003.

Capítulo 29

1 | Abreviação do inglês *victim*. (N. T.)

2 | Tim recebeu o telefonema informando que tinha sido aprovado em Essex no mesmo dia em que recebeu o telefonema informando que seu pai havia falecido. Ele não sabe se isso mudou tudo para ele, mas algo se transformou na maneira como passou a ver seu papel na vida.

3 | Quinze anos depois, em janeiro de 2010, os detetives do condado de Essex finalmente tornaram público seu conhecimento sobre a arma do assassinato de Duryea. O *Star-Ledger*, de Newark, noticiou: "Robert Reeves, 44, usou o mesmo revólver calibre .32 envolvido no assassinato de Duryea para disparar cinco tiros contra um ministro de Newark. Quando questionado sobre Reeves, Anthony Ambrose, chefe dos detetives da promotoria, [confirmou] em uma entrevista que Reeves é 'um suspeito' no caso Duryea." Philip Read, "More Details Emerge in the Killing of Glen Ridge Grandmothers", *Star-Ledger*, 10 jan. 2010. Disponível em: <www. nj.com/news/index.ssf/2010/01/ new_details_emerge_in_1995_kil.html>.

Capítulo 30

1 | Dennis Miller, do Centro Médico Somerset, contatou o escritório do promotor Wayne Forrest nessa data.

2 | Os detalhes das ações e interações dos detetives com os indivíduos nos hospitais foram extraídos dos relatórios da investigação policial e complementados por entrevistas pessoais.

3 | Na verdade, o Departamento de Saúde e Serviços para Idosos havia entrado em contato com o escritório do procurador-geral de Nova Jersey antes de os administradores do Centro Médico Somerset contatarem o escritório da promotoria de Somerset.

A história completa de como esses incidentes foram relatados é um pouco mais complexa e sugere que o processo de comunicar, investigar e, por fim, agir em relação aos incidentes no Centro Médico Somerset em tempo hábil foi paralisado ou adiado em várias conjunturas, tanto no Somerset quanto nas instâncias mais elevadas do Departamento de Saúde.

O Departamento de Saúde enviou Edward Harbet, enfermeiro e investigador de denúncias da Health Care Systems Analysis. Ele visitou o Centro Médico Somerset em 11 e 14 de julho, revisando os registros médicos dos pacientes envolvidos e o resumo da investigação interna do hospital e entrevistando vários administradores. Harbet não conseguiu identificar nenhum achado específico que explicasse os valores laboratoriais relevantes nos incidentes com pacientes. Ele disse aos administradores do Somerset que os prontuários seriam revisados por outras pessoas em seu departamento.

O comissário de Saúde e Serviços para Idosos em exercício na época era Cliff Lacey. De acordo com e-mails da comissária assistente sênior, Marilyn Dahl, os incidentes no Somerset foram discutidos com o comissário Lacey após a notificação de Steven Marcus e dos administradores do Somerset. "Com base em sua experiência com os medicamentos em questão, e como oficial médico sênior de um grande hospital, *o comissário achou que era extremamente prematuro começar a suspeitar de crime. Eu tinha, naquela época, levantado a questão de um encaminhamento ao procurador-geral, e o comissário recusou*", escreveu Dahl. "Ele levantou a hipótese de vários cenários prováveis que não envolviam crime e poderiam ter levado aos resultados relatados." (Grifo meu.)

Então, em 26 de setembro de 2003, alguns membros do Departamento de Saúde começaram a ficar cada vez mais preocupados com o que estava acontecendo no Somerset.

Uma funcionária sênior do Departamento de Saúde chamada Maureen F. Miller enviou um e-mail para Marilyn Dahl. "Embora o departamento estivesse ciente de que três incidentes inexplicáveis haviam ocorrido e estivesse trabalhando com a administração do Somerset, que estava investigando os incidentes", escreveu Miller, "o hospital nos informou hoje que um quarto incidente ocorreu há um mês", apesar de ter sido explicitamente alertado sobre a necessidade de notificar quaisquer incidentes adicionais.

Dahl estava profundamente preocupada. Ela relatou ter se reunido com Alison Gibson, diretora de Inspeções, Conformidade e Denúncias do Departamento de Saúde, e Amie Thornton, comissária assistente de Qualidade de Centros de Saúde:

> Todos concordamos que poderia haver razão suficiente para suspeitar de atividade criminosa. *A parte perturbadora dessa situação é que o Somerset nos notificou sobre as três ocorrências anteriores, no entanto, decidiu esperar um mês inteiro antes de relatar a quarta. Acreditamos que isso foi irresponsável, na melhor das hipóteses*, e gostaríamos de permissão para pedir a opinião de um advogado da OLRA [o escritório do Departamento de Saúde para Assuntos Legais e Regulatórios, na sigla em inglês] para encaminhamento ao escritório do PG [procurador-geral]. (Grifo meu.)

Naquele dia, o Departamento de Saúde entrou em contato com o escritório do procurador-geral a respeito do problema no Somerset. Amie Thornton escreveu para a sra. Miller e outros funcionários do Departamento de Saúde um tempo depois, no dia 26 de setembro, para informar: "Eu acredito que a esta altura o hospital realmente suspeite de atividade criminosa, pois contratou investigadores/advogados particulares para avaliar a situação." Sete dias depois, o Somerset contatou o escritório da Promotoria do Condado de Somerset.

Capítulo 31

1 | Sachs, Maitlin, Fleming, Greene, Marotte and Mullen.

2 | Essa conversa foi reconstruída a partir de documentos de investigação do escritório da Promotoria do Condado de Somerset detalhando a reunião e as informações fornecidas por Lund, acrescidos de longas entrevistas com o detetive Baldwin.

3 | O Somerset não havia acionado a polícia no caso de meia dúzia de pacientes que *tinham* sido envenenados — então, meses depois, ligou para notificar a morte de um homem que não fora.

Capítulo 32

1 | Personagem fictício do programa de TV americano *The Andy Griffith Show*, xerife de uma cidade pacata na Carolina do Norte. (N.T.)

2 | Essa ligação fez parte de uma investigação no Hospital Easton, que havia acabado de ser iniciada naquele momento, mas já estava paralisada.

Capítulo 33

1 | As informações sobre essa data (8 de outubro de 2003) vêm de vários bancos de dados e agências contatadas, incluindo a Polícia Estadual da Carolina do Sul, o Departamento de Polícia de Summerville (Carolina do Sul), o Departamento de Polícia de Palmer (Pensilvânia), o Departamento de Polícia de Phillipsburg (Nova Jersey) e o Conselho de Enfermagem de Nova Jersey.

Capítulo 34

1 | Essa investigação foi encerrada no fim de dezembro de 1991 sem que se chegasse a nenhuma conclusão. Charles Cullen foi demitido na primeira semana de janeiro de 1992, e os picos de insulina pararam. Desde então, o Saint Barnabas afirma que esses fatos não estão relacionados e que a administração não tinha motivos, na época, para acreditar que Charles Cullen representasse um risco para os pacientes. Fragmentos dessa investigação seriam recuperados após a prisão de Cullen.

2 | Cullen havia assinado o contrato com o Medical Center Health Care Services quando estava na metade de seu período de trabalho no Saint Barnabas, a fim de ter mais flexibilidade em relação aos horários e às unidades em que trabalhava. Foi por essa razão que o arquivo de Cullen no Saint Barnabas cobria apenas os dois anos finais de sua permanência de cinco anos no hospital; tecnicamente, ele havia sido contratado por outra empresa.

3 | Vários dos relatos de incidentes descreviam o método de execução dos crimes de maneira quase exata. Por exemplo, Charlie havia sido advertido por verificar os níveis de insulina de um paciente diversas vezes, em intervalos inexplicáveis e inadequados, e por deixar uma bolsa de soro não prescrita e sem rótulo sendo ministrada a um paciente depois de seu plantão, em vez da solução de cloreto de potássio prescrita. Posteriormente, quando seu supervisor o contatou por telefone, em casa, Cullen pareceu indiferente e alegou que, se a bolsa de soro estava sendo ministrada, devia ser o cloreto de potássio prescrito. Não era, mas o que exatamente havia nela, e se era uma das bolsas de soro fisiológico nas quais Cullen mais tarde admitiria ter injetado aleatoriamente insulina, nunca saberemos. De acordo com registros disciplinares constantes de documentos judiciais, esse não foi um incidente isolado; a advertência de uma supervisora datada de 14 de março de 1991 afirmava que "Charles é conhecido por não demonstrar reação ao cometer um erro".

4 | Na verdade, "erro duplo de medicação" foi um eufemismo para as ações do enfermeiro. O que se menciona aqui é uma situação na qual Cullen (1) reteve a medicação prescrita para o paciente; (2) em seu lugar, foi ministrada uma bolsa de soro sem identificação cujo fluxo, estranhamente, ele mantinha (3) obstruído, de forma que o próximo enfermeiro

tivesse de iniciar o gotejamento. Foi, na verdade, um erro triplo; exponencialmente menos provável e significativamente mais preocupante do que um único erro de dosagem, pois não pode ser descartado com tanta facilidade como um simples equívoco. A reação da supervisora reflete isso.

Aparentemente, a bolsa de soro em questão continha apenas solução salina, embora não se possa saber com certeza, já que a prática de Cullen na época era usar essas bolsas, nas quais injetava insulina, para deixar os pacientes doentes; e muitas vezes ele cobria seus rastros se certificando de que as bolsas fossem administradas por outros enfermeiros quando ele não estava presente.

5 | De acordo com a investigação do Departamento de Saúde e documentos da investigação policial, o advogado do Centro Médico Somerset preparou um relatório cronológico, "antecipando-se a litígios em potencial", no qual "Paul G. Nittoly (PGN), do DBR [escritório de advocacia Drinker Biddle and Reath], [foi] convidado a participar da investigação sobre valores incomuns em exames laboratoriais com a ajuda do investigador privado Rocco E. Fushetto (REF)".

6 | Essa conversa foi extraída das anotações e lembranças dos detetives Braun e Baldwin e detalhada em documentos da investigação policial. A única liberdade tomada em relação aos depoimentos reproduzidos nos autos do inquérito policial é o uso de travessões para compor a cena.

Capítulo 35

1 | Bruchak, Egan e seu comandante, o capitão Gerald Walsh, todos participaram da reunião, mas Egan era o principal interlocutor do detetive Baldwin.

2 | Os detalhes desse caso poderiam constituir um livro próprio. Vários desses fatos são mencionados em outras fontes; correndo o risco de alguma redundância e com o intuito de uma maior transparência jornalística, são apresentados aqui novamente, em contexto mais completo e com mais detalhes. As informações a seguir foram fornecidas no decorrer das ações civis movidas por cinco famílias de ex-pacientes contra o Hospital St. Luke's. A instituição argumentou que os casos deveriam ser rejeitados porque eram mais antigos do que o prazo de prescrição de dois anos; o juiz do condado de Lehigh Edward D. Reibman decidiu que eles ainda eram relevantes. No fim das contas, o St. Luke's fez um acordo com

as famílias fora do tribunal. Embora os pormenores dos acordos sejam sigilosos, alguns detalhes podem ser obtidos nos registros do tribunal (Case law: Superior Court of Pennsylvania, *Krapf* vs. *St. Luke's Hospital*, Lehigh County Judge Edward D. Reibman, Nos. 2958 EDA 2009, 2959 EDA 2009, 2960 EDA 2009, 2961 EDA 2009, 2962 EDA 2009. Before: Gantman, Shogan, and Mundy, J. J.). Grande parte do problema enfrentado pelo tribunal foi determinar se o St. Luke's tinha motivos para acreditar que Cullen estivera envolvido na morte de pacientes.

O advogado Paul Laughlin lembrou ter sugerido que os prontuários dos pacientes fossem revisados para verificar se o brometo de vecurônio desviado havia sido administrado de forma incorreta, resultando em danos ao paciente (Pl. Ex. VVV, pp. 40-4); no entanto, o que o advogado Laughlin precisamente descobriu durante sua investigação e concluiu ao final dela não está evidente. E, a esse respeito, o depoimento das várias testemunhas diverge consideravelmente. Laughlin indicou que a suspeita específica de que Cullen prejudicasse pacientes nunca foi levada a seu conhecimento (ibid., pp. 127-35). No entanto, as transcrições de suas entrevistas, combinadas ao testemunho da enfermeira Patricia Medellin, permitiram ao juiz fazer uma inferência diferente.

Especificamente, a enfermeira Medellin afirmou que havia se encontrado com o advogado Laughlin na noite em que ele confrontou Cullen e que ele a havia instruído a ligar para ele se "tivesse qualquer nova ideia" (Pl. Ex. III, p. 72). Depois de tomar conhecimento de que frascos abertos de brometo de vecurônio haviam sido encontrados nos recipientes de descarte e outros enfermeiros temiam que pacientes pudessem ter sido prejudicados, ela telefonou para Laughlin no dia 7 de junho de 2002, ou por volta dessa data (Pl. Ex., pp. 76-8), e informou-o de que a administração não autorizada de vecurônio seria consistente com uma desaceleração inexplicada da frequência cardíaca do paciente, levando a paradas cardiorrespiratórias quando o coração deixava de bater (ibid., p. 79). Ela também disse a Laughlin que ninguém na UTI naquela época deveria estar recebendo vecurônio (ibid.).

Em resposta, o advogado Laughlin informou à enfermeira Medellin que "a investigação foi encerrada" e que ele estava "confiante de que Cullen não estava prejudicando os pacientes de forma alguma" (ibid., p. 80). Medellin pressionou Laughlin sobre como ele poderia ter tanta certeza, ainda mais considerando que Laughlin havia admitido para ela não ter comparado os medicamentos enviados pela farmácia com os realmente usados nos pacientes e ter comparado o número de paradas cardiorrespiratórias em pacientes nos plantões diurnos *vs.* plantões noturnos quando Cullen estava trabalhando (ibid., pp. 81-2). Laughlin supostamente respondeu que, com base em sua experiência como promotor na Filadélfia por oito anos, ele estava confiante em sua investigação e tinha "certeza" de que Cullen "não estava fazendo mal a ninguém" (ibid.). Ele então a informou mais uma vez de que a investigação havia sido "encerrada e não estava aberta para novas análises" (ibid., p. 82).

A enfermeira Medellin também afirmou em depoimento ter expressado sua preocupação a seus supervisores, recebendo uma resposta igualmente pouco receptiva (ibid., 96). Em particular, ela afirmou que, depois de o advogado Laughlin ter descartado suas preocupações, ela falou com Thelma Moyer, a coordenadora clínica do St. Luke's, e Ellen Amedeo, a gerente de enfermagem da UTI do hospital; ambas descartaram suas suspeitas e informaram que a investigação estava encerrada (ibid.). Ela também testemunhou que, depois de falar com o advogado Laughlin, compilou uma lista dos pacientes que haviam morrido na UTI, comparou-a com os plantões de Cullen e concluiu que um número desproporcional de pacientes havia morrido enquanto ele estava trabalhando (ibid., pp. 91-3). No entanto, devido à falta de receptividade e "quase irritação" demonstrada pela coordenadora clínica Moyer e pela gerente de enfermagem da UTI Amedeo diante de seus pedidos anteriores, a enfermeira Medellin não apresentou a lista que havia compilado por medo de "repercussões" (ibid., p. 97). Depois que Cullen voltou da licença, em julho de 2002, o diretor jurídico do hospital, Seymour Traub, instruiu o advogado Laughlin a preparar um relatório e ordenou que revisões de prontuários adicionais fossem realizadas pela equipe do St. Luke's (Pl. Ex. BBBB, p. 30). A gerente de riscos Rader e a supervisora de enfermagem Koller foram encarregadas de revisar os prontuários de todos os pacientes que haviam morrido durante o fim de semana em que os medicamentos desviados foram encontrados (Pl. Ex. UUU, p. 21). No entanto, Koller disse em depoimento que nunca havia realizado uma revisão de prontuário semelhante e, na verdade, nem mesmo estava ciente do propósito da revisão quando a gerente de riscos Rader pediu que ela lesse os prontuários dos pacientes (Pl. Ex. AAAA, pp. 46-50). Rader, por sua vez, afirmou em depoimento que o advogado Laughlin indicou a ela na época que não conseguiu encontrar "uma centelha de evidência de que tivesse havido qualquer atividade criminosa" (Pl. Ex. UUU, p. 114). A gerente de riscos Rader e a supervisora de enfermagem Koller não identificaram nenhuma administração suspeita de vecurônio nem nenhuma morte suspeita (Pl. Ex. UUU, p. 138). Assim, as investigações adicionais ordenadas pelo diretor jurídico Traub relataram que não havia sido encontrada nenhuma evidência do envolvimento de Cullen na morte de pacientes; depois disso, o diretor executivo do hospital concluiu essa parte da investigação encaminhando o caso de Cullen ao Conselho Estadual de Enfermagem para acompanhamento como julgassem adequado (Pl. Ex. III).

Após notificação do promotor de que o assunto havia sido encaminhado à polícia, o Hospital St. Luke's realizou investigações adicionais, inclusive a revisão do prontuário dos pacientes por um médico de fora do hospital; isso, no entanto, tampouco levou o St. Luke's a concluir que Cullen houvesse prejudicado algum paciente (ver Pl. Ex. NNN, pp. 51-5, 125-7). Cullen acabou confessando ter matado, entre outros, os cinco pacientes do St. Luke's considerados nesses casos (Pl. Ex. B; Ex. C). No total, foram identificados sete pacientes mortos por Cullen, especificamente, no St. Luke's.

3 | Dos documentos da investigação policial e do relatório do promotor do condado de Lehigh James B. Martin, de 9 de setembro de 2002.

4 | Também estavam presentes os legistas Zachary Lysek e Scott Grim e o capitão da polícia do condado de Easton, John Mazzeo, o conhecido a quem Medellin havia levado suas suspeitas sobre Cullen pela primeira vez.

5 | Embora a administração do St. Luke's tivesse afirmado que Cullen não havia prejudicado pacientes e que sua investigação estava encerrada, eles demonstraram menos certeza várias semanas depois. Em 6 de setembro, dois meses após o afastamento de Cullen, o presidente e diretor executivo do Hospital St. Luke's, Richard A. Anderson, finalmente escreveu ao Conselho Estadual de Enfermagem, notificando-os sobre o incidente com a caixa de objetos perfurocortantes, a descoberta de diversos frascos vazios de drogas perigosas, bem como drogas não utilizadas, e informando que o contrato de emprego de Cullen havia sido encerrado após a descoberta. A carta de Anderson diz, em parte: "Com base na investigação interna conduzida pelo St. Luke's, a administração

acredita que as drogas foram desviadas indevidamente por Charles Cullen. O St. Luke's não sabe se ou como o sr. Cullen usou essas drogas, ou por que descartaria caixas de medicamentos não expirados e não usados. O St. Luke's revisou os registros médicos das pessoas que morreram na UTI durante o fim de semana em que os medicamentos foram descobertos. Os registros médicos não mostram que as mortes possam ser atribuídas a nada que não sejam causas naturais. No entanto, a possibilidade de uso indevido dos remédios encontrados na caixa de objetos perfurocortantes não pode ser totalmente descartada."

O St. Luke's foi a única instituição médica na qual Charles Cullen trabalhou que entrou em contato com o Conselho Estadual de Enfermagem a respeito de suas ações. Desde então, o St. Luke's declarou que a decisão de notificar o Conselho Estadual de Enfermagem naquele momento não foi de forma alguma motivada nem estava relacionada com o fato de a enfermeira Medellin ter notificado o promotor distrital sobre esses mesmos acontecimentos quatro dias antes, e que os administradores do St. Luke's não tinham conhecimento dessa notificação.

6 | Ao todo, dezoito funcionários do St. Luke's foram interrogados.

7 | De acordo com os registros do inquérito policial, Tester havia percebido precocemente a tendência de óbitos, chegando a quantificar o aumento estatístico da taxa de mortalidade na UTI.

8 | Tester disse à Polícia Estadual da Pensilvânia que havia relatado sua observação dessa tendência preocupante aos "funcionários da UTI" e a seus supervisores, mas ninguém tinha respostas.

9 | De acordo com os documentos fornecidos ao inquérito policial pelo St. Luke's. O hospital havia fornecido suas extensas investigações para corroborar sua alegação de que os administradores não tinham motivos para acreditar que Cullen tivesse prejudicado alguém em seu hospital e de que a taxa de mortalidade estava dentro da norma estatística.

10 | De depoimentos de testemunhas em documentos da investigação policial. Outros enfermeiros, incluindo Judy Glessner e Darla Beers, também testemunharam sobre suas preocupações de que Cullen houvesse prejudicado pacientes (Pl. Ex. RR, pp. 72-7; Ex. PPP, pp. 72-3; ver também Ex. U, p. 2 [relatório policial resumindo o depoimento dado pelo enfermeiro Gerry Kimble sobre sua suspeita de que Cullen

havia prejudicado pacientes com medicamentos desviados]). A diretora assistente de farmácia, Susan Reed, testemunhou que se lembrava de ter dito a Laughlin que a natureza dos frascos de medicamento vazios encontrados, inclusive de vecurônio, levantava uma preocupação sobre potencial dano a pacientes (Pl. Ex. VV, pp. 128-30). Notas que o advogado Laughlin aparentemente tomou durante sua conversa com a enfermeira Medellin contêm várias descrições abreviadas que podem ser entendidas como referências a pacientes sendo prejudicados por Cullen, incluindo "cruzar mortes ref. c/ Charlie" e "par[ada] rápida" (Pl. Ex. CCCC). Em testemunho, o vice-presidente de gerenciamento de riscos do hospital, Gary Guidetti, afirmou que Laughlin nunca o informou sobre preocupações relativas a danos a pacientes, tampouco transmitiu essas preocupações à alta cúpula (Pl. Ex. FFFF, pp. 36-9).

11 | Enfermeira aposentada da UTI do St. Luke's Susan Bartos, citada no *Morning Call*, em 15 de fevereiro de 2004 ("Nurses' Warnings Unable to Stop Trail of Death", de Ann Wlazelek e Matt Assad. Disponível em: <www.mcall.com/news/all-5nursesfeb15,0,4417146.story>).

12 | Em 18 de maio de 2003.

13 | Trabalhando com a Polícia Estadual da Pensilvânia, o promotor distrital contratou um patologista forense, o dr. Isidore Mihalakis, que revisou dezessete prontuários de pacientes selecionados pelo St. Luke's (Pl. Ex. MMMM, pp. 18-35). No entanto, o dr. Mihalakis não recebeu uma lista por escrito dos medicamentos desviados e supostamente não teve contato com nenhum dos enfermeiros ou suas declarações a respeito de suspeitas sobre Cullen (ibid.). O dr. Mihalakis foi incapaz de concluir que Cullen houvesse prejudicado alguém (ibid., pp. 50-5).

14 | Cullen matou Pasquale Napolitano em 13 de julho, embora na época não soubesse o nome do paciente.

Capítulo 36

1 | De acordo com o relatório executivo do Centro Médico Somerset fornecido ao Conselho de Diretores em 17 de julho de 2003, a revisão do Departamento de Saúde no Somerset ocorreu em 11 e 14 de julho. O enfermeiro Edward Harbet, investigador de denúncias de Análise

de Sistemas de Saúde, visitou o hospital e revisou extensivamente os registros médicos dos quatro pacientes que tiveram seus casos notificados, bem como o resumo da investigação interna do Somerset até aquele momento e os documentos sobre linhas de conduta e atribuição de pessoal pertinentes. Harbet também se reuniu com os administradores. Ele não conseguiu identificar nenhum achado específico que explicasse os valores laboratoriais relevantes, mas ficou satisfeito com o nível de atenção que estava sendo dado pelo Somerset a esses acontecimentos e não aconselhou nenhum relatório de agência externa adicional. Ele disse que cópias dos prontuários e de seu relatório seriam revisadas por seu departamento.

No dia 14 de julho, dois avaliadores de laboratório de análises clínicas do Departamento de Saúde revisaram os serviços de laboratório do Somerset, com foco nos procedimentos e nas instalações de testagem para a validação dos resultados anormais relatados. Nenhuma deficiência no processo laboratorial foi identificada. O relatório executivo do Somerset afirma que os investigadores ficaram "satisfeitos que todas as medidas apropriadas foram — e estão sendo — tomadas a fim de identificar a causa dos acontecimentos inexplicáveis".

2 | Centenas de páginas de arquivos e documentos internos do Departamento de Saúde, incluindo e-mails, acabariam sendo disponibilizadas por meio de uma intimação policial, mas de pouco serviriam para explicar os incidentes no Centro Médico Somerset. A utilidade delas para a equipe da Promotoria do Condado de Somerset durante a investigação foi mínima.

Capítulo 37

1 | Os trechos dessa gravação foram resumidos com base na transcrição original, mas o contexto foi cuidadosamente mantido.

2 | Termo-padrão em investigações de homicídio que se refere a um corpo assassinado há pouco tempo e que, portanto, potencialmente ainda abriga uma maior quantidade de evidências e vestígios, diferente de um corpo encontrado muito mais tarde e deteriorado pelo tempo e o ambiente.

Capítulo 38

1 | Ele ainda estava na casa dos trinta anos nessa época.

2 | Detalhes da reunião e da conversa do detetive Baldwin com Lucille Gall foram retirados de documentos da investigação policial.

Capítulo 40

1 | O dr. Smith descobriu que dois casos poderiam ser explicados clinicamente sem influência exógena e, portanto, não eram tão suspeitos quanto os outros quatro.

2 | Joseph P. Lehman e McKinley Crews foram os dois pacientes do Somerset cujos resultados laboratoriais não eram tão suspeitos.

3 | O método e a causa da morte seriam determinados posteriormente pelo toxicologista George F. Jackson.

Capítulo 42

1 | De acordo com o processo judicial e os documentos da investigação policial, Laughlin não havia fornecido detalhes em sua ligação para o Hospital Easton, mas tinha dito a eles, no que dizia respeito à reconsideração da contratação de Charles Cullen, "não" — essa palavra foi escrita a mão, entre aspas, no verso de uma página do arquivo pessoal de Charlie no Easton, obtido durante a investigação policial.

Capítulo 43

1 | Coincidentemente, do ponto de vista de minimizar a responsabilidade do Centro Médico Somerset, essa era a melhor situação possível.

O Somerset não poderia demitir Cullen sem um motivo. Se o motivo fosse uma suspeita de assassinato, o Somerset poderia ser considerado legalmente responsável por esses assassinatos. Mas seguir as instruções da promotoria não era uma admissão de suas suspeitas. Era o cumprimento razoável das determinações das autoridades legais com base nas suspeitas do promotor.

Então, Cullen estava fora — os detetives investigaram um crime, levantaram o histórico de Cullen e aconselharam o Somerset a demiti-lo. Mas se não pudesse ser definitivamente provado que Cullen era, de fato, o responsável pelas mortes daqueles pacientes específicos, então o Somerset não era passível de ações civis.

2 | Dos interrogatórios do detetive Baldwin e dos registros da Promotoria do Condado de Somerset.

Capítulo 44

1 | Das anotações de Tim Braun.

2 | Esse tinha sido o padrão em muitos dos hospitais que eles investigaram, algo que confundiu os detetives. Durante o interrogatório conduzido em 14 de novembro de 2003 pelo detetive Baldwin com Betty Gillian, vice-presidente do escritório corporativo do Centro Médico Saint Barnabas (e ex-supervisora de Cullen, a mulher que o havia demitido por "problemas de enfermagem" e se lembrava de ele ter sido o principal suspeito de uma investigação interna sobre bolsas de soro contaminadas com insulina), ela relatou que a equipe do Saint Barnabas ficou incomodada quando Cullen foi acusado de contaminar as bolsas de soro, uma vez que "gostavam dele porque ele era muito prestativo".

3 | Documentos da investigação policial e entrevistas com detetives.

Capítulo 45

1 | Em 21 de novembro de 2003.

2 | Documentos da investigação policial e entrevistas com Amy Loughren e o detetive Baldwin.

3 | Esse detalhe incrível é de um relato pormenorizado e direto feito durante uma das entrevistas do autor com Amy.

Capítulo 46

1 | Documentos da investigação policial e entrevistas com Loughren, Baldwin e Braun.

2 | Amy tinha suspeitado de que havia algo errado antes, quando lhe pediram que assinasse, atestando os níveis de insulina, sem ter nenhum meio de realmente verificá-los.

Capítulo 47

1 | Essa informação foi retirada da entrevista do autor com Amy e de seus diários.

Capítulo 49

1 | Após a prisão de Cullen, a Pyxis reforçou a segurança de seu sistema de dispensação de medicamentos.

Capítulo 52

1 | Após a exposição do que Charles Cullen havia feito, essa lacuna na Pyxis foi corrigida pelo fabricante.

2 | O status de ressuscitação indica se um paciente deve ou não ser ressuscitado caso tenha uma parada cardiorrespiratória, e quais medidas são ou não permitidas — uma decisão tomada pelo próprio paciente ou pela família.

Capítulo 53

1 | Cullen estava recorrendo a seus pedidos de paracetamol como um meio de acessar os medicamentos que usava para matar pacientes. Ao mesmo tempo, também estava estabelecendo um registro público de pedidos legítimos de paracetamol. De acordo com os registros da polícia, Lucille Gall, a irmã do reverendo Gall, lembrou aos investigadores uma discussão conspícua sobre paracetamol que tivera com o enfermeiro; era um remédio ao qual ele dava preferência, mesmo quando não clinicamente prudente. Charles Cullen poderia alegar com facilidade que o restante dos pedidos de paracetamol também era válido; definitivamente nada que a investigação da equipe da promotoria tivesse descoberto poderia provar o contrário.

Capítulo 54

1 | O capitão da equipe da promotoria, Andy Hissim.

Capítulo 55

1 | Difenidramina e ibuprofeno — embora a difenidramina seja um sedativo que a ex-esposa de Cullen, Adrianne, o acusou de dar a suas filhas, uma acusação que o enfermeiro nega veementemente.

Capítulo 56

1 | Esse material e todas as citações registradas aqui foram retirados (de forma resumida) das anotações feitas pelo detetive Braun durante as ligações.

2 | Tim enviara o questionário preenchido a Quantico por fax, mas não houve tempo suficiente para fazer a consulta antes de levarem Cullen para o interrrogatório.

3 | Depois da prisão de Cullen, os detetives tiveram a oportunidade de falar com o famoso cientista forense dr. Henry Lee sobre as dificuldades de instaurar um processo contra o enfermeiro. A opinião do dr. Lee sobre *serial killers* no campo da medicina foi registrada em uma entrevista concedida ao *Los Angeles Times* em 29 de abril de 2002 a respeito de um caso diferente:

"É preciso descobrir quem foram as vítimas muito depois de terem sido enterradas", disse ele. "Você tem que exumar [corpos]. É difícil encontrar traços de drogas ou elementos verdadeiros. O problema seguinte é como fazer a conexão com o suspeito. Por que ele? Qual é a prova? Prepare-se para fracassar."

4 | Isso aconteceu apesar de Charlie ter sido investigado por mortes suspeitas pelos três hospitais. Não está explícito se o Montgomery teve a oportunidade de ligar para alguma de suas referências.

5 | De um relatório da investigação policial.

Capítulo 59

1 | Cullen também não conseguia ler sem os óculos. O fato de ele estar ou não usando os óculos em uma noite específica pode ter determinado o que conseguia ler e qual paciente recebeu o coquetel mortal.

2 | Cullen se equivoca a respeito do nome do jornal; foi o *Star-Ledger*, de Newark, reportagem de Rick Hepp.

3 | Amy se lembra de Charlie Cullen ter dito a ela que a primeira pessoa que ele matou no Saint Barnabas foi uma mulher jovem.

4 | Cullen nunca foi julgado pela morte dessa paciente.

5 | É mais provável que Cullen tenha simplesmente tido seu contrato rescindido e tenha sido pago pelos meses de licença médica que acumulou enquanto esteve em várias instituições psiquiátricas durante o período em que trabalhou lá, e isso somava menos de 18 mil dólares. Charles Cullen declarou insolvência no ano seguinte, alegando ter mais de 68 mil dólares em dívidas; é possível, mas improvável, que o acordo com o Hospital Warren tenha sido um acréscimo ao seu salário-base.

6 | Na verdade, com todas as histórias que circulavam e a visita da polícia, Cathy acreditava que Charlie fugiria com Amy para o México.

Capítulo 61

1 | No relatório de Baldwin constam seis horas; no entanto, Cullen foi processado por volta das seis horas da noite, mas o interrogatório só terminou às três da manhã.

2 | No sistema jurídico norte-americano, o grande júri é composto de, em regra, 23 membros que se reúnem em segredo com o propósito de avaliar as alegações e provas apresentadas pela promotoria e decidir se há indícios suficientes para que o suspeito seja levado a julgamento. (N. T.)

Capítulo 62

1 | Sala do capitão Nick Magos.

Posfácio

1 | Todos os processos civis de hospitais alegavam que a culpa era do hospital que havia contratado Charles Cullen anteriormente e, em seguida, permitira que ele seguisse adiante. Uma das maiores batalhas judiciais ocorreu entre o Hospital St. Luke's e o Centro Médico Somerset. Os advogados do Somerset argumentavam que o St. Luke's

deveria ser responsabilizado em quaisquer ações judiciais movidas pelas famílias das vítimas contra o Somerset. Conforme observado anteriormente, o juiz Garruto, do Tribunal Superior de Nova Jersey, decidiu a favor do Somerset sem discutir os méritos específicos dos casos reais. O fato de os administradores do St. Luke's terem ligado para outros hospitais foi um dos principais fatores que contribuíram para sua decisão quanto à responsabilidade por esses processos. Ao fazer essas ligações, aconselhando alguns hospitais a não contratar Cullen, mas deixando de alertar outros, eles tinham, na opinião do juiz Garruto, efetivamente "decidido quem iria viver e quem iria morrer".

2 | Um evento adverso é aquele que resulta em morte, perda de uma parte do corpo, deficiência ou perda da função corporal com duração de mais de sete dias ou ainda presente no momento da alta, nos casos em que o referido evento poderia ter sido previsto ou prevenido, mas ocorre devido a um erro ou alguma falha do sistema [Estatutos de Nova Jersey, 26:2H-12.25 (a)].

ÍNDICE

abuso infantil, 18

acetaminofeno, 103

Agoada, Frances, 155, 168, 187

alcoolismo

    durante o alistamento na Marinha, 45

    durante o casamento com Adrianne
      Baum, 21-23, 38, 39, 42

Allatt, Edward, 176 179

Allen, Pam, 26

Allentown, Pensilvânia, 9, 78, 110, 343, 348

alprazolam, 52, 53, 211, 213

Amedeo, Ellen, 93, 99, 105, 106, 385, 399, 400

Análise de Sistemas de Saúde, 398n-399n

Anderson, Richard A., 382n, 396n

animais de estimação, 43, 179

"Anjos da Morte", 142, 251

apelido, 45, 333

Armstrong, juiz, 349

Arnold, Thomas, 26, 28-33, 334, 362n-364n

Asilo para Lunáticos do Estado de Nova
    Jersey, 367n

assassinatos

    no Centro de Repouso e Reabilitação
      Liberty, 79-81, 370n-372n

    no Centro Médico Saint Barnabas, 26-
      36, 160, 181-183, 333-335, 401n

    no Centro Médico Somerset, 120:

      Christopher Hardgrove, 155

      Dorthea Hoagland, 120

      Eleanor Stoecker, 120

      Florian Gall, 125, 126, 130, 146-
        148, 168, 173-175

      Frances Agoada, 155, 168

      Frances Kane, 168

      Giacomino Toto, 120

      James Strickland, 149-151

      Jin Kyung Han, 123-126, 129, 168

      John Shanagher, 120

      Joseph Lehman, 168

      Joyce Mangini, 120

      Krishnakant Upadhyay, 155

      McKinley Crews, 167, 168

      Melvin Simcoe, 155

      Michael Strenko, 121

      número total de, 334

      Philip Gregor, 155

      Zizik, Ed, 211-213

    no Hospital Easton, 81-85, 373n

    no Hospital Hunterdon, 68-70, 333

    no Hospital Lehigh Valley, 86, 87, 333,
      374n

    no Hospital Morristown Medical, 72-
      74, 369n

    no Hospital St. Luke's, 92, 93, 95-97,
      101, 106

    no Hospital Warren, 65-67

    número total de, 333

assassinos em série, 284-286

Assembleia Legislativa de Nova Jersey, 354

Astor, Brooke, 114

atitude desafiadora, 29, 30

autodispensação, 264

Baldwin, Danny

    arquivos profissionais de Charlie, 186,
      187, 192,193

    carreira, 355

    Centro de Controle de Intoxicações de
      Nova Jersey, 200-202

condecorações, 355

criação da força-tarefa por, 199

Departamento de Saúde de Nova Jersey, 200

direitos no momento da prisão, 327

entrevistas com funcionários do Somerset, 230, 231

exumação de Florian Gall, 214-216

interrogatório de Amy Loughren por, 232-235, 238-247

interrogatório de Charlie, 322-329

investigação de Allatt por, 176-178

investigação no St. Luke's, 191-193

mandado de busca e, 280

monitoramento de Charlie por, 293-314

na necropsia de McKinley Crews, 166, 167

necropsia de Florian Gall e, 205-210, 215-218

papel investigativo de Lund e, 171-173, 196

passado, 165-167

prisão de Charlie, 320-327

proteção de Amy Loughren por, 254-256

questionamentos feitos a Charlie por, 277-282

rastreamento do carro de Charlie por, 226

registros da Polícia Estadual da Pensilvânia, 178,179

registros da Pyxis e, 227, 228

registros de Charlie na Pyxis e, 193-196, 226-229, 255-257

registros de emprego de Charlie, 181

registros e memorandos do Somerset, 171-173, 189, 250

reunião com o diretor médico do Saint Michael, 214, 215

reuniões e entrevista do Somerset com, 167-170, 173-177, 188-190, 204

Banas, John, 73

Barnabé, São, 20, 34, 362n

Barry, Joe, 29-33, 334, 363n, 364n

Bartos, Susan, 398n

base de dados PROMIS/Gavel, 178

Baum, Adrianne

alcoolismo de Charlie e, 21, 22, 38, 39

casamento de Charlie com, 14, 21-25, 38, 39

contratação de Charlie pelo Hospital Warren, 37, 38

desligamento de Charlie do Saint Barnabas, 35-37

entrevistas de, 360n

galanteios de Charlie a, 13, 14, 42

infância de Charlie, 360n

ocupação de, 21

pensão alimentícia e, 79

processo de divórcio de, 40-44, 46, 60, 61

tentativas de suicídio de Charlie e, 40

vara de família e, 60, 61

Beckert, Julie, 371n, 273n

Beers, Darla, 397n

Belf, Fred, 27, 28

Borse, Deborah, 380n

Braun, Tim

aposentadoria de, 354, 355

arquivos profissionais de Charlie, 184-187, 193

carreira, 159-164

Centro de Controle de Intoxicações de Nova Jersey, 200, 201

condecorações de, 355

criação da força-tarefa por, 199

Departamento de Saúde de Nova Jersey, 201

exumação de Florian Gall, 214-217

FBI e, 251, 276, 284-289

formação universitária de, 181, 182

função de trabalho no condado de Somerset, 165

interrogatório de Amy Loughren por, 238-274

interrogatório de Charlie, 321-328

interrogatório dos funcionários do Somerset por, 230-232

investigação de Allatt por, 176-178

investigação do St. Luke's por, 193-196

monitoramento de Charlie por, 293-313

necrópsia de Florian Gall e, 215-218

no Centro Médico Saint Barnabas, 160, 161, 181-183

papel investigativo de Lund e, 171-173, 196

pedido de aumento dos recursos investigativos, 198-199

prisão de Charlie e, 225-227

prisão de Charlie, 320-327

questionamento de Charlie por, 277-282

rastreamento do carro de Charlie por, 226

registros da Polícia Estadual da Pensilvânia, 178, 179

registros de Charlie na Pyxis e, 194-196, 255, 256

registros e memorandos do Somerset, 171-173, 188, 189

reuniões e entrevistas do Somerset com, 166-170, 188-191, 204

Bresnitz, Eddy, 145, 386n

brometo de pancurônio, 120

brometo de vecurônio, 103-106, 108, 111, 120, 193, 377n, 394n-396n, 398n

Brownlie, Douglas, 199, 263, 280, 320, 326, 356

Bruchak (policial da Pensilvânia), 191, 356, 393n

Buckman, Stuart, 199, 280

Byers, Anna, 26-28

caixa de objetos perfurocortantes, 101, 102, 105-108, 378n

Caldor de West Orange, 13, 37

Canopus, USS, 45, 366n

Cardinal Health, 86, 227

cardiomiopatia, 120

casos importantes, 159

catolicismo, 20, 33, 45, 377n

Centro de Controle de Intoxicações de Nova Jersey, 127, 128, 134, 139, 141, 145, 201-203, 384n, 385n

Centro de Medicare/Medicaid e Serviço Social, 201

Centro de Repouso e Reabilitação Liberty, 78-81, 115, 370n, 375n, 381n

Centro Médico Saint Barnabas

arquivo pessoal de Charlie no, 184-187

assassinatos no, 160, 181-183, 333-335, 404n

descrição do, 181-183

desligamento de Charlie do, 35, 36, 364n, 391n

erros de medicação de Charlie no, 186, 187

investigação no, 361n, 363n

lembrança de Charlie das mortes no, 303-305

paradas cardiorrespiratórias frequentes no, 28, 29

picos de insulina no, 26-36, 334

primeiro dia de Charlie no, 14, 19, 37

referências de Charlie no, 68

registros médicos no, 361n

responsabilidades de Charlie no, 15, 19

Tim Braun no, 160, 181-183

unidade de queimados no, 15-20, 361n

Centro Médico Somerset, 112

assassinatos no, 120:

Christopher Hardgrove, 155

Dorthea Hoagland, 120

Elanor Stoecker, 120

Florian Gall, 125-127, 130, 146-148, 168, 174, 175

Frances Agoada, 155, 168

Frances Kane, 168

Giacomino Toto, 120

James Strickland, 149-155

Jin Kyung Han, 123-125, 129, 146

John Shanagher, 120

Joseph Lehman, 168

Joyce Mangini, 120

Krishnakant Upadhyay, 155

McKinley Crews, 167, 168

Melvin Simcoe, 155

Michael Strenko, 120

número total de, 334

Philip Gregor, 155

Zizik, Ed, 211-213

avaliação do, 353, 354

O ENFERMEIRO DA NOITE

contratação de Charlie pelo, 113-115

desligamento de Charlie do, 221-224, 400n, 401n

entrevista de Charlie com o advogado para, 147, 148

festa de Natal dos funcionários do, 315-320

hábitos de trabalho de Charlie no, 115-118

história do, 113-115

influência política do, 169

interrogatório dos detetives com os funcionários do, 230, 231

investigação do Departamento de Saúde, 398n, 399n

investigação interna no, 127-147, 200, 204, 382-389n

notificação ao Departamento de Saúde de Nova Jersey pelo, 146

popularidade de Charlie no, 115, 116

promotor desistindo do caso no, 194-196

protocolo de medicamentos no, 122, 123

questionamento dos detetives ao Centro de Controle de Intoxicações de Nova Jersey, 202, 203

registros de Charlie na Pyxis no, 288, 289

registros legais e memorandos do, 171-173, 188, 189

reuniões com os detetives do condado de Somerset, 167-171, 173-177, 188, 190

trajeto de ida e volta para o, 11

Centro Médico St. Francis, 351

Centro Nacional de Informações sobre Crimes, 178

Chandler, Joe, 377n

Chumer, Kathleen C., 74

citações disciplinares, 10, 185

Clark, Alma, 200

Clayton, Richard, 368n

Clínica Carrier, 367n

cloreto de potássio, 213, 392n

Colucci, Russell, 230, 231, 254, 356

coma, 151, 152, 388n

confissão, 330-332, 369n

Conselho de Enfermagem do Estado da Pensilvânia, 371n, 377n

Conversa sobre Prognóstico Ruim, 96

Cors, William K., 132, 134, 137, 139-143, 145, 168, 200, 201, 204, 214, 384n, 385n

Costello, Dawn, 371n

Cowen, M. L., 368n

Crews, McKinley, 167, 168, 177, 400n

cuidados pós-morte, 124-125

Cullen, James, 366n

Cullen, Maureen, 360n

Cullen, Norman, 280

Cullen, Saskia, 39

Cullen, Shauna, 24, 25, 79

D'Aguillo, Anthony, 384n

Dahl, Marilyn, 390n

Danielczyk, Stella, 374n, 375n

Dean, Helen, 64-66, 193, 368n

Dean, Larry, 64, 65, 368n

defensor público, 61

Demarkey, Kathey, 200

DeMeo, Lou, 280, 356

Departamento de Justiça de Nova Jersey, 178

Departamento de Saúde da Pensilvânia, 371n

Departamento de Saúde e Serviços para Idosos de Nova Jersey, 145, 186, 200, 354, 386n, 389n

Departamento de Saúde. Ver Departamento de Saúde e Serviços para Idosos de Nova Jersey

depressão, 39, 44, 66, 68-70, 346

despejo, 95, 96

dextropropoxifeno, 103

diálise, 305, 337, 358

difenidramina, 403n

digoxina

assassinatos no Centro Médico Somerset, 121-124, 126-134, 148, 155, 213, 229, 241

assassinatos no Hospital Easton, 82

assassinatos no Hospital Hunterdon, 69, 70

assassinatos no Hospital Lehigh Valley, 88

assassinatos no Hospital St. Luke's, 92

assassinatos no Hospital Warren, 64, 65

estratégia de Charlie depois da investigação no Somerset, 197

necrópsia de Florian Gall, 209, 210, 272

registros da Polícia Estadual da Pensilvânia, 180

disfunção do nó sinusal, 119

dissulfiram, 22, 366n

divórcio, 40, 41, 46, 60, 61

dobutamina, 103, 149, 197, 213

Doherty, Nancy, 127, 128, 129, 131, 140, 143, 384n, 385n

Dryden, John, 114

Duh, Ernest, 47

Dundon, G., 368n

Duryea, Ethel, 162-164, 196, 273, 292, 325, 355, 389n

Edison, Thomas, 114

educação, 9, 12-14, 22

efeitos da insulina, 150, 151

Egan, Robert, 180, 191, 356, 393n

Eichin, Jesse, 69

eletrocardiograma (ECG), 59, 60, 67, 123, 192, 335, 367n

enfermeiros, 94, 95

envenenamentos, 42

epinefrina, 121

equipes de ambulância, 75

erros de medicação

no Hospital Hunterdon, 68, 69

no Centro de Reabilitação e Repouso Liberty, 78, 80, 81, 370n

no Hospital Morristown Medical, 72

no Saint Barnabas, 186, 187, 363n, 364n, 392n

relatório do Departamento de Sáude sobre o Somerset e, 146

erro duplo de medicação, 186, 187, 364n, 392n

escarotomia, 361n

Escola de Enfermagem do Hospital Mountainside, 12, 13

especializações de enfermagem, 9

Estação Eichberg, 388n

eventos adversos, 354, 405n

eventos sentinela, 143

exames toxicológicos, 365n

experiência de enfermagem, 10, 11

Express-Times, 372n

falência, 79

FBI, 166, 199, 228, 251, 276, 284, 285, 287, 289, 293

fenilefrina, 103

fibrilação atrial, 119, 126

Fink, Max, 388n

Fleming, Raymond J., 147-149, 171, 172, 174, 195, 197, 266, 387n, 391n

Forrest, Wayne, 165-167, 198, 199, 251, 272, 276, 284, 323, 324, 356, 389n

furosemida, 213

Fushetto, Rocco E., 188, 393n

Gall, Florian

assassinato de, 125, 126, 130, 388n

desligamento de Charlie do Centro Médico Somerset, 223

exumação de, 214-218

investigação de Amy Loughren sobre, 255, 256

investigação do assassinato de, 146-148, 168, 171-176, 195

necrópsia de, 205-210, 216-218, 272

registro de Charlie de, 302, 303

registros no Cerner de, 270, 271

Gall, Lucille, 125, 126, 207-210, 400n, 402n

Gannon, Lisa, 73, 74

Garruto, Bryan D., 379n, 380n, 405n

George (conselheiro da vara de família), 62, 63

Gerlach, Georgianne, 380n

Gillian, Betty, 363n, 401n

Glessner, Judy, 397n

Goodman, MaryJo, 384n

Gregor, Philip, 155

Grim, Scott, 192, 396n

Guidetti, Gary, 398n

Hahn, Brad, 106, 376n

haloperidol, 213

Han, Jin Kyung, 123, 124, 129, 146, 168, 227, 384n, 387n

Hannon, Barbara, 292, 293

Harbet, Edward, 200, 389n, 398n

Hardgrieve, Donna, 383n

Hardgrove, Christopher, 155

Harvey, Donald, 361n

Hatcher, Algretta, 186

HCR Manor Care, 80, 371n, 373n

Health Force, 78, 370n, 373n

Health Med One, 374n

Henry, Francis, 79-81, 370n-373n

heparina, 26, 27, 73, 213, 362n

Hepp, Rick, 299, 403n

hipoglicemia
    efeitos da, 150,151, 388n
    no Centro Médico Somerset, 132, 133, 155
    picos de insulina, 26-30, 132, 133, 150

Hissim, Andy, 280, 402n

Hoey, Brian, 216

Holecek, Nancy, 364n, 365n

Holswade, Sharon, 384n

Hospital Easton
    assassinatos no, 81-85
    contratação de Charlie pelo, 81
    investigação no, 180

Hospital Hunterdon
    arquivos pessoais de Charlie no, 187
    assassinatos no, 68, 69, 333, 369n
    contratação de Charlie pelo, 67, 68
    demissão de Charlie do, 70, 71
    erros de medicamento no, 68
    referências de Charlie do, 78, 369n

Hospital Lehigh Valley, 85- 86, 91, 115, 291, 333, 370n, 372n, 374n-380n,

Hospital Montgomery, 291, 292

Hospital Morristown Memorial
    arquivo pessoal de Charlie no, 187
    assassinatos no, 73-75, 369n
    contratação de Charlie pelo, 72
    desligamento de Charlie do, 73-77
    reclamações sobre Charlie no, 72
    referências de Charlie do, 78

Hospital Mountainside, 44

Hospital Psiquiátrico Greystone, 54-57, 60, 75, 76, 367n

Hospital Sacred Heart, 110, 111, 224, 376n, 379n, 380n

Hospital Saint Michael's, 214

Hospital St. Luke's
    afiliação religiosa do, 377n
    arquivo pessoal de Charlie no, 192, 193
    assassinatos no, 92, 93, 95-96, 100, 106
    caixa de descarte de objetos perfurocortantes no, 101-103, 105, 106, 108, 124
    contratação de Charlie, 91, 92
    desligamento de Charlie do, 108, 381n
    enfermeiros no, 94-96
    explicação de Charlie para o desligamento do Somerset, 224
    investigação interna no, 106-106, 111, 112, 394-398n
    investigação policial no, 191-193
    medicamentos faltando no, 98-104
    número de paradas cardiorrespiratórias no, 192
    referências de Charlie dadas pelo, 108, 110-112, 115
    taxa de mortalidade no, 95

Hospital Stony Brook, 337, 341, 352

Hospital Warren
    ala de telemetria no, 59
    arquivo pessoal de Charlie no, 186, 187
    assassinatos no, 64-66, 67, 369n
    cirurgia de Adrianne Baum no, 40, 41
    contratação de Charlie pelo, 36-39, 365n
    internação de Charlie no, 46
    investigação criminal no, 193
    lembrança de Charlie a respeito das mortes no, 304-306
    licença remunerada de Charlie do, 66-68
    tentativas de suicídio de Charlie e, 75, 76
    tratamento psiquiátrico de Charlie e, 56, 57

incidente com apreensão do carro, 220

infância
    depressão durante a, 44-46

CHARLES GRAEBER

intoxicações durante a, 42

morte da mãe na, 44

sentimento de impotência durante a,
87, 88

visão geral da, 12, 18, 360*n*

insuficiência cardíaca, 119

Jackson, George, 205, 356, 400*n*

Jones, Don, 31, 32

Joseph, Vince, 112, 380*n*

judaísmo, 20

Kane, Frances, 168

Kathy (enfermeira), 68-70

Kean College, 22

Kelly, Marty, 132, 384*n*, 385*n*

Kimble, Gerry, 102, 104, 105, 378n, 397*n*

Koehler, Terry, 105, 111

Koller (supervisora de enfermagem), 395*n*

Kuser, Brooke, 114

labetalol, 103

Lacey, Cliff, 390*n*

Lady (cadela), 23, 43

Land, Robert, 214

Laskowski, Robert, 380*n*

Laughlin, Paul, 106-108, 111, 112, 224,
376*n*-378*n*, 379*n*, 380*n*, 394*n*-398*n*

Lee, Henry, 403*n*

Lehman, Joseph, 168, 359, 387*n*, 400*n*

Lei de Aprimoramento (2005), 354

Lei de Segurança do Paciente (2004), 354

lesão cerebral, 150, 151

licença para a prática da enfermagem, 10, 20,
78, 381*n*

Lippitt, Andrew, 280

Livingston Health Services, 364*n*

Loughren, Alex, 247-249

Loughren, Amy

atualização sobre, 355

como informante da polícia, 238-249,
252-276, 290, 291, 294-314, 322,
326-332, 355

cuidados pós-morte de, 124, 125

desligamento de Charlie do Centro
Médico Somerset, 222-224

hábitos de trabalho de Charlie, 211, 212

impressão dos funcionários do Somerset
a respeito de, 122, 123

interrogatório dos detetives com, 232-
235, 238-247

na festa de Natal dos funcionários do
Somerset, 315-319

passado, 116, 117

primeiros encontros de Charlie com,
117-119

problemas médicos de, 119, 120

registros de Charlie na Pyxis e, 255-257

Lund, Mary, 385-388*n*

Amy Loughren como informante, 244,
245

Centro de Controle de Intoxicações de
Nova Jersey e, 132-143, 146, 204

detetives da divisão de homicídios e,
171-177, 196

falta de recursos de, 200

interrogatório dos funcionários do
Somerset e, 230-235

morte de Florian Gall, 384*n*

passado de, 172

registros da Pyxis e, 195, 196, 227, 228

relatórios do Departamento de Saúde
de Nova Jersey, 146

Lysek, Zachary, 192, 373n, 396*n*

maconha, 87, 365*n*

Magos, Nick, 199, 323, 326, 328, 356, 404*n*

Mahon, Roger, 206

Mambo, Nobby C., 167, 177, 205, 216-218,
272, 256

mandado de busca, 202, 203, 280, 281

Mangini, Joyce, 120

Marcus, Steven, 134, 135, 139-143, 145, 146,
202-204, 385*n*, 390*n*

Marinha dos Estados Unidos, 12, 18, 21

função de Charlie na, 45

sensação de impotência de Charlie na, 87

tentativa de suicídio de Charlie na, 45, 330

Marriot de Bridgewater, 315

Martin, James B., 192-194, 356, 396n
Mask, Johnnie, 335, 343, 347, 349, 350
Mattern, Matthew, 87, 88, 374n, 375n
maus-tratos contra animais, 43
Medellin, Pat, 191, 192, 379n, 394-398n
Medical Center Health Care Services, 186,
    364n, 365n, 369n, 392n
Medical Staffing Network, 370n
mensagens de ódio, 350
metoprolol, 213
Mihalakis, Isidore, 193, 398n
Miller, Dennis, 316-319, 385n, 389n
Miller, Maureen F., 390n
morfina, 16
Morning Call, 300, 375n, 398n
"morte fresca" 205
mortes naturais", 159, 169
mortes por suicídio, 159
Moyer, Thelma, 99, 108, 376n, 395n
multas de estacionamento, 220, 226
Musto, Timothy, 320

Napolitano, Pasquale, 388n, 398n
necrópsias
    de Florian Gall, 205-210, 216-218, 272
    de Helen Dean, 66, 368nde McKinley
        Crews, 167
    de Ottomar Schramm, 81-85
New York Times, 300, 303, 371n, 372n
Newark, Nova Jersey, 9, 114, 134, 159-163,
    165, 166, 170, 188, 201, 214, 279, 285, 299,
    300, 389n, 403n
nitroglicerina, 96, 103, 213, 265
nitroprussiato de sódio, 67, 155, 213, 265
nitroprussiato de sódio, 67, 155, 213, 265
Nittoly, Paul, 167, 171, 174, 187-200, 214,
    215, 397
norepinefrina, 103, 120, 213, 265
Nugen, Tom, 99

O'Toole, Edward, 106, 377n, 378n
orientação de pacientes, 59
Osinski, Connie, 382n
oxicodona, 30, 85, 103, 197, 374n

paracetamol, 19, 126, 213, 264, 265, 272, 402n
parada lenta", 87
paralisante, 106, 120, 151
Paterno, Joe, 182
Paul, Darilyn, 384n
Peckham, Ernie, 336-339, 351, 353
Peckham, Pat, 337, 338, 351
pena de morte, 335
prisão estadual de Nova Jersey, 348
pensão alimentícia, 78, 260, 261
Pepe, Kimberly, 80, 81, 370n
peptídeo C, 140
Percell, Edward, 199, 230, 231, 254, 280
picos de insulina
    no Centro de Repouso e Reabilitação
        Liberty, 79
    no Centro Médico Saint Barnabas, 26-
        36, 334, 392n
    no Centro Médico Somerset, 132, 133,
        149-155
Platt, William, 344, 345
Polícia do Estado da Pensilvânia, 180, 356,
    376n, 378n
polígrafo, 10, 59, 60, 67, 305, 368n
prisão de Charlie, 320-327
problemas financeiros,
    depois de diversas rescisões contratuais,
        78
    durante o processo de divórcio, 61
    pedido de falência e, 79
procainamida, 98, 99, 101, 103, 192
processos civis, 353, 354
promotor do condado de Lehigh, 192
Promotoria do Condado de Essex, 161
Promotoria do Condado de Monmouth, 355
Promotoria do Condado de Somerset, 166,
    196, 198, 205, 214, 227, 263, 299, 333, 335,
    361n, 363n, 391n, 399n, 401n
Promotoria do Condado de Warren, 66, 67
prontuários, 118, 267, 268
propofol, 73, 213
Puder, Kathy, 384n
Pyxis MedStation
    estratégia de Charlie depois da
        investigação, 197, 212, 213

explicação de Charlie da, 281

impasse no caso e, 227

investigação do Somerset da, 146-148

método de acesso de Charlie à, 265, 266

registro de armazenamento da, 175, 177, 193-196, 226-229

registro de atividade de Charlie na, 155, 229, 240-242, 255-257, 303

segurança da, 402*n*

Queenie (cadela), 25, 41

"queimadura de vovó", 361*n*

queimaduras de segundo grau, 15, 16

queimaduras de terceiro grau, 15

Rader, Janice, 106, 111, 378*n*, 395*n*

recomendação de "não recontratar", 382*n*

Reed, Susan, 398*n*

registros médicos, 333-335, 353, 354, 361*n*

regra dos nove, 16, 87, 374*n*

Reibman, Edward, 393*n*

relatos da mídia, 299

religião, 20, 99

retiro espiritual druida, 342

Roney, Kathleen, 338, 340-342, 348-351, 357

Rubinaccio, Michael, 166, 199

Ruck, Bruce, 128-131, 133-138, 140-144, 204, 385*n*

Sachs, Maitlin, Fleming, Greene, Marotte and Mullen (escritório de advocacia), 147, 391*n*

Sanders, Julie, 346

santos, 20, 335, 362*n*

Saulsberry, Robin, 192

Saunders, Charles D., 111, 112, 380*n*, 382*n*

Schramm, Ottomar, 81-83, 85, 111, 373*n*, 378*n*

Scotty, Donna, 383*n*

Seidel, Andrew, 382*n*, 383*n*

Seiden, Karen, 26, 28

sentença, 343-346

Serviços Ambientais, 102

Shaleen, Zarar, 123, 384*n*

Shanagher, John, 120

Sicola, Tom, 339

Silberman, R., 82, 83

Sills Cummis Epstein & Gross P.C., 363*n*

Simcoe, Melvin, 155

sistema Cerner

exame de Loughren do, 212, 233

uso de Charlie do, 116, 118, 124, 150, 153-155, 212, 223, 242, 246, 261-264, 266, 268-273, 322, 334

Smith, Leon, 214, 400*n*

Smith, Valerie, 384*n*

software Rapid Start, 199

Star-Ledger, de Newark, 299, 389*n*, 403*n*

status de ressuscitação, 402*n*

Stevens and Johnson (escritório de advocacia), 106, 379

Stoecker, Elanor, 120

Strenko, Michael, 121, 269

Strickland, James, 149, 150, 153-155, 269

sulfato de magnésio, 103, 213

tecnologia de raios X, 114

telemetria, 59, 11, 364*n*, 367*n*

tentativas de suicídio, 12

depois de perseguir Michelle Tomlinson, 53, 61, 62

depois do assassinato de Helen Dean, 66

depois do desligamento do Hospital Morristown Medical, 74

durante o casamento com Adrianne Baum, 40

enquanto estava na Marinha, 44, 330

enquanto trabalhava no Hospital Lehigh Valley, 88, 89

hospitalização depois de, 46

na infância, 44

vara de família e, 63

terapia de choque insulínico, 151

Tester, Lynn, 192, 397*n*

Thornton, Amie, 145, 386*n*, 390*n*, 391*n*

Tomlinson, Michelle, 306

amizade de Charlie com, 46, 47

galanteios de Charlie a, 47

ordem judicial de afastamento de, 58

perseguição de Charlie a, 48-52, 62

Toth, Kristina, 81-83, 373n
Toto, Giacomino, 120
transplante de rim, 337-353
tratamento psiquiátrico, 46, 54-57, 67, 75, 76, 366n
Traub, Sy, 106, 111, 376n, 378n, 382n
Tribunal de Apelações Comuns do Condado de Northampton, 46

U.S. News & World Report, 92, 95, 109, 376n
Unidade de Tratamento Psiquiátrico Muhlenberg, 46, 306
Upadhyay, Krishnakant, 155

Vail, Ken, 106
Van Hise, Tim, 199, 205, 214, 226, 280, 281, 325, 327, 356
Vanouver, Michael, 320
vara de família do condado de Warren, 60
Vashed, Linda, 385n
Vescia, Linda, 384n
Vigdor, Stuart, 135-138, 143, 384n, 385n
violência doméstica, 42
vítimas de queimaduras, 15-20, 86, 87, 361n

Wahlmark, Candy, 102
Walsh, Gerald, 191, 393n
Westerfer, Catherine, 10, 280, 336
Westerfer, Cathy, 213
    brigas de Charlie com, 211-213, 258, 259
    galanteios de Charlie a, 110
    gravidez de, 251, 252
    mandado de busca e, 280
    namorado de, 258-261
    reclamações de Charlie sobre, 118
Whelan, Marjorie, 68-70, 78
Wills, Delmar, 280
Wolfe, Kim, 102, 105
Woodrow Wilson, USS, 45

Yengo, John, 334, 361n, 362n

Ziemba, Karen, 89
Zizik, Ed, 211, 213

1ª edição	SETEMBRO DE 2022
impressão	PANCROM
papel de miolo	PÓLEN NATURAL 70G/M²
papel de capa	CARTÃO SUPREMO ALTA ALVURA 250G/M²
tipografia	ADOBE CASLON